SV

»Seien Sie nicht so undankbar, mir zu antworten«

Bernard Shaw – Lord Alfred Douglas Briefwechsel

Herausgegeben von Mary Hyde

Aus dem Englischen
von Ursula Michels-Wenz

Suhrkamp

Der Band erschien im Verlag John Murray, Ltd.
London 1982

Erste Auflage 1986

Druck: MZ-Verlagsdruckerei, Memmingen
Printed in Germany

Inhalt

Anhang

Einleitung der Herausgeberin

An einem Montag im März 1895 hatte Frank Harris Bernard Shaw in das Londoner Café Royal zum Lunch eingeladen. Shaw war gerade zum Theaterreferent der *Saturday Review* ernannt worden, als deren Herausgeber Harris zeichnete. Um etwa fünfzehn Uhr kam verabredungsgemäß Oscar Wilde, um Harris zu treffen. Shaw begrüßte ihn herzlich; mit dem zwei Jahre älteren Kollegen stand er auf gutem Fuß und schätzte dessen Stücke sehr, abgesehen von *The Importance of Being Earnest* (deutscher Titel: *Bunbury*), das ihm gründlich mißfiel. Dieses Stück und Wildes *An Ideal Husband* (*Ein idealer Gatte*) standen damals gerade in London auf dem Spielplan.

Wilde war in sich gekehrt und nervös, und Shaw spürte, daß Harris eine ernste und persönliche Angelegenheit mit ihm zu besprechen hatte, weshalb er sich vom Tisch erhob. Aber Wilde bat ihn nachdrücklich, zu bleiben, und begann alsbald inständig auf Harris einzureden, doch als Zeuge in seinem bevorstehenden Prozeß – der Beleidigungsklage gegen den Marquess of Queensberry – aufzutreten. Insbesondere bat er Harris um eine öffentliche Bestätigung, daß sein Roman *The Picture of Dorian Gray (Das Bildnis des Dorian Gray*) kein unmoralisches Buch sei.

In diesem Augenblick betrat, von Harris zwar nicht eingeladen, aber dennoch halbwegs erwartet, Queensberrys Sohn Lord Alfred Douglas das Lokal, ein schlanker, junger Mann mit blauen Augen und goldblondem Haar, aristokratisch in Haltung und Auftreten und verblüffend gutaussehend. In jeder seiner Bewegungen lag Ungeduld. Nicht einen Moment hielt er still.

Harris sprach gerade von Queensberry (dem angeblichen »Erfinder« der Regeln beim Boxkampf). Der Marquess hatte einige Tage zuvor im *Albemarle*, einem der von Wilde häufig besuchten Clubs, eine Karte hinterlassen, auf der er Wilde beschuldigte, sich als »Somdomit«[1] aufzuführen, und in seiner Wut das Wort auch noch falsch buchstabiert. Sein dritter Sohn Alfred, oder Bosie, wie er gerufen wurde, sei der Sklave eines sogenannten »witzigen Kopfes« aus Irland, eines Stükkeschreibers und alternden Ästheten geworden (Wilde war vierzig, Douglas vierundzwanzig), und das wolle er, Queensberry, nun an die Öffentlichkeit bringen. Bosie solle lieber, so meinte der Vater, sein ohnehin nicht glaubwürdiges Trachten nach Poesie und das luxuriöse Wohlleben vergessen und sich auf seinen Anwaltsberuf oder sonst eine respektable Profession vorbereiten.

Lord Alfred Douglas hatte die Oxford Universität ohne Abschluß verlassen und sich seitdem verzettelt, hegte aber keineswegs die Absicht, dem Rat seines Vaters zu folgen. Dieser sei, behauptete der Sohn, ein unmenschliches Scheusal, ein Atheist und Wüstling, der seine Ehefrau jahrelang gequält und seine vier Söhne und Töchter abwechselnd vernachlässigt oder mißhandelt hätte, ein Wahnsinniger, der nichts als Verachtung verdiene. Sein erklärter Wunsch, den Sohn zu retten, sei Heuchelei; in Wahrheit wolle er seine geschiedene Frau verfolgen und seinen Sohn vernichten. Die ganze Familie Queensberry stünde auf der Seite Bosies gegen den Marquess.

Wilde hatte Queensberrys Karte etwa zehn Tage, nachdem sie im *Albemarle Club* abgegeben worden war, erhalten und die schwere Beschuldigung noch am gleichen Abend ausführlich mit Robert Ross diskutiert, einem jungen Kunsthistoriker, der ihm ebenso ergeben war wie Douglas, Sohn eines Generalstaatsanwalts und Enkel des ersten Premierministers von Ober-Kanada [dem vorwiegend englischsprachigen Teil Kanadas, der seit 1791 eine eigene Verwaltung hatte]. Am darauffolgenden Morgen war Ross mit Wilde zur Kanzlei des Rechtsanwalts C. O. Humphreys gegangen, wo man beschlossen hatte, Queensberry wegen Verleumdung zu verkla-

1 Gemeint ist »Sodomit«; im Englischen, anders als im Deutschen, gebräuchliches Schimpfwort für Homosexuelle.

gen. Douglas wurde erst hinterher verständigt, stimmte dem Entschluß aber aus vollem Herzen zu; seit zwei Jahren schon hatte er auf Wilde eingeredet, daß der einzige Weg, den Angriffen seines Vaters ein Ende zu setzen, in der gerichtlichen Verfolgung läge. Sir Edward Clarke, ein hervorragender Jurist und Kronanwalt unter der neuen Regierung, war einverstanden, Wildes Verteidigung zu übernehmen. Der Prozeßtermin wurde festgesetzt auf den 3. April im Old Bailey, dem obersten Strafgerichtshof Großbritanniens.

Nun aber, im Café Royal, beschwor Harris seinen Freund Wilde, die Sache nicht weiter zu betreiben. Wenn er es trotzdem täte, würde er den Prozeß verlieren, zumal Queensberry, wie man wußte, sichere Beweise gegen ihn erbringen konnte bezüglich seiner gelegentlichen Intimitäten mit einer Reihe zweifelhafter Charaktere. Harris hielt es sogar für notwendig, daß Wilde mit seiner Frau Constance und den beiden kleinen Söhnen abreiste, möglichst nach Frankreich, um außer Reichweite des Gesetzes zu sein. Er schlug ihm auch vor, einen Brief an die *Times* zu schreiben, in dem Wilde erklären solle, daß er von Queensberry beleidigt worden sei und eigentlich eine legale Wiedergutmachung angestrebt hätte, dann aber eingesehen habe, daß kein Gericht ein Urteil gegen einen Vater sprechen würde, auch wenn dieser noch so sehr im Unrecht wäre. Wilde, so argumentierte Harris, sei doch ein kreativer Mensch und fördere das Schöne, Queensberry hingegen habe nur Freude am Kämpfen. Wilde müsse sich weigern zu kämpfen. Jahre später, am 2. Februar 1949, schrieb Shaw in einem Brief an einen anderen Marquess of Queensberry, einen Neffen von Lord Alfred namens Francis:

»Ich nahm kaum teil an dem Gespräch. Wilde kam, um Harris zu bitten, bei dem Verhör auszusagen, daß der *Dorian Gray* ein Meisterwerk der Literatur und Moralität sei. Harris riet ihm dringend und äußerst besorgt, sich die ganze Sache aus dem Kopf zu schlagen: er habe ja keine Ahnung von den schlimmen Zeugenaussagen, welche die Hotellakaien gegen ihn vorbringen wollten, und davon, daß Clarke seine Verteidigung zurückziehe. Kurz, genau das, was dann eintrat. Oscar müsse, so sagte Harris, das Land sofort verlassen, woraufhin Alfred meinte, da könne man sehen, was Oscars Freunde wert seien, und aufstand und Oscar hinauszog. Er beherrschte Oscar eindeutig und war entschlossen, das Verfahren weiterlaufen zu lassen, im Glauben, daß Clarke ihn zum Zeugenstand rufen könne und würde, von wo aus er dann in der Lage wäre, seinen Vater bloßzustellen und den Prozeß zu gewinnen. Wilde war nicht so zuversichtlich, konnte sich aber auch nicht aufraffen, wegzurennen.«

Keiner der damals Anwesenden hat die Szene im Café Royal vergessen. Lange Zeit nach dem Treffen schrieb Douglas an Harris: »Nur eines weiß ich: daß *ich* bestimmt den Prozeß für Wilde gewonnen hätte … Und selbst wenn Oscar diesen Prozeß verloren hätte, wäre wenigstens nachher kein Strafverfahren gegen ihn eingeleitet worden. Die öffentliche Meinung wäre auf unserer Seite gewesen, nicht auf der Queensberrys. Dessen war ich sicher, und daran dachte ich, als ich Sie und Shaw im Café Royal traf. Ich hatte Oscar endlich so weit bekommen, daß er mit mir einig war … Als Sie und Shaw mir Ihren völlig einseitigen und auf ungenügender Kenntnis der Tatsachen begründeten Rat gaben, war ich abweisend, weil ich die größte Angst hatte, Oscar würde wieder schwanken und die Flinte ins Korn werfen … Ich wagte nicht, Ihnen zu sagen, worauf sich unsere Klage stützte, aus Angst, ich würde Sie und Shaw nicht überzeugen können, und Sie würden dann Wilde, nachdem ich ihn mit so vieler Mühe zu meiner Auffassung bekehrt hatte, alles ausreden. Mein einziges Bestreben war, ihn so schnell wie möglich aus dem Café herauszubekommen. Daher war ich so unhöflich.«[2]

2 *The Autobiography of Lord Alfred Douglas* (2. revidierte Auflage), Martin Secker, London, 1931, p. 97.
(Erste Auflage 1914 u. d. T. *Oscar Wilde and Myself*)

2

Die Geschichte von Wildes erstem Prozeß und den beiden daraus resultierenden Folgeprozessen ist hinreichend bekannt, aber da in den Briefen dieses Bandes ständig davon die Rede sein wird, mag ein kurzer Überblick angebracht sein.

Das erste Verhör, in dem Wilde den Marquess of Queensberry der strafbaren Verleumdung anklagte, begann unter dem Vorsitz von Justice Collins am 3. April 1895 im Old Bailey; Wilde wurde von Sir Edward Clarke vertreten, Queensberry von Edward Carson, einem aus Ulster stammenden Nordiren, der mit Wilde das Trinity College in Dublin besucht hatte und nun in seiner ersten wichtigen Verhandlung vor einem englischen Gerichtshof auftrat.

Queensberrys Verteidigung war eine Rechtfertigung; folglich mußte er vor Gericht die Wahrheit seiner Beschuldigung beweisen, nämlich daß Wilde sich als Sodomit »aufgeführt« hatte (den Ausdruck »aufgeführt« gebrauchte er auf Anraten seines Anwalts). Queensberrys Argumentation gründete auf drei verschiedenen Beweisführungen: auf Wildes angeblich lasziven Schriften, insbesondere den *Sätzen und Lehren zum Gebrauch für die Jugend* und *Dorian Gray*; auf zwei kompromittierenden Briefen Wildes an Douglas, die ein Erpresser sichergestellt hatte; und auf Wildes offensichtlich anstößigem Lebenswandel. Im Kreuzfeuer der beiden ersten Anklagepunkte konnte sich Wilde behaupten, aber der dritte war vernichtend.

Queensberrys Agenten war es gelungen, im Laufe der sechs vorangehenden Monate Zeugenaussagen von Hotelangestellten und männlichen Prostituierten zu sammeln, die den vertraulichen Verkehr im Hotel Savoy und andernorts betrafen. Wildes Partner waren bereitwillige Jugendliche gewesen, Stallknechte, Lakaien, arbeitslose Nichtseßhafte, von denen

Das deutsche Zitat folgt der Übersetzung von Elsie Mc Calman: *Lord Alfred Douglas. Freundschaft mit Oscar Wilde*, 1. Auflage, Paul List Verlag, Leipzig, 1929, p. 83f.

die meisten über Alfred Taylor vermittelt worden waren, einem Mann in den Dreißigern aus ehrbarer Familie und mit ansehnlicher Bildung. Taylor hatte eine Erbschaft durchgebracht und verdiente nun seinen Lebensunterhalt als »Geschäftsführer« eines Clubs für Homosexuelle in der Fitzroy Street im Londoner Stadtteil Bloomsbury. Was in Taylors parfümierten Gemächern vorging, war der Polizei durchaus bekannt.

Die Enthüllungen über Wildes heimliches Doppelleben kamen für Clarke als niederschmetternde Überraschung, denn Wilde hatte ihm unter Eid geschworen, daß an den Bezichtigungen nichts Wahres sei, und nur aufgrund dieser Versicherung hatte Clarke die Verteidigung übernommen.

Nach Wildes Verhör durch Carson und den Gegenfragen von Clarke rechnete Douglas damit, in den Zeugenstand gerufen zu werden, aber Clarke forderte ihn nicht dazu auf. Stattdessen verblüffte er das Gericht mit seiner Erklärung, daß er die Verhandlung abbrechen wollte, genau wie Harris und Shaw es vorausgesagt hatten. Clarkes Beweggründe lagen auf der Hand. Er ließ Queensberrys verleumderische Anklage bezüglich der »Aufführung« als Sodomit bestehen, weil er fürchtete, man könne Wilde, falls die Sache bis zu Ende durchgefochten würde, noch im Gerichtssaal verhaften.

Die Geschworenen verließen gar nicht mehr die Bank. Nach einer Beratung von nur wenigen Minuten verlas der Sprecher den Geschworenenspruch: Queensberry wurde für nicht schuldig befunden. Aus den Reihen der Zuschauer gab es anhaltenden Beifall, und Justice Collins ordnete an, daß Wilde die Kosten des Marquess zu tragen hatte, eine Schuld, die später zu tiefer Demütigung führen sollte.

Mehr als dreißig Jahre danach grübelte Douglas noch in seinem Briefwechsel mit Shaw über diesen und die beiden darauffolgenden Prozesse nach. Obwohl er am 26. Mai 1895 an Clarke schrieb und ihm für seinen »noblen und generösen und großartigen Einsatz« dankte, änderte er seine Meinung hinterher und bestand darauf, daß Clarke den Fall nur verloren hätte, weil er sein Versprechen, ihn, Douglas, in den Zeugenstand zu rufen, gebrochen habe.

3

Der erste Prozeß war zu Mittag des 5. April beendet, und Wilde verließ das Old Bailey gemeinsam mit Douglas und Ross, die beide der Verhandlung von Anfang an beigewohnt hatten. Sie baten Wilde, unverzüglich nach Frankreich aufzubrechen, auch Reginald Turner und andere Freunde redeten den ganzen frühen Nachmittag auf ihn ein, denn allen war klar, daß die Staatsanwaltschaft jetzt einen Haftbefehl für Wilde beantragen mußte. Ein freundliches Entgegenkommen des obersten Vollzugsbeamten verzögerte die Vollstreckung noch solange, bis um 17 Uhr der letzte Zug mit Schiffsanschluß nach Frankreich abgefahren war, aber anderthalb Stunden später kamen die Beamten zum Cadogan Hotel – und Wilde war noch da.

Sie brachten ihn auf das Polizeirevier in der Bow Street, wo er die Nacht über in Untersuchungshaft blieb. Am nächsten Morgen wurde er wegen Verstoßes gegen Artikel 11 des Strafrechtergänzungsgesetzes von 1885 [Criminal Law Amendment Act of 1885] angeklagt, der homosexuelle Praktiken unter Männern strafbar machte, auch wenn sie privat ausgeübt wurden. Der Freikauf durch Kaution wurde verweigert und Wilde ins Holloway-Gefängnis überführt, um dort den Strafprozeß zu erwarten.

Als Sir Edward Clarke von der Verhaftung hörte, schrieb er sofort an Humphreys und bot sich wieder (kostenlos) als Verteidiger an, vorausgesetzt, daß Wilde es wünschte. Das Angebot wurde dankbar angenommen und die Gerichtsverhandlung auf den 26. April festgesetzt.

Wildes Freunde, mit Ausnahme der Homosexuellen, die ihn ja als einen der Ihren kannten, waren überrascht und entsetzt über die Enthüllung. Die meisten hielten sich abseits, und viele aus der Clique der heimlichen Homosexuellen erachteten es für klüger, bis auf weiteres ins Ausland zu gehen. Ross reiste, auf das Drängen seiner Mutter hin, nach Rouen, als Gegenleistung für ihr Versprechen, sich an den Kosten der Rechtfertigung Wildes zu beteiligen. Douglas blieb in London, kam fast täglich zu Besuch ins Holloway-Gefängnis, und Wilde reagierte auf seine Treue mit romantisch hingebungsvollen Briefen. Kurz vor dem Tag des Prozesses bestand Clarke allerdings darauf, daß Douglas England verlassen müsse, da seine Gegenwart sich nachteilig auf die Chance einer Freisprechung auswirken würde. Wilde konnte dem nur zustimmen. Douglas, immer noch hoffend, als Zeuge aussagen zu können, weigerte sich anfangs zu gehen. Am Ende aber siegte Clarkes Einsicht, Douglas fuhr nach Calais und telegraphierte an Ross, er möchte doch zu ihm kommen, was Ross auch tat.

Zwei Tage vor Eröffnung des Prozesses wurde Wildes Eigentum in seinem Londener Haus in Chelsea, 16 Tite Street, zwangsversteigert. Damit waren seine Frau und die Söhne heimatlos, und Constance suchte Schutz bei Verwandten. Wildes Theaterstücke wurden von der Bühne zurückgezogen. Alle Einnahmen versiegten.

Die Gerichtsverhandlung der Krone gegen Wilde und Taylor fand vom 26. April bis 1. Mai 1895 im Old Bailey statt. Den Vorsitz hatte Justice Charles. Charles Gill und Horace Avory waren die Anwälte der Krone; Clarke vertrat wieder Wilde, und der Verteidiger Taylors war J. P. Grain. Es war ein unglücklicher Umstand für Wilde, daß er nicht getrennt von Taylor verhört werden konnte, weil dessen Charakter das Vorurteil gegen ihn, Wilde, noch verstärkte.

Die Fragen an Wilde betrafen dieselben Sachverhalte, die schon im Queensberry-Prozeß erörtert worden waren. Junge Komplizen und Erpresser sagten aus, daß sie Umgang mit ihm gehabt hatten. Vermieterinnen und der Bewohner eines Hauses, in dem einer der jungen Männer wohnte, sagten ebenfalls gegen ihn aus. Am Schluß des Verhörs faßte Justice

Charles die Beschuldigungen zusammen, und die Geschworenen zogen sich zurück, um über den Urteilsspruch zu beraten. Drei Stunden später erschien der Sprecher und erklärte, die Geschworenenbank könne zu keiner Einigung gelangen. Ein weiterer Prozeß wurde anberaumt.

4

Mit einiger Mühe erreichte Clarke, daß Wilde gegen ein Bürgschaftsgeld vorerst freigelassen wurde. Die Summe belief sich auf fünftausend Pfund, deren eine Hälfte Wilde übernehmen sollte, die andere Hälfte zwei Bürgen: Douglas' Bruder Percy, Lord Douglas of Hawick, und Stewart Headlam, ein engagierter Geistlicher. Während dieser haftfreien Zeit war Wilde meistens im Haus seiner Freunde Ernest und Ada Leverson, die ihn überaus freundlich behandelten. Auch zur Zeit des dritten Prozesses wohnte er dort. Mit Douglas blieb er derweil brieflich in Verbindung.

Der dritte Prozeß fand im Old Bailey vom 20. bis 25. Mai statt, diesmal unter dem Vorsitz von Justice Wills. Wilde wurde wieder von Sir Edward Clarke vertreten – unentgeltlich. Kronanwalt war jetzt Sir Frank Lockwood, eine Wahl, aus der deutlich hervorging, daß die Regierung entschlossen war, auf jeden Fall zu einem Urteilsspruch zu gelangen.

In einem Punkt hatte Clarke Erfolg: er konnte durchsetzen, daß der Richter einwilligte, Wilde und Taylor getrennt zu verhören. Aber mit seinem zweiten Antrag, nämlich Wilde zuerst zu verhören, scheiterte er. Daß Wilde erst nach Taylor aufgerufen wurde, war fatal, denn die Zeugnisse gegen Taylor brachten erschreckende Dinge zutage, und der Geschworenenspruch lautete auf schuldig.

Als Wilde an die Reihe kam, wurden die bereits bekannten Zeugenaussagen seitens der jungen Männer und des Hotelpersonals wiederholt. Auch die beiden entlarvenden Briefe

Wildes an Douglas wurden noch einmal laut verlesen. Der Sprecher der Geschworenen richtete an Justice Wills die Frage, ob eigentlich jemals ein Haftbefehl gegen Lord Alfred Douglas ergangen wäre – denn wenn die Briefe irgend einen Beweis der Schuld lieferten, dann träfe Lord Alfred solche Schuld ebensosehr wie den Angeklagten. Justice Wills entgegnete gereizt, man hätte einen derartigen Haftbefehl niemals auch nur in Erwägung gezogen. In seiner Zurechtweisung der Geschworenen erklärte er unter anderem, daß er darauf bedacht sei, keine Äußerung zuzulassen, die der Laufbahn eines jungen Menschen an der Schwelle des Lebens ernstlich schaden könne.

Die Geschworenen erhoben sich zur Beratung und kehrten nach ungefähr drei Stunden mit dem Urteilsspruch schuldig zurück. Taylor wurde wieder auf die Anklagebank geführt, und beide Männer wurden gemeinsam verurteilt. »Das ist der schlimmste Fall, den ich je verhandelt habe«, sagte Justice Wills, und als er die härteste Strafe für homosexuelle Vergehen, die überhaupt möglich war, verlas: zwei Jahre Freiheitsentzug mit Zwangsarbeit, fügte er hinzu: »Meiner Meinung nach ist das vollkommen unzulänglich für einen Fall wie diesen.«[3]

5

Die ersten Wochen seiner Haftstrafe verbüßte Wilde im Gefängnis Pentonville, dann, am 4. Juli 1895, wurde er nach Wandsworth an der Südseite der Themse überführt.

Es dauerte nicht lange, bis in den Zeitungen Artikel erschienen, die auf den Fall Wilde mitfühlend und aufklärend eingingen. Im Juni veröffentlichte W.T. Stead, Redakteur der Zeitschrift *Review of Reviews*, eine Darstellung, in welcher Wildes Verhalten aufgrund psychologischer umd medi-

3 *The Trials of Oscar Wilde*, H. Montgomery Hyde. William Hodge, London, 1952, p. 339.

zinischer Zusammenhänge erhellt wurde. Stead erhielt daraufhin sofort einen Brief von Douglas, der mittlerweile in Paris war – eine leidenschaftliche Verteidigung der homosexuellen Veranlagung, die Stead allerdings nicht für druckreif hielt. Einen ähnlichen Brief schrieb Douglas auch an Henry Labouchere, Redakteur der Zeitschrift *Truth*. Er wurde ebenfalls nicht veröffentlicht, später aber als belastendes Beweisstück in Douglas' Verleumdungsprozeß gegen Arthur Ransome im Jahre 1913 hervorgeholt.

Douglas dehnte seine schriftlichen Kampagnen immer weiter aus, sandte sogar eine Petition an Königin Victoria, worin er die Monarchin ersuchte, ihre königliche Milde walten zu lassen und Wilde zu begnadigen. In Frankreich richtete er sich an führende Schriftsteller, die aber, obwohl viele ihre Sympathie bekundeten, Douglas' Verteidigung als unreif und sensationell empfanden. Sie selbst wollten jedenfalls nicht in die Sache verwickelt werden.

Ganz im Gegensatz zu den Gnadengesuchen seines Sohnes holte der Marquess of Queensberry im Juni schließlich zu seinem letzten Rachezug aus. Er stellte, als Gläubiger, einen Antrag auf die Erstattung seiner Anwaltskosten, die ihm in Wildes Verleumdungsprozeß zugesprochen worden war, ein Schritt, der direkt zum Konkursverfahren führte. Eine Überprüfung der Bankkonten Wildes ergab, daß seine Schulden, darunter Queensberrys Auslagen von etwa siebenhundert Pfund und sonstige Verpflichtungen, sich auf mehr als dreitausendfünfhundert Pfund beliefen. Ross, der im Juli nach England zurückkehrte, und andere Freunde konnten fast die Hälfte des Betrags aufbringen, nicht aber sämtliche Forderungen erfüllen. Angehörige der Familie Queensberry, die zur Zeit des ersten Prozesses versprochen hatten, die Kosten des Verfahrens zu zahlen, hatten diese Zusage keineswegs eingehalten und boten auch jetzt keine Hilfe mehr an.

Shaw beteiligte sich zwar nicht an der Kollekte zugunsten Wildes, unternahm aber auf eigene Faust einen Versuch, die Begnadigung seines Kollegen zu erreichen. Auf der Fahrt zu einem Gewerkschaftskongreß verbrachte er die Zeit in der Eisenbahn damit, ein Bittgesuch für Wildes Freilassung aufzusetzen. Doch am Ende kam nichts zustande, weil nicht genug Unterschriften gesammelt werden konnten.

Im August steckte Douglas noch immer tief in seiner schriftlichen Verteidigungskampagne. Er arbeitete jetzt an einem Auftragsartikel für den *Mercure de France*, einer eloquenten und poetischen Stellungnahme für Wilde, in die er drei sehr schöne Briefe Wildes einbaute, den Freund aber gerade dadurch bloßstellte. Der eine war in der Nacht vor der Schlußsitzung des Verleumdungsprozesses geschrieben, der zweite zwischen dem zweiten und dem dritten Prozeß, als Wilde gegen Kaution freigelassen worden war, und der dritte während des Verhörs von Taylor.[4] Robert Sherard, wohnhaft in Paris und ein treuer Freund Wildes, ohne jedoch zu der geheimen Clique zu gehören, warnte Douglas davor, die Briefe zu verwenden – aber erfolglos.

Wenig später besuchte Sherard Oscar Wilde im Gefängnis und erzählte ihm während der zwanzig Minuten, die sie zusammenwaren, von Douglas und seinem Vorhaben. Wilde war entsetzt, als er hörte, daß Douglas seine intimen Briefe veröffentlichen wollte, und flehte Sherard an, die Sache zu verhindern. Nach Paris zurückgekehrt, gelang es Sherard tatsächlich, den *Mercure de France* zu einer Streichung der drei Schriftstücke zu überreden, doch weigerte sich Douglas nun, den Artikel ohne die Briefe zu publizieren. So wurde der Beitrag niemals gedruckt, blieb allerdings im Typoskript erhalten.

Am 13. September 1895 schrieb Douglas aus Sorrent an Ada Leverson, er könne »die Geheimnistuerei um Oscar« nicht verstehen. Er hatte bei der Leitung des Wandsworth-Gefängnisses um Erlaubnis gebeten, Wilde schreiben zu dürfen. (Die Anzahl der Briefe, die ein Inhaftierter erhalten konnte, war

4 *The Letters of Oscar Wilde*, hrsg. von Rupert Hart-Davis, London, 1962, pp. 393-394, 396-398; deutsch u. d. T. *Oscar Wilde. Briefe*. Übersetzung Hedda Soellner, Rowohlt, Reinbek, 1966, pp. 408-409, 411. 413.

strikt begrenzt; so auch die Besuche: nur alle drei Monate war ein einziger erlaubt.) Der Direktor der Anstalt hatte ihm geantwortet, Wilde würde es vorziehen, nichts von ihm, Douglas, zu hören. Auch Ross ließ Douglas wissen, daß Wilde weder etwas von ihm hören, noch ihn sehen wollte. Douglas befürchtete, daß »irgend eine geheime Beeinflussung im Gange war«. Sherard schrieb ihm nichts, und Ross kam nicht zu ihm nach Italien.

Wilde wurde, in Handschellen und zwischen zwei Wärtern, am 24. September vor das Konkursgericht geführt. Eine öffentliche Vernehmung fand an diesem Tag jedoch nicht statt, denn Wildes Anwalt ersuchte den Richter um eine Vertagung mit der Begründung, daß er hoffe, die Schulden könnten restlos rückerstattet werden, wenn man die Zahlungsfrist verlängerte. Da kein Gläubiger anwesend war, der Einspruch hätte erheben können, vertagte der Vorsitzende die öffentliche Vernehmung auf November. Leider hatten die weiteren Spendenaufrufe der Freunde wenig Erfolg, weshalb Wilde am 12. November, als man ihn wieder vor Gericht führte, für bankrott erklärt wurde.

Am 20. November überführte man Wilde schließlich vom Gefängnis Wandsworth ins Zuchthaus Reading, wo der harte Anstaltsalltag weiterging. Körperlich wie seelisch hatte er bereits eine schwere Leidenszeit hinter sich, nun aber kam noch ein sehr persönlicher Kummer dazu. Seine Mutter, die er zärtlich liebte, starb am 3. Februar 1896. Am 19. Februar kam Constance Wilde aus Genua angereist, um ihm die traurige Nachricht mitzuteilen.

Wäre Douglas in England gewesen, er hätte begriffen, wie sehr die Ereignisse des vergangenen Jahres Wilde und seine Gefühle für den jungen Freund verändert hatten. Aber im Ausland und ohne direkten Kontakt, ging er nur von seiner eigenen Einstellung aus, die nach wie vor dieselbe war. Noch immer strengte er sich an, eine öffentliche Rechtfertigung zu erreichen, und arbeitete inzwischen an einem Artikel für die *Revue Blanche* im Bemühen, den Wilde-Skandal über das

Polizeigericht und das Old Bailey hinaus auf eine höhere Ebene, in die Aura des Romantischen und Tragischen, zu verlagern. Wieder versuchte Sherard die Publikation zu stoppen, aber vergeblich. Der Artikel erschien im Juni 1896. Kurz darauf erfuhren Sherard und andere, daß Douglas vorhatte, einen Band seiner eigenen Gedichte mit einer Widmung an Wilde herauszugeben.

Als diese Nachricht im Zuchthaus zu Reading ankam, beauftragte Wilde Robert Ross, die Dedikation zu untersagen; »das Projekt ist haarsträubend und grotesk«. Ross sollte Douglas auffordern, ihm Wildes Briefe auszuhändigen, und sie anschließend versiegeln und gegebenenfalls vernichten, wenn Wilde starb, bevor er sie selbst vernichten konnte. Er sollte auch alle Geschenke zurückfordern. Nichts, was Wilde Douglas je geschenkt hatte, dürfe mehr in dessen Besitz sein. »Er hat mein Leben zerstört – das sollte ihm genügen.«[5]

Die Wochen zogen sich dahin. Im Juli und September unternahm Wilde wiederholt Versuche, seine Haftzeit zu verkürzen. More Adey, ein enger Freund von Ross, ließ sogar ein Gnadengesuch zur Vorlage beim Innenministerium drucken. Wie die bereits erwähnte Petition war auch diese von Bernard Shaw aufgesetzt, wurde aber gleichfalls nicht abgeschickt, diesmal, weil ihr ein Brief des Innenministeriums zuvorkam, in welchem stand, daß eine Milderung der Strafe unter keinen Umständen in Betracht gezogen würde.

Im Januar 1897 begann Wilde mit der Niederschrift seines langen Briefes an Douglas, worin er ihn seines »Zusammenbruchs und der öffentlichen Schande« anklagte. Seine Bitterkeit verstärkte sich noch, als ihm im Februar mitgeteilt wurde, daß man ihm seine Söhne Cyril und Vyvyan absprach. Das Vormundschaftsgericht hatte Constance Wilde, der Mutter der Knaben, und einem ihrer Verwandten, Adrian Hope, einem Mann von untadeligem Charakter, die gemeinsame Erziehungsberechtigung zuerkannt. Der Verlust seiner Söhne war für Wilde ein entsetzlicher Schlag.

5 ebenda, p. 415-416.

Drei Monate lang schrieb er nun an seinem Brief für Douglas, jener vernichtenden Attacke, die später unter dem Titel *De Profundis* berühmt wurde.

6

Nachdem Wilde seine volle Haftstrafe von zwei Jahren verbüßt hatte, wurde er am Abend des 18. Mai 1897 aus Reading entlassen. Die erste Nacht verbrachte er noch im Gefängnis Pentonville, wo ihn More Adey und Stewart Headlam am frühen Morgen des 19. Mai abholten. Bei sich trug Wilde das Manuskript von *De Profundis*, achtzig Doppelseiten. Man hatte ihm nicht gestattet, den umfangreichen Brief an Douglas aus dem Gefängnis per Post abzusenden, aber mitnehmen durfte er ihn.

Zu später Stunde verließ Wilde noch am selben Tag England, um nie mehr zurückzukehren. Begleitet von Adey nahm er die Nachtfähre von Newhaven nach Dieppe, wo sie am nächsten Morgen Ross und Turner trafen. Die vier Männer verbrachten ein paar gemeinsame Tage in Dieppe, dann kehrten Adey und Turner nach London zurück. Ross blieb noch etwas länger, um Wilde bei der Eingewöhnung in ein kleines Hotel im nahe gelegenen Berneval behilflich zu sein. Als auch er nach Hause aufbrach, war das *De Profundis*-Manuskript in seinem Gepäck. Wilde hatte Ross, schon während seiner Haft, zum literarischen Verwalter bestimmt und ihm jetzt Anweisungen gegeben, wie er mit dem Manuskript verfahren sollte. (Vgl. hierzu Anhang II.)

In dem einfachen, bürgerlichen Hôtel de la Plage fühlte sich Wilde gelangweilt und einsam, obwohl die Inhaber freundlich waren und er sich tapfer bemühte, ein neues Leben zu beginnen, auch in der Hoffnung, daß seine Frau ihn einmal mit Cyril und Vyvyan besuchen würde. Constance zeigte sich, trotzdem es ihr nicht gut ging (sie litt an Wirbelsäulenbeschwerden), mit einem Wiedersehen einverstanden, weigerte sich aber, ein Treffen mit den Söhnen in Betracht zu ziehen. Sie hatte inzwischen deren Nachnamen und ihren eigenen verändert in: Holland, ein Name aus der Familie. Constances Briefe machten Wilde unglücklich. Er versuchte zu arbeiten und begann *Die Ballade vom Zuchthaus zu Reading*, war aber an den meisten Tagen viel zu deprimiert, um schreiben zu können. Sein Lebensmut stieg einzig und allein, wenn ein paar seiner jungen Freunde ihn auf zwei, drei Tage besuchten. Dann bewirtete er sie mit Speisen und Getränken, unterhielt sie mit seinem Witz, der durchdringend wie eh und je war, und freute sich über jedwede Zuneigung, die sie ihm entgegenbrachten.

Douglas schrieb ihm, daß er nicht verstehen könne, warum Wilde sich gegen ihn gewandt hatte und ihn nicht mehr sehen wollte. Er hätte doch »nichts getan, als durch Dick und Dünn fest zu ihm zu halten«, und das zu seinem eigenen Nachteil und Schaden und zur Erbitterung seines Vaters und der ganzen Gesellschaft, die ihn verurteilte, gerade weil er Wilde nicht im Stich ließe.[6]

Douglas fügte auch hinzu, daß er glaube, solche Unfreundlichkeit nicht verdient zu haben, und daß er sich danach sehne, Wilde zu sehen.

Es dauerte nur wenige Wochen, da schrieb Wilde wieder Briefe an Douglas im alten, anbetenden Ton, und am 4. September fuhr er nach Rouen, um Douglas persönlich zu treffen. Den ganzen Tag schlenderten sie durch die Stadt, Hand in Hand. Douglas schlug Wilde vor, mit ihm nach Italien zu kommen, er wolle eine Villa in Neapel mieten. Davon hatte Wilde einmal in einem Brief aus dem Holloway-Gefängnis geträumt: » … ein Häuschen, wo wir zusammen leben könnten, oh! das Leben würde süßer sein, als es jemals war.« [7]

Wilde war mit allem, was Douglas vorschlug, einverstanden

6 Lord Alfred Douglas, *Oscar Wilde. A Summing-Up*, Duckworth, London, 1940, p. 133. (Eine deutsche Ausgabe liegt nicht vor.)
7 *Oscar Wilde. Briefe* a. a. O., p. 408.

und bemühte sich nun, Ross seine Entscheidung begreiflich zu machen. »Ich muß lieben und geliebt werden, mag der Preis dafür auch noch so hoch sein. Ich hätte mein ganzes Leben mit Dir verbringen können, aber Du hast andere Verpflichtungen …«[8] Ross war völlig aufgebracht über Wildes Rückkehr zu Douglas und verweigerte ihm künftig jede finanzielle Hilfe. Auch Constance war wütend. Ende September hatte sie Cyril und Vyvyan ins Internat geschickt und wartete nun in Nervi bei Genua auf Wildes Besuch. Sie konnte nicht verstehen, warum er nicht kam. Als sie erfuhr, daß er mit Douglas in Neapel war, verbot sie ihm, sei es dort oder irgendwo anders, mit dem Freund unter einem Dach zu leben, und stellte die Zahlungen an ihn ein. Und schließlich drohte auch Lady Queensberry, nicht weniger beunruhigt über die Erneuerung der Freundschaft, ihrem Sohn keinerlei Geld mehr zu überweisen. Alle Freunde äußerten ihr Mißfallen, finanziell gab es nichts mehr zu erwarten und an Sympathie kaum etwas. Eine der wenigen freundlichen Gesten, die Wilde in diesem Herbst zuteil wurden, war Bernard Shaws mutiger Vorschlag, ihn zum Mitglied der geplanten *British Academy of Letters* zu ernennen.[9]

Mehr als zwei Monate lang wohnten Wilde und Douglas in der Villa Giudice am Kap von Posilipo bei Neapel. Während dieser Zeit vollendete Wilde seine *Ballade vom Zuchthaus zu Reading*, und Douglas schrieb einige seiner schönsten Sonnette. Aber das Abenteuer des gemeinsamen Lebens war zum Scheitern verurteilt. Wildes Leidenschaft beruhte hauptsächlich auf der Bewunderung von Douglas' körperlicher Schönheit, Douglas jedoch war inzwischen, wie er selbst zugab, »äußerlich nicht mehr ganz so anziehend wie zur Zeit, als er [Wilde] mich kennenlernte.«[10]

Sie hatten kein Geld mehr, und ihr Zusammenleben stieß auf

8 ebenda, p. 711.

9 vgl. *Bernard Shaw. Collected Letters*, hrsg. von Dan H. Laurence, Dodd, Mead, New York, 1965, p. 821. (Eine deutsche Ausgabe liegt noch nicht vor.)

10 Douglas, *Freundschaft mit Oscar Wilde*, a. a. O., p. 120.

immer größere allgemeine Ablehnung. »Ich haßte das«, schrieb Douglas im Dezember aus Rom an seine Mutter, kurz nachdem er Wilde verlassen hatte. »Ich war unglücklich, ich wollte weg. Aber ich konnte nicht. Die Ehrenhaftigkeit legte mir Fesseln an .... Das einzige, was geschah, war, daß ich spürte und begriff, daß er nicht wirklich wünschte, daß ich blieb, und daß es eigentlich eine Erleichterung für ihn wäre, wenn ich fortginge ... Jetzt bin ich frei.«[11]

Douglas bat seine Mutter, ihm zweihundert Pfund zuzusenden, um die Rechnungen zu begleichen und die Miete vorauszuzahlen, damit Wilde weiter in der Villa bleiben konnte. Lady Queensberry gab nach und ließ das Geld durch More Adey anweisen.

Nach Paris zurückgekehrt, ließ Douglas sich in der Avenue Kléber nieder. Wilde folgte ihm bald nach und wohnte zunächst im Hôtel de Nice, dann im Hôtel d'Alsace. Obwohl sie nie wieder unter einem Dach zusammenlebten, sahen sie sich häufig, zu Gesprächen, zum gemeinsamen Essen oder zu Ausflügen, und beide hatten immer noch ihre Freude an den Boulevard-Boys.

Im Februar 1898 erschien im Verlag Leonard Smithers die *Ballade*, Wildes letztes Buch. Es wurde überraschend gut verkauft, doch blieb letztlich für Smithers wie auch für den Autor wenig übrig. Shaw erhielt ein Freiexemplar des Bandes zugeschickt.

Im April, Wilde war noch immer in Paris, kam die Nachricht von Constances Tod wie ein Schock; sie war an den Folgen einer Wirbelsäulenoperation gestorben, erst einundvierzig Jahre alt. Ross reiste aus London an, um Wilde beizustehen.

Im Dezember 1898 folgte Wilde einer Einladung von Frank Harris, für drei Monate sein Gast an der Riviera zu sein, wo Harris gerade einen Hotelbetrieb aufbauen wollte. Als Gastgeber jedoch zeigte er sich recht rücksichtslos, traf selbst erst

11 Lord Alfred Douglas, *Without Apology*, Martin Secker, London, 1938, pp. 303, 305. (Eine deutsche Ausgabe liegt nicht vor.)

im Februar ein und benutzte, als er endlich da war, Wilde mehr zur kuriosen Unterhaltung. Zwei Wochen lang erschöpfte er ihn mit Fragen, um dann wieder abzureisen und Wilde sich selbst zu überlassen. In Nizza schloß Wilde Freundschaft mit Harold Mellor, einem reichen Neurotiker aus Lancashire in den Dreißigern, der ihn auf Reisen in die Schweiz mitnahm – eine unglückliche Zeit.

Als im Januar 1900 der Marquess of Queensberry starb, erbte Douglas an die fünfzehntausend Pfund, von denen er achttausend sofort ausgezahlt bekam. Mit diesem Geld zog er nach Chantilly und richtete dort einen Rennstall ein. Solche eigennützige Extravaganz erschien Wilde unfair, zumal er selbst dringend Geld brauchte, und er schrieb an Douglas, daß er doch wohl ein Recht darauf hätte, von ihm eine Jahresrente zu erhalten; es kam zu einer wütenden Auseinandersetzung. In welchem Ausmaß Harris sich in die Sache einmischte, wird ausführlich in Douglas' Briefen an Shaw behandelt, sei es das Gespräch hierzu zwischen Harris und Douglas in Chantilly oder Harris' Täuschungsmanöver, das dazu führte, daß Douglas – angeblich zugunsten Wildes – zweitausend Pfund in ein finanziell ungesichertes Hotelunternehmen investierte.

Im Juni 1900 offerierte Ross Douglas die Hälfte an allen künftigen Tantiemen aus dem Werk Wildes, wenn er dessen noch bestehende Schulden, die sich damals auf achttausend Pfund beliefen, bezahlen und damit die Bankrotterklärung aufheben würde. Douglas weigerte sich – und sollte es ewig bereuen. »Am meisten haßte er mich«, schrieb Ross Jahre später an Wildes Sohn Vyvyan Holland, »weil er meinen Glauben in die kommerziellen Möglichkeiten des literarischen Nachlasses für unbegründet gehalten und mein kameradschaftliches Angebot zurückgewiesen hatte.«[12]

In seinem letzten Lebensjahr litt Wilde beständig unter Geldmangel, die Lage war verzweifelt. Er schrieb Bettelbriefe an

12 Robert Ross an Vyvyan Holland in einem unveröffentlichten Brief vom 9. Juni 1918.

alle möglichen Freunde; einige schickten Geld, doch erwähnte er deren Großzügigkeit nie vor den anderen, aus Angst womöglich keine Unterstützung mehr zu bekommen.
Er war ein starker Trinker und nicht mehr fähig zu schreiben, aber im Gespräch glänzte er wie eh und je, wenn nicht noch mehr. Gleich mehreren seiner Zuhörer versuchte er das Szenario eines Stückes zu verkaufen, dessen Handlung er sechs Jahre zuvor in einem Brief an den Schauspieler-Manager George Alexander umrissen hatte.[13] Wilde erhielt von einem halben Dutzend Leute Geld dafür, darunter auch Frank Harris, der den Zusammenhang zunächst ebensowenig durchschaute wie alle anderen, dann aber, im Gegensatz zu diesen, energisch einschritt. Er entlockte Wilde das Versprechen, den ersten Akt zu schreiben, betätigte sich jedoch, als Wilde nichts tat, selbst als Autor, schrieb das Stück und verkaufte es an die Schauspielerin Stella Patrick Campbell. Es erhielt den Titel *Mr. and Mrs. Daventry* und wird im vorliegenden Briefwechsel diskutiert. Die ganze jämmerliche Episode führte dazu, daß Shaw Wilde als »unproduktiven Trunkenbold und Schwindler« bezeichnete.[14]
Mr. and Mrs. Daventry hatte am 25. Oktober 1900 im Royalty Theatre in London erfolgreich Premiere – für Wilde, der krank war, ein Anlaß mehr zu Zorn umd Demütigung. Am 10. Oktober hatte er sich einer Operation unterziehen müssen, von der man sich die Heilung einer Mittelohrverletzung erhoffte, welche die Folge eines Sturzes im Gefängnis war.
Am 17. Oktober kam Ross zu Wilde nach Paris und blieb fast einen Monat bei ihm. In dieser Zeit schrieb er an Douglas in Schottland, der Arzt halte Wildes Zustand für sehr ernst. Am 13. November verließ Ross Paris, um seiner Mutter, wie vorher versprochen, in Südfrankreich Gesellschaft zu leisten.

13 *Oscar Wilde. Briefe*, a. a. O., p. 375 f.
14 Frank Harris, *Oscar Wilde: His Life and Confessions* (2 Bände) 2. Auflage, Privatdruck, New York, 1918, Bd. 2, p. 31; deutsch u. d. T. *Oscar Wilde. Eine Lebensbeichte*, Übers. Toni Noah, Berlin, 1923.

Wilde bat ihn unter Tränen, nicht wegzugehen, doch schien kein Grund zur äußersten Besorgnis zu bestehen. Nach einer Woche aber bildete sich ein Abszeß im Ohr, und Wilde bekam Meningitis. Der Vorwurf von seiten Douglas, Ross hätte ihn, bis es schließlich zu spät war, nicht hinreichend gewarnt, in welch kritischem Zustand sich Wilde befand, ist kaum gerechtfertigt, denn Ross selbst wußte nichts davon. Als er am 28. November nach Paris zurückkehrte, war Wilde schon kaum mehr bei Bewußtsein. Ross' erste Sorge galt dem Ausfindigmachen eines Priesters, der die Sakramente der Taufe und der Letzten Ölung vollziehen konnte, um Wildes Wunsch nach Aufnahme in die römisch-katholische Kirche zu erfüllen. Innerhalb sehr kurzer Zeit war vieles zu erledigen, aber trotzdem gab Ross noch ein Telegramm an Douglas in Schottland auf.

Wilde starb am 30. November, am 2. Dezember traf Douglas in Paris ein. Die Beerdigung fand am darauffolgenden Morgen des 3. Dezember statt. Douglas schritt in der vordersten Reihe der Trauergäste. Er war es auch, der die Bestattungskosten übernahm. Wilde war bis zu seinem Tod zahlungsunfähig geblieben.

Unter den Angelegenheiten, die Ross und Douglas nach dem Tod des Freundes noch in Paris besprachen, war auch die Frage, was mit den nachgelassenen Papieren geschehen sollte. Ross hatte sie, wie er sagte, gesichtet und nichts von Bedeutung vorgefunden. Ob Douglas einen Wunsch hätte hinsichtlich der weiteren Verwendung? Douglas meinte, Ross solle tun, was er für das beste hielte, und dachte eine Reihe von Jahren nicht mehr über die Sache nach. Aber die Zeit kam, da seine Briefe an Wilde, die sich im Nachlaß befanden, vor Gericht gegen ihn verwendet werden sollten.

7

Ich träumte von ihm letzte Nacht, sah sein Gesicht,
Voll Glanz und schattenfrei von jeder Qual,
Und hörte seiner Stimme Schmelz wie dazumal,
Musik, vom Takt gelöst – und fragt' ihn, siehst du nicht,
Wie Unscheinbares durch verborgne Anmut spricht,
Wie aus der Leere selbst, die sonst nur schal,
Wunder zu locken sind? Und das Gemeine stand mit einemmal
Schönheitsbekleidet da, und überall war Licht.

Und dann, so dünkt mich, wurde eine Tür verriegelt.
Ich stand davor, nachtrauernd den verlornen Worten und allen
vergessenen Geschichten, halbgesagt geheimnisvollen Rätseln, die bedroht
Von Unfaßbarem waren und im Sprachlosen versiegelt,
Stumme Gedanken gleich erwürgten Nachtigallen.
Ich wachte auf und wußte, er war tot.[15]

Dieses Sonett für Wilde schrieb Douglas im Jahr nach dessen Tod, noch immer trauernd um den außergewöhnlichen Mann, der fast ein Jahrzehnt der Mittelpunkt seiner Welt gewesen war. Aber so hingebungsvoll er sich dem Andenken Wildes überließ, erkannte er doch, daß es Zeit war, sein eigenes Leben neu in den Griff zu bekommen. Dies war keineswegs einfach, denn Douglas war bereits dreißig, hatte keine Arbeit und ohnehin nur zweifelhafte Qualifikationen für irgendeine Anstellung. Seine Begabung lag auf dem Gebiet der Poesie und des Sports wie Schießen, Reiten, Pferderennen. Aber all das hatte ihm nur zur Kurzweil gedient, während die jetzigen Umstände ihn zwangen, den Tatsachen ins Auge zu sehen. Die Erbschaft seines Vaters schrumpfte rapide, und er konnte sich den Rennstall nicht länger leisten.

15 *The Collected Poems of Lord Alfred Douglas*, Martin Secker, London, 1919 p. 88. Original-Text: s. Anhang p. 324f.

Sein Leben mußte weniger kostspielig werden. Anfang 1901 ging er nach London und mietete sich in der Duke Street eine Wohnung.

Im Lauf der nächsten Monate gewannen zwei Freunde große Bedeutung für ihn. Der erste war George Montagu, ein Nachfahre des Earl of Sandwich. Sie hatten sich schon in Winchester kennengelernt und wurden nun unzertrennlich, bis Montagus Familie George dazu riet, die Verbindung zu lösen, da jede Assoziation mit dem Wilde-Skandal seine Chancen, in das Parlament gewählt zu werden, verschlechterte.

Die andere Freundschaft begann mit einem Brief, einer Lobrede auf seine Dichtungen. Der Absender war Olive Custance, Tochter von Eleanor und Frederic Custance, in Weston Hall, Norwich. Olive schrieb ebenfalls Gedichte. Ihr Vater, ein Oberst, der sich der Abstammung aus der Familie von Francis Bacon rühmte und für seine Dienste im Südafrikanischen Krieg ausgezeichnet worden war, hatte sich gerade aus der Grenadierwache in den Ruhestand zurückgezogen. Er wäre glücklicher gewesen mit einem Sohn als mit einer Tochter, und daß Olive, sein einziges Kind, altkluge Verse schmiedete, war ihm einfach peinlich. Seit ihrem dreizehnten Lebensjahr hatte sie am liebsten Shelley und Byron gelesen und daneben eigene Gedichte geschrieben, als über Zwanzigjährige war ihre Begabung weit über die Grenzen von Weston Hall anerkannt. 1897 hatte der Verleger John Lane ihren ersten Gedichtband herausgebracht, die Druckfahnen waren von John Gray und Ernest Dowson Korrektur gelesen worden.

Als sie ihren Brief an Douglas schrieb, waren beide eigentlich noch Kinder. Er war zwar schon einunddreißig und sie siebenundzwanzig, aber gleichwohl wirkten sie noch kindlich: hübsch anzusehen, verspielt und völlig unpraktisch. Sofort fühlten sie sich zueinander hingezogen. »Prinz« und »Prinzessin« nannten sie sich. In einem ihrer Gedichte schrieb Olive:

Und dieser süße Prinz, so alterlos und hold,
der Knabe mit den großen, blauen Augen und dem Haar
wie Gold,

wird dich, du kleine Prinzeß, führen an der Hand
durch seine Gärten alle im Märchenland![16]

Als die Custances von der Freundschaft hörten, verboten sie Olive, Douglas weiter zu sehen. Von da an trafen sich die beiden heimlich in London, in verschiedenen Museen und in der Carfax Gallery, die von Robert Ross und More Adey unterhalten wurde. Diese beiden Freunde zeigten ein gewisses Interesse an dem Liebesverhältnis. Auch eine Reise nach Paris wurde unternommen, während welcher eine Verwandte von Olive mehr oder weniger als Anstandsdame fungierte. Der »Prinz« und seine »Prinzessin« erkannten sehr wohl, daß ihre Liebe ohne die Zustimmung und Unterstützung der Familie hoffnungslos war, doch trug dieser Umstand andererseits auch dazu bei, daß ihnen ihre Situation um so romantischer erschien.

Im Oktober 1901 fuhr Douglas nach Amerika in der Absicht, seine Zukunft durch Heirat mit einer reichen Amerikanerin abzusichern. Olive war darüber im Bilde. Er besuchte Boston, New York und Washington. In seiner Autobiographie erwähnt er zwar keine Namen, gibt aber an, daß er zwischen mindestens drei in Frage kommenden Erbinnen hatte wählen können, wahrscheinlich in jeder Stadt eine.

Im Metropolitan Club von Washington jedoch, wo Douglas zum Ehrenmitglied ernannt wurde, fand er sich einer beleidigenden Bemerkung wegen des Wilde-Skandals ausgesetzt, was ihn tief verletzte. Die Sache wurde noch schlimmer, als der *New York Herald* und andere Zeitungen die Geschichte veröffentlichten. Douglas reiste nach New York und reichte dem *Herald* seine eigene Darstellung des Vorgefallenen ein, zusammen mit einem wenig schmeichelhaften Sonnett über Amerika. Im Januar 1902 bestieg er das Schiff zurück nach England.

Bei seiner Ankunft in London fand er einen Brief von Olive vor, in dem sie ihm mitteilte, daß sie sich mit George Mon-

16 Originaltext s. Anhang V, p. 325.

tagu verlobt hatte. Ihre Eltern waren darüber entzückt, desgleichen deren enger Freund König Edward VII., von dem sie ein Glückwunschschreiben erhalten hatten. Douglas bestand darauf, Olive noch einmal zu treffen, und als es dazu kam, gestand sie ihm, die Ehe mit Montagu nur deshalb eingehen zu wollen, weil Douglas sie nicht heiratete. Dieser schwor, keinen Gedanken mehr an irgendeine reiche Amerikanerin zu hegen und einzig und allein Olive zur Ehefrau zu begehren. Sie ließen alle Warnungen außer acht und feierten am Morgen des 4. März 1902 Hals über Kopf ihre Hochzeit in der Londoner St. George's-Kirche am Hanover Square. Douglas' Mutter kam nicht zum Traugottesdienst, übergab dem Sohn aber am Vorabend einen Diamantring für die Braut und versprach regelmäßige Geldzuwendungen.
Douglas' Schwester, Lady Edith Fox-Pitt, begleitete den Bruder und war Trauzeugin bei der Zeremonie. Nur sehr wenige Leute kamen in die Kirche, darunter Robert Ross. Die einzige Nachricht, die Olives Eltern von der Hochzeit erhielten, war ein Telegramm, das die Frischvermählten an der Victoria Station aufgaben, bevor sie ihre Hochzeitsreise nach Paris antraten.
Die Custances waren wütend über die Verbindung, doch standen sie nun vor einem *fait accompli* und mußten das Beste daraus machen. Braut und Bräutigam kamen zu Besuch nach Weston Hall, und Custance, einer der erfolgreichsten Angler von Norfolk, machte Douglas auch in diesem Sport zum Experten. Für kurze Zeit hatten Douglas und Olive dann ein Haus in Chelsea, und hier wurde am 17. November 1902 ihr einziges Kind geboren, Raymond Wilfrid Sholto Douglas. »Alles war anders, nachdem Raymond geboren war«, schrieb Olive in späteren Jahren klagend an Douglas.
Was anders war, das war die Notwendigkeit, Verantwortung zu übernehmen. Nach außen allerdings schien alles noch eine Zeitlang in Ordnung. Douglas pachtete ein hübsches altes Haus, *Lake Farm*, in der Nähe von Salisbury, wo er und Olive ein geruhsames Landleben führten mit viel sportlicher

Betätigung und verträglichen Nachbarn, die sie trotz des Stigmas durch die *persona ingrata* Wilde akzeptierten. 1902 veröffentlichte Olive einen zweiten Gedichtband *Rainbows* [Regenbogen], dem 1910 noch ein dritter folgen sollte, *The Inn of Dreams* [Das Gasthaus der Träume]. Sowohl Olive als auch Douglas publizierten Gedichte in der *Academy*, einer literarischen Zeitschrift von anspruchsvollem Niveau.

Auch Robert Ross war Mitarbeiter an dieser Zeitschrift. Im Jahre 1907, als Douglas in einem Brief an ihn erwähnte, das er sich auf dem Land langweile und verzweifelt danach verlange, irgend etwas zu tun, machte Ross, der gehört hatte, daß die Zeitschrift zum Verkauf stand, den Vorschlag, daß Douglas' Cousine Pamela Wyndham Tennant und ihr Gatte Edward Tennant, ein Bruder von Margot Asquith, die *Academy* kaufen und Douglas als Herausgeber einsetzen sollten. Douglas gegrüßte die Idee mit Begeisterung, und seine Verwandten waren ebenfalls empfänglich dafür. Nach Gesprächen mit Ross zahlte Tennant zweitausend Pfund für die Zeitschrift und versprach ein Herausgeberhonorar von jährlich dreihundert Pfund. Douglas nahm seine Aufgabe sehr ernst, zog mit seinem Haushalt nach Hampstead und mietete ein Büro in Lincoln's Inn Fields. Er wollte alles daran setzen, die *Academy* zu einem herausragenden Forum zu machen.

8

Zu den Autoren der Zeitschrift gehörte Bernard Shaw, der inzwischen als Dramatiker breite Anerkennung gefunden hatte. Seine Stücke *Candida*, *John Bulls andere Insel* und *Caesar und Cleopatra* waren in London mit Erfolg aufgeführt worden; *Mensch und Übermensch*, *Candida* und *Man kann nie wissen* hatten in Amerika Resonanz gefunden. *Frau Warrens Beruf* war in New York eine zugkräftige Sensation gewesen, wenn es auch wenige Zuschauer erreicht hatte: bei der Premiere schon war von der Zensur die Absetzung des Stükkes erzwungen und das gesamte Ensemble verhaftet worden. *Helden* war in Deutschland zur Aufführung gelangt, *Der Teufelsschüler* in Rußland, Ungarn und Polen, und *Man kann nie wissen* in Schweden.

Shaw war nicht nur an den Bühnenaufführungen seiner Stücke interessiert, sondern auch an deren Veröffentlichung in Buchform. Der Verlag Grant Richards brachte drei Bände mit seinen Theaterstücken heraus. Als der neue Verleger John Murray *Mensch und Übermensch* ablehnte, aus Angst, es könnte gegen die Konvention verstoßen, gelang es Shaw, die Firma Constable zu gewinnen, die seine Stücke »in Kommission« nehmen wollte; auf diese Weise begann eine überaus produktive Geschäftsverbindung. Shaw hatte immer mehr Erfolg, auch auf anderen Gebieten. Sechs Jahre lang war er Mitglied der Ratsversammlung im Londoner Bezirk St. Pancras. Für die *Gesellschaft der Fabier* hielt er nach wie vor Reden und schrieb auch politische Essays. Und schließlich brachte er in der Presse häufig seine bissigen Kommentare zum Weltgeschehen.

Auch in Shaws Privatleben hatte sich seither vieles ereignet. 1896 war er Charlotte Payne-Townshend begegnet, einer entfernten Verwandten jenes Townshend, in dessen Dubliner Maklerbüro er einst als junger Mann gearbeitet hatte. Charlotte war ihm als neues Mitglied der *Gesellschaft der Fabier* von seinen nahen Freunden Sidney und Beatrice Webb vorgestellt worden. Die »grünäugige irische Millionärin« war von eindrucksvoller Persönlichkeit, intelligent und attraktiv, eine Rebellin gegen die Familie. Zum Zeitpunkt der ersten Begegnung unterhielt Shaw romantische Beziehungen zu gleich mehreren Damen, Miss Payne-Townshend aber war etwas völlig Neues für ihn: vorherrschend geistige Fähigkeiten hatte er bis dahin bei einer Frau nicht gefunden. Sie hatte gar nichts Flatterhaftes an sich, war von ausgeglichenem Temperament, geradeheraus und praktisch. Und sie zeigte echtes Interesse an seiner Arbeit. Er fühlte sich wohl in ihrer Gesellschaft und spürte immer, wenn ihre unersättliche Reiselust sie von London wegführte, wie sehr er sie vermißte. Sie war auch im Ausland, als Shaw, überarbeitet bis zum Punkt der völligen Erschöpfung, krank wurde; er hatte eine anfangs nur leichte Verletzung am Fuß vernachlässigt, bis derart schwere Komplikationen entstanden, daß zwei Operationen notwendig waren. Sobald Charlotte erfuhr, wie ernst der Zustand war, eilte sie nach Hause und ging sofort zur Wohnung von Shaws Mutter am Fitzroy Square. Entsetzt über die Unordnung, in der Shaw mit seiner Mutter lebte, erklärte sie ihm, daß er unbedingt mir ihr aufs Land kommen und angemessene Pflege haben müsse. Als Antwort auf diesen »Befehl« reagierte Shaw mit Skrupeln, die man in seinen Stücken nicht findet: er bestand darauf, daß sie, wenn er sich Charlotte anschlösse, verheiratet sein müßten. Sie nahm die Bedingung an, stellte ihrerseits aber auch Bedingungen, von denen eine darin bestand, daß die Ehe nie körperlich vollzogen werden durfte.

Shaws Hochzeit war in ihrer Art ebenso ungewöhnlich wie die von Douglas. Am 1. Juni 1898 humpelte er auf Krücken zum Standesamt in der Henrietta Street, wo die Formalität in Gegenwart zweier Trauzeugen stattfand. Die Braut war einundvierzig, der Bräutigam zweiundvierzig Jahre alt. Die Hochzeitsmeldung für die Presse setzte Shaw selbst auf, in der für ihn typischen Weise, gegen die seine Braut jedoch keine Einwände machte. Charlotte besaß die seltene Fähigkeit, dem Leben objektiv beobachtend und mit Sinn für Humor gegenüberzustehen.

Von den ersten Tagen ihrer Bekanntschaft an hatte sie Shaw bei seiner Arbeit unterstützt, auch gelernt, richtig Schreibmaschine zu schreiben, um ihm eine tüchtige Sekretärin sein zu können. Zudem war sie eine ausgezeichnete Kritikerin, kenntnisreich, freimütig und anspruchsvoll, und darüber hinaus hatte sie noch die Sicherheit eines Generalmanagers, ohne sich aber im geringsten mit ihrem Mann auf schriftstellerischem Gebiet messen zu wollen – im Gegensatz zu Olive Douglas.

Shaw übersiedelte in Charlottes Londoner Wohnung Adelphi Terrace, dem großen alten Adam-Gebäude, das heute ziemlich vernachlässigt ist. Sie bewohnten die beiden oberen Stockwerke des Hauses Nr. 10, das Charlotte einige Jahre zuvor übernommen hatte, um Sidney und Beatrice Webb bei der Einrichtung der Londoner *School of Economics* in den unteren Etagen behilflich zu sein. Die Räumlichkeiten waren als Hauptwohnsitz in der Stadt für das Ehepaar Shaw völlig ausreichend, aber bald suchten sie zusätzlich ein Haus auf dem Land. Bis zum Jahre 1906 pachteten sie verschiedene Anwesen, dann mieteten sie das unscheinbare, ja häßliche rote Backsteinhaus in Ayot St. Lawrence, das ursprünglich als Pfarrei erbaut worden war.

9

Als Douglas 1907 Herausgeber der *Academy* wurde, hatte er große Hochachtung für Shaw. Er fand die Lustspiele »entzückend«, hielt Shaw für einen gleichermaßen brillanten wie amüsanten Autor und tiefgründigen Denker und argumentierte für die respektvolle Befolgung von Shaw Thesen zu sozialen Fragen. Einem Brief an Olive vom 25. Juni 1907 fügte er eine freundliche Zuschrift Shaws bei, mit der dieser ihm zur steigenden Auflage der *Academy* gratuliert hatte. Im Anschluß daran wurden noch ein paar weitere wohlwollende Briefe zwischen ihnen gewechselt.

Dann plötzlich brachte die *Academy*-Ausgabe vom 23. Mai 1908 einen Verriß über *Heiraten*, Shaws erstes »Konversations-Stück«. Die Kritik bezeichnete es als ein unsittliches Machwerk, das niemals die Zensur hätte passieren dürfen. Shaw schrieb einen Protestbrief an die Redaktion. Douglas antwortete mit einer groben Stellungnahme, und Shaw zahlte es ihm zurück. Alles in allem gingen fünf Briefe hin und her (siehe Anhang I). Danach herrschte Stille zwischen Shaw und Douglas, mehr als zwanzig Jahre.

Der Vorfall mit *Heiraten* war ein bezeichnendes Beispiel – und es sollten noch viele weitere folgen – für den energischen moralischen Standpunkt, den die *Academy* auf politischem und religiösem Gebiet einzunehmen begann: Asquith und Lloyd George wurden attackiert und die Praktiken der orthodoxen anglikanischen Hochkirche befürwortet. In sämtlichen dieser Kontroversen fand Douglas sich unterstützt, ja oft sogar dazu verleitet, von seinem Mitredakteur, dem scharfzüngigen T. W. H. Crosland (den Shaw in seinen Briefen »Thersites« Crosland nennt). Die politischen Ansichten, die in der *Academy* zum Ausdruck kamen, beunruhigten Edward Tennant mehr und mehr, nicht nur, weil er ein Schwager von Asquith (dem damaligen Premierminister) war, sondern auch wegen seiner eigenen Position als Parlamentsabgeordneter für Salisbury. Die Artikel zu religiösen Themen waren den Tennants jedoch kaum weniger peinlich aufgrund des persönlichen Missionarseifers von Douglas. Dieser spürte nämlich als mittlerweile orthodoxer Anglikaner Gewissensbisse ob seiner gottlosen Jugend und mißbilligte nun die Homosexualität in ebenso leidenschaftlichen Tönen, wie er sie einst verteidigt hatte. Die Tennants baten Douglas, der *Academy* doch ihren ursprünglich literarischen, nichtpolemisierenden Charakter wiederzugeben, aber er wollte nicht darauf eingehen. Da zogen sie ihre finanzielle Unterstützung zurück. Douglas kaufte, nachdem seine Hilfegesuche bei allen möglichen Adressaten gescheitert waren, die Zeitschrift selbst mit einem Kredit auf seine Anwartschaft am Grundbesitz seiner Mutter.

Die *Academy* verfolgte indessen ihre Politik der heftigen Kontroverse weiter, so daß Douglas nicht nur zu den Tennants, sondern auch zu Robert Ross in ein Spannungsverhältnis geriet, da dieser in fast allen wichtigen Punkten anderer Meinung war. Im August 1908, als das Ehepaar Douglas und Ross gemeinsam auf eine Landhausparty eingeladen waren, provozierte die Auseinandersetzung um die *Academy* einen explosiven Ausbruch an der Abendtafel, der für den Gastgeber Frank Lawson ebenso wie für alle anderen Anwesenden beschämend und unangenehm war. Olive bemühte sich nachher, eine Versöhnung herbeizuführen; auf ihr Drängen hin lud Ross Douglas zum Lunch in seinen Club ein. Die beiden hatten sich allerdings sehr wenig zu sagen. Konzept und Praktiken der *Academy* blieben heikle Punkte für Ross; hinzu kam noch, daß er mit Freddie Smith, einem jungen Büroangestellten, der jetzt Sekretär geworden war, zusammenlebte. Heikle Punkte für Douglas andererseits waren all die erfolgreichen Unternehmungen in Sachen Wilde, die Ross vorweisen konnte: er hatte sämtliche Schulden aus dem Nachlaß beglichen, die Summe plus vier Prozent Zinsen 1906 voll zurückgezahlt und war zum Verwalter von Wildes literarischem Nachlaß ernannt worden; mit Unterstützung des Verlags Methuen gab er gerade die erste Wilde-Gesamtausgabe heraus. Freundschaftlich gingen Douglas und Ross diesmal auseinander, machten aber keine Anstalten, sich wiederzusehen. Im Dezember 1908, anläßlich eines Ehrendinners für Ross, das zur Feier der nun vollständigen Methuen-Ausgabe veranstaltet wurde, erschienen Wildes Freunde in eindrucksvoller Runde, Douglas aber glänzte durch Abwesenheit.

Im Februar 1909 bat Olive Ross, einmal mit ihr allein zum Lunch zusammenzukommen, weil »ich fürchte, daß Sie und Bosie im Augenblick keine Freunde sind, [und] mir das leid tut.« (24. Februar 1909). Ross hatte schon eine Einladung wenige Tage zuvor abgelehnt und erklärte Olive jetzt in seinem Antwortbrief (28. Februar), warum er es für klüger hielt, Douglas nicht mehr zu treffen. Er hege keine Feindseligkeit gegen ihn, kenne ihn ja auch lange und gut, doch habe er eingesehen, daß es am besten sei, auf die Fortsetzung des Kontakts zu verzichten. Auf diesen Brief an Olive reagierte Douglas prompt, und zwar schärfstens, indem er Ross wissen ließ, daß er keineswegs eine Aufrechterhaltung der Verbindung wünsche: »Meine eigenen Ansichten haben sich geändert, und es liegt mir nichts mehr daran, mit Leuten zusammenzukommen, die aktive Propaganda betreiben für alle

Arten der Gottlosigkeit von der Anarchie und dem Sozialismus bis hin zur Sodomie.« Dieser Passus veranlaßte Ross, einen Rechtsberater aufzusuchen. Auf Anraten seines Anwalts Sir George Lewis erhob er keine Klage, bot aber das Manuskript von *De Profundis* gegen Jahresende dem Britischen Museum an. Dort wurde es, versiegelt bis 1960, in die Bestände aufgenommen, eine »Zeitbombe für Douglas«, wie Shaw später sagte.

10

Die Verluste der *Academy*, trotz höherer Auflagenzahl, zwangen Douglas im Jahre 1910 zum Verkauf der Zeitschrift. Es war ein bitterer Schlag. Die Niederlage führte zu Depressionen und tiefer Lebensunzufriedenheit.

Jetzt wurden die religiösen Überzeugungen, die Douglas während seiner Redaktionstätigkeit vertreten hatte, immer wichtiger für ihn, auch im persönlichen Bereich. Da ihm die Anglikanische Hochkirche nicht länger genügte, trat er 1911 der Römisch-Katholischen Kirche bei. Seine Mutter und die Schwester Edith folgten seinem Beispiel, und der neunjährige Raymond wurde ebenfalls der Kirche zugeführt. Oberst Custance war verärgert über den Druck, den Douglas seiner Meinung nach auf Raymond ausübte, wie er überhaupt fast alle Entscheidungen seines Schwiegersohnes im Zusammenhang mit dem Knaben mißbilligte.

Im Laufe dieses Jahres konnte Custance seine Tochter Olive dazu überreden, eine Übertragungsurkunde zu unterschreiben, mit der sie auf den Grundbesitz ihres Großvaters verzichtete, um als Gegenleistung eine finanzielle Regelung zugunsten Raymonds und eine Rente für sich selbst zu erhalten. Custance versprach, die Zahlungen in bestimmten Abständen zu leisten, verweigerte das Geld aber schon wenig später, wenn nicht gewisse Zugeständnisse betreffs Raymond gemacht würden. Douglas schrieb, auf Olives Anspruch pochend, herausfordernde Briefe an den Schwiegervater, worauf dieser sich gezwungen sah, eine Verleumdungsklage anzustrengen.

Das Jahr 1913 war schlimm für Douglas: im Januar wurde er auf Antrag eines Gläubigers für bankrott erklärt; sein Schwiegervater prozessierte um das Versorgungsrecht für Raymond; und Douglas selbst prozessierte gegen einen jungen Mann namens Arthur Ransome wegen gewisser Passagen in dessen Buch *Oscar Wilde. A Critical Study* (1912), die er beleidigend empfand, weil darin ein nicht namentlich Erwähnter – aber man erkannte Douglas eindeutig – angeklagt wurde, die Lebenskatastrophe Wildes verschuldet zu haben, Ransome hatte sein Buch unter der Anleitung von Ross geschrieben, und Ross sorgte nun auch für eine geschickte und rechtskräftige Verteidigung. Noch während Douglas vor Gericht kämpfte, kehrte Olive, verstört und einem plötzlichen Impuls folgend, mit Raymond zu ihrem Vater zurück, was Douglas in eine unheilvolle Lage brachte: Im Verfahren Custance gegen Douglas mußte er eine Entschuldigung einreichen und seine Vorwürfe zurückziehen; das Vormundschaftsgericht belohnte Custance mit dem grösseren Anteil an Raymonds Freizeit; und Douglas verlor auch noch seinen Prozeß gegen Ransome.

In dieser letzten Gerichtsverhandlung wurden abermals belastende Briefe – wie schon in den früheren Wilde-Prozessen – verlesen und außerdem einige bis dahin noch unbekannte Passagen aus *De Profundis* zum erstenmal vor einem öffentlichen Gericht zitiert. Das Manuskript hatte man vorher vom Britischen Museum angefordert. Die betreffenden Passagen wurden anschließend ausgiebig in der Presse wiedergekäut, so daß Douglas in der öffentlichen Meinung als Wildes böser und zerstörerischer Dämon galt. Douglas selbst schwor zwar unter Eid, daß er den *De Profundis*-Brief weder im August 1897 erhalten habe, wie jetzt behauptet wurde, noch zu irgendeinem späteren Zeitpunkt, ja daß er, bis kurz vor dem Prozeß, als man ihm eine Abschrift überreichte, nicht einmal gewußt habe, daß überhaupt ein solcher Brief an ihn gerichtet worden war.

Das Bekanntwerden von *De Profundis* führte dazu, daß Douglas dem Andenken Wildes entgegenwirkte. Wütend und verbittert reagierte er auf dessen Beschuldigungen mit dem Buch *Oscar Wilde and Myself* (1914; deutsch: *Freundschaft mit Oscar Wilde*, 1929), eine einzige Attacke gegen Wilde und Rechtfertigung seiner selbst, die in Zusammenarbeit mit Crosland entstand. Einen Gutteil des Buches nahm Douglas einige Jahre später zurück mit der Begründung, Crosland habe zwei Drittel davon geschrieben. »Ich bedaure zutiefst, daß der Band jemals erschienen ist.«[17]

11

Bei Ausbruch des Ersten Weltkriegs meldete sich Douglas, vierundzwanzigjährig, als Freiwilliger, wurde aber abgewiesen. Anstatt in die Armee, kam er 1914 abermals vor Gericht. Diesmal prozessierte Ross gegen ihn wegen Verleumdung. Douglas hatte ihn zu diesem Schritt genötigt, da er ihn des unsittlichen Umgangs mit männlichen Jugendlichen bezichtigte. Im Verhör nun verteidigte sich Douglas, wie seinerzeit sein Vater, durch Selbstrechtfertigung. Kurz vor der Verhandlung begann er noch, bei einer Anzahl junger Männer Beweismaterial zu sammeln. Das Geschworenengericht konnte zu keinem Urteilsspruch gelangen, und das Verfahren wurde nach einem *Nolle prosequi*-Antrag von Ross eingestellt. Infolgedessen wurde Douglas freigesprochen und rehabilitiert, bekam seine Kosten erstattet, und seine Verteidigungsrede wurde in den Akten des Old Bailey aufbewahrt.

Für Douglas wie für Ross wäre es besser gewesen, wenn dieser Prozeß nie stattgefunden hätte. Beiden brachte er Unglück. Douglas hatte berechtigte Gründe, sich darüber zu beschweren, daß Ross Privatbriefe von ihm an Wilde aufbe-

17 Douglas, *Without Apology*, a. a. O., p. 60.

wahrt und später als belastende Beweisstücke dem Gericht vorgelegt hatte; auch darüber, daß Ross ein privates Dokument Wildes, *De Profundis*, als Zeugnis gegen ihn verwandte. Aber daß er Ross so unbarmherzig verfolgte, kostete Douglas selbst Sympathien. Für Ross andererseits bedeutete der Prozeß das Ende einer glänzenden Karriere. Er mußte seine Position im Handelsministerium verlassen und sich überhaupt aus dem öffentlichen Leben zurückziehen. Treue Freunde sammelten in einer Hilfsaktion über dreihundert Unterschriften zu seinen Gunsten und bekundeten offiziell ihre unverbrüchliche Solidarität und Achtung für ihn – aber Ross war ruiniert.

Douglas ließ nicht nach in seinem erbitterten Kampf gegen ihn und das Andenken an Wilde. Vier Jahre später, im Juni 1918, bot er sich an, als Zeuge für Pemberton Billing auszusagen, den Spürhund im Parlament und gefeierten Verfechter einer energischeren Kriegsführung, der aufgrund seiner Besprechung einer Theaterproduktion der *Salomé* von der Produzentin Maud Allan der Verleumdung angeklagt war. Als man Douglas im Zeugenstand fragte, ob er bereue, Wilde gekannt zu haben, antwortete er: »Ja, sehr sogar. Er hatte einen teuflischen Einfluß auf jeden. Ich glaube, es gab in Europa seit dreihundertundfünfzig Jahren keine so starke Zugkraft zum Bösen mehr.«[18]

Billing wurde in der Kriegshysterie jener Zeit freigesprochen, und Ross schrieb an Vyvyan Holland, dieser Prozeß habe den Wilde-Nachlaß zunichte gemacht; von allen Seiten wurden Verträge gekündigt, es gab keine Honorare mehr.

Auch Ross' persönliche Situation war schwierig. Ende August wollte er in den Heeresdienst eintreten, bekam aber von der Sanitätskommission zu hören, daß er für den militärischen ebenso wie für den zivilen Einsatz untauglich war. So griff er einen alten Plan, nach Australien zu gehen, wieder auf, da ihm von der Kunst-Galerie in Melbourne ein Jahr zuvor eine Stelle angeboten worden war. Damals hatten es

18 Rupert Croft-Cooke, *Bosie*, W. H. Allen, London, 1963, p. 287.

durch den Krieg bedingte Verkehrsschwierigkeiten unmöglich gemacht, die Überfahrt zu buchen, jetzt aber konnte er eine Fahrkarte kaufen und hatte die Zusage für eine Schiffspassage zwischen dem 26. Oktober und dem 2. November. Er kam nicht nach Australien. Am 5. Oktober starb er an einem Herzanfall, neunundvierzig Jahre alt.

12

Während des Krieges wandte sich Shaw vom Theater ab. Die schöne Ära der Lustspiele wie *Fannys erstes Stück*, *Androklus und der Löwe* oder *Pygmalion* war vorbei. Zeit und Energie widmete er jetzt der Politik, in die er sich kommentierend und warnend einmischte. So forderte er einen Pakt der vier Großmächte; doch wurde seinem Plan von offizieller Seite her keine Aufmerksamkeit geschenkt. In der Zeitung *The New Statesman* holte er gegen den Außenminister Sir Edward Grey aus. Mit seiner Abhandlung *Common Sense about the War* [1914; deutsch: *Der gesunde Menschenverstand im Krieg*, 1919] attackierte er die britische Politik und erklärte, England hätte Deutschland warnen sollen, daß es kämpfen würde, sobald die Deutschen in Belgien einmarschierten und Frankreich angriffen. Die Deutschen waren rasch bei der Hand, dieses Argument für sich selbst auszunutzen, und Shaw wurde vorgeworfen, daß er pro-deutsch sei. Freunde sagten sich von ihm los, und seine Stücke wurden nicht mehr aufgeführt. Seine Unbeliebtheit wuchs noch weiter, als er die Verteidigungsrede für den angeklagten Sir Roger Casement schrieb, einen hervorragenden Staatsbeamten, der gehängt werden sollte, weil er versuchte, Irland zu »befreien«, und dafür die Unterstützung der Deutschen angefordert hatte.
Im Jahre 1916 begann Shaw mit der Niederschrift von *Haus Herzenstod*. Die Thematik spiegelt seine wachsende Enttäuschung über den Krieg wider, aber er war auch desillusioniert vom Glauben seiner Freunde Sidney und Beatrice Webb,

wonach der Fortschritt der Welt schon gewährleistet sei, wenn man ihn den Beamten des öffentlichen Dienstes überließe (Shaw selbst glaubte damals noch an den Kommunismus). *Haus Herzenstod* gelangte erst 1920 in New York, 1921 in London zur Aufführung. Shaw hielt es für sein bestes Stück; Charlotte haßte es.

Sein nächstes Werk *Zurück zu Methusalem* – eigentlich fünf Einzelstücke, die an aufeinanderfolgenden Abenden gespielt werden sollten – wurde 1922 von der Theatre Guild in New York aufgeführt und in England ein Jahr später unter Barry Jackson am Birmingham Repertory Theatre. In *Methusalem* entwickelte Shaw das Leitmotiv, daß die Lebenszeit des einzelnen nicht lange genug sei: bis man endlich gelernt habe, sich zurechtzufinden, müsse man sterben. Diese Ironie empfand Shaw an sich selbst, denn er war überzeugt, daß seine geistigen Kräfte noch immer zunahmen, auch wenn er sehr wohl erkannte, daß sein Körper schwächer wurde. Der einzige Weg, dieses Problem zu lösen, war nach seiner These der Weg der *schöpferischen Evolution*; der Mensch müsse selbst den festen Willen haben, länger zu leben, und begreifen lernen, daß dazu nicht die körperliche Ekstase, sondern die geistige Leidenschaft unentbehrlich sei.

In seinem darauffolgenden Stück, *Die heilige Johanna*, wandte sich Shaw traditionelleren Glaubensinhalten und Erkenntnissen zu. Schon 1913 hatte er mit dem Gedanken an ein »Johanna-Stück« gespielt und davon in einem Brief aus Orléans (vom 8. September 1913) an Stella Patrick Campbell gesprochen. Die Idee wurde wiederbelebt, als Sir Sidney Cockerell, Direktor des Fitzwilliam Museums, ihm ein Buch über Jeanne d'Arc schenkte, und Shaw plötzlich die Prozeß-Szenen als Drama vor sich sah. Charlotte war begeistert und spornte ihn zur Weiterarbeit an. *Die heilige Johanna* hatte 1923 in New York und 1924 in London Premiere. Hier wie dort war das Stück ein Riesenerfolg und der Favorit vieler Rezensenten.

1926 wurde Shaw mit dem Nobel-Preis für Literatur ausge-

zeichnet. Bis dahin hatte er alle Preise, Titel und Ehrungen abgelehnt, sogar den Staatspreis *Order of Merit* für künstlerische Verdienste. Auch jetzt zögerte er zunächst, war dann aber einverstanden, als man ihm erklärte, daß er keine Rede halten, ja nicht einmal persönlich zur Verleihung erscheinen müsse und daß er die Preissumme von siebentausend Pfund dafür verwenden könne, eine Stiftung für Übersetzungen schwedischer Literatur ins Englische zu gründen.
Gegen Ende der zwanziger Jahre war Shaw der meistgefeierte Dramatiker der Welt und, im finanziellen Sinn, der erfolgreichste Autor aller Zeiten.

13

Bei Douglas war es umgekehrt. Seine Einnahmen als Autor beliefen sich auf nur fünfzig bis hundert Pfund im Jahr, und obwohl seine Gedichte noch immer einige treue Bewunderer hatten, war er, der Dichter persönlich, in Vergessenheit geraten. Der einzige Ruhm, den er noch besaß, war der als Freund Oscar Wildes.
Daß seine Poesie weniger geschätzt wurde, hing wesentlich mit dem veränderten literarischen Geschmack der vorrausgehenden zwanzig Jahre zusammen. Die Leser hielten nichts mehr von klassischen Regeln und peinlich genauem Umgang mit Versmaß und Reim, sie bevorzugten die freieren Formen. Aber Douglas' Stärke lag gerade in der ausgefeilten Lyrik und im Sonett. Darin war er ein Meister. Sir Arthur Quiller-Couch, Herausgeber des *Oxford Book of English Verse*, vertrat sogar die Überzeugung, daß Douglas die besten Sonette seiner Zeit geschrieben habe und nur wenige englische Dichter anderer Zeiten ihm gleichkämen. Frank Harris, der Douglas als Mensch zwar ablehnte, lobte ihn als Dichter der Sonette über die Maßen, ja verglich ihn sogar mit Shakespeare, und Shaw stellte ihn auf eine Stufe mit Shelley.

Ein zweiter Faktor war das Alter. Die so hoch gepriesenen Sonette waren lange Zeit vorher entstanden, als Douglas noch ein junger Mann war und die Zukunftsaussichten günstig schienen:

> Meine Jugend, zum Aufbruch bereit, wendet sich rückwärts,
> Wirft ab die schwere Bürde der Jahre und eilt,
> Ein glücklicher Knabe, heim ins glückselige Haus.[19]

Diese Zeilen in seinem Gedicht »An Olive«, geschrieben 1907, sind gewissermaßen eine Selbstanalyse. Die Kindheit war für Douglas die glücklichste Zeit seines Lebens, und immer sollte er kindliche Eigenschaften beibehalten. Zahlreiche Beobachter nahmen das wahr, und er selbst war stolz darauf: alle großen Dichter, sagte er, hätten ein kindliches Wesen. Er ging sogar noch weiter und behauptete, wenn es (nach Thomas a Kempis) möglich wäre, sich im Himmel ein Lebensalter zu wünschen, so wolle er ewig Kind bleiben.

Trotzdem war sich Douglas, auch wenn er im Herzen ein Kind bleiben wollte, schmerzlich der Tatsache bewußt, daß er alt geworden war.

Überdies mußte er erkennen, daß ihm das Niveau seiner früheren Gedichte nicht mehr erreichbar war, und weniger gute Verse wollte er nicht schreiben. So verlagerte er all seine innere Unruhe, seine starken Emotionen und seinen Kampfgeist auf die journalistische Tätigkeit: polemische Artikel, Pamphlete, Kritiken, Briefe an Redaktionen – überhitzte, streitsüchtige Bruchstücke, die ihm wenig Respekt oder Lob einbrachten.

Im Jahre 1920 nahm er ein Angebot an, die Redaktion der erzkonservativen Tory-Zeitschrift *Plain English* zu übernehmen und engagierte Crosland wieder als Mitarbeiter. Die Ansichten, die die beiden vertraten, erinnern an die Zeiten der *Academy*. Sie waren gegen Lloyd George, gegen die

19 Original-Text s. Anhang V p. 325.

Koalition, gegen die Sinn Féin[20] und gegen die Juden. Nach sechzehn Monaten übernahm ein neuer Eigentümer den Verlag und entließ Douglas aus der Redaktion. Dieser gründete daraufhin eine eigene Zeitschrift, der er den Namen *Plain Speech* gab [um anzudeuten, daß er kein Blatt vor den Mund nahm], aber sie hielt sich nur wenige Monate.

1923 grub er einen alten Artikel aus den Akten seiner eingegangenen Zeitschrift hervor, druckte ihn in einer Auflage von dreißigtausend Exemplaren als Streitschrift und startete mit dem Pamphlet und einem öffentlichen Vortrag einen Feldzug gegen den Kabinettsminister Winston Churchill. Douglas erklärte, Churchill habe 1916 eine vorzeitige, falsche Berichterstattung über die Schlacht von Jütland publik werden lassen, wodurch einer kleinen, aber mächtigen Gruppe von Juden Profite an der New Yorker Börse zugefallen seien (die britische Börse war während der Dauer des Krieges geschlossen). Desweiteren behauptete er, daß der Untergang der *Hampshire* auf dem Weg nach Rußland (am 5. Juni 1916) mit Feldmarschall Lord Kitchener an Bord ein Komplott der bolschewistischen Judenschaft gewesen sei, wobei Churchill und andere britische Regierungsbeamte von hohem Rang die Hand im Spiel gehabt hätten. Beide Gerüchte waren unbegründet, aber Douglas glaubte daran und zwang, da er seinen Beschuldigungen öffentlich Nachdruck verlieh, Churchill dazu, eine Verleumdungsklage anzustrengen. Vor einem Schnellgericht wurde Douglas für schuldig befunden und zu einer sechsmonatigen Haftstrafe in Wormwood Scrubs verurteilt.

Das Gefängnis übte eine therapeutische Wirkung auf ihn aus. Er bereute seine Streitsucht, bereute das Unrecht, das er Churchill angetan hatte, und änderte seine Einstellung gegen Wilde. Er löste sich von seiner Bitterkeit, seiner angestauten Wut und dem Gefühl, betrogen worden zu sein, das er empfunden hatte, als die geheimgehaltenen Seiten von *De Profun-*

20 Sinn Féin: irisch »Wir selbst«; nationalistische Partei der Iren, 1905 gegründet.

dis an die Öffentlichkeit gelangt waren. Nach seiner Entlassung aus dem Gefängnis im Mai 1924 blieben seine mündlichen wie schriftlichen Äußerungen über Wilde durchweg ohne Groll und zeigten wieder volles Verständnis und tiefe Zuneigung. Er war eifrig bedacht, auf Ähnlichkeiten in ihrer beider Lebenserfahrungen hinzuweisen, schämte sich nicht, ruiniert und bankrott zu sein, und war stolz auf seine Zeit im Gefängnis. Oscar Wilde sei ja ebenfalls im Gefängnis gewesen, schrieb er im Vorwort zu einem Buch seines Freundes Robert Harborough Sherard, und seitdem sei es »das offensichtliche Ziel jedes englischen Dichters mit Selbstachtung«. Er jedenfalls hätte nicht geruht, bis er dorthin gekommen sei.[21]

Wie Wilde schrieb auch Douglas während seiner Haft ein bedeutendes Werk: *In Excelsis*, einen von *De Profundis* inspirierten Sonetten-Kranz. Er durfte das Manuskript beim Verlassen der Anstalt nicht mitnehmen – auch dies eine Parallele zu Wilde – behielt die Verse aber im Gedächtnis und schrieb sie ein zweites Mal nieder, sobald er auf freiem Fuß war. Das Buch erschien wenige Monate später im Verlag Martin Secker.

Im Frühjahr 1925 reiste Douglas nach Nizza und versöhnte sich dort mit Frank Harris. Seit 1916, als Harris' Wilde-Biographie erschienen war (privat in New York, denn Douglas hatte angedroht, Harris gerichtlich verfolgen zu lassen, wenn das Buch in England gedruckt würde), hatten die beiden kein Wort mehr miteinander gewechselt. Nun bat Harris um Erlaubnis, eine englische Ausgabe edieren zu dürfen, und versprach, dazu ein neues Vorwort zu schreiben. Auch war er willens, alles zu ändern, was Douglas als Boshaftigkeit gegen sich auslegte, und eindeutig falsche Angaben sowie irreführende Interpretationen zu korrigieren. Er übergab Douglas ein Exemplar der zweiten Auflage seines Buches (New York,

21 Vorwort zu: Robert Harborough Sherard, *Bernard Shaw, Frank Harris and Oscar Wilde*, T. Werner Laurie, London, 1937, p. 14. (Eine deutsche Ausgabe liegt nicht vor.)

1918), damit dieser die Passagen anstreichen konnte, die ihm ehrenrührig erschienen.

Beide waren überzeugt, daß sich das Buch in England hervorragend verkaufen ließe, und da es beiden ziemlich miserabel ging, setzten sie alles daran, das Projekt zu einem Erfolg zu machen. Sie kamen recht gut voran, solange Douglas sich in Nizza aufhielt. Er steuerte ausführliche Anmerkungen bei, und Harris schrieb sein neues Vorwort. Aber als Douglas wieder in England war, verwarf Harris die meisten Änderungen, und die britische Ausgabe kam nie zustande.

Im September 1925 starb Oberst Custance, und Douglas versuchte, wieder eine Beziehung zu seinem inzwischen dreiundzwanzigjährigen Sohn Raymond aufzubauen. Doch kamen Vater und Sohn nicht miteinander zurecht. Olive, zwar freundlich gegenüber ihrem Gatten, führte weiterhin ein völlig separates Leben und kaufte sich bald ein Haus auf der Isle of Wight.

Douglas hatte nur mehr wenig Glück, obwohl er noch die Genugtuung erlebte, 1928 seine *Complete Poems, Including Light Verse* [die Gesamtausgabe seiner Gedichte] und 1929 seine Autobiographie, beide bei Martin Secker, veröffentlichen zu können. Die Autobiographie ist ein lebendiges und unterhaltsames Buch, aber kaum eine Lebensgeschichte im üblichen Sinn. Sie besteht hauptsächlich aus den Erinnerungen an Wilde, erzählt in der besänftigten Sprache seines neuen Verständnisses für den Freund. Douglas lag nichts mehr daran, dessen Schatten abzuwehren, er war stolz, am Ruhm Oscar Wildes teilzuhaben.

Der nachfolgende Briefwechsel zwischen Shaw und Douglas begann 1931, als Shaw vierundsiebzig, Douglas sechzig Jahre alt war.

Wilde und Douglas, Oxford 1893.

Shaw als Mittfünfziger.

Douglas zur Zeit der Begegnung mit Shaw im Café Royal.

telling me he only wanted me, in order to be happy, me in the whole world. How could I help believing him, how could I keep away from him? At last I yielded and went to him, and as soon as the difficulties began he turned on me in Naples like a wild beast, blaming me and insulting me.

Lies. Lies. Lies.

"I had to fly to Paris, having lost everything through him—wife and income and self-respect, everything; but I always thought that he was at least generous as a man of his name should be: I had no idea he could be stingy and mean; but Now he is comparatively rich, he prefers to squander his money on jockeys and trainers and horses, of which he knows nothing, instead of lifting me out of my misery. Surely it is not too much to ask him to give me a tenth when I gave him all? Won't you ask him?"

"I think he ought to have done what you want, without asking," I admitted, "but I am certain my speaking would not do any good. He shows me hatred already whenever I do not agree with him. Hate is nearer to him always than sympathy: he is his father's son, Oscar, and I can do nothing. I cannot even speak to him about it."

"Oh, Frank, you ought to," said Oscar.

"But suppose he retorted and said you led him astray, what could I answer?"

I did not like Douglas, and was ready enough to be unjust to him. And it was impossible to listen to Oscar unmoved. But it is not my way to ask other people to be generous. And the justice of the claim was not clear to me. It ended in my promising to see that he got what he was asking for at my own expense if I could.

Douglas's family had as much reason to curse the day when Alfred met Oscar as Oscar's family had.

Finally, the peroration.

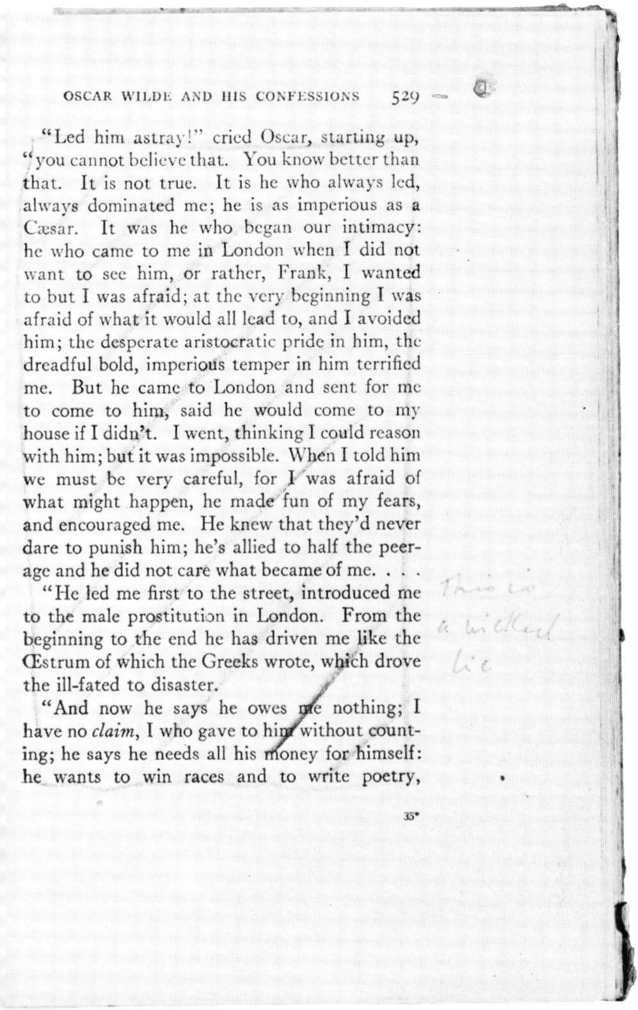

OSCAR WILDE AND HIS CONFESSIONS 529

"Led him astray!" cried Oscar, starting up, "you cannot believe that. You know better than that. It is not true. It is he who always led, always dominated me; he is as imperious as a Cæsar. It was he who began our intimacy: he who came to me in London when I did not want to see him, or rather, Frank, I wanted to but I was afraid; at the very beginning I was afraid of what it would all lead to, and I avoided him; the desperate aristocratic pride in him, the dreadful bold, imperious temper in him terrified me. But he came to London and sent for me to come to him, said he would come to my house if I didn't. I went, thinking I could reason with him; but it was impossible. When I told him we must be very careful, for I was afraid of what might happen, he made fun of my fears, and encouraged me. He knew that they'd never dare to punish him; he's allied to half the peerage and he did not care what became of me. . . .

"He led me first to the street, introduced me to the male prostitution in London. From the beginning to the end he has driven me like the Œstrum of which the Greeks wrote, which drove the ill-fated to disaster.

This is a wicked lie

"And now he says he owes me nothing; I have no *claim*, I who gave to him without counting; he says he needs all his money for himself: he wants to win races and to write poetry,

35*

Redigierte Seiten
der Oscar Wilde-Biographie
von Frank Harris (Ausgabe 1918)
mit den Randbemerkungen
von Douglas
und Shaws editorischen
Korrekturen.

Shaw in seiner Londoner Wohnung 4 Whitehall Court.

Bleistiftzeichnung von Walter Spindler:
Douglas-Porträt für das Frontispiz seiner Poems, *1896.*

Shaw in Ayot St. Lawrence.

Olive Eleanor Custance Douglas.

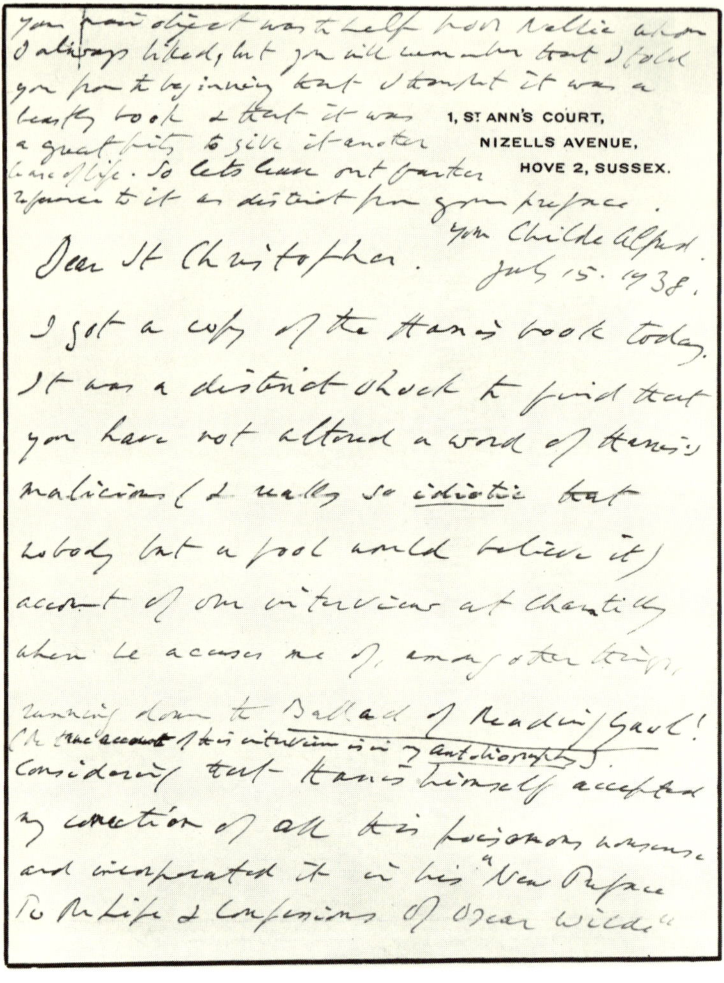

1, St. Ann's Court,
Nizells Avenue,
Hove 2, Sussex.

Dear St Christopher. July 15. 1938.

I got a copy of the Harris book today. It was a distinct shock to find that you have not altered a word of Harris's malicious (& really so idiotic that nobody but a fool would believe it) account of our interview at Chantilly when he accuses me of, among other things, running down the Ballad of Reading Gaol! (The true account of this interview is in my Autobiography). Considering that Harris himself accepted my correction of all this poisonous nonsense and incorporated it in his "New Preface To The Life & Confessions Of Oscar Wilde"

Your main object was to help poor Nellie whom I always liked, but you will remember that I told you from the beginning that I thought it was a beastly book & that it was a great pity to give it another lease of life. So let's leave out further reference to it as distinct from your preface.

Your Childe Alfred.

»Junker Alfred« an »St. Christophorus«,
Brief vom 15. Juli 1938.

AYOT ST LAWRENCE, WELWYN, HERTS. 19/7/38
STATION WHEATHAMPSTEAD. L.& N.E.R. 2¼ MILES.
TELEGRAMS: BERNARD SHAW, CODICOTE
TELEPHONE CODICOTE 18.

4, WHITEHALL COURT, LONDON, S.W.1.

Dearest Childe

You will drive me crazy.

Dont blather like all the rest of them about H's malicious lies. They are imaginary. Put your finger on one of them; and I shall know what grievance you have left.

I have all your notes made when you went through the text. They were very useful: I did all you required and more. I must now have something definite to bully you about.

I never read Harris's preface. I have read the sulky and hostile letters with which he introduced the two awful letters from you which appear in the Covici edition.

Do you want that to hold the field?

Why did you not agree to an English editor when you and he apparently had it out at Nice?

I am completely done up – too much work this morning – and can no more.

G.B.S.

»St. Christophorus« an »Junker Alfred«,
Brief vom 19. Juli 1938.

Douglas im Alter von acht Jahren.
Pastell von Henry Graves.

Douglas im Alter von zweiundsechzig Jahren.

Shaw bei der Arbeit in seiner Gartenhütte.

Die Büste Bernard Shaws von Lady Kennet.

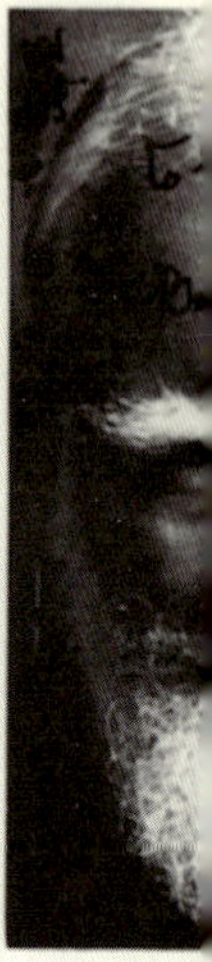

With Bernard Shaw

You will have

to see the

4 Whitehall Court,

09/1/08

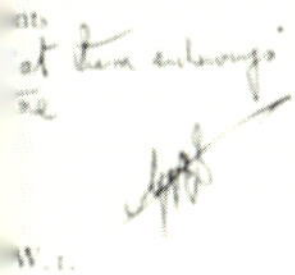

Fünf Porträt-Aufnahmen Shaws,
die Douglas rahmen ließ.

Douglas vor seiner Wohnung 1 St. Ann's Court, Hove.

Frank Harris.

Shaw und sein Chauffeur beim Holzsägen.

Charlotte Shaw.
Mitte der dreißiger Jahre aufgenommen von Bernard Shaw;
nach dem Tod seiner Frau als Erinnerungspostkarte
mit dem Aufdruck »Mrs. Bernard Shaw, 1857-1943«
an Freunde versandt.

Die letzte Aufnahme von Alfred Douglas
auf der Old Monk's Farm,
Ostern 1944, mit Sheila Colman.

Raymond Douglas,
Aufnahme aus den zwanziger Jahren.

Die Briefe

Editorische Notiz

Briefköpfe und Adressenangaben wurden in dieser Ausgabe vereinheitlicht, Grußformeln und Unterschriften dem Text unmittelbar angeschlossen.

Absätze und Interpunktion sind standardisiert, Abkürzungen ausbuchstabiert. Gestrichene Worte, sofern sie inhaltlich ohne Bedeutung sind, wurden weggelassen, desgleichen sich wiederholende Bemerkungen, die keinen neuen Informationswert haben. Kürzungen sind durch die üblichen Auslassungspunkte ... gekennzeichnet, editorische Einschübe durch eckige Klammern [ ]. Flüchtigkeitsfehler wurden korrigiert und Shaws exzentrische Orthographie den allgemeinen Rechtschreibungsregeln angepaßt. [Die deutsche Übersetzung konnte sich daher unbedenklich nach den Regeln des Duden richten.]

Ein Großteil der Anmerkungen dieses Buches sind, wo für deutsche Leser erforderlich, ergänzt oder umformuliert worden.

Shaw verwendet mit Vorliebe Wörter, die Doppelbedeutung haben. In einzelnen Fällen, in denen die Aussage nur durch die Doppelbedeutung vermittelt werden kann, wurden beide deutsche Begriffe übersetzt; wenn eine klare Tendenz erkennbar war, ist die Version gewählt worden, die sinngemäß den Vorrang hat. Diese »Einschränkung« trifft den oft lakonischen Stil Shaws besser als eine unnötige Aufbauschung durch Zusatzworte. Die Gedichte beider Autoren, die aus Gründen der Rhythmik und des Reimes freier übertragen werden mußten, erscheinen im Anhang in ihrer Original-Fassung, so daß der kundige Leser die jeweiligen Nuancen präzise zurückverfolgen kann.

16. April 1931 Grand Hotel, Venedig[1]

Sehr geehrter Lord Alfred Douglas, Es ist ein Jammer, daß Wilde noch immer Leute verführt, Biographien über ihn zu schreiben. Wenn es jemals einen Autor gab, dessen Gebet an die Nachwelt zurecht hätte lauten können »Lest meine Werke und laßt mein Leben in Ruhe«, dann Oscar.

Es ist unvermeidlich, daß Sie in diesen Biographien neben ihm als eine Art *âme damnée* erscheinen, keineswegs weil Sie ein schöner junger Mann waren, der ihn zur Homosexualität verlockt hat (wie überaus viel besser wäre es für ihn gewesen, wenn Sie nur hätten: vielleicht wären Sie seine Rettung vor den elenden Ausschweifungen mit Straßenjungen gewesen!), sondern weil Sie ein Lord waren und er ein Snob. Nach dem unterdrückten Teil von *De Profundis* zu urteilen (Carlos Blacker[2] hat mir sein Exemplar geliehen), würde ich sagen, daß Sie beide sich gegenseitig in gesellschaftlicher Hinsicht weit mehr Schaden zugefügt haben, als Sie je durch eine noch so extreme sinnliche Zuneigung hätten anrichten können. Es wäre weitaus besser gewesen, wenn Sie mit mir an der Straßenecke gestanden und den Sozialismus gepredigt hätten.

Dennoch brauchen Sie sich keine Sorgen zu machen. Ihre Autobiographie [*Freundschaft mit Oscar Wilde*] und das Buch, das der vollständigen Veröffentlichungen von *De Profundis* vorausging[3] (beides habe ich aufmerksam gelesen) stellen Ihre Position restlos klar; und Sie brauchen keine Angst

1 Auf dem Heimweg von einer Mittelmeerreise verbrachten die Shaws drei Wochen in Venedig. Douglas hatte sich beklagt, daß neue Ausgaben von Frank Harris' Wilde-Biographie in Amerika noch immer Bernard Shaws lange und lobende »Erinnerungen an Oscar Wilde« enthielten, die den Anschuldigungen des Biographen gegen Douglas beipflichteten.

2 Carlos Blacker (1859-1928), vermögender Intellektueller; Engländer, damals jedoch in der Schweiz lebend. Er war ein loyaler Freund von Constance Wilde und den Kindern, auch von Oscar Wilde, solange dieser inhaftiert war, wandte sich jedoch gegen ihn, als Wilde wieder Verbindung mit Douglas aufnahm.

3 Separatdruck der *Neuen Vorrede* von Frank Harris und Lord Alfred Douglas (1. Auflage 1925, 2. Auflage 1927; Fortune Press).

zu haben, daß irgendein Biograph so umwerfend sein wird, Sie über den Haufen zu schreiben.

Harris droht *mir* jetzt mit einer Biographie.[4] Ich habe die Anspielung auf Sie in jenem Brief, den er in den Anhang seines Buches über Wilde aufgenommen hatte, gestrichen (für den Fall, daß es zu einer Neuauflage kommen sollte). Als reine Feststellungen dessen, was wir damals empfanden, waren sie nicht unberechtigt. Ihr Haß auf Ihren Vater mag durchaus natürlich gewesen sein, und reichlich verdient – aber Sie waren noch sehr jung; wenn Sie älter und unverblendet von Ihrer Leidenschaft gewesen wären, dann hätten Sie Oscar veranlaßt, die im Club abgegebene Karte als Zeichen eines allseits bekannten, verrückten Lords zu ignorieren und sich auf und davon zu machen, ehe die Polizei zum Eingreifen bewogen werden konnte. Aus diesem Grund sind wir damals alle ziemlich über Sie hergefallen. Harris' Ratschlag war vernünftig. Und ich halte sein Gedenkbuch über Wilde[5], und übrigens auch seine Enthüllungen über die eigene Person (die eigentlich Ihren Sinn für Humor hätten ansprechen müssen), für das bei weitem beste private Porträt, das aller Wahrscheinlichkeit nach gezeichnet werden kann. Es mag Ihnen gegenüber ungerecht sein, aber Sie haben ja mehr als genug Gehör bei Ihrer Verteidigung gefunden, und außerdem: warum sollten Sie, der selbst so ungerecht zu vielen guten Menschen war, Gerechtigkeit für sich erwarten? Sind Sie noch immer nicht weise genug, um Gott zu bitten, daß er Sie davor sogar beschütze? Haben Sie niemals Gewissensbisse wegen der Unbekümmertheit, mit der Sie Croslands[6] krankhafte Verleumdungslust in der *Academy* ausgebeutet haben?

4 (James Thomas) Frank Harris (1856-1931) arbeitete gerade an einer Shaw-Biographie. Er war zu dieser Zeit schon sehr krank und starb bald darauf.
5 *Oscar Wilde. His Life and Confessions*, 2 Bände, Privatdruck, New York, 1916. Die zweite Auflage, die Shaws »Erinnerungen an Oscar Wilde« enthielt, erschien 1918; s. hierzu auch Anm. 14 zur *Einleitung*, p. 26.
6 Der aus Yorkshire stammende T. W. H. Crosland (1865-1924), Redaktionskollege von Douglas in der *Academy*.

Ich bin gezwungen, viele Hunderte von Briefen unbeantwortet zu lassen, weil Zeit und Arbeitskraft begrenzt sind, aber ich kann mich nicht erinnern, daß Sie unter den Leidtragenden sind; diese alle müssen mir verzeihen, auch Sie.
Ihr Bild ist mir nicht nachgesandt worden.[7] Ich werde es dann in London vorfinden, sobald ich zurückkehre. Ich frage mich, ob außer Ihnen noch ein Mensch lebt, der einen solchen Schritt unternehmen würde, um sich dadurch gegen die Diagnose des Narzißmus zu verteidigen! Diese blumenhafte Art von Schönheit muß ein schreckliches Handikap für Sie gewesen sein: sie war höchstwahrscheinlich die Antwort der Natur auf den ultraknorzigen Typus Ihres Vaters.
Ross hat seine Solidaritätsbekundung[8] nicht umsonst erhalten. Nur ein Großteil Gutherzigkeit auf seiner Seite konnte eine solch distinguierte und sehr verständliche Namensliste für sich gewinnen, mir deren Hilfe einem Mann Unterstützung zuteil wurde, der von Anfang an ganz offensichtlich als viehisch gebrandmarkt worden war. Ein Passus in einem meiner Vorworte über den Einfluß künstlerisch gebildeter Männer auf Jugendliche, die in dieser Hinsicht ausgehungert sind, und über deren Anfälligkeit, sich schon durch nichts als einen gewissen Stil beeindrucken zu lassen, wurde stichhaltig untermauert bei einem Gespräch, das ich eines Nachmittags mit Ross in Chartres führte. Er beschrieb mir damals die Wirkung, die Wilde auf ihn ausübte, der ja in Sachen des Stils immer auf vollen Touren segelte. Aber lassen wir Ross – die Welt hat genug von diesem zänkischen Klatsch gehabt.
Der römische Katholizismus ist nicht das, was Sie brauchten: Sie hätten Quäker werden sollen. Ich bin immer noch der Meinung, daß die *schöpferische Evolution* die einzige Reli-

7 Douglas hatte Shaw eine Fotografie geschickt, die ihn zur Zeit ihrer Begegnung im Café Royal darstellte.
8 Die öffentliche Sympathiebekundung für Robert Ross (1869-1918) vom März 1915, die mehr als dreihundert herausragende Persönlichkeiten unterzeichnet hatten, wie H. H. Asquith, Edmund Gosse, H. G. Wells und Bernard Shaw, die Ross ihrer ungebrochenen Achtung versicherten, obwohl er den Verleumdungsprozeß gegen Douglas verloren hatte.

gion unter allen Assoziationen und Implikationen ist, mit denen ein voll gebildeter heutiger Mensch sich wirklich zum Glauben überreden kann. Es sei denn, er wäre tatsächlich imstande, sich mit dem Marxismus zu begnügen.
Diesmal können Sie mir nicht vorwerfen, ich hätte Sie ohne Antwort gelassen. Ergebenst G. Bernard Shaw

15. Mai 1931 35 Fourth Avenue, Hove, Sussex[9]

Sehr geehrter Herr Bernard Shaw, Verzeihen Sie mir, daß ich Sie schon wieder belästige, aber ich frage mich, ob Sie sich darüber im klaren sind, daß Frank Harris in der Tat viele tausend Exemplare seines *Oscar Wilde. His Life and Confessions* gedruckt und mit nur Ihrem Namen auf dem Umschlag verkauft hat. Tausende haben das Buch gekauft, weil sie dachten, es sei von Ihnen, da Harris' Name nicht einmal auf dem Umschlag erwähnt wurde. Es spielt keine große Rolle, ob Sie sich dieses gewitzten Schachzugs von Harris bewußt sind oder nicht, aber ich kann Ihnen versichern, daß das, was ich Ihnen sage, stimmt. Ich habe einen ganzen Stoß von Büchern gesehen mit der Titelangabe »von George Bernard Shaw«.
Womit ich heute zu Ihnen kommen will, nachdem Sie nun wissen, daß Harris Ihren Namen so skrupellos benutzt hat, um Lügen über mich zu verbreiten, was er ja selbst zugibt (nämlich in seiner *Neuen Vorrede*), das ist der Vorschlag, Sie möchten ein paar Zeilen als Vorwort zur neuen Auflage meiner Autobiographie schreiben, die Martin Secker[10] im Herbst in einer preiswerteren Ausgabe herausbringt. Sie behaupten in Ihrem Brief, ich hätte »geduldiges [sic!] Gehör« gefunden.

9 Adresse von Douglas Mutter, Sybil Dowager Marchioness of Queensberry, bei der Douglas damals wohnte.
10 Martin Secker (1882-1978), wissenschaftlich orientierter, unabhängiger Verleger von geringen Mitteln, aber mit großer Voraussicht, viel Geschmack und Mut; ein treuer Freund von Douglas.

Nun ja, das mag zutreffen (obwohl ich auch viel beschimpft wurde), doch ist dieses mir zuteilgewordene Gehör bis heute sehr begrenzt. Ich habe weniger als zweitausend Exemplare des Buches in London verkauft, ungefähr fünftausend in Deutschland in der deutschen Übersetzung und (bis zum gegenwärtigen Zeitpunkt) ungefähr viertausend in Frankreich in der französischen Übersetzung. Harris erzählte mir 1925 in Nizza selbst, daß er vierzigtausend Exemplare seines Buches verkauft hätte, hauptsächlich in Amerika, wo mein Buch, seltsamerweise, bis heute praktisch überhaupt nicht gekauft wird. Inzwischen konnte er zweifellos weitere Tausende verkaufen, obwohl ich das Buch hier in England nach wie vor nicht zulasse. Wenn ich für mein Buch werben könnte als »Neuauflage der Autobiographie von Lord A. D. mit einem Vorwort von George Bernard Shaw«, so wissen Sie, und ich weiß es auch, daß die Verkaufszahlen sich zumindest verdoppeln würden. Ich möchte Sie bitten, Ihren Brief oder Auszüge daraus abdrucken zu dürfen, obwohl vielleicht Dinge darin stehen, mit denen Sie nicht gerne namentlich an die Öffentlichkeit treten. Ich will Ihnen klarmachen, daß es nur fair wäre, wenn Sie mir helfen würden, mein Buch zu verkaufen, wie Sie Harris geholfen haben, das seine zu verkaufen, als ich, wenngleich Sie davon vielleicht nichts wußten, »unten durch« war und mit dem Rücken zur Wand kämpfte. Wenn Sie das täten, so wäre es *un beau geste*, und ich wäre ewig dankbar. Ich denke dabei nicht, wie Sie sicher glauben, an Geld. Ich habe niemals mit irgendeiner meiner Schriften Geld verdient, das der Rede wert wäre. Alles, was ich möchte, ist, daß möglichst viele Leute mein Buch über Wilde und mich lesen, solange ich noch am Leben bin, weil es, so wie es jetzt dasteht, die absolute Wahrheit ist und weil ich soviel unter übler Nachrede und Fehlurteilen gelitten habe. Natürlich würde ich es als einen riesigen Gefallen und gütiges Entgegenkommen schätzen, wenn Sie das für mich täten. In jedem Fall kann es nichts schaden, Sie zu fragen.

Mit vorzüglicher Hochachtung Ihr Alfred Douglas

P.S. Ich hoffe, Sie haben das Bild erhalten. Ihr Vorwort kann auch nur ein Brief an mich sein oder der Brief, den Sie bereits geschrieben haben, mit jedweden Veränderungen oder Streichungen, die Ihnen wichtig wären. Jeder, der ihn gesehen hat, hält ihn für außerordentlich gut und scharfsinnig.

27. Mai 1931 35 Fourth Avenue, Hove

Sehr geehrter Herr Bernard Shaw, Ich habe meinem Verleger Martin Secker mitgeteilt, daß ich Sie bat, ein Vorwort für die Neuauflage meiner Autobiographie zu schreiben. [Er meint], wenn Sie ein Vorwort schreiben, würde mein Buch in Amerika die Verbreitung finden, die ihm bisher versagt war. Da es gerade in Amerika ist, wo Harris' boshafte Lügen über mich und mein »schäbiges Benehmen« gegen Oscar am weitesten verbreitet sind (zum großen Teil wegen Ihrer Kollaboration mit Harris), appelliere ich an Ihren Gerechtigkeitssinn, etwas für mich zu tun. Das Unrecht an mir ist in Amerika *unübersehbar*, und wenn ich die Amerikaner nicht dahin kriege, daß sie mein Buch lesen, solange ich noch lebe (ich habe keine Angst, daß man es nach meinem Tod nicht überall in der Welt lesen wird), dann muß ich unter einer Bürde falscher Aussagen und übler Nachrede ins Grab sinken. Ich bitte Sie nicht darum, mein Buch »hochzujubeln«! Wenn Sie im wesentlichen das sagen würden, was Sie in Ihrem Brief gesagt haben, oder wenn Sie mir die Erlaubnis gäben, den Brief zu zitieren, so wäre das eine gute Tat Ihrerseits. Mit vorzüglicher Hochachtung Ihr Alfred Douglas

29. Mai 1931 4 Whitehall Court, London[11]

Sehr geehrter Lord Alfred Douglas, Was! SIE unter den Vorwort-Jägern! Haben Sie denn *keine* Selbstachtung? Den Mann möchte ich sehen, der mir ein Vorwort anbieten würde, um mich meinem amerikanischen Verleger zu empfehlen.

Sie können meinen Brief gerne abdrucken, aber nicht als Vorwort, auch nicht in irgendeiner Form, die einen amerikanischen Verleger ermächtigen würde, mich als Mitarbeiter anzukündigen oder mit mir den Trick zu spielen, den zu spielen Sie Harris bezichtigen, obwohl ich glaube, daß Sie seinen Stolz als Autor ziemlich unterschätzen, wenn Sie ihm den Tadel zuschieben anstatt dem Buchhändler oder Verleger. Nur lassen Sie mich einen Korrekturabzug sehen, denn ich erinnere mich nicht mehr an jedes einzelne Wort, und es könnte etwas über Dritte darinstehen, was nicht veröffentlicht werden darf.

Machen Sie nicht soviel Lärm um die Bürde. Ich trage seit fünfzig Jahren einen ganzen Heuschober auf meinem Buckel, manchmal zu schwerem finanziellen Nachteil für mich selbst, aber ich habe niemals nur fünf Minuten an diesen Gedanken verschwendet und bin deshalb munter und leidlich guter Dinge. Das einzige, was niemand sich leisten kann, und was keiner, er sei denn ein Narr, zu tragen insistiert, ist Ressentiment.

Außerdem, welchen Anspruch hätte Oscar an Sie oder sonst irgend jemanden, uns vorzuwerfen, daß wir nicht den Rest unsres Lebens damit zubringen, mit ihm Händchen zu halten, nachdem er sich selbst entwürdigt hat?

Lauter rührselige Gefühlsduselei! Weg damit. Ergebenst

G. Bernard Shaw

11 Die Londoner Wohnung der Shaws, seitdem sie 1927 aus dem Haus Nr. 10 Adelphi Terrace ausgezogen waren.

30. Mai 1931 35 Fourth Avenue, Hove

Sehr geehrter Herr Bernard Shaw, Sie sind schon immer ein Altmeister im Verdrehen gewesen! Warum eigentlich können Sie – wenn Sie für Frank Harris ein langes Plädoyer geschrieben haben (nicht nur ein Vorwort, sondern einen ganzen Buchteil mit vielen Tausenden von Wörtern), worin Sie mich als einen »unglücklichen kleinen Balg« bezeichnen, nur weil ich Wilde nicht geraten habe, wegzurennen, *nachdem* er schon erste rechtliche Schritte gegen meinen Vater unternommen hatte – nicht für mich das gleiche tun (in sehr viel bescheidenerer Form), ohne daß Sie oder ich an »Selbstachtung« verlieren? Sie erinnern mich an die Zeitungsredakteure, die seinerzeit im Zusammenhang mit der Wilde-Affäre dauernd beleidigende Dinge über mich in ihren Blättern druckten, und mir dann, wenn ich darauf antwortete, private Briefe schrieben, in denen sie sich entschuldigten, daß man »ein solches Thema unmöglich in einem Zeitungsartikel abhandeln« könne. Erlauben Sie mir bitte auch, darauf hinzuweisen, daß die gedruckte Postkarte[12], die Sie ihrem gestrigen Brief beilegten, mich in keiner Weise trifft. Ich habe nicht versucht, »eine Garantie für die Rezeption einer unveröffentlichten Arbeit« zu erhalten. Mein Buch ist bereits in vier Sprachen erschienen. Ich bat Sie lediglich, etwas von dem Schaden wiedergutzumachen, den Sie mir zugefügt haben, indem Sie durch Ihren Namen Harris' gehässige Lügen und Verzerrungen der Wahrheit bestätigten. Da ich jedoch, wie Sie sagen, Ihren Brief gerne abdrucken darf, muß ich also das mir Bestmögliche daraus machen, und ich werde Ihnen einen Korrekturabzug schicken.[13]

12 Eine vorgedruckte Absage Shaws auf Anfragen, die ihn um ein Vorwort baten; Shaw erklärte darin den Bittstellern, sie würden ihn verpflichten, das ganze Buch zu lesen, was gleichbedeutend sei mit der Bitte, ihnen »harte professionelle Arbeit« zu »schenken«.

13 Shaws Brief vom 16. April 1931 erschien zusammen mit dieser Antwort vom 30. Mai im Vorwort zur Neuauflage der *Autobiography* (1931). Zu Douglas' Enttäuschung steigerte Shaws Brief aber die Verkaufszahlen nicht.

Ihr Wink, Harris' Verleger, und nicht er selbst, sei verantwortlich für den Druck einer hohen Auflage von *Oscar Wilde. His Life and Confessions* mit nur Ihrem Autorennamen auf dem Umschlag, ist unangebracht. Harris brachte das Buch selbst heraus, ohne einen Verleger. Als ich 1925 bei ihm in Nizza war, rühmte er sich vor mir seiner »smartness«, durch die er einen beträchtlichen Teil Ihrer Bewunderer »an seine Angel« bekäme. Harris hat viel mehr von einem Schuft und trickreichen Schwindler als von einem zivilisierten Literaten. In der neuen amerikanischen Ausgabe seines Buches hat er einen sehr vertraulichen Brief von mir über meine Beziehung zu Wilde abgedruckt und eine gar nicht darin enthaltene Erlaubnis hinzugefügt (oder gefälscht?), nach der er den Brief veröffentlichen durfte.[14]

Hochachtungsvoll Ihr Alfred Douglas

P. S. Haben Sie jemals darüber nachgedacht, was mit Wilde geschehen wäre, wenn er Ihren und Harris' Rat befolgt und sich aus dem Staub gemacht hätte, nachdem er schon rechtliche Schritte gegen meinen Vater eingeleitet hatte? Wo hätte er hingehen sollen? Wie hätte er leben sollen? Wäre er je der Verfolgung entgangen? Alles Beweismaterial wäre dem Staatsanwalt übergeben worden, und sein Rückzug aus dem Verfahren gegen meinen Vater wäre ein klares Eingeständnis der Schuld gewesen. Was für Vorteile hätte er davon wohl gehabt?

14 Undatierter Brief in der Covici Friede-Ausgabe. Douglas schrieb darin: »Ich bin nun aufgrund Ihrer weitverbreiteten Anschuldigungen gezwungen, die wirkliche Wahrheit zu sagen, die ich, das gebe ich offen zu, bis jetzt noch nicht gesagt habe.« Am Ende des Briefes heißt es: »Es steht Ihnen frei, diesen Brief nach Belieben zu verwenden, und ich habe keine Einwände gegen eine Veröffentlichung.«

4. Juli 1931 4 Whitehall Court, London

Sehr geehrter Lord Alfred Douglas, Warum hat mich der Himmel mit Ihrem Kindheitskomplex gestraft, der Sie unablässig Ihr jämmerliches Geschrei anstimmen läßt, wie der Säugling von Mrs. Mac Stinger[15], und das all die Jahre hindurch, nur weil einmal jemand unfreundlich zu Ihnen war. Erst das ewige »anbei noch Meldung, daß dieser Requisit hier, dieser arme Sünder, mich einen Esel genannt hat«[16], und nun das unerträgliche »Frank hattu ein Stück Tuchen dedeben, und mir will du nix deben«. Sie sind schlimmer als der Schneider, der in die Londoner Society befördert wurde kraft eines Trittes, den er von Count D'Orsay[17] erhalten hatte, denn er, der arme Kerl, konnte ja nichts weiter zu seinen Gunsten vorbringen, während Sie von Anfang an sämtliche Vorteile hatten, gesellschaftlich und persönlich. Sie sind der Mann aus Shropshire[18], wie er im Buche steht, ein von aller Welt verabscheutes Ärgernis, das an seinem eigenen Ärger stirbt. Ich sage Ihnen, Sie dürfen sich niemals ärgern. Entschuldigen Sie sich nie, leugnen Sie nie etwas, erklären Sie nie etwas, klagen Sie nie; und ergreifen Sie jede Gelegenheit, Verzeihung zu üben (die in der Öffentlichkeit wirksamste und beliebteste Haltung) und alle Beschuldigungen hinzunehmen. Und setzen Sie sich jedem Vorwurf aus, bis Ihre Feinde in Versuchung geraten, Ihnen alle Anteilnahme zuzuwenden durch einen Schlag auf Ihre immer abgewandte andere Backe, und zwar so hart wie möglich – dann können Sie zur gleichen Zeit gutgelaunt auf der unbeteiligten Seite den K.O.-Schlag führen.

Ich habe Ihre zwei Druckfahnen durchgesehen[19]; und bei

15 Anspielung auf das seitenfüllende Jammern des Sohnes von Dombey in Charles Dickens' Roman *Dealings with the Firm of Dombey and Son* (Geschäfte mit der Firma Dombey und Sohn).

16 Shaw zitiert Holzapfel, den einfältigen Gerichtsdiener in Shakespeares *Viel Lärm um Nichts*, 5. Aufzug, 1. Szene (Deutsches Zitat nach A. W. von Schlegel/Ludwig Tieck).

17 Viktorianischer Dandy, Lebensgefährte von Lady Blessington.

18 Gestalt aus Charles Dickens' *Bleak House* [*Bleakhaus*].

Ihrem Leben, setzen Sie nicht ein einziges Wort wieder ein, das ich gestrichen habe, und ändern Sie keines, das ich eingefügt habe! Wenn Sie schon nicht den Eindruck erwecken können, daß ich auf Ihrer Seite bin, dann rühren Sie nicht noch die Trommel, daß ich gegen Sie wäre.

Was jenen Artikel über *Heiraten* betrifft[20], so war ich aufrichtig davon überzeugt, daß nicht Sie ihn geschrieben hätten; und als Sie, zu meiner wahren Überraschung, sagten, Sie hätten sehr wohl, da sagte ich:

Wenn »boozy« und »Bosie« dasselbe bestimmt,
ist »Bosie« auch »boozy«, egal wie man's nimmt.[21]

Sie müssen in diesem Moment so betrunken gewesen sein wie eine ausgekochte Nachteule; und wenn Sie die ganze Geschichte erzählen würden, mit dem Zweizeiler und allem, genau so, wie sie gewesen ist, dann wären Ihre Leser darüber weit mehr amüsiert als über Ihre diesbezügliche Anspielung, wie sie jetzt dasteht. Aber ich werde aus Ihnen nie einen guten Unterhalter machen. Immer fangen Sie ja wieder zu jammern an ------!

Übrigens, der Rückzieher [die *Neue Vorrede*], zu dem Sie Harris verleitet haben, wurde anhand seines Stils für eine Arbeit von Alfred Douglas gehalten, nur die Unterschrift sei von Frank. Falls Sie Ihre Leser überzeugen wollen, daß Frank skrupellos ist, könnten Sie viel wirkungsvoller vorgehen durch ein offenes Eingeständnis Ihres Diktats als durch die Suggestion, daß dieser Rückzieher für Sie auch nur den geringsten Wert hätte. In großer Eile – Seien Sie nicht so undankbar, mir zu antworten und zu widersprechen.

G.Bernard Shaw

19 Abdruck des Shaw-Briefs vom 16. April 1931 für Douglas' *Autobiography*.

20 Shaws Theaterstück *Heiraten* hatte am 12. Mai 1908 im Londoner Haymarket Theatre Premiere gehabt und war am 23. Mai in der *Academy* negativ rezensiert worden, der Wochenzeitschrift, die Douglas damals herausgab. Vgl. hierzu Einleitung, p. 35f, und Anhang 1.

21 »boozy«: betrunken; »Bosie«: Kosename von Lord Douglas. Original-Text s. Anhang V, p. 325. Shaws Zweizeiler ist eine Verballhornung eines Shakespeare zugeschriebenen Reimes. S. Anhang ebenda.

6. Juli 1931 35 Fourth Avenue, Hove

Sehr geehrter Herr Bernard Shaw, Danke für die Korrekturabzüge, die ich genau so lassen werde, wie Sie sie berichtigt haben. Nein, ich war nicht »betrunken«, als ich den Artikel über *Heiraten* in der *Academy* schrieb. (Übrigens erklären Sie nicht eindeutig, ob Sie annehmen, ich sei »betrunken« gewesen, als ich den Artikel schrieb oder als ich das Stück sah oder in beiden Fällen.) Warum überhaupt möchten Sie unterstellen, daß ich damals oder zu irgend einer anderen Zeit betrunken war? Ich will nicht behaupten, das ich zeit meines Lebens (vor Ewigkeiten) niemals betrunken gewesen wäre, aber ich bin es gewiß niemals gewesen, wenn ich im Sperrsitz eines Theaters saß oder in meinem Redaktionsbüro einen Artikel schrieb. Ich haßte Ihr Stück. Es langweilte und reizte mich, und ich habe genau das zum Ausdruck gebracht, was ich darüber dachte. In meinem Beitrag, Sie werden sich vielleicht noch daran erinnern, wird erklärt, daß ich es nur zwei Akte lang aushielt. Und nun zum Narzißmus! Sie sind geistig ein solcher Narziß, daß Sie nicht glauben können, daß jemand, der nicht betrunken ist, möglicherweise versäumt, vor Ihnen hinzufallen und Sie anzubeten. Sie haben bei unserem »Schlagabtausch« mit mir einen Vorteil, weil ich höflicher bin und ein weicheres Herz habe als Sie und es nicht über mich bringe, grob zu sein oder verletzende Dinge zu sagen, außer wenn ich wirklich aufgebracht bin (was zur Zeit niemals vorkommt).

Ich weiß nie, ob man das, was Sie sagen, ernst nehmen soll (Sie wissen es wahrscheinlich selber nicht), aber wenn Sie wirklich ernst meinen, was Sie über Harris und die Vorrede sagen, dann will ich Ihnen mein Ehrenwort geben, daß ich kein einziges Wort davon geschrieben oder diktiert habe (abgesehen natürlich von meinem Brief an Harris).

Ich bin sicher, daß Sie mit meinem Kindheitskomplex, der in so »jämmerliches Geschrei« ausbricht, recht haben. Sie werden das gleiche Phänomen bei den meisten großen Dichtern finden, Shakespeare nicht ausgenommen (in den Sonetten). Alle echten Dichter haben einen Kindheitskomplex. Auch gibt es Zeugnis von höchster Stelle zu glauben, daß der einzige Weg, in das Himmelreich zu gelangen, der ist, daß man einen Kindheitskomplex hat. Hochachtungsvoll

Ihr Alfred Douglas

19. November 1931 35 Fourth Avenue, Hove

Sehr geehrter Herr Bernard Shaw, Vielen Dank für die Zusendung von Harris' Buch.[22] Ich habe es gestern gleich durchgelesen. Ich weiß so gut wie nichts von Ihrem Leben, und ich wollte wirklich etwas darüber erfahren. Harris' Buch gab mir sehr wenig Aufklärung. Er hat alle Fehler, die ein Biograph überhaupt haben kann. Wie Sie andeuten, ist er unbekümmert in seinen Behauptungen und verifiziert seine Angaben nicht. Er macht Sprünge bei allen möglichen Schlußfolgerungen, die völlig unberechtigt sind (oder jedenfalls dazu tendieren, unberechtigt zu sein), und stimmt andauernd sein eigenes Loblied an und führt sich auf wie ein rechtschaffener, großherziger Mensch. Wo er doch ein Lügner war, ein Dieb (sowohl literarisch wie sonst) und ein skrupelloser Lump. Ich war zufällig bei ihm zur Zeit, als er sein schwachsinniges Stück über Johanna von Orléans zu schreiben begann.[23] Es ist keineswegs wahr, daß er es schrieb, ehe er (wie er behauptet) Ihr Stück gelesen hatte. Ich sah ihn damals

22 Frank Harris' *Bernard Shaw*, Victor Gollancz Verlag, London 1931. Das Exemplar trug die Widmung Shaws »Für Lord Alfred Douglas, auch ein Opfer von Franks Scheitern als Biograph«. Trotz der Beschränktheit und Unfreundlichkeit des Buches hatte Shaw, in der wohlwollenden Bemühung, Harris' Witwe zu helfen, das Manuskript durchgesehen, die Korrekturfahnen gelesen und den Druck überwacht.

23 *Joan la Romée*, gedruckt in Nizza 1926, drei Jahre nach der Uraufführung von Shaws *Heiliger Johanna*.

(1925) in Nizza täglich. Er stellte mir alle möglichen Fragen nach Johanna von Orléans und der Haltung der Katholiken ihr gegenüber, die ich nach bestem Vermögen beantwortete. Daraufhin erzählte er mir, daß er vorhabe, ein Stück über sie zu schreiben, das den Pointen des Ihrigen »den Rest geben« würde. Ich habe das Stück später gelesen und hielt es für unter aller Kritik. Nicht daß ich ein so überaus großer Bewunderer *Ihres* Stückes zum gleichen Thema bin. Ich nehme meinen Katholizismus zu ernst, um Ihren frivolen Umgang mit einer Märtyrerin und Heiligen gutzuheißen. Aber Ihr Stück ist eben brillant und originell, während das von Harris lediglich der Sorte angehört, die ein eher stumpfsinniger Schuljunge in der fünften Klasse schreiben könnte.

Um auf die Biographie zurückzukommen – er scheint zunächst von der Absicht ausgegangen zu sein, eine Lobeshymne zu verfassen, und wird im Verlauf des Buches immer weniger enthusiastisch. Dann kommt sein »Streit« mit Ihnen über Johanna von Orléans, und von da an ist das Buch nur noch ein essayistisches Anschwärzen.

In meiner eigenen Biographie habe ich absichtlich alles weggelassen, was ich zu Harris' schamlosem Diebstahl von Wildes Stück *Mr. and Mrs. Daventry* hätte sagen können.[24] Ich wollte nicht den Anschein erwecken, ihn unablässig zu attackieren. Aber die Tatsachen dieser Episode sind vernichtend für Harris. Sie wurden kürzlich von einem Mann namens Bell (einem sehr liebenswürdigen Schotten), der seinerzeit Harris' Privatsekretär war, in Form eines Artikels zusammengefaßt. Der Artikel erschien im New Yorker *Bookman*[25], und ich glaube, er soll als Broschüre in der französischen Übersetzung von Jacques Bernard in Paris veröffentlicht werden. Harris hat Wildes Stück ruiniert (dessen ganze Geschichte ich, Akt für Akt und Szene für Szene, aus Wildes eigenem Mund an die

24 S. hierzu *Einleitung*, p. 26. Das Stück erschien 1957 bei Martin Secker (Richards Press).

25 T. H. Bell *Oscar Wilde's Unwritten Play*, in der Zeitschrift *Bookman* LXXI, Nr. 2 (1930).

zwanzigmal gehört habe). Wilde starb, Harris darob verfluchend. Ja, genaugenommen, war es seine Wut und Empörung über die Art, wie Harris ihn in dieser Angelegenheit beschwindelte, nachdem er das Stück ruiniert hatte, die Wilde umbrachte. Es ist eine Ironie des Schicksals, daß Harris überall in der Welt als Wildes großer Freund und Fürsprecher anerkannt wird. Der beste Teil an seinem Buch über Sie (das gut geschrieben und streckenweise unterhaltsam ist) sind Ihre Briefe.
Ich habe aus dem Buch wenigstens etwas erfahren, was mir bislang immer ein Rätsel war, nämlich den Grund Ihrer fortdauernden Anhänglichkeit an Harris, die Sie bewiesen, nachdem er sich mit seinem *Life and Loves*[26] blamiert hatte. Offensichtlich war er Ihnen einmal ein guter Freund, und ich nehme an, ein nützlicher, und Sie waren dankbar. Das alles ist ein guter Charakterzug an Ihnen, und ich bin froh, die Erklärung zu hören. Hochachtungsvoll Ihr Alfred Douglas

[Juni 1933] 4 Whitehall Court, London

Lieber Lord Alfred* Ihr Buch über die Sonette ist bei weitem das beste von allen, die ich kenne. Kein anderer hat die Sache mit Master W. H.[27] nur im geringsten begriffen;

* Da Shaw ab hier in seiner Anrede den Nachnamen von Douglas wegläßt, wird das im Englischen gleichbleibende »dear« dem vertrauteren Tonfall angeglichen und mit »lieber« statt »sehr geehrter« übersetzt.

26 Vier Bände von Harris' Autobiographie *Life and Loves* (etwa: Ein Leben und viele Lieben) erschienen als Privatdruck noch zu seinen Lebzeiten, ein fünfter, auf unveröffentlichtem Material basierend, nach seinem Tod. Alle fünf Bände wurden zu einem Band vereint in der Obelisk-Ausgabe, Paris, 1949.

27 Douglas hatte Shaw ein Exemplar seines Buches *True History of Shakespeare's Sonnets* [Die wahre Geschichte der Sonette Shakespeares], Martin Secker, 1933, zugesandt. Wie Wilde identifizierte Douglas die Person, der die Sonette gewidmet sind, mit Will Hughes, einem Knaben, der angeblich in Shakespeares Schauspieltruppe mitspielte, obwohl es keine zeitgenössischen Unterlagen über irgend einen jugendlichen Schauspieler dieses Namens gibt.

und kein anderer hat auch Shakespeare so instinktiv und mühelos begriffen. Der erste Erfolg ist der bedeutendere; und die Erklärung ist, daß Sie selbst die Erfahrung des Master W. H. hinter sich hatten: Männer haben sich in Ihre körperliche Schönheit verliebt, und Sie haben dadurch etwas gelernt, was weder Wilde noch Butler[28] entdeckt hatten, daß nämlich die Anziehungskraft der Schönheit völlig verschieden ist von der homosexuellen Anziehungskraft und daß die eine kein Beweis für die andere ist. Und Sie sind Dichter genug, um sich leicht in der shakespearischen Atmosphäre zu bewegen und nicht von der schrecklichen Verpflichtung erdrückt zu werden, einen Pascha im Sarkophag anbeten zu müssen.

Ich glaube nicht, daß ich noch irgend etwas von mehr oder weniger Bedeutung dazu sagen kann als eben dies; aber sollte das Buch in die zweite Auflage gehen, so rate ich Ihnen, Thomas Tylers[29] Buch über die Sonette zu lesen, wenn Sie es in irgend einer Bibliothek auftreiben können. Waren Sie der bestaussehende Mann unserer Zeit, dann war Tyler sicher der häßlichste; aber er war ein sehr ehrenwerter Gentleman und ernsthafter Gelehrter, und er hatte sicherlich in einem oder zwei Punkten recht, die Sie vermasselt haben. Eine packende Schilderung seiner Person finden Sie im Vorwort meines Stückes *The Dark Lady of the Sonnets*, worin auch von Freund Harris die Rede ist, den Sie mit unnötiger Heftigkeit behandelt haben.

Sie sind eindeutig im Irrtum über den Dichter-Rivalen.

28 Samuel »Erewhon« Butler (1835-1902), Maler, Forscher und Schriftsteller. In seinem Buch *Shakespeare's Sonnets Reconsidered* (1899) [etwa: Neue Überlegungen zu Shakespeares Sonetten] vertrat er die Ansicht, Master W. H. sei der Sohn eines Schiffskochs gewesen.

29 Thomas Tyler (1826-1902). In seiner Faksimile-Ausgabe der Sonette Shakespeares (*Shakespeare's Sonnets*, 1886) äußerte er die Vermutung, Mary Fitton sei die berühmte »dark lady« gewesen, eine Theorie, die er in der zweiten Auflage von 1890 noch weiter ausarbeitete. Tyler litt von Geburt an unter einem entstellenden Kropf.

Minto[30] und Tyler weisen ihn fraglos und allen Deuteleien überlegen als Chapman aus. Ich sage das im Vertrauen, denn Sie haben vergessen, daß die Theater zur Zeit Shakespeares keine »Abend«-Vorstellungen gaben: es waren zuviele Straßenräuber unterwegs. Die Vorstellungen waren am Nachmittag. Was Marlowes Mephisto angeht, der die Hölle im eigenen Inneren mit sich herumträgt und ein »leutseliger, wohlbekannter Geist« sein soll, so brauchen Sie nur das Stück zu lesen, um Ihre These als unmöglich fallenzulassen. Aber der krönende Beweis liegt darin, daß Chapman tatsächlich behauptete, seine Muse sei des Nachts zu ihm gekommen und habe ihn inspiriert. Sie können also den Marlowe rauswerfen. Daß dem jungen Shakespeare die Gelehrtenpose und ungeheure Selbstsicherheit eines Chapman imponierten, das kann man verstehen; aber er muß doch gewußt haben, daß er in der Lage war, Marlowe auszumarlowen, ohne mit der Wimper zu zucken.

Wildes Vermutung, W. H. sei ein Schauspieler gewesen, ist meiner Ansicht nach absolut unhaltbar wegen der berühmten Zeilen über die Hand des Färbers und wegen der Blamage, sich zum Gespött der Menge zu machen. Keiner, am allerwenigsten Shakespeare, hätte einem Schauspieler ein solches Geständnis schriftlich gegeben, auch nicht irgend einer anderen Person, die nicht von höherem Rang als ein Schauspieler gewesen wäre.

Ich glaube weder, daß die Streitfrage um William Herbert so geringfügig ist, wie Sie denken, noch so gewichtig, wie Tyler darüber dachte. Das Wortspiel mit Ha-Wes ist keineswegs überzeugend: es spricht genau soviel für Tylers verächtliche Ablehnung desselben wie für Wildes und Butlers Zustimmung. Adlige vom Typ eines Pembroke sind schon immer empfänglich gewesen für literarische Genies. Und was ist mit dem erstaunlichen ersten Block der siebzehn Sonette, die

30 William Minto (1845-1893), *Characteristics of English Poets* (1874) [Eigenarten englischer Dichter], pp. 289-292.

W. H. ausdrücklich nahelegen, doch zu heiraten und Kinder in die Welt zu setzen. Die müssen ja en masse gekommen sein. Ich bin nicht fähig, das Bild in mir heraufzubeschwören, wie »Sidneys Schwester, Pembrokes Mutter« einem jungen Dichter, mit dem ihr Sohn angebändelt hatte, in den Ohren lag oder auch nur andeutungsweise zu verstehen gab, er möge diesen zur Ruhe kommen und heiraten lassen. Natürlich muß W. H.'s Mutter keine Gräfin gewesen sein; aber es scheint äußerst unmöglich, daß Shakespeare ausgeklügelte elterliche Sorgen hätte haben sollen. Können Sie irgendeine andere Erklärung vorschlagen? ...[31]

Das Sonett über den tödlichen Mond stellt uns vor die Schwierigkeit, daß Elizabeth weder durch die Armada noch durch die Essex-Rebellion die geringste »Eklipse« erfahren hat: Die Armada wurde ruhmreich besiegt, und Essex hatte niemals auch nur die geringste Chance. Da auf die Armada mehrere britische Niederlagen folgten, für deren erste Drake den Laufpaß erhielt und fünf Jahre lang in Ungnade fiel, und da Elizabeth von Zeit zu Zeit schwer erkrankte, ist es leicht, ein halbes Dutzend weiterer möglicher Eklipsen aufzuführen – neben der Armada oder Essex.

Ihre Ansicht, Shakespeares Klagen über senile Verfallserscheinungen und Altersschwäche seien ein Beweis, daß er in Wirklichkeit ein sehr junger Mann war zur Zeit der Niederschrift, halte ich für glänzend begründet; aber in Ihrem Hinterkopf sollten Sie lieber doch die Tatsache miteinbeziehen, daß solche Klagen zwei charakteristische Altersstufen haben. Die eine ist zwanzig und die andere vierzig. Vierzig, das einschneidende Ende aller jugendlichen Ambitionen, wirkt beängstigend. Ich an Ihrer Stelle würde die Klage als Bestätigung dafür nehmen, daß Shakespeare entweder zwanzig oder

31 »Ja, kann ich«, notierte Douglas auf einem Typoskript, das er von Shaws Brief anfertigte (heute im Bestand der Columbia University Library): »Shakespeares Vorwand, den jungen Mann zum Heiraten zu drängen, als eine Entschuldigung für die Lobpreisung seiner Schönheit, hatte sich abgenutzt. Daraufhin brachte er seine Gefühle offen zum Ausdruck.«

vierzig war, und dann nachweisen, daß vierzig nicht in Frage kommt. Mein eigenes Gefühl, ohne die Daten zu studieren, ist, daß die Sonette das Werk eines jungen Mannes sind, der sich zum Dichter bestimmt fühlt und Venus-und-Adonis-Sachen und dergleichen schreibt, und daß ihn das Theater gefangen hält, als der einzige Ort, wo er seinen Lebensunterhalt verdienen kann, was ihn freilich zwingt, sich auf Henry VI zu stürzen und die Erfindungen anderer Leute zu adaptieren, sich dadurch zugleich zum Possenreißer für das Publikum zu machen, was wiederum seiner Würde sehr abträglich ist. Ich kenne den Snobismus eines Mannes in der gesellschaftlichen Stellung Shakespeares nur zu gut.

Ich glaube, Sie handeln voreilig, wenn Sie die Sonetten-Predigt über die Lust aus der Liste derer streichen, die an Master W. H. gerichtet sind. Ich vermute, daß es genau das Richtige war, sie ihm zu schicken, als die Lockungen der brünetten Dame zur Falle wurden. Es war eine Warnung, natürlich wirkungslos, aber durchaus rechtzeitig. Ich kann nicht glauben, daß es ein ins Blaue geschossener Pfeil war: irgendeinen dringenden Anlaß muß es dafür gegeben haben. Warum ihn nicht dieser ziemlich offensichtlichen Notlage zuschreiben? An die Dame konnte die Predigt nicht gerichtet sein: sie ist nicht persönlich genug und wäre bei ihr ohnehin kaum angekommen ...

Ihre Feststellung, daß Shakespeare katholisch erzogen wurde, steht da ohne jeden Querverweis auf ein vor nicht sehr vielen Jahren erschienenes Buch, dessen Autor bereits dargestellt hat, daß die Shakespeares eine katholische Familie waren; aber warum *sollten* Sie darauf verweisen, selbst wenn Sie das Buch gelesen hätten und sich daran erinnerten? Die Literatur ist übervoll von »Danksagungen« und Urheber-Gezänk, und in einer Arbeit über Shakespeare wäre beides geradezu taktlos. Im Haus eines Erhängten soll man nie vom Strick reden.

Um noch einmal für einen Moment auf Wildes Annahme, W. H. sei ein Schauspieler gewesen, zurückzukommen, so

steht sie in keinem sinnvollen Zusammenhang mit den »Millionen seltsamer Schatten«. Auf den ersten Blick sieht es zwar danach aus, genauso wie es aussieht, als ob W. H. der Vorwurf träfe, alles mögliche für alle Männer gewesen zu sein. Wäre Shakespeare so angesprochen worden von jemandem, der seine, damals noch ungeschriebenen, Werke gekannt hätte, dann würde es schon einleuchten. Wie die Dinge aber liegen, können Sie, je mehr Sie darüber nachdenken, um so weniger damit anfangen.
Die Ausführlichkeit dieses Briefes und die Tatsache, daß ich, um ihn zu schreiben, meine eigentliche Arbeit unterbrechen muß, ganz davon zu schweigen, daß ich weit weg am Pacific war, als Ihr Buch ankam, sind eine Erklärung für die lange Verzögerung, bis ich Ihnen überhaupt dazu schreiben konnte. Vielen Dank für Buch und Widmung. Ergebenst

G. Bernard Shaw

P. S. Die Sonette enthalten keinen ausdrücklichen Aufschluß über die gesellschaftliche Stellung des Master W. H. Vielleicht war er nur der Sohn eines wohlhabenden Bourgeois, gut gekleidet und auch persönlich nett. Aber bestimmt stand er gesellschaftlich nicht unter Shakespeare.[32] Butlers »Sohn eines Schiffskochs« erinnert mich daran, daß die überzeugendste Abhandlung, die ich je gelesen habe, nachwies, *Romeo und Julia* sei die Bearbeitung eines schönen dramatischen Gedichts durch einen eingebildeten, bühnenbesessenen Schlächter. Daher das »toll mit meiner Väter Gliedern spielen«![33]

32 »Was Herr Shaw auch sagt, ich neige trotzdem noch zu der Überzeugung, daß [Mr. W. H.] ein Schauspieler war«, bemerkte Douglas auf dem in Anm. 31 erwähnten Typoskript.
33 Akt IV, Szene 3, Monolog der Julia, in dem sie sich die Schrecken der Leichengruft ausmalt:

»... werd ich nicht rasend werden,
umringt von ll den greuelvollen Schrecken?
Und toll mit meiner Väter Gliedern spielen?«

1. Juli 1933 35 Forth Avenue, Hove

Sehr geehrter Herr Bernard Shaw, Ich bin erfreut, Ihren langen Brief zu erhalten, und ich bin ebenso erfreut zu erfahren, daß Sie den entscheidenden Punkt anerkennen, nämlich den Unterschied zwischen der Anziehungskraft der Schönheit und der homosexuellen Anziehungskraft, und daß die eine kein Beweis für die andere ist. Ich glaube, das ist mein wichtigster Beitrag zu diesem Thema, und kein anderer als Sie hat das entdeckt. Es ist schon wahr, daß ich nicht eigentlich ein Shakespeare-Forscher bin. Ich will damit sagen, daß ich mich bei der Niederschrift meines Buches weit mehr auf mein poetisches Gespür und meine Kenntnis und Einsicht in den Shakespeare-Text verlassen habe als auf die anderen Kommentatoren. Obwohl ich viele von ihnen gelesen habe, ist mir zweifellos allerhand entgangen, was ich aufgenommen hätte, wenn ich mehr Forscher gewesen wäre.
Mein Argument war: »Es gibt keine Aufschlüsse über die Sonette außer denen, die in den Sonetten selbst und in der Widmung von Thorpe enthalten sind. Folglich ist der beste Weg, zu einer Lösung zu gelangen, der Versuch, sie aus den Sonetten selbst abzuleiten.« Ich bin so sicher, daß die Sonette nicht für Southampton oder Pembroke oder irgendeinen hohen Adligen geschrieben sind, sondern für jemanden in Shakespeares eigener Klasse und Lebenssituation, daß ich, wenn ich auf irgend jemanden stoße (z. B. Tyler), der annimmt, sie bezögen sich auf Pembroke oder Southampton, dazu neige, seine Folgerungen ungeduldig beiseite zu schieben, weil ich sie der Erwägung gar nicht für wert erachte. Sie selbst stimmen mir zu, daß Shakespeare anfang zwanzig gewesen sein kann (Sie sagen sogar, genau zwanzig), als er sie schrieb. Damals, als Shakespeare zwanzig war, war Pembroke ungefähr acht und Southampton ungefähr zwölf. Wenn also meine These von dem sehr jugendlichen Shakespeare als Verfasser der Sonette korrekt ist (und Sie scheinen anzunehmen, daß sie es ist), dann stehen Pembroke und

Southampton gar nicht mehr zur Debatte ... Was Marlowe als den rivalisierenden Dramatiker betrifft, so werden Sie, wenn Sie das, was ich dazu sage, noch einmal sorgfältig vornehmen, erkennen, daß ich selbst sage, der rivalisierende Dichter sei wahrscheinlich Chapman gewesen ...
Ich habe keinen Zweifel, daß Harris seine Mary Fitton-Idee Ihrer Rezension über Tylers Buch entnommen hat.[34] Harris hat immer *alles*, was er schrieb, von einem anderen genommen! Fast seine ganze Theorie über die Sonette hat er von Richard Middleton (ja, ich glaube sogar, daß Middleton selber den Text schrieb), wie ich erst vor etwa drei Wochen durch einen Zufall herausfand.[35]
Meine Gedanken zur katholischen Erziehung Shakespeares stammen größtenteils aus einem Buch mit dem Titel *Shakespeare et la Religion* von Camille Looten[36] an der Universität Lille, ein ganz hervorragendes Buch. Niemand scheint es gelesen zu haben. Ich wollte, daß Secker eine Übersetzung davon herausbringt. Kennen Sie es? Es erschien vor ungefähr neun Jahren. Vielleicht ist dies das Buch, auf das Sie anspielen. Aber andere haben das gleiche schon vorher gesagt, z. B. der verstorbene Pater Sebastian Bowden vom Oratorium.[37] Deshalb hielt ich es nicht für notwendig, irgendwelche Danksagungen zu machen. Hochachtungsvoll Ihr

Alfred Douglas

34 »The Truth about Shakespeare« [Die Wahrheit über Shakespeare], eine nicht unterzeichnete Rezension in der *Pall Mall Gazette*, 7. Januar 1886.
35 Douglas arbeitete damals an der Einleitung zu *The Pantomime Man* [Der Pantomime], einem Band mit vermischten Schriften von Richard Middleton (1882-1911).
36 Das Buch erschien 1924 bei Perrin et Compagnie, Paris.
37 Pater Sebastian Bowden vom Londoner Oratorium (1836-1919), bekannt wegen seiner Verbindung mit Wilde. Douglas behauptete, Wilde habe nach seiner Entlassung aus dem Gefängnis Pater Bowden besucht, um über ihn in die katholische Kirche aufgenommen zu werden. (*Oscar Wilde. A Summing-Up*, p. 132). Eine entgegengesetzte Darstellung von Wildes Anliegen findet sich in: H. Montgomery Hyde *Oscar Wilde*, New York, Farrar, Straus and Giroux, 1975, p. 324.

P. S. Ich bin wirklich ganz entzückt und geschmeichelt, daß Sie sagen, mein Buch über die Sonette sei »bei weitem das beste von allen, die Sie kennen«. Dies ist wirklich ein großmütiges Lob und gibt mir hohe Befriedigung. Das Buch wurde sehr wohlwollend (wenn auch oft sehr unintelligent) besprochen. Aber es verkauft sich nicht gut. Secker freilich meint, daß der Verkauf auf lange Zeit hin anhalten wird.

3. Januar 1936 — 1 St. Ann's Court, Hove[38]

Sehr geehrter Herr Bernard Shaw, Mit getrennter Post sende ich Ihnen die Neuausgabe meiner Gedichte (in zwei Bänden, *Lyrik* und *Sonette*), die im Verlag Rich and Cowan erschienen ist. Ich möchte, daß Sie sie haben, weil Sie in letzter Zeit wirklich sehr gütig zu mir waren und das Karussell der Zeit Sie mir nun überraschend im Licht der Freundschaft enthüllt. Ich sah Ihren freundlichen Hinweis auf mein Buch über die Shakespeare-Sonette in dem Artikel, den Sie im *Manchester Guardian* über Samuel Butler schrieben; mein Ausschnitt-Büro für Pressestimmen hat ihn mir zugesandt. Ich wußte ihn sehr zu schätzen. Sie werden mich niemals zu Ihren Anschauungen oder zum Sozialismus bekehren, aber immerhin haben Sie es nun geschafft, aus mir einen Ihrer Bewunderer zu machen! Immer der Ihre, hochachtungsvoll

Alfred Douglas

P. S. Meine Gedichte sind von allen Londoner Kritikern nahezu völlig boykottiert worden (ich vermute, weil ich in meinem Vorwort zu den Gedichten ihr derzeit herrschendes

38 Im Sommer 1934 hatte Douglas' Mutter das Haus in der Fourth Avenue aufgegeben. Anfang 1935 überließ Francis, Marquess of Queensberry, ein Neffe von Douglas, diesem die Parterrewohnung St. Ann's Court Nr. 1 (und zahlte auch die Miete von 130 Pfund jährlich). Douglas' Mutter hatte eine separate Wohnung im selben Gebäude bewohnt, bis sie am 31. Oktober 1935 starb.

falsches Idol T. S. Eliot angegriffen habe), aber sie verkaufen sich rasant, und ich habe im Laufe der letzten vierzig Jahre jederzeit genügend Lob und Anerkennung von Kennern der Poesie erhalten, um zufrieden zu sein. Es macht mir also nichts aus.

11. Mai 1936 — 1 St. Ann's Court, Hove

Sehr geehrter Herr Bernard Shaw, Ich hoffe, Sie haben die Neuausgabe meiner Gedichte, die ich Ihnen vor vielen Monaten zusandte, erhalten. Bitte denken Sie nicht, daß ich eine *critique raisonnée* erwarte, aber ich wäre gern sicher, daß die Bücher bei Ihnen eingetroffen sind, und Sie haben sich für meine früheren Sendungen immer bedankt, was mich befürchten läßt, daß Sie die Bücher nicht erhalten haben. Ich weiß, Sie waren im Ausland, und wahrscheinlich haben sich in Ihrer Abwesenheit riesige Stöße von Büchern für Sie angehäuft.

Habe ich Ihnen schon erzählt, daß ich neues Beweismaterial über Master W. H., das heißt Will Hughes, gefunden habe? Wenn mein Anhaltspunkt sich als richtig erweist, wird die Frage auf einfache Weise ein für allemal dahingehend beantwortet sein, daß W. H. Will Hughes war. Ich spare mir das für eine neue Buchausgabe auf.

Hochachtungsvoll — Ihr Alfred Douglas

8. Oktober 1937 — 4 Whitehall Court, London

Lieber Lord Alfred, Nellie Harris ist, wie Sie sich vorstellen können, völlig am Ende, nachdem sie alles irgend Verkäufliche aus Franks Nachlaß verkauft hat.[39] Ich kann sie

39 Frank Harris war am 26. August 1931 in Nizza verstorben und hinterließ eine verzweifelte Witwe. Ihr einziger Besitz waren seine Urheberrechte.

nicht adoptieren, aber das komische Buch von Sherard hat mir einen Schlüssel für ein Vorwort zu einer Neuauflage von *Life and Confessions of Oscar Wilde* gegeben.[40]

Dieses Buch ist, wie Sie wissen, niemals in England veröffentlicht worden, weil die Verleger Angst hatten, Sie würden dagegen prozessieren. Ich kann das Buch ohne weiteres so bearbeiten, daß es für Sie in keiner Hinsicht beleidigend ist, oder, als Alternative, alle Hinweise auf Sie streichen, wenn Sie das vorziehen. Aber beim Überprüfen der letzten amerikanischen Ausgabe (1930, Covici Friede) sehe ich gerade, daß Sie tatsächlich einen langen Brief dazu beigesteuert haben[41] – eigentlich ein sehr lesenswertes Kapitel. Möchten Sie, daß es in die englische Ausgabe übernommen wird; und wenn ja, würden Sie bitte Nellie die notwendige Vollmacht erteilen?

Sowohl der Stil als auch die Thematik des Briefes machen ihn zu einer wertvollen Attraktion, aber sosehr ich seine außergewöhnliche Offenheit schätze, bin ich doch nicht sicher, ob nicht manches darin mehr vermuten läßt, als es in Wahrheit bedeutet. Und Franks Antwort ist, gelinde gesagt, nicht gnädig.

Sie appellierte an Shaw, ein Vorwort für die Wilde-Biographie zu schreiben und zu versuchen, in England einen Verleger für das Buch zu finden. Shaw hatte Mitleid und sagte ihr seine Hilfe zu. – Mitte September war das Vorwort praktisch beendet, und erst jetzt wandte sich Shaw wieder an Douglas, dem er seit über vier Jahren nicht mehr geschrieben hatte.

40 Robert Harborough Sherard (1861-1943), ein Urenkel des Dichters William Wordsworth, war Wilde 1883 in Paris begegnet. Sherard, obwohl ein heftiger Gegner der Homosexualität, war ein treuer Freund Oscar Wildes und Autor von bereits drei Büchern über ihn. Das neueste: *Bernard Shaw, Frank Harris and Oscar Wilde* war eine Verteidigungsschrift, gegen Harris' Biographie gerichtet, die Sherard als ein böswilliges Buch voller Plagiate, erfundener »Fakten« und Lügen bezeichnete. Durch eigene Nachforschung widerlegte er viele von Harris' besten Geschichten. Das Vorwort zu Sherards Buch schrieb Douglas.
Die Neuauflage von Frank Harris' *Oscar Wilde. His Life and Confessions* mit Shaws Vorwort erschien 1938 in London.
Eine deutsche Ausgabe der revidierten Version gab es nicht.

41 Douglas hatte in seinem Brief vom 30. Mai 1931, s. p. 59, bereits davon gesprochen.

Wie dem auch sei, lassen Sie mich jedenfalls wissen, wie Sie zu der Sache stehen.

Übrigens schulde ich Ihnen seit langem einen Brief auf die Gedichte; aber das ist eine ganz schöne Arbeit, und ich habe noch keine Zeit gehabt, mich daranzusetzen. Sie haben zweifelsohne ein erstklassiges Talent für die schwierigsten Versformen: die Zeilenfolge eines Sonetts fließt Ihnen ebenso leicht aus der Feder wie Limericks. Aber wo ist Ihr Epos? Wenn ich so singen könnte in Worten, ich hätte bis heute schon mehr Verse hinterlassen als Shelley. Es ist ja nicht so, daß Sie – wie der arme Henley[42], der auch ein bißchen begabt war, nur ungeschliffener – nichts zu sagen hätten. Sind Sie faul? Ergebenst G. Bernard Shaw

12. Oktober 1937 1 St. Ann's Court, Hove

Sehr geehrter Herr Bernard Shaw, Lassen Sie mich, was ich in meinem Brief vom letzten Samstag sagte [Dieser Brief war nicht auffindbar], noch dahingehend ergänzen, daß ich glaube, Sie wären gut beraten, wenn Sie auf das Erscheinen von *Without Apology* warten würden, ehe Sie irgendeine Entscheidung hinsichtlich der Neuausgabe von Harris' Buch treffen. Das meine wird in weniger als einem Monat herauskommen und enthält eine Menge über Wilde und auch Harris. Ich erwähne darin, daß Frau Harris mich vor ungefähr achtzehn Monaten besuchte, als sie mich bat, einer Wiederauflage von Harris' Buch zuzustimmen.[43] Ich traf auch Allen Lane[44], der

42 William Ernest Henley (1849-1903), Dichter, Journalist und Redakteur; war von Geburt an ein Krüppel. – Henley gilt als Dichter des englischen Imperialismus.

43 S. Douglas' *Without Apology*, pp. 288-289.

44 Allen Lane (1902-1970; 1952 in den Adelsstand erhoben) hatte 1935 seine Stelle als leitender Direktor im Verlag Bodley Head aufgegeben, um Penguin Books zu gründen, ein Wagnis, das zu einer publizistischen Revolution führte.

mich ebendeswegen schon vor einem Jahr besuchte. Er war ganz erpicht, eine Neuausgabe von Harris' Buch zu machen, aber nachdem ich mich eine Stunde lang mit ihm unterhalten hatte, änderte er seine Meinung und sagte, er sei definitiv entschlossen, es nicht zu tun, obwohl ich ihm (wie vorher auch Frau Harris) erklärte, daß ich keineswegs rechtlich vorgehe, wenn man meine Bedingungen einhält. [Die hier folgende Briefseite fehlt.]
Ich besitze kein Exemplar der Covici-Ausgabe. Ich glaube nicht, daß ich sie je gesehen habe. Ich würde mir das, was ich über meinen Vater gesagt habe, lieber noch einmal ansehen, bevor ich mein Einverständnis zu einem Nachdruck gebe. Ich darf Ihnen vielleicht mitteilen, daß A. J. A. Symons und Vivian[45] (so schreibt er sich, oder jedenfalls schrieb sein Vater so, obwohl er sich selbst jetzt »Vyvyan« nennt) Holland heftig gegen die Wiederveröffentlichung von Harris' Buch protestieren. Aber das geht mich nichts an. Ich denke, ein Beweis dafür, daß ich nicht jemand bin, der Schaden anrichtet, ist die Tatsache, daß ich den Inhalt Ihres Briefes an Sherard nicht verraten habe. Hätte ich es getan, er wäre sicher schon blutrünstig auf Sie losgegangen! Ich meine, Sie sind ihm gegenüber unfair, und ich meine, seine Devotion Oscar gegenüber ist wirklich rührend. Natürlich kennt er, wie ich ihm oft gesagt habe, mindestens die Hälfte von Oscars Leben

45 A. J. A. Symons (1900-1941), Leiter des *First Edition Club*; schrieb gerade an der autorisierten Biographie Oscar Wildes und edierte die gültige Ausgabe seiner Werke.
Vyvyan Holland (1886-1967), Wildes jüngerer und damals einziger noch lebender Sohn, Cambridge-Absolvent, Rechtsanwalt bis zum Ersten Weltkrieg, dann Major in der Royal Air Force, war nun Journalist und Übersetzer.
Man hatte ihm den Grund für die Ächtung seines Vaters vorenthalten, bis er erwachsen war. »Ist das alles?«, soll er gesagt haben. »Ich dachte, er hätte Geld unterschlagen.« Holland widmete sich ganz dem Andenken seines Vaters und beaufsichtigte die Publikation seiner Werke mit einer Anteilnahme, die über seine Interessen als Inhaber der Rechte hinausging. Was die Buchstabierung seines Namens betrifft, so war er – wenngleich seine Eltern gewöhnlich »Vivian« schrieben – »Vyvyan« getauft worden und gab dieser Schreibweise selbst den Vorzug.

und Charakter *überhaupt nicht*. – In meinem neuen Buch steht vieles über Sie, freilich wird Ihnen manches davon wohl nicht gefallen! Aber *que voulez*?
Sagte ich Ihnen schon, daß ich Beweise für die Existenz des »Master Will Hughes« entdeckt habe? Von meinem Buch zu diesem Thema sind erst fünfhundert Exemplare verkauft, aber ich wage zu sagen, daß ich früher oder später eine Neuauflage herausbringen werde. Hochachtungsvoll

Alfred Douglas

2. November 1937 4 Whitehall Court, London

Lieber Lord Alfred, Es ist einfach nicht möglich, die Publikation von Harris' Buch jetzt zu verhindern. Nellie muß leben, selbst wenn Sie und ich sie unterstützen müßten; und ein Vorschuß von dreihundertundfünfzig Pfund, auf ein Honorar von fünfzehn Prozent, ist bereits geboten worden, so daß der Tee-Laden in Nizza sich zu materialisieren verspricht.[46]
Ich war überaus erleichtert zu erfahren, daß Ihre Briefe in der Covici-Ausgabe nicht zur Publikation bestimmt waren. Aber sie enthalten eine Schilderung Ihres Vaters, die nicht nur unwiderstehlich ist als Literatur, sondern einen vitalen Anteil an der Geschichte der Wilde-Affäre hat. Ich würde sie sehr gerne irgendwo einarbeiten.
Es ist aber, wie ich schon sagte, möglich, Sie aus dem Buch ganz und gar zu streichen, falls Sie das möchten; doch würde es ein schreckliches Loch hinterlassen, und zugleich eine Chance verbauen, Sie endlich ins rechte Licht zu rücken. Ich stehe immer noch zu meiner alten Ansicht, daß Harris' Porträt von Oscar das bei weitem lebendigste ist, das wir haben.

46 Shaw hatte mit dem Verleger Constable vereinbart, daß alle Einnahmen an Nellie gehen sollten.

Viel respektabler und unparteiischer ist das von Ransome[47], und Sherards kurze Beschreibung der hündischen Anhänglichkeit, die ihn [Wilde] schließlich so unerträglich machte, ist mitfühlend und aufrichtig. Aber keiner von beiden kann den treffsicheren Frank vom Podium stoßen; seine Aussagekraft und Lesbarkeit wird noch vor der Nachwelt bestehen, sofern die Nachwelt sich überhaupt um irgendeinen von uns kümmert. Es ist wichtig, Harris zu seinem Recht zu verhelfen: man kann ihn nicht unterdrücken.

Ich muß sein Manuskript durchsehen und überlegen, was man tun kann, um nicht Unschuldigen damit zu schaden. Wie Sie wissen, habe ich schon die Arbeit gehabt, seine Biographie über mich so zu redigieren, daß die Tatsachen richtiggestellt sind, ohne doch Pfeffer und Salz zu verlieren. Da der Mann damals im Sterben lag, zerfiel das Buch am Ende in Bruchstücke; und am Anfang war es voller frappierender Erfindungen, da er nichts von meinen ersten Lebenjahren wußte. Folglich ist ein Gutteil des Buches eine Autobiographie von mir selbst, mit dem Vorteil, daß ich Harris ein oder zwei Dinge sagen lassen kann, die ich persönlich anständigerweise nicht sagen könnte.

Aber ehe ich die neue Arbeit in Angriff nehme (ein Vorwort habe ich schon geschrieben, in dem ich viel Spaß mit R. H. S.[48] habe), würde ich gerne wissen, ob Sie wünschen, daß ich Sie schildere, so gut ich es vermag, und Frank die Lorbeeren dafür überlasse, oder ob ich Sie ganz aus der Saga heraushalten soll, was jammerschade wäre und das Unrecht nicht wiedergutmachen würde, das Ihnen durch die frühere Ausgabe zugefügt worden ist.

Ich muß Ihnen zum Verkauf der fünfhundert Exemplare Ihres Buches über die Sonette gratulieren. Die Zahl der Leute, die so sehr daran interessiert sind, daß sie ein Buch dazu kaufen, hätte ich auf allerhöchstens fünfzig angesetzt.

47 Arthur Ransome (1884-1967), *Oscar Wilde, a Critical Study*, Martin Secker, London, 1912.
48 Robert Harborough Sherard.

Wenn es Ihnen gelingt, die Spur des Mr. W. H. ganz zurückzuverfolgen, muß unter allen Umständen eine zweite Auflage oder sogar ein neues Buch erscheinen.
Einverstanden: einen Dichter aufzufordern, ein Epos zu schreiben, ist so ziemlich dasselbe, wie einen Forschungsreisenden aufzufordern, sein ganzes Leben auf dem Gipfel des Mount Everest zu verbringen. Selbst in Shelleys *Prometheus* gibt es stellenweise ausgesprochene Knüttelverse, und bei Scott ist das Schlechteste lächerlich. Dennoch gibt es reichlich gute Musik in der mittleren Stimmlage, und es spricht vieles für den »müßigen Sänger in leeren Tagen«[49]. Den kannte ich übrigens recht gut. Ergebenst G. Bernard Shaw

25. Januar 1938 Ayot St. Lawrence,
Welwyn, Hertfordshire[50]

Lieber Lord Alfred, Endlich bin ich mit der Arbeit für Frau Harris fertig.[51] Mit gleicher Post sende ich die redigierte Vorlage für Frank Harris' *Oscar Wilde* an den Verlag (Constable), mit einem Vorwort von mir, das an die achtzehntausend Wörter in Form einer Entgegnung auf Sherards Shaw-Harris-Wilde-Eplosion umfaßt.

49 Eine Selbstcharakterisierung von William Morris (1834-1896) im Rahmengedicht seines *The Earthly Paradise* [Das irdische Paradies]. (Deutsches Zitat nach: Hans-Christian Kirsch *William Morris – ein Mann gegen die Zeit*, Eugen Diederichs Verlag, Köln, 1983, p. 141.
50 Das Landhaus, das die Shaws im Jahre 1906 gepachtet hatten. Es gefiel ihnen nicht, aber als der Eigentümer nach Ausbruch des Ersten Weltkriegs sie vor die Alternative stellte, entweder auszuziehen oder das Anwesen zu kaufen, erwarben sie es. Daraus sollte ein Wohnsitz auf Lebzeiten werden.
Was sie »Omnibus-Pendeln« nannten spielte sich schließlich so ein, daß sie von Donnerstag morgens bis Samstag nachmittags in London waren und die übrige Zeit in Ayot verbrachten.
51 Noch an diesem Tag schrieb Shaw dem Verlag: »Lieber Constable. Hier endlich ist die verfluchte Arbeit fertig. Ich glaube, jetzt ist sie anwaltssicher. Weit entfernt davon, Douglas zu verleumden, gibt sie ihm sogar erstmals eine weiße Weste.«

Ihre Randbemerkungen[52] und Briefe sind sehr hilfreich gewesen. Ich war mit praktisch allen einverstanden. Was ich nicht verstehen kann, ist, warum Harris sie nicht akzeptieren und das Buch von seinem verleumderischen Charakter befreien wollte. Ich glaube, Wilde hat Sie beide hereingelegt mit einem Spiel, das er zur eigenen Unterhaltung im Gefängnis begann: die romantische Geschichte vom mißhandelten Helden und dem grausamen, falschen Freund. Wenn Sie erst einmal das Wesen dieses Täuschungsmanövers erkennen, dann werden all seine Lügen und Ihre eingebildeten Schandtaten nur noch komisch sein.
Ich nehme an, daß das Buch, von dem Sie mir schreiben – oder soll ich sagen, mit dem Sir mir drohten – noch nicht erschienen ist? Um so besser: halten Sie es lieber zurück bis meines da ist; denn nicht nur werden Sie dann das letzte Wort haben, sondern Sie werden auch in der Lage sein, einen Verriß zu vermeiden, zumal ich die Sache viel besser für sie ausgefochten habe, als Sie es anständigerweise für sich selbst tun könnten.
Steht das Porträt von Ihnen aus dem Band Ihrer Gedichte zur Verfügung? Und gibt es irgendwo so etwas wie ein Porträt von Thersites Crosland? Vielleicht will Constable beides.[53] In großer Eile G. Bernard Shaw

52 Douglas' Anmerkungen in den beiden Bänden der Wilde-Biographie von Harris (1918). Shaw hatte seine editorische Arbeit rasch erledigt, denn erst am 18. Dezember 1937, also kaum sechs Wochen vorher, hatte Nellie Harris ihm geschrieben: »Ich bin schon seit über zwei Wochen schrecklich erkältet. Ich habe es gerade noch geschafft, die beiden von A. Douglas korrigierten Bücher an Sie abzuschicken. Ich hoffe, Sie haben sie gut erhalten. Ich glaube, ich habe Ihnen mitgeteilt, daß Frank sagte, fast alle Behauptungen von Alfred Douglas hätten sich bei genauer Überprüfung als unwahr herausgestellt. Ich frage mich, was Sie von den Korrekturen und Anmerkungen A. D.'s halten. Ich würde es unheimlich gerne wissen.« (Britisches Museum, Addenda, Manuskript 50538.)

53 Die Zeichnung von Walter Spindler in Douglas' Gedichtband *Poems* (1896). Shaw wußte anscheinend nichts von W. Sorley Browns Buch *The Life and Genius of T. W. H. Crosland* (1928), das eine Reihe eindrucksvoller Fotografien von Crosland enthielt.

29. Januar 1938 | 1 St. Ann's Court, Hove,

Lieber Herr Shaw, Sie sind mir so einer! Die Art, wie Sie ruhig vorwärtsgehen und tun, was Sie wollen »in Sachen Frank Harris und anderer« – ohne die geringste Aufmerksamkeit gegenüber den Protestschreien, die Oscars literarischer Nachlaßverwalter und autorisierter Biograph Symons und sein Sohn Vyvyan Holland anstimmen[54] – erregt wirklich meine Bewunderung. Soweit es mich betrifft, habe ich gar nichts dagegen, besonders weil ich ganz darauf vertraue, daß Sie mich fair behandeln, und ich stimme durchaus mit Ihnen überein, daß es weit besser für mich ist, von *Ihnen* gegen Harris und Oscars Ausfälle und Verleumdungen verteidigt zu werden, als von mir selbst.

Mein eigenes Buch *Without Apology* wird höchst ärgerlicher- und idiotischerweise verzögert, weil die Anwälte der Drukker (die in Bungay residieren und dort offensichtlich die Dorfidioten sind) behauptet haben, es sei »gefährlich«, was – ich versichere Ihnen – der größte Unsinn ist. Ich habe mich sehr wohl gehütet, es gefährlich zu machen, es ist tatsächlich sanft und freundlich. Da der Anwalt meines Verlegers das Buch gelesen hat und es als absolut sicher durchgehen ließ und sogar noch ein übriges tat, indem er sagte, daß er es sehr bewundere, und da der Verleger mir daraufhin ein Vorschußhonorar von einhundertundfünfzig Pfund zahlte, macht es

54 Holland hatte den Verlag Constable ebenso wie Shaw und seine Anwälte benachrichtigt, daß er die Aufnahme irgendwelcher Teile aus *De Profundis* nicht bewilligen werde; andere rechtlich geschützte Unterlagen Wildes wollte er auf Anfrage jeweils überprüfen. Shaw antwortete am 21. April, daß *De Profundis* en bloc aus der revidierten Wilde-Biographie gestrichen worden sei; daneben auch alles andere, worauf Frau Harris oder er selbst keine Urheber-Rechte geltend machen konnten. Weiter erklärte er, daß das Buch nur zustandegekommen sei, weil Frau Harris in Not und ihr Gatte durch Sherard und Douglas bedenkenlos grob behandelt worden war. Er hoffe, der Umstand, daß das vorliegende Buch »in schlimmere Hände als die unseren hätte geraten können«, werde Herrn Holland beruhigen. Die Anwälte Hollands antworteten mit einem freundlichen Brief, in dem sie erklärten, daß ihr Klient zufrieden sei.

mir, abgesehen von dem lästigen Aufschub, wirklich nicht viel aus, wenn der Verlag Rich and Cowan es nicht publizieren will (es ist schon gedruckt und hätte letzten Oktober erscheinen können), zumal ich einen anderen Verleger habe, der danach lechzt, es zu kriegen.[55] Kein Zweifel also von meinem Standpunkt aus, daß Sie Ihre neue Ausgabe von Franks Märchen zuerst vorlegen werden – und daß das eigentlich eine ganz glückliche Fügung ist. Wie Sie sagen, werde ich nun das letzte Wort haben, und ich darf Ihnen sagen, daß ich, in Anerkennung Ihres guten Willens in dieser ganzen Sache, alles, was ich über Sie geschrieben habe, noch einmal sorgfältig durchgegangen bin und selbst das Wenige, das Sie hätte verärgern können, entfernt oder modifiziert habe, woran mir sicher nichts gelegen wäre, wenn ich es nicht mit hinreichender Selbstzufriedenheit hätte tun können. Ich sehe Ihrem neuen Vorwort mit großem Interesse entgegen. Wie alles, was Sie schreiben (auch wenn es mich wahnsinnig macht), wird es zwangsläufig brillant sein. Hochachtungsvoll
Ihr Alfred Douglas

18. April 1938 Ayot St. Lawrence

Lieber Lord Alfred, Das Buch ist höchst lesenswert: ich hatte sehr große Freude beim Lesen.[56] Und es ist restlos überzeugend hinsichtlich Ihrer völligen Aufrichtigkeit als Autor von Bekenntnissen und Ihrer Schuldlosigkeit in der Wilde-Affäre und Generosität Ihrer Beziehung zu ihm.
Aber Harris haben Sie nicht in den Griff bekommen. In Ihrer Geschichte gibt es zwei George Washingtons: einen, der

55 *Without Apology* [etwa: Ohne Nachsicht] erschien bei Martin Secker am 6. April 1938.
56 Douglas kommentierte Shaws Briefe auf separaten Blättern (s. Nachtrag, p. 304). Seine Anmerkung hierzu war, daß *Without Apology*, trotz »mancher ziemlich harter Kritik an Shaw (die dieser aufs gutmütigste und freundlichste aufnahm), der eigentliche Auslöser für die von da an sehr freundliche Beziehung war, wie sie in dem Briefwechsel zutage tritt.«

keine Lüge erzählen konnte, und einen, der nicht wollte. Der eine war Harris, der andere Sie selbst. In Ihrem Fall war diese gefährliche Tugend eine Lappalie, verglichen mit der Tragödie, die Ihr Vater verursachte. Aber Harris wurde dadurch ruiniert. Sherard beschreibt ihn als einen Lügentrompeter an allen Ecken und Enden. Genau das hätte er sein sollen, um seinen Platz in der Londoner Gesellschaft zu sichern. Was er aber tatsächlich tat, war, an allen Ecken und Enden die Wahrheit herauszutrompeten und sich völlig unmöglich zu machen.

All die gegenseitigen Beschuldigungen vonwegen der Lügen kann man zurückführen auf die Lügen von Wilde (sein Brot hing davon ab), nachdem er mit Schreiben aufgehört hatte. Er lebte von Ihnen, von Harris, von Ross, von Turner (wer war Turner?[57]), von all seinen alten Theaterfreunden, an die er den Daventry-Stoff verkaufte, genauso wie Sheridan Aktienanteile am Drury Lane Theatre verkaufte. Es war ein notwendiger Teil des Spiels, jeden einzelnen von Ihnen glauben zu machen, daß alle anderen ihn im Stich gelassen hätten und dem Hungertod auslieferten. Er überzeugte Harris, daß Sie ihm nie einen Penny gegeben hätten. Er überzeugte Sie, daß Harris ihn mit *Daventry* hinterhältig betrogen hätte. Und so weiter bei allen anderen. Harris glaubte ihm, als er seine Wilde-Biographie schrieb; Sie glauben noch immer seine Geschichten über Harris, und Harris starb, überzeugt von Ihrer Verlogenheit. In Wahrheit gab es nur einen Oberlügner in dieser Sache – und das war Oscar.

Lassen Sie mich noch einmal daran erinnern, daß ich ein Ire bin. Ich weiß, daß es auf Erden keinen so unverschämten

57 Reginald Turner (1869-1938), illegitimer Sohn von Lionel Lawson, eigentlich Levy (1824-1879), dem Miteigentümer der Zeitung *Daily Telegraph* und Erbauer zweier Londoner Theater, des *Queen's* und des *Gaiety*. Vgl. hierzu die Einleitung zu *Max Beerbohm: Letters to Reggie Turner*, hrsg. von Rupert Hart-Davis (1964). Turner hielt immer treu zu Oscar. Nicht nur traf er ihn in Dieppe, nach Wildes Entlassung aus dem Zuchthaus, er war auch bei ihm, als Wilde in Paris starb. In den 1930er Jahren lebte Turner in Italien.

Bettler gibt wie einen irischen Bettler. Ich habe sie betteln gesehen, wenn es ihnen durchaus gut ging – betteln bei armen Leuten. Und ich kenne die Flexibilität, die einen Iren befähigt, Sie zu bezaubern, wenn Sie vor ihm stehen, und Sie in Stücke zu reißen, sobald Sie ihm den Rücken kehren. Als ich sagte, daß Oscar unfähig war zur Freundschaft (wie Sie diese verstehen), wußte ich, wovon ich sprach. Harris konnte Sie nicht leiden und gab das offen zu. Ein anderer hätte Sie erniedrigt, um sein Mißfallen zu befriedigen. Allein, Harris hat Sie auf den höchsten Gipfel gehoben und ist niemals auch nur einen Schritt breit von dieser Wertschätzung zurückgewichen. Es war dieses Wissen um den Unterschied zwischen Kreide und Käse und diese Courage, seine Meinung herauszutrompeten, die Harris' Herausgeberschaft bei der *Saturday Review* so erfolgreich machten, wie sie war. Was immer er gewesen ist, ein Lügner war er nicht, auch kein Heuchler; und Sie und Sherard schulden seinem Geist Abbitte, weil Sie ihn als eine Mischung aus Pecksniff und Montague Tigg abgekanzelt haben.[58]

Aber da ist eine Sache, die Sie vielleicht nicht wissen. Sie beschuldigen ihn eines gezielten Versuchs, Sie zu erpressen. Seine Vorstellungen von Geschäftsmoral waren derart amerikanisch, daß es schon möglich ist, daß er Erpressung für einen der legitimen Wege hielt, auf denen man aus dem Journalismus Geld machen konnte. Doch benahm er sich eigentlich so, als ob er von diesem Versuch nichts wüßte. Er nahm keine Notiz von Ihren Angriffen in Ihrem Blatt und war aufrichtig erstaunt und verletzt über die Art, wie Sie ihn im Café Royal behandelten.

Vielleicht wissen Sie nicht, daß Harris als Schriftsteller einen fast ebenso großen Zusammenbruch hatte wie Wilde. Nach der *Saturday* war er nomineller Herausgeber von mindestens vier Zeitschriften und bezog zweifellos ein Gehalt für den guten Willen, den er nun einmal mit seinem Namen im

58 Mr. Pecksniff, Inbegriff des Heuchlers, und Montague Tigg, Abenteurer und Schwindler: Gestalten in Charles Dickens' *Martin Chuzzlewit*.

Impressum bekundete. Aber das war auch alles, was sie aus ihm herausholen konnten. Das erste Blatt *Candid Friend* engagierte ihn für einen oder zwei Tage im vergeblichen Bemühen, den alten *Saturday*-Stab um ihn herum zu versammeln; aber es wurde von Lady Jessica Sykes[59] geführt, einer klugen Frau und starken Trinkerin, und ging am Ende ein. Was *Vanity Fair* betrifft, so stand einmal ein Artikel darin, der mich von oben bis unten herunterputzte und mit »F. H.« gezeichnet war. Er enthielt nicht einen Satz, den Harris hätte schreiben können oder schreiben wollen. Schließlich kam er ins Gefängnis wegen irgendwelcher Dinge, von denen er gar nichts wußte.

Sind Sie ganz sicher, daß er etwas von dem Versuch, Sie zu erpressen, wußte? Als er durch den Krieg in Verbannung war und wirklich ein Käsblättchen namens *Pearson's Magazine* herausgeben mußte, druckte er eher irgend eine seiner sterbenslangweiligen Reden nach, als etwas Neues zu schreiben. Die *Saturday* erledigte ihn als Schriftsteller gerade so wie Wormwood Scrubs Oscar erledigt hatte.[60] [Franks] Versuch, ein Buch über mich zu schreiben, war kläglich. Alkohol und Lungenentzündung machten ihn unfähig. Soviel ich weiß, war er niemals richtig betrunken, aber er war auch niemals nüchtern, so wie ich es verstehe.[61]

Sie haben ganz recht, wenn Sie mich letztlich als einen gefährlichen Menschen denunzieren: ich bin für Majore im Ruhestand und für pensionierte Gouvernanten so verhängnisvoll, wie ich mir nur wünschen kann, obwohl sie nicht daran sterben, verdammt nochmal! Wie kommt es, daß der Teil Ihres Kopfes, den Sie in Übung halten, so erstklassig ist, während der ganze Rest dem *Patriot* den Vorzug gibt vor dem

59 Anne Christina Jessica (1856-1912), Tochter von George Augustus Cavendish-Bentick, seit 1874 verheiratet mit Sir Tatton Sykes. Sie war Journalistin und Schriftstellerin.

60 Hier irrt Shaw. Wilde war niemals in Wormwood Scrubs, dem Gefängnis, in dem Douglas seine Haft verbüßte.

61 Shaw lebte schon seit Jahrzehnten streng abstinent und vegetarisch.

New Statesman?[62] Aber ich habe nichts Böses im Sinn; ich bin derlei gewöhnt, und das Vorwort zu Harris wird meine Rache sein. Übrigens sollte es als »herausgegeben von Lord Alfred Douglas« erscheinen, denn ich war mit all Ihren Anmerkungen einverstanden und habe keinen Anlauf genommen, sie zu verbessern. Das Buch ist jetzt absolut vorzeigbar, und ich hoffe, seine Veröffentlichung wird Ihnen einen Dienst erweisen, weil hier zum ersten Mal deutlich wird, daß die Queensberry-Affaire für Sie eine Tragödie und für Wilde, vergleichsweise, eine Komödie war. Ich lege ein kleines Geschenk bei.[63] Einstein ist ein Dichter. G. B. S.

20. April 1938 1 St. Ann's Court, Hove

Sehr geehrter Herr Shaw, Danke für Ihren Brief und für das Einstein-Buch. Von letzterem habe ich noch keine Zeile gelesen. Wenn ich zum Lesen komme, werde ich Ihnen schreiben und sagen, was ich davon halte. Betreffs der Wilde-Angelegenheit liegt die Schwierigkeit bei Ihnen darin, daß Sie die Fakten nicht kennen und ich sehr wohl. Es ist absurd zu sagen, ich hätte »Wildes Geschichten über Harris geglaubt«. Es ging nicht darum, irgendwelche Geschichten zu glauben. Ich war die ganze Zeit über, als das *Mr. and Mrs. Daventry*-Geschäft im Gange war, bei Wilde in Paris, und ich war damals auch ständig mit Harris zusammen. Oscar erzählte mir die Handlung des Stückes, Akt für Akt, wenigstens ein dutzendmal, noch ehe Harris überhaupt etwas davon hörte. Ich war zugegen, genau so wie es in meinem Buch beschrieben ist, als Harris, im Restaurant Durand, ihn überredete,

62 *The Patriot*, konservative Wochenzeitschrift; erschien von 1922-1947. *The New Statesman*, sozialistische Wochenzeitschrift, 1913 von der *Fabian Society*, der Shaw angehörte, gegründet.
63 *The Evolution of Physics* von Albert Einstein und Leopold Infeld, New York 1938. [deutsch: *Die Evolution der Physik*, 1950.]

damit einverstanden zu sein, daß er (Harris) das Stück schreiben sollte und die Einnahmen geteilt würden. Der Rest der Story ist nichts als Historie. Das Stück kam auf den Spielplan und lief einhundertundfünfzig Abende. Harris steckte allen Verdienst an der Autorschaft ein und alle Einnahmen und gab Oscar nicht einen Penny, außer den fünfzig Pfund, die er ihm schon im Durand gegeben hatte. Dann starb Oscar, hauptsächlich aus Wut darüber. Daß Oscar, nachdem er aus dem Gefängnis kam, in Geldsachen skrupellos war, habe ich nie bestritten. Ich habe es sogar in meiner *Autobiography* erwähnt, aber Sie sind unfair gegen ihn und sind es immer gewesen, ganz so, wie Sie unerklärlich voreingenommen sind zu Harris' Gunsten. Ich bin nicht damit einverstanden, daß Harris kein Lügner und Heuchler war. Ich glaube, er war beides! Doch ist diese Art der Auseinandersetzung im jetzigen Stadium nutzlos. Ich muß Ihr Vorwort lesen, und nach der Lektüre sagen, was ich denke.
Was den *Patriot* (existiert der noch immer?) und den *New Statesman* angeht, so lese ich beide nie, wenn ich es irgend vermeiden kann. Neulich habe ich eine Nummer des *New Statesman* gekauft, weil eine Werbeanzeige für mein Buch darin war. Und nachdem ich das Blatt nunmal gekauft hatte, las ich es auch und war gelangweilt und verärgert über seine Stupidität und Beschränktheit und seine immer gleichtönende Lamentiererei. Es stand ein Artikel von Leonard Woolf (oder heißt er Wolfe?) darin[64], der mir so stupide und unsinnig vorkam, daß ich nicht verstehen konnte, wie ein Herausgeber sich herbeilassen konnte, ihn zu drucken. Vom *Patriot* habe ich seit mindestens zehn Jahren keine Ausgabe

64 Leonard Woolf (1880-1969), Verleger und Autor (seit 1912 verheiratet mit Virginia Woolf), gründete den Verlag »Hogarth Press« und, gemeinsam mit anderen Künstlern und Gelehrten, die berühmte »Bloomsbury Group« (1907-1930), nach dem gleichnamigen Londoner Stadtteil. Der Artikel von ihm war eine Rezension von G. G. Coultons *Inquisition and Liberty* [Inquisition und Freiheit], erschienen am 9. April 1938, mit dem Tenor, daß die barbarischen Methoden der katholischen Inquisition nun im Namen von Faschismus, Nationalsozialismus und Kommunismus praktiziert würden.

mehr gesehen, und ich bezweifle, ob ich ihn überhaupt mehr als zwei- oder dreimal in meinem Leben gelesen habe. Vor etwa einem Monat aber las ich einen glänzenden Artikel von Ihnen im *London Mercury*, über *Cymbeline*.[65] Ich fand ihn außerordentlich gut, obwohl er mich nicht *restlos* überzeugt hat.

Da Sie fragen »Wer war Turner?«: Er war ein großer Freund Max Beerbohms und wohnte jahrelang im selben Haus wie Robert Ross und More Adey. Jetzt lebt er in Florenz. Sie irren abermals, wenn Sie sagen, daß Wilde »von Ross (und anderen) lebte«. Ross war damals fast mittellos. Erst ungefähr fünf oder sechs Jahre später begann er Geld zu verdienen (größtenteils durch seine geschickte Ausbeutung Oscars).

Bezüglich der Erpresser-Angelegenheit, wie könnte ich mich da irren? Der Mann, der zu mir kam, von Harris geschickt, war Edgar Jepson. Ich hatte seinen Namen in der Urfassung meines Manuskripts von *Without Apology* genannt, aber der Verlag (damals noch Rich and Cowan) zwang mich, ihn wegzulassen.

Wann kommt das Harris-Buch heraus? Ich freue mich auf Ihr Vorwort.[66] Ihre Theorien sind glänzend und anregend, werden aber, wie ich bereits gesagt habe, öfter als nicht (in dieser besonderen Angelegenheit) durch harte Tatsachen und durch das, was wirklich geschah, widerlegt. Hochachtungsvoll Ihr

Alfred Douglas

65 *Cymbeline Refinished. A Variation on Shakespeare's Ending* (Februar 1938), so nannte Shaw seinen neuen und, wie er fand, besseren Schlußakt zu Shakespeares Drama *Cymbeline*. »Er hat«, kommentierte Shaw dazu, »den Test ganz gut überstanden in der mutigen Aufführung des Embassy Theaters« in London, obwohl Stratford sich »im letzten Augenblick feige davor drückte, aus Angst, seine amerikanischen Gönner zu schockieren, denen der Shakespeare-Text angeblich heilig ist.«

66 Nellie Harris hatte den Korrekturabzug des Vorworts an Shaw zurückgesandt und dazu am 12. März geschrieben: »Ich habe es mehrere Male mit fesselndem Interesse gelesen. Es ist ein Meisterstück, Sie haben Sherard mit Sicherheit auf sehr entzückende Weise kleingemacht. Nur Sie in der ganzen Welt konnten das so.«

24. April 1938 Ayot St. Lawrence

Lieber Lord Alfred, Wenn Ihr Bankkonto es verkraftet, denken Sie nicht daran, [gegen Rich and Cowan] zu kämpfen. Selbst wenn Sie spielend gewinnen, wird es Sie tausend Pfund an Zeit und Ärger und Beweisansammlung kosten. Nur ein Klumpen aus solidem Gold, mitten ins Gesicht, wird diese Sorte von Kontrahenten zurechtrücken. Billig das, wahrhaftig, für hundertfünfzig Pfund.

Außerdem ist es nicht sicher, daß Sie gewinnen, obwohl ich nicht genug weiß, um dazu eine Meinung von irgendwelchem Wert zu haben. Das Beleidigungsrecht ist sehr knifflig. Fast jede Bemerkung, die man über eine lebende Person machen kann, dürfte als Beleidigung ausgelegt werden können. Ich als Kritiker habe mein ganzes Leben lang Leute beleidigt. Was mich geschützt hat, ist teils die Angst vor dem Boykott, der einem Prozessierenden hinterher droht (Sie haben selbst darunter gelitten), und andernteils die Möglichkeit, auch nur einen Heller Schadensersatz zahlen zu müssen. Außerdem gibt es das kuriose Privileg der »volkstümlichen Beschimpfung«, wonach Sie straffrei draufloshetzen dürfen, vorausgesetzt, daß Sie nicht den Anschein erwecken, Ihr Gegner hätte seinen Scheck nicht gedeckt oder unterhalte gleich zwei eigene »Familien« samt Hausstand. Vor allem aber dürfen Sie ihn nicht arbeitslos machen, das verzeihen Geschworene niemals.

Leider funktioniert dieses Schutzsystem nicht zwischen Verleger und Autor. Wenn ein Verleger die Katze im Sack kauft und soweit geht, einhundertundfünfzig Pfund vorzuschießen für ein Manuskript, das er nicht gelesen hat, dann gibt der Autor, indem er den Vorschuß annimmt, stillschweigend das bindende Versprechen, ein rechtmäßig publizierbares Buch abzuliefern. Und wenn diese Bedingung erfüllt wird, ist der Verleger verpflichtet, das Buch innerhalb einer angemessenen Zeit zu veröffentlichen, sofern vorher keine festgelegt wird.

Deshalb geht es nun darum, ob Ihr Manuskript rechtmäßig publizierbar ist; und hier kommt die extreme Ungenauigkeit des Gesetzes hinzu. Rich and Cowan (alias Strabolgi und Co.[67]) wird Passagen aus Ihrem Manuskript vorlegen müssen, deren Veröffentlichung den Verlag der strafrechtlichen Verfolgung wegen aufrührerischer, obszöner oder blasphemischer Verleumdung bzw. zivilrechtlicher Forderungen auf Schadensersatz aussetzen würde. Wenn der Verlag das kann (was wahrscheinlich ausreicht, denn Sie schlagen hart und ziemlich rücksichtslos zu), dann ist es um Sie geschehen: es wird zu einem Urteilsspruch samt Kosten kommen, und Ihr Konto wird auf der Haben-Seite stark nach unten rutschen. Der Verlag hat sich in diesem Punkt gewiß schon durch einen Anwalt beraten lassen.

Wenn nicht, so ist sein Vorgehen unverantwortlich und unverständlich. Haben Sie irgend einen Streit mit ihm gehabt? Über *Without Apology* kann er sich nicht beklagen, das wird sich schon selbst finanzieren, wenn man richtig dafür wirbt. Ich kann nicht umhin, als zu schlußfolgern, daß es irgend etwas gibt, vor dessen Veröffentlichung man wirklich zurückschreckt; und was den Verlag in Schrecken versetzt, wird auch die Geschworenen in Schrecken versetzen.

Aber wie dem auch sei, es wäre besser, wenn Sie den hochmütigen Aristokraten spielen und denen das Geld ins Gesicht zurückschleudern würden, selbst wenn Sie es sich eigens für diesen Zweck borgen müßten. Sie sollten besser als die meisten Leute wissen, wieviel Zeit und Ärger ein Prozeß kostet, auch wenn Sie der Sieger sind.

Das ist alles, was ich sagen kann bei meiner Unkenntnis der Einzelheiten. In großer Eile G. Bernard Shaw

P. S. Ich hatte vergessen, daß Jepson Harris' Schatten bei *Vanity Fair* war. Jepson war *capable de tout*.

67 Lieutenant Commander Joseph Montague Kenworthy von der Royal Navy, zehnter Baron Strabolgi (1886-1953), Parlamentsmitglied der Labour Party und Direktor des Verlags Rich and Cowan.

Mir lag immer daran, Oscar mit großem Respekt als einen ernstzunehmenden Autor zu behandeln, und ich habe die Witzelei über ihn und Jimmy [Whistler] in den schicken Wochenblättern seinerzeit gewissenhaft gemieden. Und Oscar lag daran, mit mir genau so zu verfahren. Die Folge war, daß wir uns, wenn wir uns trafen, was selten vorkam, voreinander geradezu lächerlich verrenkten, bis wir uns einmal zufällig in einer Ausstellung in Chelsea begegneten, wo er mich als Erzähler mit einer erstklassigen Vorführung unterhielt. Nach seiner Inhaftierung schickte ich ihm alle meine Bücher, sobald sie erschienen waren, um auf diese Weise meine Praktik der Differenzierung aufrechtzuerhalten; und er schickte mir seine alle. Der einzige Mißton in unserer Beziehung war, als ich sein Stück *The Importance of Being Earnest* [*Bunbury*] für eine konstruierte Farce erkärte, was es ja auch ist. Aber ich glaube nicht, daß das sehr lange nachgehallt hat. Sie müssen immer daran denken, daß wir Iren waren mit einer starken Abneigung gegen die englische Angewohnheit, aus Iren Schoßhündchen zu machen. In diesem Punkt verstanden wir uns, und ebendeswegen wurde unsere Verwandtschaft in England nie begriffen.

25. April 1938 [Postkarte] Ayot St. Lawrence

Ich vergaß zu sagen, daß das Einstein-Buch kein Scherz ist. Legen Sie es ruhig beiseite, bis Sie die nötige Neugierde spüren auf die Revolution in der Physik, die derzeit vor sich geht. Sehen Sie, die ganze katholische Philosophie basiert in ihrem wissenschaftlichen Teil auf Thomas von Aquin, der wiederum auf Aristoteles basiert, einem Heiden, dessen Werke tatsächlich im dreizehnten Jahrhundert kanonisiert wurden. Heutzutage ist ein Katholik, der Einstein nicht kennt, ebenso unvollkommen wie im dreizehnten Jahrhundert ein Dominikaner, der Aristoteles nicht kannte.

Der Protest gegen die wissenschaftliche Physik wurde von Luther, Melanchton und den Protestanten allgemein angeführt. Religion ohne Wissenschaft ist nichts als Kleingeist.

G. B. S.

26. April 1938 — 1 St. Ann's Court, Hove

Sehr geehrter Herr Shaw, Es ist sehr liebenswürdig von Ihnen, mir zu schreiben und einen Rat zu geben, der gut sein könnte, wenn es in meiner Macht läge, ihn zu befolgen. Leider jedoch habe ich keine hundertfünfzig Pfund oder irgend etwas dergleichen. Außerdem klagt Rich and Cowan nicht nur in dieser Sache gegen mich, sondern auch noch wegen fünfundsechzig Pfund (die Rechnung der Druckerei) und wegen Zahlung eines Schadensersatzes für den »Verlust, den sie durch Nicht-Veröffentlichung des Buches erlitten haben«, (das zu veröffentlichen sie selbst sich weigerten)! Es klingt völlig verrückt, ist aber nichtsdestoweniger Tatsache. Dennoch wird es mich keine tausend Pfund kosten, den Prozeß durchzufechten. Bittere Not und traurige Anlässe haben mich gelehrt, wie man Prozesse billig führt. Als ich von der *Evening News* die tausend Pfund Schadensersatz bekam[68] (drei Tage vor Gericht und sechs Stunden Kreuzverhör durch den späteren Kronanwalt und Präsidenten des Oberhauses Hogg), kostete mich die ganze Sache exakt fünfundsiebzig Pfund, die mir zusammen mit der Zahlung zurückerstattet wurden, als ich den Prozeß gewonnen hatte. Die Gebühren für meinen Anwalt Comyns Carr waren fünfundzwanzig

68 Am 4. Februar 1921 hatte diese Zeitung eine Falschmeldung über Douglas' Tod und einen unfreundlichen Nachruf von Arthur Machen gedruckt, worin es unter anderem hieß, daß Lord Alfred »mit Ausnahme der Gedichte nichts und noch weniger als nichts getan« hätte. Douglas klagte auf Verleumdung. Das Urteil fiel zu seinen Gunsten aus, er bekam die Kosten zurückerstattet und einen Schadensersatz von tausend Pfund.

Pfund, Hogg hatte fünfhundert und ein Nachschußhonorar. Wenn ich nur hundert Pfund hätte jetzt, so wollte ich ganz beruhigt sein. Aber im Augenblick weiß ich nicht, woher sie bekommen. Der Fall liegt viel einfacher und viel günstiger für mich, als Sie sich vorstellen können. Rich and Cowan beauftragte mich, das Buch zu schreiben, und nahm es, als ich das Manuskript ablieferte, mit großer Zufriedenheit an. Der hauseigene Anwalt las es und ließ es als völlig sicher durchgehen, nachdem ich auf sein Ersuchen hin etwa ein halbes Dutzend Passagen »modifiziert« hatte. Dann gab man mir einen Honorarvorschuß von hundertundfünfzig Pfund. Das Ganze war gedruckt und die Fahnen revidiert und fertig zur Publikation, als die *Druckerei* plötzlich verkündete, es sei ein »gefährliches Buch« und sie weigere sich, es zu drucken (das heißt, die Herstellung zu beenden, denn gesetzt und komplett gedruckt war es ja schon). Daraufhin teilte mir Rich and Cowan seelenruhig mit, daß man unter diesen Umständen die Publikation nicht weiterbetreiben könne. Natürlich sagte ich dem Verlag, daß ich ihn, wenn er es nicht veröffentlichte, wegen Vertragsbruchs verklagen würde. Dann erschien Sekker auf der Szene (ganz wunderbarerweise und als Antwort auf Gebete!) und übernahm es. So kam ich zu dem Schluß, nicht auf Vertragsbruch zu klagen, obwohl ich sicherlich das Recht auf meiner Seite hatte, und war zufrieden, die hundertundfünfzig Pfund (die inzwischen restlos aufgebraucht waren) zu behalten und Rich and Cowan aller weiteren Entschädigungen zu entheben. Secker druckte das Buch, ohne ein Wort zu verändern, genau so wie es die Hände von Rich and Cowan verlassen hatte, was an sich schon beweist, daß es ein vollkommen »sicheres« Buch ist.
Ich glaube nicht, daß ich den Prozeß je verlieren könnte, und meine einzige Sorge ist, woher ich den kleinen Betrag bekomme, den ich brauche, um die Vorverhandlungen durchzustehen, die die Kronanwälte führen müssen, und um die Gebühr für den Rechtsbeirat zahlen zu können. Ich hatte mich auf meinen Neffen Queensberry verlassen, aber er ließ

mich im Stich.[69] Ich werde versuchen, sein Herz zu erweichen, doch laufen in letzter Zeit »die Dinge in der City [London] schlecht«, und er kriegt Anwandlungen von Gemeinheit. Zu anderen Anlässen war er sehr gütig und großzügig. Ich bin voller Sorgen und sehr beunruhigt, und mein Buch wird unterdessen von den Rezensenten offenbar boykottiert. Ich wäre nur zu froh, wenn ich den Prozeß vermeiden könnte, aber Rich and Cowan wird, falls ich nichts unternehme, ein Urteil gegen mich durchsetzen und mich pfänden! Ich habe nur fünfhundert Pfund im Jahr. Was also soll ich tun? In England behandelt man Dichter nach wie vor auf diese Weise (das heißt natürlich, wenn sie wahre Dichter sind). Hochachtungsvoll Ihr Alfred Douglas

27. April 1938 1 St. Anns' Court, Hove

Sehr geehrter Herr Shaw, Was in aller Welt hat Sie bewogen, mir das gräßliche Buch über die Evolution der Physik zu senden? *Pour qui me prenez vous*? Wenn ich mit diesem Buch auf einer verlassenen Insel gestrandet wäre und nichts anderes zu lesen hätte, so würde ich es noch immer nicht lesen. Eher wollte ich die Zeit damit verbringen, ein paar Rosenkränze für Ihre Bekehrung zum Katholizismus zu sagen. Es behandelt Themen, die für mich keinerlei Interesse haben. Sie sagen, Einstein sei ein »Dichter«. Na ja, alles was ich sagen kann, ist, daß er offensichtlich zur Schule von T. S. Eliot und Auden gehört, oder vielleicht wäre es korrekter zu sagen, daß diese zur Schule Einsteins gehören. Hören Sie auf damit! Oder ist das Ganze womöglich ein ausgeklügelter Scherz, und ich habe die Pointe verpaßt. Wenn ja, denken Sie an meinen Kindheitskomplex und erklären Sie's.

69 Francis Archibald Kelhead Douglas (1896-1954), Harrow-Schüler, im Ersten Weltkrieg *Black Watch*-Offizier (d. h. beim Hochländerregiment), von Zivilberuf Börsenmakler. Er wurde elfter Marquess of Queensberry im Jahre 1920, nachdem sein Vater, Douglas' Bruder Percy, verstorben war.

Ich stehe furchtbare Bedrängnis durch wegen meines Verlags, Rich and Cowan ... Heute morgen erhielt ich einen Brief von den Anwälten der Firma, in dem sie *Schadensersatz* fordern für den Verlust durch die Nicht-Veröffentlichung des Buches!! Wo der Verlag sich doch selbst geweigert hat, es zu veröffentlichen, mit der Begründung, daß es voller Verleumdungen stecke. Das klingt ganz phantastisch wahnsinnig, aber ich versichere Ihnen, daß es die nüchterne Wahrheit ist und daß sie in ihrem Brief von heute morgen nach dem Namen meines Anwalts fragen, der die gerichtliche Vorladung annehmen würde. Ich vermute, man wird mir nun wieder einen Prozeß aufhalsen. Ich werde meine Klage natürlich aufrechterhalten und eine Gegenforderung auf Schadensersatz stellen wegen Vertragsbruchs. Der einzige Trost, den ich finden kann, ist, daß mein Buch dadurch viel Publicity erhält ...

In der *Times Literary Supplement* [9. April 1938] war zwei Tage nach Erscheinen eine wohlwollende und recht ausführliche Besprechung, aber seither fast völlige Stille. Von James Agate bekam ich ein Telegramm, »Vielen Dank für das herrliche Buch«, aber bis heute nicht ein Wort der Erwähnung in seinen wöchentlichen *Express*-Kolumnen.[70] Es ist wirklich zum Verzweifeln. Nicht daß ich mir, aus dem, was sie sagen, auch nur einen Pfifferling machte, aber ich wünsche mir, daß ein paar Leute mein Buch lesen. (Simmt nicht, in einigen Fällen mache ich mir sehr wohl etwas daraus, und von Agate als Kritiker habe ich eine hohe Meinung.) Secker allerdings teilt mir mit, daß es »gut geht«. Ich spaße darüber, aber in Wirklichkeit bin ich *furchtbar besorgt* über Rich and Cowans angedrohten Prozeß. Ich hatte gehofft, nie wieder einen Prozeß zu haben, sehe andererseits aber auch nicht, wie ich diesen je verlieren könnte, selbst wenn ich ihn allein führen würde, ohne Anwalt.

Es war natürlich wirklich freundlich von Ihnen, mir den

70 James Agate (1877-1947) war Theaterkritiker der *Sunday Times* und literarischer Kritiker des *Daily Express*.

Einstein-Alptraum zu senden, denn Ihre Widmung macht ihn wertvoll und versöhnt mit der entsetzlichen Langweiligkeit des Textes.
Ich habe gerade bemerkt, daß ich in meinem Buch von *Cashel Byrons Beruf* sprach, wo ich eigentlich den *Boxkampf* meinte, und von Mrs. Quickly, wo ich Doll Tearsheet meinte (ich bitte Sie und Shakespeare um Verzeihung).[71] Ich wünschte, ich sähe Sie ab und zu, denn ich glaube, Sie könnten mir, obwohl wir in fast allem anderer Ansicht sind, in weltlichen Dingen doch gute Ratschläge geben. Mit vorzüglicher Hochachtung Ihr Alfred Douglas

28. April 1938 1 St. Ann's Court, Hove

Sehr geehrter Herr Shaw, »Wo bittet unter euch ein Sohn den Vater ums Brot, der ihm einen Stein dafür biete? Und so er ihn bittet um einen Fisch, der ihm eine Schlange für den Fisch biete? oder, so er um ein Ei bittet, der ihm einen Skorpion dafür biete?« Ich zitiere ... Lukas XI: 11 und 12.[72]
Sie bieten mir einen Skorpion in Gestalt jenes Buches von Einstein und dessen Mittäter an diesem Verbrechen, während doch das, was ich eindeutig wollte, ein Ei oder irgend etwas Tröstliches war. Es wäre dem Kern der Sache viel näher gekommen, wenn Sie mir leihweise hundert Pfund angeboten hätten, damit ich mich in der Lage sähe, den äußerst unbegründeten und wirklich brutalen Angriff der Firma abwehren zu können, die Sie zurecht »Strabolgi und Co.« nennen. Ich

71 *Cashel Byron's Profession*, London 1886, Roman von Shaw (deutsch: *Cashel Byrons Beruf*; 1908), erschien im Jahre 1901 als Bühnenversion u. d. T. *The admirable Bashville* (deutsch: *Der Boxkampf*; 1924); vgl. hierzu Douglas' revidierte Autobiographie *Without Apology*, pp. 28 und 85.
72 Das englische Zitat folgt der Bibelausgabe von Douai, dessen römisch-katholische Universität auf eine Gründung Philipps II von Spanien zurückgeht.

hatte zwar vage zur Kenntnis genommen, daß Strabolgi, als einer der Verlagsleiter, im vorgedruckten Kopf der Briefbögen von Rich and Cowan namentlich erwähnt wird, aber die passende Erklärung für dieses ganze Geschäft war mir nicht klar geworden, bis Sie es mir unter die Nase rieben. Sie haben zweifellos (um Ihr Kompliment an mich zu erwidern) »einen effizienten und scharfen Verstand«. Ich nehme an, daß Strabolgi (den ich vor einigen Jahren auf einem Landhaus in Schottland kennenlernte und gegen den ich eine tiefe Abneigung faßte) mein Buch erst las, nachdem die vergleichsweise unschuldigen Herren, Chef Rich und Mister Cowan, es akzeptiert hatten und sehr gut befanden, und daß er sagte »ich bin gegen eine Publikation dieser widerwärtigen Attacke auf alle Grundsätze, die mir überaus lieb und teuer sind«. Woraufhin sie die verfluchtesten Maßnahmen ergriffen haben, um mein Buch und mich an die Wand zu drücken. Dann, als die Gebete der Franziskaner von *Greyfriars* (Oxford) Martin Secker wie durch ein Wunder aus dem Nichts hervortreten ließen, um mein Buch zu übernehmen, das sie sich einbildeten, vernichtet zu haben, wurden Strabolgi und seine Partner natürlich sehr zornig und sagten »Wenn wir schon sein Buch nicht an die Wand drücken können, so können wir wenigstens ihm das Leben recht sauer machen, indem wir ihn zwingen, sich in einem Schwindelprozeß zu verteidigen, und ihn vor Gericht mit Schmutz bewerfen.« Charmante Gentlemen, diese Linken! Was in aller Welt Sie *dans cette galère* suchen, war ich niemals imstande zu verstehen. Ich werde auch weiterhin Rosenkränze für Ihre Bekehrung zum Katholizismus aufsagen. Ich habe alle fünfzehn Gesätze vor etwa zehn Tagen spätabends im Bett für Sie gebetet, nachdem ich Ihren wirklich sehr liebenswürdigen Brief nach Erhalt meines Buches bekommen hatte, das immer noch von sämtlichen Kritikern boykottiert wird. Morgen fahre ich nach London hoch, um die Anwälte zu treffen, die mich in diesem Prozeß vertreten, Gilbert Samuel und Co., Great Winchester Street. Es sind die Anwälte von Queensberry. Wenn – oder vermutlich muß ich sagen: sobald – der Fall vor Gericht kommt, werde ich mich mit Strabolgi im Zeugenstand auseinandersetzen und die Grundsätze des »système Douglas«[73] ihm gegenüber zur Anwendung bringen. Er könnte eine unangenehme Überraschung erleben. Jedenfalls wird das Verhör eine großartige Werbung für mein Buch sein.

Wie ich sehe, ist wieder ein vollkommen schwachsinniges Buch über Shakespeares Sonette erschienen, von einem Herrn Thomson, und in der heutigen Spätausgabe des *Evening Standard* wird es besprochen, und der Rezensent verweist zweimal auf mich und mein Buch zu diesem Thema.[74] Als ich die Zeitung heute abend zur Hand nahm und meinen Namen sah, dachte ich, »Hurra, endlich eine lange Besprechung von *Without Apology*!« Sie können sich also meinen Abscheu vorstellen, als ich erkannte, daß es nur eine völlig geistlose »Reklame« für Thomsons blödsinniges Buch war.

Hochachtungsvoll Ihr Alfred Douglas

73 Douglas' Taktik, Kreuzverhöre zu vereiteln, indem er die «reine Wahrheit» sagte und sogar freiwillig zusätzliche Eingeständnisse machte, wodurch er die nachfolgenden Fragen seitens des Untersuchungsrichters vorwegnahm. Wie er mit einem der Gegenanwälte umging, beschreibt er selbst: »Meine sofortige und heftige Antwort brachte ihn völlig durcheinander und gewann auf der Stelle die Sympathie der Geschworenen ... Um einen Prozeß zu gewinnen, muß man nichts weiter tun, als die Geschworenen ›herumzukriegen‹ (*Without Apology*, pp. 206-207).

74 *The Sonnets of Shakespeare and Southampton*, [Die Sonette *Shakespeares und Southamptons*] von Walter Thomson, 1938. Der Autor vertritt die Ansicht, daß hundert Sonette von Shakespeare, der Rest von Southampton stammen, und sieht darin »Rede und Gegenrede zwischen zwei Freunden, die einander lieben.« »Mr. W. H.« stehe für »eine Zusammensetzung aus William und Henry«. -Der Rezensent fand, daß Thomson seine Sache bewiesen und Willie Hughes' Anspruch als unglaubwürdig entlarvt hätte.

29. April 1938 4 Whitehall Court, London

Lieber Lord Alfred, Da komme ich nicht mehr mit. Ein Drucker sollte eigentlich seine Vorlage lesen, bevor er sie setzt.

Im Augenblick habe ich keine Zeit, um mehr zu sagen, als daß Ihre Bank Sie hundert Pfund überziehen läßt, wenn ich dafür garantiere. Schlimmstenfalls, wenn alles schiefgeht, könnte Queensberry verleitet werden, den überzogenen Betrag für einen Familienkredit zu liquidieren. Sicherlich wird er nicht in die eigene Tasche greifen, um mir einen Gefallen zu tun; deshalb lassen Sie mich nicht als Ihren Gewährsmann in Erscheinung treten.

Ich werde Ihnen Korrekturfahnen des Wilde-Bandes samt Vorwort schicken, sobald ich einen sauberen Abzug bekommen kann. Sie sollten sich das lieber ansehen.[75] In Eile, um die elf Uhr Post noch zu erwischen, G. Bernard Shaw

29. April 1938 1 St. Ann's Court, Hove

Lieber Herr Shaw, Ich komme gerade von London zurück und finde Ihren Brief vor. Ich bin *tief* gerührt über Ihre Güte. Ja, ich weiß fast nicht, was ich in diesem Moment sagen soll. Ich muß noch einmal schreiben, wenn ich Zeit gehabt habe, darüber nachzudenken, wie ich nun vorgehen soll. Mein Anwalt (Herr Hart von Gilbert Samuel und Co.) gab mir heute nachmittag einen recht deutlichen Wink, daß es sehr wahrscheinlich sei, daß aus dem Prozeß am Ende gar nichts würde. Er sagte, im Augenblick könne er weiter nichts

75 Am 8. April hatte Otto Kyllmann, der das Buch von Frank Harris im Verlag Constable betreute, an Shaw geschrieben, es sei wichtig, daß Douglas das Vorwort lese und »schriftlich erklärt, daß er nicht rechtlich dagegen vorgehen wird.« Auch meinte er, Douglas solle den ganzen von Shaw redigierten Text durchlesen.

sagen, aber er neige zu der Annahme, daß Rich and Cowan und die Verlagsanwälte, mit denen er ziemlich »dick« befreundet zu sein scheint, einzusehen begännen, daß meine finanzielle Stellung derart beschaffen sei, daß sie zu dem Schluß kommen könnten, nur eine sehr kleine Chance zu haben, irgend etwas aus mir herauszuholen, selbst wenn sie Erfolg hätten und ihren Prozeß gewinnen würden. Mein gesamtes Einkommen (abgesehen von den Bagatellbeträgen, die ich durch das Schreiben verdiene) sammt aus sogenannten »freiwilligen Zuwendungen«. Es mag zwar eher ein unrühmlicher Weg sein, aus den Schwierigkeiten herauszukommen, aber wenn Rich and Cowan weiter nichts gegen mich unternimmt, werde ich meinerseits meine Forderung auf Schadensersatz wegen Vertragsbruchs einstellen. Jedenfalls werde ich, was immer geschieht, Ihre Güte niemals vergessen! Francis Q. müßte darüber erröten, wenn er es je erfährt! Sie sind wirklich ein *Engel*!

Ich sehe, daß Harold Nicolson in einer sehr schönen Besprechung meines Buches im heutigen *Daily Telegraph* sagt, Sie gingen aus meinem Buch als »Wohltätigkeitskobold« hervor.[76] Ersetzt man »Kobold« durch »Engel«, so ist das eine prophetische Äußerung. Hochachtungsvoll, immer Ihr

Alfred Douglas

76 Harold Nicolson (1886-1968; 1953 zum Ritter geschlagen), Diplomat, Autor und Kritiker. In seiner Rezension hieß es, der »hervorragende Dichter« Alfred Douglas habe ein »hochherziges und liebenswürdiges« Buch geschrieben, weit mehr als »wahllos gesammelte Erinnerungen seines stürmischen Lebens«, denn er schließe darin Frieden mit der Gesellschaft und spreche »sogar freundlich von Frank Harris und André Gide. Shaw entpuppt sich in dem Band als Wohltätigkeitskobold. Und das Andenken an seinen Vater ergänzt Douglas durch großzügige Wiedergutmachungen ... Er widerlegt – und ich glaube, für immer – die Legende, daß er Wilde in seiner Feuerprobe verlassen hätte«.

30. April 1938 1 St. Ann's Court, Hove

Mein lieber Herr Shaw, Ich schreibe dies zu früher Stunde ganz eilig herunter, um die Post noch zu erwischen. Ich werde morgen wieder schreiben. Auf jene andere Frage und Ihr großzügiges Angebot werde ich Ihnen meine reifliche Überlegung mitteilen. Es fällt mir schwer, jetzt an Sie zu schreiben, ohne »rührselig« zu werden, was Sie, wie ich weiß, hassen würden. Aber es ist eine Tatsache, daß mir die Tränen die Wangen herunterliefen, als ich gestern abend Ihren Brief erhielt (ich war erschöpft und müde, und das beiliegende Telegramm von meiner armen, geliebten Frau in Bembridge hatte mir gerade einen Stoß versetzt[77]). Wunderbare Taten, wie wunderbare Musik, machen mich immer geneigt zum Weinen.

Ihr Vorwort ist *fabelhaft*. Sie haben niemals etwas Besseres gemacht.[78] Immer Ihr A. D.

P. S. Bitte schicken Sie mir noch einen Abzug des Vorworts.

2. Mai 1938 1 St. Ann's Court, Hove

Mein lieber Herr Shaw, Ich habe über Rich and Cowan-Sache nachgedacht und spüre deutlich, daß es, solange die Chance besteht, daß die Klage *am Ende doch* fallengelassen wird, fatal für mich wäre, irgendein Anzeichen der Schwächung zu zeigen. Das bedeutet, meine Anwälte ... müssen

77 Das Telegramm lautete: »Schrecklich aufgeregt über Deinen Brief – zu krank, um zu schreiben – aber Francis wird sicher helfen – in zärtlichster Liebe und Anteilnahme«.

78 An den Verlag Constable telegraphierte Douglas: »Das Vorwort ist prächtig – Fahnen mit Randbemerkungen unterwegs.« Seine zahlreichen Anmerkungen wurden an Shaw weitergesandt, der sie verarbeiten sollte, aber nur wenige der Douglas'schen Vorschläge akzeptierte.

alle meine Ansprüche weiterverfolgen, einschließlich meiner Forderung nach Schadensersatz wegen Vertragsbruchs, und natürlich auch die gerichtliche Vorladung für mich annehmen und die Erklärung meiner Forderung verlesen. Dafür muß ich Geld haben (und überdies ist es durchaus noch möglich, daß das Verfahren *weiter*geht), und da Sie mir so edelmütig Ihre Hilfe angeboten haben durch die Deckung der hundert Pfund, um die ich mein Konto überziehen kann, will ich, mit Ihrem Einverständnis, den Bankdirektor treffen (National Bank of Scotland, 37 Nicholas Lane, Lombard Street) und die Vereinbarung besprechen. Ich nehme an, er wird Ihnen schreiben und Sie um Unterzeichnung einer Garantie ersuchen. Bitte lassen Sie mich wissen, ob das in Ordnung geht. Es ist mir nicht möglich, meine Dankbarkeit angemessen auszudrücken. Immer Ihr Alfred Douglas

P. S. Ich habe an Sherard geschrieben und ihm gesagt, daß er, wenn er Ihr Vorwort sieht, überzeugt sein wird, Sie von Grund auf falsch beurteilt zu haben, und ich habe ihm auch gesagt (was die Wahrheit ist), daß Sie sehr freundlich mit ihm umgegangen sind. Ich habe das sichere Gefühl, daß dies eine große Erleichterung für ihn sein wird, zumal der arme alte Knabe sich Sorgen gemacht hat, das weiß ich, und ziemlich krank ist und, wie er sagt, spürt, daß seine »Stunde geschlagen« hat. Sie haben wirklich nichts stehengelassen, worüber er sich entrüsten könnte, und Sie haben seine Argumentation so vollständig (und doch auf solch freundschaftlich heitere Weise) zunichte gemacht, daß ich sehr überrascht wäre, wenn er künftig nicht »für immer Ruhe gäbe« in dieser ganzen Angelegenheit.

4. Mai 1938 1 St. Ann's Court, Hove

Mein lieber Herr Shaw, Die beiliegende Abschrift eines Briefes, der heute morgen an den Autor jenes völlig idiotischen Buches über die Sonette abging, amüsiert Sie vielleicht. All diese lächerlichen Kritiker, einschließlich Ivor Brown, haben das Buch gelobt und erklärt, daß es »das Problem um die Sonette löst«.

Ich sehe, Ihr köstliches Stück *You Never Can Tell* [Man kann nie wissen] wurde gestern abend besprochen. Meinen Glückwunsch – aber bitte vergessen Sie nicht, daß ich auf heißen Kohlen sitze, bis ich von Ihnen die Zusicherung Ihres unglaublichen Angebots höre, und daß diese Unruhe sich, wie ein Wurm im Keim, vom Rosarot meiner Wangen ernährt, zum großen Schaden meines inneren Friedens und der Fähigkeit, nachts zu schlafen. Meine Anwälte haben mir einen Durchschlag des Briefes geschickt, den sie an die Anwälte von Rich and Cowan gerichtet haben. Ich war sehr davon angetan, denn er zeigt, daß mein Anwalt – Herr Hart – ein intelligenter Mann ist und daß er meinen Fall vollauf begriffen hat, während ich, als ich ihn sah, gerade befürchtet hatte, er würde nichts begreifen. Letzten Sonntag hatte ich einen Barrister hier zum Lunch, und der versicherte mir, Rich and Cowan habe keine Rechtsgrundlage. Gleichwohl bin ich ganz darauf gefaßt, daß der Verlag bis zum Äußersten geht, wenn nicht gleich vor Gericht. Immer Ihr Alfred Douglas

P. S. Ich hoffe, Sie haben nichts dagegen, daß ich (in dem Brief an Thomson) Ihr Lob auf mein Buch über die Sonette zitiere. Es nützt nichts, von den Großen und Guten Anerkennung zu erhalten, wenn man sie nicht nutzt.

4. Mai 1938 [Postkarte] 4 Whitehall Court, London

Ganz recht. Geben Sie meine Bank als Referenz: The Westminster, 109 New Oxford Street.
Ich muß einige Ansichten über *Without Apology* revidieren. Der Zusammenbruch in Neapel (außerordentlich bewegend der Briefwechsel mit Ihrer Mutter[79]) ist ein bedeutsames Ereignis in der Lebensgeschichte [Wildes]. Wer von Ihnen beiden war eigentlich derjenige, mit dem man unmöglich zusammenleben konnte? G. B. S.

6. Mai 1938 1 St. Ann's Court, Hove

Mein lieber Herr Shaw, Tausend Dank für Ihre Karte. Ich habe nun an den Direktor meiner Bank geschrieben und ihm mitgeteilt, was Sie sagen. Sie sind wirklich ein Engel.[80] Ich habe versucht, mir einen guten Namen für Sie auszudenken. Ich hasse es, »Herr Shaw« zu schreiben. Ich denke, »St. Christophorus« ist wohl am besten geeignet. Darf ich Gebrauch davon machen, wenn ich Ihnen schreibe? Auch wäre es mir viel lieber, obwohl ich weiß, daß das alles ziemlich albern ist, wenn Sie mich nicht mehr »Lord Alfred« nennen würden. Könnten Sie nicht den »Lord« weglassen und mich »Alfred« nennen (oder »Bosie«, falls Sie nicht die Abneigung meines Großvaters gegen diesen Namen teilen, siehe Seite 232 in *Without Apology*)? »Alfred« ist wirklich ein guter Name, und manchmal wünschte ich, man würde mich häufiger so anreden.

79 Zwei Briefe, die Douglas im Dezember 1897 an seine Mutter geschrieben hatte und die restlos überzeugend waren als Beweis seiner Loyalität Wilde gegenüber, nachdem er Oscar in der Villa bei Neapel zurückgelassen hatte, waren »fast wie ein Wunder aus der Asche der Vergangenheit aufgetaucht«. (Zitat: *Without Apology*, pp. 297-305.)
80 Als man bei Rich and Cowan hörte, daß Shaw für Douglas bürgen wollte, machte der Verlag Douglas keine weiteren Schwierigkeiten mehr.

Ich fühle mich verpflichtet, Ihnen etwas weiterzusagen, was meine Frau Olive mir schrieb, als ich ihr erzählte, daß Sie so galant zu meiner Rettung eingesprungen sind, denn in ihrem Brief heißt es, »Bitte, sage ihm das auch!« Hier ist es: »Bernard Shaw ist wirklich ein Schatz ... Ich habe ihn immer als einen großen Mann von genialem Geist bewundert ... aber jetzt liebe ich ihn einfach wegen seiner Güte zu Dir.« (Die Punkte, ..., bezeichnen keine Auslassungen, sie setzt sie immer anstelle von Kommas und Semikolons.) Ich bin hocherfreut zu hören, daß Sie das Vorwort noch ergänzen wollen angesichts dessen, was ich zur Geschichte der Wilde-Angelegenheit in *Without Apology* neu beigetragen habe, besonders in Bezug auf jene alten Briefe an meine Mutter.[81] Das wird zusätzlich etwas sein, worauf ich mich freuen kann im Zusammenhang mit der Publikation Ihres großartigen Vorworts. Wann wird das Buch erscheinen? Immer Ihr

Alfred Douglas

P. S. Es ist unfaßbar und befriedigend über alle Worte hinaus, daß Sie sich am Ende doch als eine Art Heiliger erweisen. Ich könnte nie jemanden wirklich lieben, wenn er oder sie, egal wie geistreich und begabt und klug, nicht gut wäre. Beinahe alle Menschen, denen ich von Herzen zugeneigt war, sind eigentlich, so fürchte ich, ziemlich schlecht gewesen, obwohl ich immer versucht habe, mich selbst »an der Nase herumzuführen«, damit ich glauben konnte, sie seien im Grunde eigentlich doch gut.

In der Kirche letzten Sonntag, als der Priester das Evangelium las, es war die wunderschöne Stelle »Ich bin der Herr, dein Hirte, ich kenne meine Schafe, und sie kennen mich« (ich zitiere aus dem Gedächtnis), dachte ich, als er ankam bei

81 Trotz der Postkarte, die Shaw am 4. Mai geschrieben hatte, fand er keine Zeit mehr, Douglas' Briefe an seine Mutter oder wenigstens *Without Apology* in seinem Vorwort zu erwähnen. Er war über das Erträgliche hinaus von seiner eigenen Arbeit gefordert und stand vor dem körperlichen Zusammenbruch.

»andere Schafe habe ich, die nicht zu dieser Herde gehören«, sofort »das ist der liebe Bernard Shaw«. Es erklärte mir blitzartig alles an Ihnen und zeigte, daß ich Sie immer falsch beurteilt hatte, obwohl ich Sie (Ehrenwort) immer gerne mochte, ohne zu wissen, warum.

8. Mai 1938 Ayot St. Lawrence

Lieber Lord Alfred, Legen Sie sich nicht mit einem guten Namen an: er würde sich sehr wohl ausnehmen in einem balladesken Epos von Walter Scott. Die einzige praktikable Alternative wäre Junker Alfred[82], was allerdings veraltet ist. Alfred haben schon die Straßenhändler adaptiert; und Alph ist der Name eines unvergänglichen Flusses.[83]
Was Bosie betrifft, so ist die Hälfte Ihres ganzen Mißgeschicks darauf zurückzuführen. Ihr Großvater hatte recht. In meinem Kopf löst der Name immer ein Wortgeklingel aus:

Wenn »boozy« und »Bosie« dasselbe bestimmt
Ist »Bosie« auch »boozy«, egal wie mans' nimmt[84].

Ich bevorzuge Junker Alfred – der zum finstern Turme kam[85], weil es ausgezeichnete Initialen hat, J. A. Diese kann ich übernehmen, wenn Sie möchten.

82 Im Originaltext: *Childe Alfred* (childe = Junker, Jüngling; aber auch altertümlich für Kind). Natürlich will Shaw das Kindhafte an Douglas betonen. Diese Nuance kann die deutsche Übersetzung nicht vermitteln, es sei denn durch »Jung Alfred«, wodurch aber Douglas' adlige Herkunft nicht zum Ausdruck käme, die dem klassenkritischen Shaw für seine Aussage noch wichtiger sein mußte.
83 Alf oder Alfie (wie auch Liza oder Eliza) waren übliche Cockney-Namen. Die Doolittles in Shaws *Pygmalion* sind Beispiele dafür.
Alph: in *Kubla Khan* von Samuel Taylor Coleridge (1772-1834).
84 s. Brief vom 4. Juli 1931, p. 61 und Anhang V.
Douglas hat den Schüttelreim mit Tinte durchgestrichen, man kann ihn aber noch entziffern.
85 Anspielung auf Shakespeare *König Lear*, Akt. III, Szene 4: »Childe Rowland to the dark tower came«. [Herr Roland kam zum finstern Turm.]

Nun zu mir. Für die Masse bin ich Herr Shaw, und für alle anderen G. B. S.
Ihre Bank hat das Bürgschaftspapier, statt es an mich direkt zu schicken, an meine Bank geschickt, die es zweifellos an mich weiterleiten wird.
Das Olivische Interpunktionssystem ist ein vortreffliches. H. G. Wells hat herausgefunden, wie wertvoll Punkte sind, macht allerdings nur *einen* Gebrauch von ihnen. Ihr verteufelt alter G. B. S.

10. Mai 1938 1 St. Ann's Court, Hove

Lieber St. Christophorus, (Ich weigere mich, Sie mit »Herr« oder gar »G. B. S.« anzureden) Dieses Ihr »Wortgeklingel« gefällt mir nicht. Es klingt viel mehr nach Frank Harris als nach Bernard Shaw, und so oder so sehe ich keine rechte Pointe darin, oder weshalb sonst sollten Sie das Zitat auf mich anwenden, was Sie ja schon einmal getan haben. Ich halte es für ausgesprochen unfreundlich. Aber den Namen »Junker Alfred« akzeptiere ich und halte ihn wirklich für besser geeignet (teils weil ich oft in finstre Türme gerate, obschon ich im allgemeinen wohlbehalten aus ihnen herauskomme und über magische Kasematten entfliehe), teils weil er einen angenehmen Klang hat und ohne Umschweife und erfrischend für sich selbst spricht. Ich bleibe dabei, Rosenkränze für Sie zu beten und Sie auf Podeste zu heben.
Ich bin gerade von Olive auf der Isle of Wight zurückgekehrt. Hier finde ich einen langen Brief von Abt Sir David Hunter-Blair[86] vor, in dem er mir mitteilt, daß meine Darstellung des Vorfalls auf der Tagung der *Catholic Poetry Society* »ganz

86 Hunter Blair (1853-1939), Wildes enger Freund »Dunskie« während der Zeit in Oxford. Er konvertierte schon damals zur römisch-katholischen Kirche, wurde Benediktiner und stieg bis zum Abt von Fort Augustus auf. Im Zusammenhang mit der plötzlichen Absage seines Vortrags über Wilde s. *Without Apology*, pp. 254-264. Der Abt erzählte seine Erinnerungen an

genau« stimmt, nur streitet er ab, daß es Noyes war, der ihn mit einem »Fehlschuß erschreckte«. Der Schuldige, sagt er, sei Lord Edmund Talbot gewesen (der jetzige Lord Fitzalan). Der Abt ist zur Zeit offenbar sehr »aufgewühlt« durch die ganze Sache und fragt mich, ob es mir möglich wäre, noch eine weitere Tagung in die Wege zu leiten, auf der er seinen Vortrag »Oscar Wilde, wie ich ihn kannte« halten könne. Leider jedoch ist die *Catholic Poetry Society* nun tot und begraben. Der Abt selbst hat sie wirklich fast so gut wie umgebracht durch sein Nichterscheinen auf jener Tagung, denn ich glaube, danach hat es nur noch etwa drei Zusammenkünfte gegeben. Ich glaube, er sieht jetzt ein, daß er sehr töricht und schwach war, sich einschüchtern zu lassen, und die Tatsache, daß der Vorgang von Lord Edmund Talbot gesteuert wurde, statt von Noyes (der sich jedoch »erbittert gegen« den Vortrag gestellt hatte – was er, wie er sagt, wisse), entlastet ihn nicht sonderlich. Im Gegenteil, Noyes ist wenigstens eine Art Annäherung an einen, wenn auch unbedeutenden, Dichter, während Lord Fitzalan bloß ein Langweiler reinsten Wassers ist, und sein Einspruch gegen den Vortrag über Wilde stempelt ihn zum Scheinheiligen und Bankrotteur in Nächstenliebe. Ich habe dem Abt gesagt, daß es viel besser wäre, wenn er die ganze Geschichte in einem Buch oder Pamphlet beschriebe, und habe ihm angeboten, Secker zu bitten, es zu veröffentlichen, was dieser auch tun würde, davon bin ich überzeugt. Ja, der Abt sagt sogar: »Das habe ich auch noch vor, sei es schriftlich oder durch das gesprochene Wort. Natürlich bin ich Lord Fitzalan in keiner Weise verpflichtet, und die Geschichte sollte erzählt werden, und zwar bald, oder ich werde tot sein.«

Ich nehme Ihnen nicht ab, daß Sie »verteufelt alt« sind oder überhaupt alt. Sie sind eindeutig aus der Gattung des Phoenix. Ja, offensichtlich sind Sie sogar *der* Phoenix. Immer Ihr

Junker Alfred

Wilde schließlich in Form eines Essays in dem Sammelband *Victorian Days and Other Papers*, 1939, [Viktorianische Tage und andere Aufsätze].

12. Mai 1938 [Postkarte] 4 Whitehall Court, London

Ich habe heute morgen unterschrieben [die Garantie]; also ist alles in Ordnung. G. B. S.

13. Mai 1938 1 St. Ann's Court, Hove

Lieber St. Christophorus, Es war sehr gütig und wohlüberlegt von Ihnen, mir die Karte zu senden, die ich heute morgen erhielt. Ich hatte ein Schreiben meiner Bank erwartet und mich schon gefragt, wann es eintreffen würde, und dann kam Ihre Karte. Tausend Dank. Immer Ihr

Junker Alfred

P. S. Ich freue mich nun mächtig auf die Veröffentlichung von Harris' Neuauflage mit Ihrem Vorwort. Ich sehe, daß die Zeitungen bereits darüber schreiben. Ich nehme an, Sie wissen noch nicht, wann das Buch herauskommen wird? Ich hoffe, bald. Ich würde es sehr schätzen, wenn ich einen Korrekturabzug des Vorworts sehen könnte mit den Zusätzen, die Sie gemacht haben. Ich hätte am Montag zu meiner Nichte (oder Ex-Nichte) Lady Dunn gehen sollen, nach Norwich House, Norfolk Street, Park Lane, bekam aber heute morgen einen Brief von ihr, der mir bis zur nächstfolgenden Woche eine Absage erteilt. So werde ich am Dienstag, den 24., kommen und ein paar Tage bleiben. Sie war Queensberrys erste Frau und verließ ihn und heiratete Sir James Dunn. Deshalb nenne ich sie meine »Ex-Nichte«.[87]
Ich habe ein Exemplar meines Buches an Lord Fitzalan

87 Francis Queensberry (1896-1954) heiratete 1917 eine Schauspielerin vom *Gaiety*-Theater: Irene Richards. Von ihr hatte er eine Tochter namens Patricia Sybil. 1925 wurde die Ehe gelöst. Im darauffolgenden Jahr heiratete die Marchioness den kanadischen Finanzier Sir James Dunn und der Marquess die Künstlerin Cathleen Mann.

gesandt, da der Abt mir erzählt hatte, er – und nicht Noyes – sei es gewesen, der den Vortrag des Abts über Wilde im Haus von Shane Leslie[88] abgewürgt hätte (Kap. XXX meines Buches), und erhielt soeben einen formellen Dankesbrief von ihm. Kap. XXX wird ihm wahrscheinlich eine *mauvais quart d' heure* bereiten, zumal er erkennen wird, daß der Abt »aus der Schule geplaudert hat« und daß ich ihm eben deshalb das Buch zugesandt habe. »Krach! sagt der Taubenschlag.«[89]

16. Mai 1938 1 St. Ann's Court, Hove

Lieber St. Christophorus, Ich habe gerade, zu meiner großen Überraschung, die Entdeckung gemacht, daß in den drei Shakespeare-Ausgaben, die ich hier habe, »*Child* Rowland to the dark tower came« so gedruckt ist, wie ich es hier geschrieben habe. Ich dachte immer, es hieße »childe«. Ich habe nun das Wort im Lexikon nachgeschlagen, wo man, wie ich sehe, keinen Unterschied zwischen den beiden Begriffen macht, lediglich »child« in seiner sechsten oder siebenten Bedeutung als »Jüngling von edler Geburt« angibt und am Ende hinzufügt »manchmal auch *childe* oder *chylde*.« Ich unterstelle Ihnen keinen Moment lang, das alles nicht zu wissen, und zweifellos wollten Sie wieder spielerisch auf meinen »Kindheitskomplex« verweisen, etwas, was ich nicht ableugne und tatsächlich eher erfreut eingesehen habe (besonders mit der Hilfe von Heiligen, die mehr als die Hälfte ihrer Zeit damit zubringen, Kinder über tiefe Flüsse zu tragen), denken Sie also bitte nicht, daß ich mich beschwere. Ganz im Gegenteil. Aber in Ihrem Brief haben Sie zitiert »Childe

88 Sir Shane Leslie (1885-1971), Absolvent von Eton und Cambridge, ein vielseitiger Autor und Mensch von bemerkenswerter Persönlichkeit; Cousin ersten Grades von Sir Winston Churchill.
89 Shakespeare *Romeo und Julia*, Akt. I, Szene 3 (die Amme zu Gräfin Capulet und Julia): »Shake quoth the dove-house« [Krach! sagt der Taubenschlag].

Alfred to the dark tower came.« Vielleicht steht es so in irgendeiner Ausgabe des *Lear*. Bitte klären Sie diesen Punkt auf.

Ich habe einen langen Brief an die *Times Literary Supplement* abgeschickt, als Antwort auf einen besonders dummen Artikel[90] zum Thema Sonette und »W. H.«, der in der laufenden Nummer erschienen ist. Ich hoffe, daß man meinen Brief abdruckt. Wahrscheinlich wird man es, denn der Herausgeber Bruce Richmond[91] ist (obwohl ich ihn persönlich nicht kenne) in seinem Blatt immer sehr zuvorkommend und freundlich zu mir gewesen und hat noch nie versäumt, einen Brief, den ich ihm schrieb, abzudrucken. Vielleicht »mischen« Sie sich auch ein, wenn Sie meinen Brief sehen (in dem ich Sie zitiert habe). Ich hoffe es. Der Unsinn, der über die Sonette geschrieben wird, macht mich wirklich krank vor Ärger.

Hatte gerade einen düsteren Brief von meinem börsenmaklernden Neffen Q., der sagt, er stehe am Rande des Ruins. Doch bin ich bei ihm nicht übermäßig beunruhigt, da ich schon länger beobachte, daß alle Leute, die irgend etwas mit der »City« zu tun haben, sich immer auf diese Weise durchschlagen. Mein Neffe besaß anfangs überhaupt nichts, da mein Vater und mein Bruder Percy sich sowohl um siebenhundertundfünfzig Pfund als auch um allen Grundbesitz in Schottland »erleichtert« hatten. So denke ich, er wird, da er aus dem Nichts in ungefähr zwanzig Jahren ein reicher Mann geworden ist, am Ende doch wieder gut dastehen. Ihr

Junker Alfred

90 In dem anonymen Artikel hieß es, daß »die Behauptung, Southampton sei der beste Freund des Dichters gewesen, an Grund zu gewinnen scheine«, während diejenige über »Willie Hughes, den hübschen jugendlichen Schauspieler, nahezu verblaßt sei.« Siehe hierzu auch Fußnote zum Brief vom 28. April 1938.

91 Richmond (1871-1964; 1935 zum Ritter geschlagen) gehörte seit 1899 zum Mitarbeiterstab der *Times* und war von 1903 bis 1937 Herausgeber der *Times Literary Supplement*.

20. Mai 1938 1 St. Ann's Court, Hove

Lieber San Christophero, Sie schreiben mir jetzt gar nicht mehr. Warum das? Aber natürlich weiß ich, daß Sie immer schrecklich beschäftigt sind. Ich hoffe, Sie haben meinen Brief über Shakespeare und W. H. in der heutigen *Times Literary Supplement*[92] gesehen. Seit ich den Brief vor einer Woche schrieb, habe ich auch an den Dekan von Canterbury geschrieben und ihn gefragt, ob er mir helfen würde, im Archiv der Kathedrale einen Hinweis auf »Will Hewes« ausfindig zu machen. Überaus gütig setzte der Dekan seinen Bibliothekar an die Arbeit, die Bestände darauf hin zu sichten, und heute morgen bekomme ich einen Brief des Bibliothekars mit der Nachricht, daß er es *gefunden hat*!!
Er schickt mir die Unterlage. Das ist ein *toller Fang*, zumal er einen leibhaftigen Will Hughes auf das Datum genau nachweist und ihn (oder Hews oder Hewes) mit Marlowe in Verbindung bringt und folglich, natürlich, mit Shakespeare. Er war Lehrling bei John Marlowe, dem Vater von Christopher. Tun Sie nicht so, als sei das nicht aufregend! Ich wünschte wirklich, Sie würden mich nächste Woche einmal zu Ihnen zu Besuch kommen lassen. Ich möchte Sie in dieser W. H. Sache um Rat fragen. Soll ich der *Times Literary Supplement* einen Brief darüber schreiben, oder soll ich es geheimhalten, bis ich eine Neuauflage meiner *True History of Shakespeare's Sonnets* herausbringen kann? Bitte raten Sie mir doch. Ihr Junker Alfred

P. S. Eine Besprechung meines Buches von James Agate im gestrigen *Express*[93] zitiert Ihre spöttische Anspielung auf den

92 Douglas hielt die Behauptung, daß Southampton einige der Sonette geschrieben hätte, für »widersinnig« und forderte Aufklärung über die Gründe, warum der Anspruch von Will Hughes »nahezu verblaßt« sei.

93 »Ein zutiefst lesenswertes und menschliches Buch«, hieß es bei Agate, »die Dokumentation einer recht gehörigen Auseinandersetzung.« Doch könne man, so die Schlußfogerung, einem Autor manches nachsehen, »der einen gegen ihn selbst gerichteten Spaß begreifen kann. Und das so weit, daß

Säugling von Mrs. Mac Stinger. Es ist eine niederträchtige Besprechung und vorsätzlich irreführend, was die Natur meines Buches angeht, aber ich mache mir überhaupt nichts daraus, denn mein Buch wird dadurch besser verkauft, als wenn man dafür »geworben« hätte.
P. P. S. Morgen verreise ich übers Wochenende. Bin zurück für eine Nacht am Montag, gehe dann am Dienstag darauf für den ganzen Rest der Woche nach Norwich House. Wenn Sie mir nicht schreiben, werde ich wieder mein jämmerliches Geschrei anstimmen.

22. Mai 1938 [Postkarte] Ayot St. Lawrence

Im (ich hoffe nur) Augenblick bin ich ernstlich krank. Mein Kopf ist in Ordnung, und meine Organe sind ganz gesund; aber ich kann kaum gehen. Mit zweiundachtzig mag das alles Mögliche bedeuten. Deshalb sind alle Verabredungen unmöglich: wir müssen das Treffen verschieben, bis Sie wieder einmal in London sind, es sei denn, Sie hätten statt dessen ein Sonett mit dem Titel »Der arme alte Shaw« zu schreiben.
Die *Literary Supplement* hat Sie mit dem Abdruck Ihres Briefes anständig behandelt.
Die Canterbury-Neuigkeit ist ganz entschieden aufregend. W. H. mußte ja eines Tages auftauchen; aber es hätte leicht tausend Jahre später sein können. Wenn das Datum stimmt, ist die Marlowe-Verbindung fast schon die Klärung des Falles.
Die Versuchung, den Eintrag zu fälschen, war aber so ungeheuer groß, daß man die Authentizität sorgfältigst überprüfen muß.
Muggeridge ist ein zweiter Crosland. Sein Vater ist ein

er selbst Shaws Bemerkung zitiert, Lord Alfred Douglas erinnere ihn an den Säugling von Mrs. Mac Stinger.«

Fabier, den ich schon lange kannte.[94] Als eine Warnung an uns Alte, daß wir überholt sind, war der Artikel gut.

G. B. S.

Es war Byron, der *Childe* wieder einführte. C. Harold füllte den poetischen Horizont meiner Kindheit.[95]

23. Mai 1938 1 St. Ann's Court, Hove

Lieber St. Christophorus, Ich bin sehr bekümmert über die Nachricht, daß Sie krank sind. Gerade zurückgekehrt von einem Wochenendbesuch auf einem Landhaus, fand ich Ihre Karte in Ihrer wunderbar klaren Schrift, die jeglicher Krankheit oder Schwäche zu spotten scheint. Ich werde mit allen möglichen übernatürlichen Mitteln versuchen, Sie gesund zu kriegen und werde den Rosenkranz für Sie beten und auch die Messe für Sie lesen lassen. Ich glaube auch, daß in der Herz-Jesu-Kirche hier eine kleine St. Christophorus-Statue ist, oder habe ich das geträumt? Wenn sie tatsächlich da ist, werde ich eine Kerze für Sie anzünden, und in jedem Fall werde ich beim Heiligen Antonius von Padua eine Kerze für Sie anzünden.

Ich habe an die *Times Literary Supplement* geschrieben, über die Canterbury-Entdeckung, und mein Brief müßte in der Ausgabe vom nächsten Freitag erscheinen. Ich hielt es für besser, gleich Nägel mit Köpfen zu machen und es als *meine* Entdeckung auszugeben, da ich mehreren Personen ziemlich unüberlegt davon erzählt habe, und es sehr ärgerlich wäre

94 Shaw nimmt Bezug auf eine Buchbesprechung von Malcolm Muggeridge, s. Anm. im nachfolgenden Brief. – Der Vater des Rezensenten war H. T. Muggeridge, Redner der »Gesellschaft der Fabier«, ein Londoner Geschäftsmann und Abgeordneter für Romford, Essex, Parlamentsmitglied (1929-1931).

95 Gemeint ist *Childe Harold's Pilgrimage* (deutsch: *Junker Harolds Pilgerfahrt*) von Lord Byron, ein episches Gedicht in vier Gesängen, erschienen von 1812-1818, mit dem der Dichter berühmt wurde.

wenn jemand anders zuerst mit der Neuigkeit herausrückte. Wirklich, es ist eine Schande, daß ich vor vier oder mehr Jahren die Spur nicht weiterverfolgt habe. Ich hatte sie die ganze Zeit über, aber irgendwie rechnete ich eigentlich nie damit, daß die Bestätigung so prompt und leicht Gestalt annehmen würde. Sie sagen es ja: sie hätte noch tausend Jahre dort liegen können, und als ich an den Dekan schrieb und ihn bat, er möchte versuchen, den verschütteten Zugang freizulegen, da dachte ich an eine Chance von eins zu tausend.
Ich nehme an, Sie haben meine Entgegnung an den »Genossen Muggeridge« in *Time and Tide* gesehen.[96] Jetzt erfahre ich von einem seiner Freunde, daß er nicht beabsichtigt hätte, grob oder beleidigend mir gegenüber zu sein, aber das kann ich kaum schlucken. Ich gehe morgen bis Sonnabend nach Norwich House. Es ist eine Enttäuschung, daß ich Sie nicht sehen soll. Aber ich werde anrufen und fragen, wie es Ihnen geht. Ihr Junker Alfred

P. S. Ich habe tatsächlich vor, ein Sonett über Sie zu schreiben, wenn ich kann. Neulich habe ich es eine Stunde lang versucht, konnte aber keine Zeile zustandebringen.

96 In seiner Besprechung (30. April 1938) hatte Malcolm Muggeridge gesagt, er habe »beim Lesen des unterhaltsamen Erinnerungsbandes von Lord Alfred Douglas« das Gefühl gehabt, durch abgefallene Blätter einer weit zurückliegenden Vergangenheit zu rascheln, einer anderen Welt, in der »›Genie‹, ›Künstler‹ und ›Schönheit‹ inhaltlich so angereichert waren wie heute Wörter wie ›Proletariat‹, ›Klassenkampf‹, ›Kommunismus‹ und ›Faschismus‹.« Douglas erwiderte darauf (in *Time and Tide*, 7. Mai 1938), daß seine »autobiographischen Bücher offenbar eine seltsame Wirkung auf ihre Rezensenten, männliche wie weibliche, ausüben.« Er hätte bereits »eine sehr gehässige und beleidigende Stellungnahme« zu seiner *Autobiography* von Sylvia Lynd erhalten, und nun scheine »*Without Apology* eine verheerende Wirkung auf die proletarische Denkweise des Genossen Muggeridge gehabt zu haben.« Was stecke eigentlich hinter »dieser befremdlichen Zurschaustellung gänzlich unbegründeter Bosheit und Dummheit«? Und warum müsse der Rezensent eine völlig zusammenhanglose, obszöne Passage aus *Lady Chatterley's Lover* mit hineinziehen? Man könne schwerlich eine Erklärung für diese Besprechung finden, »es sei denn, Herr Muggeridge war betrunken.« – Den Wortlaut des Briefes aufgreifend, antwortete Malcolm Muggeridge: »Ich war nicht betrunken.«

23. Mai 1938 1 St. Ann's Court, Hove

Mein lieber San Christophero, Ich habe jene St. Christophorus-Statue wirklich nur *geträumt*. Nachdem ich meinen letzten Brief an Sie zur Post gebracht hatte, ging ich in die Kirche und fragte einen der Priester, ob sie dort einen Christophorus-Schrein hätten, oder ob ich das geträumt hätte, und er sagte, »Sie müssen es geträumt haben, denn hier gibt's keinen.« So stellte ich Ihnen eine Kerze vorm Heiligen Antonius von Padua auf und beantragte auch, daß eine Messe für Sie gelesen wird (auf meinen Wunsch hin), und der Priester (ein junger Ire) erklärte mir, vor Donnerstag könne er nichts einrichten, setzte aber, als ich meine Enttäuschung zum Ausdruck brachte und sagte, daß es dringend sei, im nachhinein doch hinzu: »Ich werde morgen früh um 7.15 die Messe selbst für Sie lesen.« Ich erklärte ihm, daß es für Sie sei und für Ihre baldige Genesung von einer Krankheit. Ihr

Junker Alfred

30. Mai 1938 1 St. Ann's Court, Hove

Mein lieber St. Christophorus, Danke für Ihre köstliche Karte, die ich erhielt, bevor ich Norwich House am Sonnabend verließ. Ich hoffe doch *stark*, daß es Ihnen besser geht. Ich werde Ihre Karte dem Priester zeigen, der die Messe für Sie gelesen hat. Heute morgen bin ich eigens deshalb hingegangen, aber er war nicht da. Ich nehme an, daß es Ihnen *wirklich* besser geht, oder?
Das Beiliegende erhielt ich von der *Times Literary Supplement*. Sie scheinen dort sehr freundlich und rücksichtsvoll. Ich schlug in einem persönlichen Brief an den Herausgeber vor, er solle den Brief von »Mr. Cripps« gleich im Anschluß an den meinen abdrucken als »ein Beispiel für den Schwachsinn, der die meisten Leute überkommt, wenn sie die So-

nette diskutieren.« Er willigt ein, wie Sie sehen, und ich bin froh zu erfahren, daß er die Absurdität von Cripps' Bemühung erkannt hat.[97]

Ich habe schon Beweise, daß die Will Hewes-Entdeckung den Taubenschlag der shakespearischen Kreise erschüttert. Ich rechne damit, daß die *Times Literary Supplement* in der nächsten Woche mehrere Briefe darüber bringen wird. Wenn ja, so ist vielleicht einer von St. Christophorus dabei. Ihr

Junker Alfred

P. S. Gerade ist mir (in einer »geistigen Vision«) eingefallen, daß die St. Christophorus-Statue, von der ich glaubte, sie wäre in der hiesigen Kirche, tatsächlich in der Westminster Kathedrale steht. Sie strahlte plötzlich vor meinem inneren Auge auf mit osterglockenhafter Leuchtkraft!

9. Juni 1938 — 1 St. Ann's Court, Hove

Mein lieber St. Christophorus, Lassen Sie mich doch wissen, wie es Ihnen geht, oder soll ich noch eine Messe für Sie lesen lassen? Wann kommt Ihre Harris-Neuauflage und das Vorwort heraus? Ich warte ganz gespannt darauf.[98] Ich

97 Simon Nowell-Smith entschuldigte sich (am 28. Mai 1938) dafür, daß die Redaktion Douglas' Brief gekürzt hatte, und gab als Begründung an, man habe die Zuschrift nicht augenfälliger plaziert, weil seinem Brief in der vorangehenden Ausgabe eine so herausragende Stelle eingeräumt worden war.
A. R. Cripps von Worthing hatte die raffinierte Vermutung geäußert, daß »HEWS« recht gut für »HE[nry] W[riosthesley, Earl of] S[outhampton]« stehen könne.

98 Shaw hatte Douglas den Korrekturabzug nicht mehr, wie versprochen, zugeschickt, was Otto Kyllmann unangenehm war, zumal der Anwalt von Constable, H. F. Rubinstein, davor warnte, daß Douglas möglicherweise zu Recht auf Verleumdung klagen könne. Shaw, krank und ans Bett gebunden, versicherte Kyllmann in einem Brief, den er Charlotte diktierte, am 4. Juni, daß es keinen Grund zur Beunruhigung gäbe: »Ihr Rechtsberater ist ein Schwachkopf: Es ist ganz unmöglich, A. D. darum zu bitten, die Korrektur-

hatte einen sehr liebenswürdigen Brief von Constable, der mich annehmen ließ, daß das Buch am Vorabend der Publikation steht, und seither hoffe ich, daß das Buch jeden Tag erscheinen wird. Ich habe Constable ausführlich geantwortet. An die *Times Literary Supplement* schrieb ich einen sehr kurzen Brief und hoffe, daß er in der morgigen Ausgabe ist.[99] Bitte achten Sie also darauf.
Die beiliegende Besprechung[100] gefiel mir – sie stand in einer schottischen Zeitung, die in »Douglas Country« erscheint, wie dieser Teil der Grenze noch immer heißt –, besonders der letzte Absatz, der Ihr Diktum über den »Kindheitskomplex« bestätigt! *Bitte* lassen Sie mich wissen, wann genau ich mit dem Erscheinen Ihres neuen Vorworts rechnen darf. Ihr

Junker Alfred

22. Juni 1938 1 St. Ann's Court, Hove

Mein lieber St. Christophorus, Ich hoffe doch, daß es Ihnen besser geht. Das letzte, was ich hörte (von Ihrer Sekretärin), war, daß Sie »entschieden besser aussahen«. Das war vor mehr als zehn Tagen. Ich hoffe also, daß Sie inzwischen wirklich genesen sind oder auf dem Weg der Genesung. Ich habe das sichere Gefühl, daß die Messe ihre Wirkung getan hat. Ich *wußte*, daß sie das tun würde, und außerdem war sie

fahnen mit seinen Initialen zu versehen. Außerdem habe ich einen Haufen Briefe von ihm, die beweiskräftiger sind als alle Initialen.« Angebracht aber sei es, so Shaw, Douglas einen Brief zu senden; und einen Entwurf fügte er bei. Der letzte Satz lautete: »Dürfen wir Ihre Bestätigung haben, daß unsere Bemühungen, Sie vor jeglicher Benachteiligung und Ungerechtigkeit zu bewahren, erfolgreich gewesen sind?« Constable sandte diesen Brief am 7. Juni an Douglas (ohne ein Wort zu verändern). Douglas' Antwort vom 8. Juni war freundlich, wenngleich er sich beklagte, daß er noch keinen Abzug des revidierten Vorworts gesehen hatte.

99 Der Abdruck erschien tatsächlich am 10. Juni 1938.

100 Rezension von W. Sorley Brown im *Border Standard*. Es hieß darin, Douglas sei »einer der ersten unter den lebenden Dichtern«; das »Gefühl, ein kleiner verlorener Junge zu sein, der hilflos durch unser aller Erinnerung irrt, hat den Verfasser dieses Buches im Kern seines Wesens nie ganz verlassen.«

ja für Sie grundsätzlich, nicht nur für Ihre Genesung von der Krankheit.

Ich selbst bin die letzten drei Tage mit einer Art Grippe im Bett gewesen. Zumindest waren all die üblichen Symptome da, aber ich weiß sehr wohl, daß es durch eine Aufregung ausgelöst wurde, denn ein Freund von mir, ein Arzt im Ruhestand (Dr. Orme), den ich aufsuchte, sagte mir, daß ich mich wegen eines Bruchs, den ich seit mehr als einem Jahr habe, einer Operation unterziehen müsse. Es hat mich schon unendlich gequält, da ich ein Bruchband tragen mußte. Ich hatte nicht die geringste Angst vor der Operation, die ganz einfach ist und mit örtlicher Betäubung ausgeführt werden kann, aber ich war absolut nicht in der Lage, mir vorzustellen, wie ich dafür bezahlen sollte. Es ist jetzt alles in Ordnung, sonst würde ich Ihnen dies nicht schreiben. Mein Neffe Queensberry, armer Kerl … erklärte mir, er könne mir *unmöglich* helfen. Nun allerdings schreibt er, daß er die Operation durch einen führenden Chirurgen für »praktisch nichts« vornehmen lassen könne, in der Privatstation einer Klinik, die er »mein Krankenhaus« nennt [St. Mary, Paddington], oder im St. George. Er ist im Vorstand dieser beiden Krankenhäuser und hat sie so großzügig gefördert, daß er dies kraft seines Amtes für mich tun kann. Es ist eine große Erleichterung. Sie werden wahrscheinlich sagen »Warum in aller Welt belästigt er mich mit all diesen widerlichen Einzelheiten?« Ja, warum eigentlich? Ich bin selbst nicht in der Lage, eine rechte Entschuldigung anzugeben. Es ist nur, daß ich das Gefühl habe, Ihnen schreiben und erzählen zu müssen, weil ich, da Sie so gut zu mir waren, dauernd an Sie denke, mein lieber St. Christophorus. Sie können das auf meinen »Kindheitskomplex« schieben.

Constable sandte mir den Korrekturabzug Ihres glänzenden Vorworts, in dem Sie so freundliche Dinge über mich sagen.[101] Ich kann Ihnen nicht zustimmen, daß Harris' Por-

101 Sendung vom 9. Juni. Tags darauf retournierte Douglas sie mit einigen wenigen Korrekturen: »Mr. Shaw zur Kenntnis.« – Am 13. Juni schrieb der

trät von Wilde so gut ist, wie Sie meinen, aber das spielt wirklich keine Rolle, zumal Ihr Vorwort die Hauptsache an der neuen Publikation ist. Meiner Ansicht nach kommt Oscar bei Harris viel zu »weich« und schwach heraus. Er war wirklich nicht so. Er hatte einen »unbändigen Willen« in vielen Dingen. Was Harris selbst betrifft, so glaube ich, daß nicht einmal Sie Erfolg haben werden, ihm eine reine Weste zu verschaffen, auch wenn ich in letzter Zeit zu der Überlegung gelangt bin, daß ein Großteil seiner augenscheinlichen Niederträchtigkeiten auf bloße Dummheit zurückzuführen ist. Sie gehen sehr locker mit seinen sexuellen Auswüchsen um. Es *waren* Auswüchse. (Ich weiß von Sachen, die er tat, die ganz und gar entsetzlich sind.) Sein Charakter und seine Lebensanschauung und sein Urteil über Männer und Frauen waren natürlich die ganze Zeit davon beeinflußt, gerade so, wie es Ihrer Behauptung nach der Fall ist bei einem Menschen, der niemals ganz nüchtern ist – was man, Sie sagen es, wahrhaftig von Harris wie von Oscar behaupten kann.[102] Wahrscheinlich, oder vielmehr sicher, wissen Sie nicht so viel über Harris' Exzesse wie ich. Er war nicht homosexuell, einfach weil das nicht in seiner Natur lag, aber er war gleichwohl eine Art Minotaurus und verschlang Kinder weiblichen Geschlechts en gros. Nicht daß ich denke, man sollte solche Dinge in eine Biographie aufnehmen, aber vergessen kann wenigstens ich sie nie.

Wenn ich an Harris denke und all sein ekelerregendes

Verlag, Shaw sei zu krank, um sich mit den Anmerkungen zu befassen, aber »wir haben gewisse geringfügige Korrekturen in Ihrem Sinn vorgenommen«, und sandte das Vorwort Douglas »noch einmal« zu. Douglas schickte es umgehend zurück mit der Erklärung, er sei damit zufrieden.

102 Douglas kommentierte hierzu auf dem Korrekturabzug: »Oscar war oft betrunken, auch schon vor der Katastrophe. Er trank mehr als irgend jemand, den ich je kannte, zeigte aber bis zu dem *débâcle* niemals ein deutliches Anzeichen dafür. Er konnte jede Menge ›vertragen‹«; Harris »war der einzige Mensch, der mir je begegnet ist, der Alkohol ebenso gut ›vertragen‹ konnte wie Wilde«; »Ich selbst habe ›gesoffen wie ein Loch‹, als ich jung war, aber meine prächtige Konstitution und die sportlichen Betätigungen, die ich ausübte (besonders das Reiten), haben mich vor Schaden bewahrt.«

»Jesus«-Zeugs werde ich wirklich krank beim Lesen. Ich bin noch »ans Bett gefesselt«, obwohl ich nicht eigentlich im Bett bin, während ich dies schreibe, aber ich hoffe, morgen aufzustehen. Ihr Junker Alfred

25. Juni 1938 4 Whitehall Court, London

Lieber Junker Alfred, Ich habe perniziöse Anämie[103], und es ist mir zur Zeit verboten, irgend etwas zu schreiben.
Auch ich muß mit einem Bruch zurechtkommen. Ich habe alle möglichen Behelfsmittel ausprobiert und bevorzuge ein Gurtband, das man bei Beasley, 45 Conduit Street, kaufen kann. Es ist recht bequem und läßt sich mit einer Handbewegung an- und ausziehen.
Eine Privatstation in einem Krankenhaus ist den meisten Kliniken weit überlegen, Sie können nichts Besseres tun.
Ich verstehe Oscar Wildes »unbändigen Willen« sehr wohl. Er ging auf die ihm eigene Weise zum Teufel, allen zum Trotz. Was Sie über sein und Harris' Trunksucht sagen, ist interessant. Frank, genauso wie Wilde, konnte oder wollte (mit Ausnahme seines *Life and Loves*) nichts mehr schreiben nach seinem Erfolg bei der *Saturday Review*. Von seiner Karriere als Minotaurus[104] weiß ich nichts; aber ich zweifle nicht im geringsten an Ihrer Beschreibung, obwohl ich immer an der Männlichkeit sexbesessener Literaten zweifle.
Ich rechne damit, etwa einen Monat invalid zu sein.

G. B. S.

103 Nach der Diagnose des hervorragenden Arztes Dr. Geoffrey Evans (1886-1951). Zum Auskurieren verschrieb er absolute Ruhe und starke Injektionen mit Leberextrakt, eine demütigende Behandlung für den Vegetarier Shaw.

104 Auf seinem Anmerkungsblatt notierte Douglas, daß Harris einmal sehr nahe daran war, »von der aufgebrachten Bevölkerung bei Èze gelyncht zu werden.«

27. Juni 1938 1 St. Ann's Court, Hove

Mein lieber St. Christophorus, Ich bin entzückt, Ihren Brief zu erhalten, und es ist sehr freundlich von Ihnen, mir einen Brief zu schreiben (oder zu diktieren), wo Sie noch so krank sind. Ich kann nicht glauben, daß Sie wirklich »perniziöse Anämie« haben, denn ich bin immer davon ausgegangen, daß das eine höchst schreckliche Sache ist, während Sie sagen, daß Sie damit rechnen, »etwa einen Monat invalid zu sein«, was sich nicht allzu schlimm anhört. Ihr Brief ist für mich epochemachend, da Sie mich tatsächlich zum erstenmal mit »Lieber Junker Alfred« anreden. Das haben Sie vorher nie getan. Sie hatten mir zwar den Namen gegeben, ihn aber bis jetzt nie benutzt. Dies zweifellos, weil Ihre letzten Mitteilungen alle auf Postkarten waren und nicht in Briefen. Jedenfalls bin ich erfreut, als »Junker Alfred« bestätigt zu werden, obwohl ich hoffe, es werde gerade jetzt nicht notwendig sein, daß ich in weitere finstere Türme gerate, denn ich habe wirklich eine sehr schlimme Zeit gehabt und bin gerade erst (noch nicht ganz) wiederhergestellt von einem Grippeanfall. Ich gehe in das St. Mary Krankenhaus, weiß aber noch nicht, wo es ist, nur daß es in London ist. Ich hoffe, morgen Genaueres zu hören.

Harris schrieb schon noch einiges nach der *Saturday Review* (z. B. außer *My Life and Loves* seine Biographie von Ihnen und jenes ganz entsetzliche und lächerliche Stück über Jeanne d'Arc), während Oscar nach der *Ballade vom Zuchthaus zu Reading* buchstäblich keine einzige Zeile mehr schrieb.

Gibt es so etwas wie eine Gesamtausgabe aller Ihrer Werke zu einem vernünftigen Preis? Ich glaube nämlich, ich kenne sie wirklich nicht halb so gut, wie ich eigentlich sollte. Ich bin entschlossen, früher oder später ein Sonett über Sie zu schreiben. Ihr Junker Alfred

4. Juli 1938 1 St. Ann's Court, Hove

Mein lieber St. Christophorus, Heute nachmittag gehe ich nach London auf die Almroth Wright-Station im St. Mary Krankenhaus, Paddington. Operation morgen, nehme ich an. Es regt mich nicht sehr auf, obwohl ich doch eine leise Angst fühle. Bitte sprechen Sie ein Gebet für mich! Als Bernard Shaw würden Sie das nicht tun, ich weiß, aber in Ihrer Eigenschaft als Heiliger Christophorus dürften Sie auf die einflußreiche Kraft Ihrer Gebete bauen. Ich hoffe, daß Ihr Vorwort erschienen ist, bis ich in zwei oder drei Wochen wieder hierher zurückkehre. Hoffentlich werden Sie rasch wieder gesund. Ihr Junker Alfred

6. Juli 1938 1 St. Ann's Court, Hove

Mein lieber St. Christophorus, Wenn Sie wirklich für mich gebetet haben, so war die Wirkung umwerfend und erschütternd! Ich lag achtzehn Stunden lang zitternd im Bett auf einer sogenannten »Privatstation« des Krankenhauses (sie ähnelte weit eher einer öffentlichen Bedürfnisanstalt), und nachdem ich widerwillig gewaschen worden war von einer Schwester, die sich unfreundlich über die fehlenden Muskeln in meinen Armen ausließ, und andere unwürdige Behandlungen erduldet hatte, »zeigte« sich endlich der Chirurg und sagte, während er mich eilig untersuchte, daß eine Operation *ganz unnötig* sei und *nicht in Betracht käme*!! (Ich sehe, daß meine Grammatik in diesem letzten Satz verworren ist, unterlasse aber den Versuch, sie zu verbessern.) Also stand ich auf, kam mir vor wie ein Verbrecher, der auf dem Schafott noch eine Gnadenfrist erhält, und ging hocherfreut weg. Die gestrige Nacht verbrachte ich in meinem Lieblingshotel, dem *Shelley* in Lewes und kam heute abend hierher zurück. Was sagen Sie dazu? Ihr Junker Alfred

P. S. Haben Sie nun für mich gebetet oder nicht? Bitte schikken Sie mir ein Foto von Ihnen, wenn Sie so freundlich sein wollen.

11. Juli 1938 — 1 St. Ann's Court, Hove

Lieber St. Christophorus, Ich war angenehm berührt, heute morgen von Doktor Porteous am St. Mary Krankenhaus einen Brief zu erhalten, in dem er mir mitteilt, daß Sie meinetwegen an Sir Almroth Wright[105] geschrieben haben, während ich im Krankenhaus war. Das entschädigt mich dafür, daß ich nichts von Ihnen hörte, was meine Gefühle ziemlich verletzt hat, denn ich erwartete allerdings eine Beileids- (oder, weil ich entkommen bin, Glückwunsch-)karte. Aber ich glaube, ich gehe Ihnen mittlerweile ziemlich auf die Nerven.

Heute morgen höre ich von Sherard, daß Werner Laurie, der Verleger seines letzten Buches über Wilde und Harris und Sie, ihm gesagt hätte, daß »jeder die amerikanische Ausgabe von Harris' Buch in England für 7/6 kaufen kann«. Das ist ziemlich bestürzend, zumal ich die kühne Vorstellung hatte, den Verkauf gestoppt zu haben, als ich vor etwa zehn Jahren von Hatchard and Harrods Schadensersatz für den Verkauf des Buches erhielt. Doch denke ich mir, daß Bonny Werner Laurie (von Clifford's Inn im frühen Morgentau[106]) übertrie-

105 Wright (1861-1947; 1906 zum Ritter geschlagen) war ein bedeutender Bakteriologe; er gehörte zum Direktorium des St. Mary Hospitals und war dort Professor für Pathologie seit 1902, mit Ausnahme der Kriegsjahre, während welcher er seine bemerkenswerte Arbeit auf dem Gebiet der Wundinfektion fortsetzte und eine Salzbehandlung zur raschen Schließung offener Wunden einführte. Sir Almroth war ein Freund der Shaws, und seine Bemerkung (nachdem er einem Mann mithilfe seiner neuen opsonischen Methode das Leben gerettet hatte): »Ist er es auch wert?« war der Auslöser für Shaws Theaterstück *Der Arzt am Scheideweg* (*The doctor's dilemma*), 1909. Die Figur des Sir Colenso Ridgeon in diesem Stück hat Sir Almroth zum Vorbild.

106 Als Werner Laurie, Verleger von Croslands *The Unspeakable Scot* [Der unaussprechliche Schotte], (1902), seinem Autor den Auftrag für einen

ben hat, und ohnehin wird ja Ihr neues Vorwort, und nicht Harris' unerquickliche Lügengeschichten, die Attraktion der Ausgabe sein.
Wie steht's mit dem Foto von Ihnen? Ich denke doch, Sie könnten mir eins schicken. Sie werden sich erinnern, daß ich Ihnen vor Jahren eins von mir geschickt habe. Geht es Ihnen jetzt wieder gut? Ihr Junker Alfred

P. S. Ihr Brief an Sir Almroth Wright (teilt Dr. Porteous mir mit) kam erst an, als ich das Krankenhaus schon verlassen hatte.

14. Juli 1938 4 Whitehall Court, London

Lieber Junker Alfred, Ich habe die Sache mit dem Heiligen Geist besprochen, der mir sagte, ich solle kein verdammter Narr sein und sofort an Almroth Wright schreiben, um Sie seiner besonderen Fürsorge zu empfehlen.[107] Dieser antwortete: »Was Ihren Lord Alfred betrifft, so gaben wir ihm ein kleines Einzelzimmer; und unsere besten Chirurgen sahen nach ihm und hielten eine Operation für nicht ratsam: darauf-

Fortsetzungsband *The Wild Irishman* [Der wilde Ire] (1905) gab, schrieb Crosland den folgenden Vers auf Notizpapier mit dem Aufdruck *Clifford's Inn*:

O, Clifford's Inn is bonnie
When lightly fa's the dew;
For 'twas there that Werner Laurie
Gie'd me his promise true.

etwa: O, Clifford's Inn ist wunderschön
Im hellen Morgentau gelegen;
Hier hab ich Werner Laurie gesehn',
Der mir sein Versprechen gegeben.

Zitiert nach W. Sorley Brown, *The Life and Genius of T. W. H. Crosland*, London, 1928, p. 161.

107 Am 5. Juli 1938 hatte Shaw an Sir Almroth geschrieben und ihn gebeten, Lord Alfred Douglas freundlich zu behandeln; er sprach von dem »sehr

hin verließ er prompt die Klinik, ich habe ihn überhaupt nicht gesehen.«
Das also ist in Ordnung. Aber was ist mit Ihnen los? Oder was *war* los, ehe sich unsere Gebete ins Zeug legten?
Mich hat es noch einmal zurückgeworfen mit einem kurzen, aber sehr schwächenden Anfall des königlichen Leidens[108], der mich bis morgen in London festhält.
Ich werde eine Porträt-Auswahl schicken, von meinem »Landsitz« aus. Ich bin nicht so vorzeigbar, wie wir alle es waren am *fin de siècle*.
Wir hatten schon Karten für das Glyndebourne Festival und wollten eine Woche in Hove bleiben; aber mein Kollaps hat uns einen Strich durch die Rechnung gezogen.
Constable verhandelt mit Dodd, Mead in New York wegen einer gleichzeitigen Publikation meiner Ausgabe von Harris' *Life of Wilde*. Das wird darauf hinauslaufen, daß sie Covici eine Abfindung zahlen und den Nachdruck aufkaufen – von Ihrem Standpunkt aus könnte es kaum schlimmer sein. Wenn das Buch dann nicht mehr da ist (eingestampft), werden die Schmuggler nur noch meine Ausgabe kriegen können, die zugleich als Constable-Edition vorliegt, so daß es sinnlos ist, sie überhaupt zu schmuggeln.
Bis zum 27. ist meine Adresse Ayot St. Lawrence.

G. B. S.

schönen Jüngling« und »recht beachtlichen Dichter«, der »mit Wilde durch dick und dünn gegangen« war. »Noch immer«, so Shaw weiter, »hat er einen Kindheitskomplex, der amüsant ist, besonders weil Douglas selbst sich dessen völlig bewußt ist. Sagen Sie den Studenten, daß er kein Homosexualist ist und daß sein [Neffe], der Marquess, in der Krankenhauswelt ein hohes Tier ist.«
(Sammlung Dr. Ernst Jokl in der Bibliothek der University of Kentucky, Medical Center.)

108 Eine Magengrippe, von der sich George VI. gerade noch rechtzeitig erholt hatte, um dem französischen Präsidenten Lebrun vom 12.-22. Juli einen Staatsbesuch abzustatten.

14. Juli 1938 | 1 St. Ann's Court, Hove

Mein lieber St. Christophorus, Dieser Brief wird Sie erreichen, noch bevor Sie nach Ayot St. Lawrence aufbrechen. Ich war entzückt, Ihren Brief zu erhalten. Ihr Schreiben an Sir Almroth Wright in meiner Sache war eine sehr christopherische Geste, für die ich sehr dankbar bin. Ich *hatte* einen Bruch, aber der Chirurg (Professor Pannett) sagte, er sei »sehr leicht« und würde wohl kaum schlimmer werden, auch wenn er nicht gänzlich verschwinde. Er erklärte mir, daß es ein großer Fehler wäre, die Operation vornehmen zu lassen, und daß ich mich vollkommen bequem und sicher fühlen würde, wenn ich eine andere Art von »Stütze« tragen würde. Da habe ich mich natürlich gleich auf und davon gemacht aus dem Krankenhaus.

Meine Nichte Lady Queensberry[109] rief an und fragte, ob ich in ihr Haus am Cheyne Walk kommen wollte, aber ich war schon weg, ehe ihre telefonische Nachricht eintraf, und ging für eine Nacht ins Hotel Shelley in Lewes (ein ganz wunderschönes altes Haus mit Garten, das einst Sir Timothy Shelley gehörte) und kam dann hierher zurück.

Ich freue mich sehr auf die »Porträt-Auswahl«, die Sie mir versprechen.

Der Lauf der Sterne scheint determiniert zu sein, meine Begegnung mit Ihnen zu verhindern. Wenn Sie wegen Glyndebourne nach Hove gekommen wären, hätte ich sie *sicher* gesehen, und vielleicht hätte ich Sie und Mrs. Shaw überreden können, hier bei mir zu lunchen. Es tut mir so leid zu hören, daß Sie diesen Rückfall hatten, gerade als es mit Ihrer Genesung so gut voranging. Ich hatte die gleichen Beschwerden, genau eine Woche vor meiner verfehlten Operation, und fühlte mich ziemlich krank, bevor ich in die Klinik kam. So war es um so erfreulicher, der Operation zu entkommen.

109 Die Malerin Cathleen Mann, die Queensberry 1926 geheiratet hatte. Sie wohnten im Cheyne Walk Nr. 5.

Was Sie mir von der amerikanischen Ausgabe Ihres neuen Harris erzählen, ist eine sehr gute Nachricht. Sie haben zweifellos ein Wunder vollbracht, denn ich war ohne alle Hoffnung, jemals in Amerika auch nur angehört zu werden in Sachen Wilde. Es gab einmal eine amerikanische Ausgabe meiner Autobiographie, die aber von einem niederträchtigen Verlagshaus publiziert wurde und überhaupt keinen Erfolg hatte.[110] Tatsächlich hörte ich nach der Veröffentlichung nicht ein Wort mehr darüber, kassierte auch nicht einen Cent Honorar dafür.

Der selige Monsignore Bickerstaffe-Drew[111], der mich in die Kirche aufnahm, erzählte mir, daß er einmal eine alte Frau aufgenommen hätte und daß er sie in der letzten Minute noch fragte, ob es irgend etwas gäbe, was sie erklärt haben wolle. Worauf sie sagte, ja Pater, es gibt schon etwas, was mir zu schaffen macht. Der Heilige Geist, nun ja, ist das nun eine Dame oder ein Herr?

In der heutigen Ausgabe der *Weekly Review* (G. K.'s *Weekly*) steht ein sehr freundlicher Artikel von D. B. Wyndham Lewis[112] über *Without Apology*. Ich vermute, daß Sie ihn zu Gesicht bekommen, denn Ihr Name erscheint zwei- oder dreimal darin, so daß Ihr Ausschnittbüro ihn sicher an Sie schicken wird. Er ist drei Spalten lang und eine großartige »Reklame« für mich. Darüber hinaus ist es eine sehr geistreiche und gut geschriebene Darbietung.

Ich erwarte die Bilder in höchster Spannung. Zögern Sie die Sendung also bitte nicht hinaus. Ihr Junker Alfred

110 *My Friendship with Oscar Wilde*. Das Buch wurde in New York bei Coventry House 1932 in einer Auflage von tausend Exemplaren gedruckt; die ersten hundert wurden vom Autor signiert.

111 Bickerstaffe-Drew (1858-1928) diente zwanzig Jahre als Militär-Kaplan in Plymouth und Malta und war Privatkämmerer sowohl bei Papst Leo XIII. als auch Papst Pius X. Unter dem Namen John Ayscough schrieb er Romane und Erzählungen.

112 Dominic Bevan Wyndham Lewis (1891-1969), Kolumnist und Autor, speziell von Biographien.

15. Juli 1938 1 St. Ann's Court, Hove

Lieber St. Christophorus, Heute erhielt ich ein Exemplar des Harris-Buchs.[113] Es war ein ausgesprochener Schock zu entdecken, daß Sie nicht ein Wort geändert haben an Harris' boshafter (und wirklich so *idiotischer*, daß nur ein Narr sie glauben würde) Darstellung unseres Gespräches in Chantilly, worin er mich unter anderem beschuldigt, die *Ballade vom Zuchthaus zu Reading* heruntergeputzt zu haben! (Die wahre Darstellung dieses Gesprächs steht in meiner Autobiographie.) In Anbetracht dessen, daß Harris selbst meine Korrekturen an seinem ganzen giftigen Unsinn akzeptiert und in seiner *Neuen Vorrede zu Oscar Wilde »Eine Lebensbeichte«* verarbeitet hat, kann ich nicht einsehen, warum Sie den Text unberührt gelassen haben. Ich verstand Sie dahingehend (eigentlich ist es nicht eine Frage des »Vertrauens«, denn ich habe ja Ihren Brief, in dem Sie es deutlich sagen), daß Sie alle meine »Verbesserungen und Berichtigungen angenommen« hätten.[114] Ein flüchtiger Blick in das Buch vermittelt mir den Eindruck, als seien die meisten der äußerst beleidigenden Attacken von Harris gegen mich genauso stehengeblieben, wie sie vorher waren. Doch habe ich nicht die Absicht, mit Ihnen darüber zu streiten. Es ist meine eigene Schuld, weil ich ein solcher Trottel war und Ihrer Neuausgabe des Buches zustimmte, ohne zu verlangen, daß man mir die Korrekturabzüge zeigte und daß Sie Harris' eigenes Eingeständnis abdrucken, wonach ja fast alles, was er in seinem Buch über

113 *Oscar Wilde* erschien am 18. Juli (zum Preis von zehn Shillings) ohne den Untertitel *His Life and Confessions* [Eine Lebensbeichte]. Shaw hatte auf den Korrekturabzug geschrieben: »Ich denke, den Untertitel à la Newgate-Kalender sollte man weglassen. Das war einer von Franks weniger rühmlichen Tricks.« [Newgate = Londoner Gefängnis]. Das Buch war nun einbändig, und der lange Abschnitt *De Profundis* war gestrichen worden. Es hatte keinen Anhang, Abbildungen waren untersagt worden, und ein Register gab es auch nicht.

114 Shaw hatte am 18. April 1938 an Douglas geschrieben: »... ich war mit all Ihren Anmerkungen einverstanden und habe keinen Anlauf genommen, sie zu verbessern.« Vgl. p. 87.

mich sagt, falsch ist. Ich habe auch einen ganzen Stoß Briefe von ihm aus Nizza, die Sie nie gesehen haben. In einem sagt er, daß mir sein revidiertes Buch weit mehr Gutes einbringen würde, als seine Erstausgabe mir geschadet hat. Ihr Vorwort liefert zweifellos ein Antitoxin zu Harris' Gift, aber wie dem auch sei, ich tröste mich mit dem Gedanken, daß Harris das Schlimmste bereits angerichtet hat und daß dieser Nachdruck seines unredlichen Buches vernünftige Leute nicht dazu verleiten kann, seiner Schilderung, soweit sie mich betrifft, entgegen meiner eigenen Schilderung in der Autobiographie Glauben zu schenken. Meine Meinung zu Harris' Buch ist, daß es nicht nur falsch und boshaft und voller offensichtlicher »Fälschungen« ist, sondern daß es ein sehr dummes Buch ist. Ich wäre außerordentlich überrascht, wenn sogar die Zauberkraft Ihres Namens irgendeine Revision des allgemeinen Urteils über Harris als Marktschreier und Schwindler bewirken könnte. Die Leute werden das Buch einfach kaufen, um Ihr Vorwort zu lesen, welches glänzend ist, aber abgesehen von ausgesprochenen Pornographie-Jägern wird das Publikum (zum jetzigen Zeitpunkt und nach allem, was man inzwischen von der Geschichte weiß) von dem Buch selbst angewidert sein und es ablehnen. Wie ich schon oft gesagt habe, ist es unfair und irreführend, sowohl was Oscar als auch was mich angeht. Ich glaube wirklich nicht, daß ich es fertigbringe, das verdammte Zeug noch einmal zu lesen. Ja, ich hätte gar nicht erst angefangen zu lesen, wenn ich nicht gehofft hätte, die »Verbesserungen« und »Berichtigungen« und editorischen Eingriffe vorzufinden, die zu erwarten Sie mich verleitet haben. Ihre Motivation zur Wiederauflage des Buches ist, ich weiß, völlig altruistisch, und ich bin mir im klaren, daß es Ihr Hauptanliegen war, der armen Nellie zu helfen, die ich immer mochte, aber Sie werden sich erinnern, daß ich Ihnen von Anfang an sagte, daß ich das Buch für bestialisch hielt und daß es jammerschade wäre, ihm noch einmal zu neuem Leben zu verhelfen. Lassen Sie uns also nicht weiter davon sprechen und Ihr Vorwort getrennt behandeln. Ihr Junker Alfred

17. Juli 1938 Ayot St. Lawrence

Lieber Junker, Was geschehen ist, ist geschehen: kein noch so lautes jämmerliches Geschrei kann nun mehr helfen.
Sie haben nicht ein Wort zu der *Ballade* gesagt. *Alle* Ihre Anmerkungen sind berücksichtigt worden.[115]
Das aber ist von keinerlei Bedeutung im Vergleich zum Hauptzweck der Ausgabe, die Sie zum erstenmal reinwäscht von den Unterstellungen Ihres Vaters und von dem Vorwurf, Wilde völlig mittellos im Stich gelassen zu haben – und Ihnen außerdem die Ihnen angemessene Prominenz in der Tragödie einräumt. Seien Sie zufrieden damit; und verderben Sie nicht alles durch eine Kumpanei mit Pearson, Kingsmill, Sherard und den anderen in ihrem Rummel gegen Harris.[116]
Ihre Aufgabe ist es, dieser Edition mit aller Macht den Rücken zu stärken. Sie ignoriert Sie wenigstens nicht.
Außerdem hat Harris' Buch *in kritischer Hinsicht* (Sie haben als Kritiker einen ansehnlichen Namen zu verlieren) ein sehr beachtliches Verdienst in seiner plutarchischen Art; und im Ganzen ist seine Wirkung richtig, nun da es korrigiert ist, soweit Sie davon betroffen sind. Es war immer richtig in bezug auf Wilde.
In jedem Fall habe ich mein Bestes getan für Nellie, für Sie und für Harris' Geist; und mehr kann ich vom Rest meines Lebens für dieses Thema nicht abzwacken. Den Artikel von McCarthy[117] habe ich noch nicht gesehen, nur den von Pearson.

115 Diese Angabe wird nicht bestätigt durch die beiden mit Notizen versehenen Bände.

116 Das Buch von R. H. Sherard hatte Harris' falsche Behauptungen aufgedeckt; die Rezension von Hugh Kingsmill in der September-Nummer der Zeitschrift *Fortnightly* war vernichtend gewesen; desgleichen die von Hesketh Pearson im *Observer* am 17. Juli. »Es gibt Lügner und Lügner«, schrieb Pearson, »aber nur Rousseau und Casanova können sich mit Harris messen. Seine Biographie ist nicht die Geschichte Oscar Wildes sondern die Geschichte des Frank Harris.«

117 Desmond McCarthy hatte in seiner Besprechung (*Sunday Times*, 17. Juli) die Ansicht vertreten, daß Constable das Buch zurückziehen sollte. Trotz

Es wird Ihr Gemüt erleichtern, den beiliegenden Umschlag mit Ausgemistetem aus einer alten Schublade aufzureißen.[118] Wie St. Christophorus finde ich das Kind plötzlich beängstigend schwer werden mitten im Fluß. G. B. S.

18. Juli 1938 1 St. Ann's Court, Hove

Lieber St. Christophorus, Es ist nicht zu fassen, daß Sie (wie geschehen) Harris' eigene Korrekturen und Eingeständnisse der Fehlerhaftigkeit bei einer Anzahl von Behauptungen übersehen haben können, welche Korrekturen und Eingeständnisse er in seiner *Neuen Vorrede zu Oscar Wilde »Eine Lebensbeichte«* ja gemacht hat, von der Sie, wie ich weiß, ein Exemplar haben und die ich, nämlich mein eigenes Exemplar Nr. 1 der limitierten *edition de luxe*, an Nellie Harris auslieh, als sie mich vor zwei Jahren hier besuchte. Praktisch alles, was er in seiner Originalausgabe über mich sagte, ist in seiner *Neuen Vorrede* berichtigt. Außerdem weiß ich, daß Sie meine Autobiographie gelesen haben, und Sie schrieben und teilten mir seinerzeit mit, als sie herauskam, daß Sie sie in der Tat als Wahrheit akzeptierten und daß sie meine Position restlos klargestellt hätte. Meine Darstellung in der Autobiographie über jene Unterredung, die Harris mit mir in Chantilly hatte, als er zum Abendessen und Übernachten kam, als mein Gast im Hotel Condé, widerspricht seiner (jetzt wiedergedruckten) Darstellung in jeder Einzelheit. Es war während dieser Unterredung, daß er mich, nachdem er mit allem einverstanden war, was ich über Wilde und die Unverhältnismäßigkeit seiner Forderungen von zwei- oder dreitausend Pfund aus

Shaws Verbesserungen sei das Buch »irreführend und verlogen geblieben; während Shaws Vorwort mich allerdings überrascht, nicht weil es bedeutend, sondern weil es unglaubwürdig ist.«

118 Die versprochenen Aufnahmen von Shaw, ein Bündel von etwa zwanzig Fotos.

meinem kleinen Vermögen gesagt hatte, zu sich nach Monte Carlo einlud, wo er mir (einige Wochen später) die zweitausend Pfund durch einen eklatanten Betrug abluchste. Ich nahm es für selbstverständlich, daß Sie nicht zulassen würden, daß Harris' erwiesene und zugegebene Lügen und falsche Angaben über mich genauso stehenblieben, wie sie in der ersten Auflage waren. Aber fast alle sind sie noch da. Es ist wirklich unglaublich, daß Sie imstande waren, sich so zu benehmen. Ich habe Ihnen *blindlings* vertraut, und Sie haben mich schrecklich enttäuscht. Wie *konnten* Sie nur?
Ich kann nicht einverstanden sein mit der fortgesetzten Verbreitung all dieser Lügen über mich. Sogar Ihr Vorwort, so wohlwollend und freundlich es mir gegenüber ist, gleicht das schreckliche Unrecht an mir und meinem Ruf nicht aus, das diese abermalige Verkündung grundloser Beschuldigungen, gefälschter Gespräche und böswilliger Entstellung der ganzen Geschichte in aller Welt angerichtet hat. Ich empfinde das Ganze als einen fürchterlichen Schlag, denn ich war schon soweit, wirkliche Liebe und Zuneigung für Sie zu empfinden, und war Ihnen, und bin es noch, höchst dankbar für Ihre Verteidigung meiner Person und Ihr Wohlwollen in der Sache mit Rich and Cowan.
Ich habe Ihnen immer und immer wieder gesagt, daß ich Ihrer literarischen Beurteilung von Harris' Buch nicht zustimme, aber das steht auf einem Extrablatt. Doch auch für den Fall, daß Harris ein ebenso guter Schriftsteller wäre wie Sie, könnte man seine bösartigen Lügen und Verleumdungen nicht rechtfertigen oder verzeihen. Und da er selbst die Unwahrheit dessen, was er über mich gesagt hat, zugegeben und erklärt hat, daß er von Robert Ross zu diesen Aussagen verführt worden war, wie können Sie dann Ihren Nachdruck derselben im vorliegenden Buch verteidigen? Ich wollte, mir fiele irgendein Ausweg aus der Situation ein, die sich nun ergeben hat, ohne daß man das Buch zurückziehen müßte. Aber ich kann mir nicht vorstellen, was statt dessen sonst noch möglich wäre. Ich habe an Constable geschrie-

ben. Letzte Nacht zu später Stunde schrieb ich den Brief und ging um vier Uhr früh damit zum Briefkasten.[119] Ihr betrübter

Junker Alfred

P. S. Es ist nicht richtig, wenn Sie, wie Sie es tun, behaupten, daß Ihr Vorwort mich »zum *erstenmal*« reinwäscht von den Unterstellungen meines Vaters und von dem Vorwurf, meinen Freund völlig mittellos im Stich gelassen zu haben. Harris selbst hat mich 1925 von diesen Anschuldigungen reingewaschen, und niemand, soweit ich weiß, hat sie seit jetzt wenigstens dreizehn Jahren mehr geglaubt. Ich verweise Sie auf das Buch von Vincent O'Sullivan, auf das letzte Buch von Sherard, auf Léon Lemonniers *Vie d'Oscar Wilde* und auf jenen anderen (holländischen) Biographen, den Sherard angreift und dessen Namen ich im Augenblick vergessen habe.[120] Auch ist das Problem vor den Gerichten ausgefochten worden, wo ich mein Recht erhalten habe und noch eintausend Pfund Schadensersatz von der Northcliffe Press. Das Nachdrucken des schimpflichen Briefes meines Vaters ist ebenfalls eine Straftat, wie die Jury bei jenem Schwurgerichtsverfahren von sich aus in einem Zusatz zu ihrem Urteilsspruch feststellte. Brasol hat in seiner neuen Wilde-Biographie die Beleidigungen meines Vaters und offenkundig

119 »Ich habe nun Zeit gehabt«, schrieb Douglas,» den Text des von Herrn Bernard Shaw und Ihnen herausgebrachten Harris-Buches zu lesen. Zu meiner Verwunderung finde ich es voller höchst übler und abscheulicher Verleumdungen über mich. Im Vertrauen auf das Ehrenwort von Herrn Shaw, wonach er das Buch so »redigieren« würde, daß es in keiner Weise mehr verletzend für mich sei, hielt ich es nicht für notwendig, auf der Überprüfung des Korrekturabzugs zu bestehen, was ich sonst wohl getan hätte.« Das »ganze Buch ist sehr viel schlimmer als in meiner Erinnerung (ich hatte es seit zwanzig Jahren nicht mehr gelesen). Unter diesen Umständen können Sie kaum davon ausgehen, daß ich seine Weiterverbreitung erlauben werde. Ich überlege zurzeit, welche Schritte ich am besten unternehmen könnte.«

120 Vincent O'Sullivan, *Aspects of Wilde*, 1936; Robert Sherard, *Bernard Shaw, Frank Harris and Oscar Wilde*, 1937; Leon Lemonnier, *Vie d'Oscar Wilde*, 1931; und der holländische Biograph Gustav Renier, *Oscar Wilde*, 1933.

falsche Angaben zwar nachgedruckt. Ich gab meine Einwilligung dazu aber nur unter der Bedingung, daß er auch eine Erklärung von mir veröffentlicht. Das Buch ist noch nicht erschienen, es wird meine Erklärung enthalten.[121]
P. P. S. Desmond McCarthy ist kein Freund von mir. Im Gegenteil, er ist mir feindlich gesinnt, bitte denken Sie also nicht, daß die vernichtende »Presse«, die Sie bis jetzt auf das Buch hin bekommen haben, irgendwie mit mir zusammenhängt. Seit Monaten schon bin ich herumgegangen und habe Sie in den Himmel gehoben und jedem erzählt, daß Sie Harris' Verleumdungen über mich alle »wegredigiert« hätten. Meine Freunde sind nun natürlich fassungslos.

19. Juli 1938 Ayot St. Lawrence

Liebster Junker, Sie treiben mich noch zum Wahnsinn.
Faseln Sie doch nicht, wie alle andern, über Harris' boshafte Lügen. Die sind imaginär. Zeigen Sie mit dem Finger auf eine einzige von ihnen; dann weiß ich, was Sie jetzt noch bedrückt.
Ich besitze noch all Ihre Anmerkungen, die Sie bei Ihrer Durchsicht des Textes gemacht haben; sie waren sehr brauchbar: ich tat alles, was Sie verlangten, und mehr. Jetzt muß ich etwas Konkretes haben, um Sie weiter zu drangsalieren.
Harris' Vorrede habe ich nie gelesen.[122] Ich habe aber den verdrießlichen und feindseligen Brief gelesen, mit dem er Ihre beiden GRAUENHAFTEN Briefe einleitet, die in der Covici-Edition stehen.
Wollen Sie damit das Feld behaupten?

121 Boris Brasol, *Oscar Wilde. The Man – The Artist*, 1938. [Oscar Wilde als Mensch und als Künstler]; Douglas' Erklärung, s. p. 362.
122 Shaw hatte sie sehr wohl gelesen. Vgl. frühere Briefe.

Warum haben Sie nicht einer englischen Ausgabe zugestimmt, wo Sie und er in Nizza doch offensichtlich klargekommen waren?
Ich bin völlig am Ende – zuviel Arbeit heute morgen – und kann nicht mehr.[123] G. B. S.

20. Juli 1938 1 St. Ann's Court, Hove

Mein teurer *Liebling* St. Christophorus, Ich bin tief bekümmert zu hören, daß Sie krank sind und so verärgert, aber wahrhaftig, es ist nicht meine Schuld. Bitte begreifen Sie doch: als Nellie Harris mich hier vor zwei, oder mehr, Jahren besuchte (lange bevor Sie mir von Ihrer Neuausgabe des Harris-Buches schrieben), bat sie mich darum, eine englische Ausgabe herausgeben zu dürfen. Ich erwiderte, daß ich keinerlei Einwände erheben würde (obwohl ich nicht davon angetan war) unter der Voraussetzung, daß die neue Ausgabe Harris' eigene *Neue Vorrede zu Oscar Wilde »Eine Lebensbeichte«* enthalten mußte, wie sie 1925 von der Fortune Press publiziert worden war.
Nellie Harris sagte »natürlich soll sie in jedes einzelne Buch aufgenommen werden, und Sie können auch, wenn Sie möchten, selbst eine Anmerkung oder zusätzliche Vorrede schreiben.« (Sie bot mir auch die Hälfte der Einnahmen an, was ich natürlich ablehnte.) Weiter sagte sie, daß sie kein Exemplar der *Neuen Vorrede* besäße. Ich gab (oder vielmehr lieh) ihr daraufhin mein letztes Exemplar des Buches und erklärte ihr, daß ich es unbedingt zurückhaben müßte. Ich hörte nichts mehr von ihr und nahm an, daß sie keinen Verleger bekommen konnte, der das Buch zusammen mit dem persönlichen Eingeständnis des Autors veröffentlichen wollte, wonach ein

123 Am 18. Juli war Kyllmann bei Shaw in Whitehall Court zu Besuch gewesen. Constable hatte, wie Kyllmann vermutete, nichts falsch gemacht. Das Problem lag bei Shaw und Douglas.

Großteil ganz und gar falsch und »eine Verzerrung der Tatsachen« war (so Harris' eigene Worte).

Als Sie mir schrieben und um mein Einverständnis zu einer englischen Ausgabe baten und mir versprachen, daß nicht ein Wort darin stehen sollte, das mich beleidigte, ging ich selbstverständlich davon aus, daß alle Änderungen, die Sie an Harris' Text vornahmen, direkt aus seinen von ihm selbst geschriebenen und veröffentlichten Worten des Widerrufs und der Entschuldigung übernommen würden. Seine Vorrede schloß tatsächlich mit den Worten: »Daß ich den ersten Dichter unserer Zeit falsch beurteilt habe, ist mein größtes Bedauern.«

Ihr Gedächtnis hat Sie in dieser Sache getrogen. 1931 schrieben Sie mir einen Brief [4. Juli 1931] über eben diese Vorrede, und vielleicht fällt es Ihnen wieder ein, wenn ich Sie daran erinnere, daß Sie (vermutlich im Scherz) sagten, Sie seien der Annahme gewesen, daß ich die Vorrede in Wirklichkeit selbst geschrieben hätte. (Ich habe Ihren Brief nicht hier, weil ich ihn vor zwei oder drei Monaten zusammen mit anderen Briefen, darunter auch einen von Wilde, A. J. A. Symons anvertraute, um Kopien davon machen zu lassen. Ich habe ihm gerade geschrieben, er möchte ihn mir zurückschicken.) Aber ich habe einen Durchschlag der Antwort, die ich Ihnen mit Datum des 6. Juli 1931 sandte ... Sie sehen also, daß Sie die *Neue Vorrede* sehr wohl gelesen haben, und Sie sind viel zu aufrichtig, um nicht einzugestehen, daß es nur selbstverständlich war, wenn ich davon ausging, daß Sie sie als Grundlage für Ihre »Berichtigungen und Verbesserungen« an Harris' Text verwenden würden.

Nellie Harris muß man schwere Vorwürfe machen, weil es von ihrer Seite schiere Böswilligkeit war, Ihnen nicht mitzuteilen, daß die *Neue Vorrede* unbedingt übernommen werden mußte, oder jedenfalls eine Kurzfassung davon. Sie hatte mein Exemplar allein zu diesem Zweck von mir erhalten.

Muß ich noch mehr dazu sagen, um Sie zu überzeugen, daß Sie ehrenhalber verpflichtet sind, das Buch zurückzuziehen (es kann natürlich neu aufgelegt werden mit den Berichtigungen und Erklärungen)? Ihr immer noch ganz ergebener

Junker Alfred

P. S. Ich tappe im dunkeln mit Ihrem Hinweis auf meine »GRAUENHAFTEN Briefe« an Harris. Ich kenne die Covici-Ausgabe nicht. Offenbar müssen die Briefe, nach dem, was Sie sagen, Fälschungen oder Verfälschungen sein. Wann werden Sie einsehen, daß Harris durch und durch ein Schuft war und zu jeder Schandtat fähig?
P.P.S. Ich habe an Caton bei Fortune Press telegrafiert, daß er Ihnen und auch mir ein Exemplar von Harris' *Neuer Vorrede* schicken soll.

20. Juli 1938 Ayot St. Lawrence

Lieber Junker, Danke für den Sherard-Brief, der sehr liebenswürdig und und verständig ist unter den gegebenen Umständen. Ich hatte nicht die Absicht, ihm korrupte Beweggründe zu unterstellen, sondern mache ihm den Vorwurf, diese, aufgrund genau desselben Augenscheins, Harris unterstellt zu haben.
Und ich kann nicht verstehen, wie er Sarah[124] um einen Vorschuß für ein Stück bitten konnte, das kein Regisseur angerührt hätte, wenn Wilde verurteilt worden wäre. Es war heroisch, aber verrückt.
Das Chantilly-Gespräch ließ ich nach einiger Überlegung stehen, weil es ganz offensichtlich der Wahrheit entsprach. Ich habe Sie sogar ziemlich bewundert, weil Sie nichts dagegen einzuwenden hatten. Aber als Wilde die ungeheuerliche

124 In dem verzweifelten Bemühen, Geld für seine gerichtliche Verteidigung im August 1895 aufzubringen, hatte Wilde (durch Sherard) Sarah Bernhardt gebeten, die Weltrechte für das Theaterstück *Salomé* zu erwerben. Nach quälendem Zögern hatte sie abgelehnt.

Forderung stellte, von Ihrer Familie für den Rest seines Lebens unterstützt zu werden (was er ja kräftig wurde), da MÜSSEN Sie schon genau das gesagt haben, was Harris Sie in seiner Schilderung sagen läßt. Und über die *Ballade* haben Sie als echter Dichter, im Unterschied zu einem Iren, der nur ein gutes Gehör für Metrik hat und den *Alten Matrosen*[125] kennt, ganz sicher auch genau das gesagt, was er Sie sagen läßt.
Wenn dies die einzige »üble und abscheuliche Verleumdung« ist, deretwegen Sie sich beklagen, so gibt es nichts Einfacheres, als die letzte Hälfte des Kapitels zu streichen.[126] Ich werde dann mit größtem Entzücken sagen können, daß ich nur eine einzige Passage streichen mußte, und zwar nicht, weil sie falsch war, sondern weil sie unerträglich richtig war.
Wenn ich so dünnhäutig wäre wie Sie, wäre ich schon längst tot; aber ich nehme an, man muß Sie mit Nachsicht behandeln. Schwäche meinerseits, was? In großer Eile G. B. S.

20. Juli 1938 Ayot St. Lawrence

Lieber Junker, Ich vergaß zu sagen, daß die Erwähnung der »Fortune Press« meinem höchst unzuverlässigen Gedächtnis wieder nachhalf, daß Harris' Vorrede tatsächlich in meinen Händen gewesen war. Aber diese Vorrede wurde unter Zwang geschrieben; und als Ihre Einwilligung zur Publikation, die der Preis dafür gewesen war, dann doch ausblieb (aus irgendeinem Grund, den ich nie verstehen konnte), zog er sie zurück und brachte seine Meinung über Sie mit der ihm gewohnten Schärfe zum Ausdruck.

125 Samuel Taylor Coleridges Ballade *The Rime of the Ancient mariner.*
126 Auf Douglas' Notizblatt ist vermerkt: »Schließlich wurde das Chantilly-Kapitel herausgenommen ... Ich hätte eine Menge weiterer Kürzungen erzwingen oder das ganze Buch unterdrücken lassen können, aber mit Rücksicht auf G. B. S. und in Anbetracht seiner Freundlichkeit mir gegenüber gab ich mich mit dieser einen Korrektur zufrieden.«

Aber wie dem auch sei, der Gedanke, einen üblen Kerl anzuprangern durch die Veröffentlichung eines Buches samt Vorrede des Verfassers, die eben dieses Buch als ein Lügennetz beschreibt, kann Ihnen nur in einer Ihrer unmöglichsten Launen eingefallen sein. Würden Sie diese Vorrede wirklich der meinen vorziehen?
Ich werde die Covici-Ausgabe auftreiben und sie Ihnen senden. Es gibt keinen Zweifel an der Authentizität Ihrer darin enthaltenen Briefe. So weit haben Harris' Fähigkeiten im Fälschen nicht gereicht. Auch ist ein Zitat aufgenommen, Seiten über Seiten lang, aus *De Profundis*, an dem Vyvyan Holland hierzulande die Urheberrechte hat.
Ich habe den Tag damit zubringen müssen, an die *Sunday Times* zu schreiben – wegen des verworrenen Geschwafels von Desmond[127] – und an Sie. Mehr kann ich nicht heute.

G. B. S.

21. Juli 1938 [Telegramm] Hove

IN ORDNUNG – EINVERSTANDEN MIT STREICHUNG DER SEITEN 360 BIS 367 – BRIEF FOLGT

Junker Alfred

127 Shaws Antwort wurde in der *Sunday Times* vom 24. Juli 1938 abgedruckt. Er sagte darin, er »verstehe nicht, warum die Erwähnung von Frank Harris oder Oscar Wilde so viele normalerweise geistesgesunde Leute restlos um den Verstand bringt.« Er schlug vor, Herrn McCarthy »für jede Lüge, deren er Harris überführen kann, einen Penny« zu geben.
Ein Brief von Douglas in derselben Ausgabe bekundete Dankbarkeit darüber, daß Shaw so »äußerst wohlwollend und mitfühlend« geschrieben hatte; doch sei das Buch für sein Gefühl »noch immer voller Verleumdungen«.

21. Juli 1938 1 St. Ann's Court, Hove

Mein lieber St. Christophorus, Danke für Ihren Brief, in dem Sie sagen, daß Sie die letzte Hälfte des Chantilly-Kapitels ohne weiteres streichen können. (Bitte lesen Sie noch einmal meine Darstellung des Vorfalls in meiner Autobiographie, Seite 163, gegen Ende des Kapitels, und Sie werden erkennen, wie unverschämt Harris die Wahrheit verdreht hat und weshalb ich darüber empört bin.) Ich will Ihr Angebot annehmen, und das einzige, worum ich Sie bitten würde, ist, daß man die beleidigenden Seiten *sofort* herausnehmen möchte und daß die Exemplare des Buches, in denen sie noch stehen, womöglich nicht in Umlauf gelangen. Es gibt noch andere Passagen, die mir zutiefst mißfallen und die mutwillig böse Absicht und Falschheit von Seiten Harris' beinhalten, aber sie sind weniger wichtig, und selbstverständlich bin ich auch der Meinung, daß Ihr Vorwort diese Passagen mehr als aufwiegt, will also jetzt und in aller Zukunft nichts mehr dazu sagen.
Bitte nehmen Sie übrigens zur Kenntnis, daß Harris' 1925er *Neue Vorrede* nicht meine »Anmerkung zur zweiten Auflage« enthielt, die in dem Ihnen zugesandten Exemplar stehen wird. Ich hatte diese »Anmerkung« wirklich völlig vergessen, und ich glaube, daß es ein Fehler war, sie zu drucken. Besonders bedaure ich, daß sie eine häßliche Bemerkung über (den damals noch nicht offenbarten) St. Christophorus enthält.[128]
Die letzten drei oder vier Tage sind ein Alptraum gewesen, und infolgedessen zeigt mein Haar leichte Anzeichen, daß es grau wird (was bisher noch nicht der Fall war)! Ihr

Junker Alfred

128 Da Harris die Publikation der *Neuen Vorrede* und die englische Ausgabe seiner Wilde-Biographie seinerzeit hinausgezögert hatte, hatte Douglas die *Neue Vorrede* selbst (Fortune Press, 1925) veröffentlicht. Und als 1927 offensichtlich wurde, daß Harris nicht die Absicht hegte, die revidierte Ausgabe der Wilde-Biographie herauszugeben, fügte Douglas der zweiten Auflage der *Vorrede* eine verletzende Einleitungs-Notiz hinzu, die mit der Bemerkung schloß: »Harris besteht darauf, mich in die unangenehme Nachbarschaft seines Busenfreundes und Mitverleumders George Bernard Shaw zu rücken.«

P. S. Warum sagen Sie in Ihrer Erklärung, die heute im *Daily Herald* steht, daß ich Ihrem Verlag mit einer Verleumdungsklage gedroht hätte? Ich habe nichts dergleichen getan und es sorglichst vermieden, irgendwelche Drohungen zu machen. Ich sagte lediglich, daß ich der fortgesetzten Verbreitung von Verleumdungen über mich nicht zustimmen kann und daß ich mir überlegen würde, »welche Schritte ich unternehmen sollte«. Ich hätte es unmöglich fertiggebracht, egal, unter welchen Umständen, eine Klage gegen *Sie* anzustrengen, wie Sie sehr wohl wissen. Und was die armen Herren von Constable betrifft, so tun sie mir überaus leid. Deren Gutgläubigkeit ist ganz evident und strahlend rein. Ich habe gerade von Harold Nicolson gehört, daß er das Buch im morgigen *Daily Telegraph* bespricht.[129]

23. Juli 1938 — 1 St. Ann's Court, Hove

Lieber St. Christophorus, Ich habe soeben an Constable geschrieben, daß ich einverstanden bin, die restlichen Einwände auf sich beruhen zu lassen, vorausgesetzt, daß die Seiten 360 bis zum Ende des Kapitels gekürzt werden. Sie haben mir schon heute nachmittag telegraphisch ihr Einverständnis dazu gegeben.

Was zum T—— Sie meinen, wenn Sie sagen, daß Harris die Vorrede »unter Zwang« geschrieben hätte, kann ich nicht einmal raten. Zeigen Sie sie irgendeinem beliebigen ehrenhaften Menschen, und lassen Sie ihn urteilen. Sie geben ja zu, daß Sie alles vergessen hatten, als Sie Ihren »Zwang«-Unsinn schrieben. Es lag mir völlig fern, auf Harris »Zwang« auszu-

129 In seiner Rezension stimmte Nicolson mit Desmond Mc Carthy überein, daß die Wilde-Biographie in ihrer derzeitigen Form nicht hätte veröffentlicht werden dürfen. Zum Vorwort merkte er die erstaunliche Tatsache an, daß Shaw es geschafft hatte, Douglas, Wilde, Frank Harris und Robert Ross gegenüber loyal zu sein. »Die Geschicktheit dieser Verbindung aus Unverträglichem läßt mich offenen Mundes zurück.«

üben, genau das Gegenteil war der Fall. Er *quälte* mich und setzte mir wiederholt zu, ihn doch einmal zu treffen, und als ich es schließlich, sehr widerstrebend, tat (zum Lunch, als Gast eines Herrn Chance, eines Amerikaners[130]), erzählte er mir, sein einziges Anliegen sei es, die Lügen über mich richtigzustellen, die ihm alle, sagte er, praktisch von Ross diktiert worden waren, mit Ausnahme derer, die Oscar selbst ihm erzählt hatte. Nachdem wir uns einig waren, daß er die Berichtigungen vornehmen sollte, und ich ihm den langen Brief aus der Vorrede geschrieben und ihm auch noch ein Buch gegeben hatte mit Randbemerkungen, sah ich ihn eine Woche lang nicht mehr, bis er schrieb, daß er die Vorrede beendet hätte, und mich bat zu kommen und ihn zu besuchen am Boulevard Edouard VII. Ich blieb vierzehn Tage dort, und er und Nellie überschütteten mich mit Gastfreundlichkeit, und er beteuerte größte Zuneigung und Freundschaft die ganze Zeit über, die ich da war, und in vielen nachfolgenden Briefen. Die Geschichte ist minutiös genau erzählt in dem Buch, das ich Ihnen vor zwei Tagen zuschickte. Ich habe außerdem zwanzig Briefe von ihm und zahlreiche Zeugen. Wenn Sie fortfahren, die Wahrheit anzuzweifeln, kann ich nur sagen, daß dies sehr verletzend und unfreundlich ist. Der Grund, weshalb er sein Versprechen nicht eingelöst hat (was Sie, wie Sie sagen, nicht verstehen können), wird deutlich in meinem »Vorwort« erklärt. Seien Sie also bitte nicht beleidigend oder lieblos. Ich bin am Ende meiner Kraft und fühle mich tief deprimiert und krank. *Jeder* hat mir dringend geraten zu kämpfen und die Unterdrückung des Buches durchzusetzen, aber ich hatte das Gefühl, daß ich unmöglich gegen *Sie* kämpfen konnte nach der Großherzigkeit, die Sie mir in der Rich- and Cowan-Affäre und seither erwiesen haben.

130 Wade Chance, gebürtig aus Canton, Ohio. Durch vorteilhafte Heirat mit einer älteren Dame von Stand und Vermögen (einer Großnichte von Washington Irving) konnte er zu den Oberen Zehntausend aufsteigen und Mitglied der gesellschaftlich bestimmenden Clubs in New York, in Newport, in London und an der Riviera werden. Er »sammelte« bedeutende Personen.

Lassen Sie uns also um Gottes willen nicht mehr über die elende Sache streiten. Mit der Zeit wird sich zeigen, wieviel oder wie wenig ich dafür werde leiden müssen. Vielleicht bin ich auch unnötigerweise alarmiert, aber die Wiederbelebung des ganzen schrecklichen Skandals (heute wissen Millionen Leute kaum etwas davon) ist sehr entsetzlich, und auch Olive ist entsetzlich aufgebracht darüber. Ihr Junker Alfred

P.S. Ich kann mich nur an *einen* sehr indiskreten Brief erinnern, den ich Harris schrieb. Daß ich so einfältig war, das zu schreiben, *beweist* sicherlich, daß ich ihm seinen Wunsch glaubte, mir in meiner vollkommenen Aufrichtigkeit zu meinem Recht zu verhelfen.

23. Juli 1938 1 St. Ann's Court, Hove

Lieber St. Christophorus, Ich bin gerade heimgekommen und fand Ihr völlig »verrücktes« Telegramm (auf der Matte liegend), in dem Sie von der »1825er (sic) Vorrede« sprechen und mich auf das »Postskriptum auf den Seiten *46 und 47*« verweisen, wo das Postskriptum doch auf den Seiten *54 und 55* steht. Die korrekte Version dessen, was in Chantilly vorgefallen ist, wird, wie ich Ihnen schon erzählt habe (nur lesen Sie offensichtlich meine Briefe nicht), in meiner Autobiographie wiedergegeben ... und schildert, wie Harris zweitausend Pfund aus mir herausholte, nachdem er zugegeben hatte, daß ich überaus großzügig zu Wilde gewesen war und daß es Irrsinn wäre, ihm die zweitausend Pfund zu geben, die er forderte. Harris sagte, »Geben Sie *mir* die zweitausend Pfund, und ich will sie für Sie investieren, und Sie werden Cent für Cent zurückbekommen oder zweitausend Pfund jährlich auf Lebzeiten.« Als ich Harris in Nizza traf, sagte ich nichts davon, weil ich mich gerade mit ihm versöhnt hatte und die alten Wunden nicht wieder aufreißen wollte, aber ich habe die ganze Sache in meiner Autobiographie vollständig wiedergegeben. Ich sandte Ihnen die *Vorrede*, damit Sie selbst beurteilen können, daß das Buch in seiner jetzigen Form noch immer voller böswilliger Lügen über mich ist. Sie haben großes Glück, daß ich nicht auf der Änderung vieler weiterer Passagen oder der gänzlichen Unterdrückung des Buches bestehe. Ich war wirklich viel zu sanft. Ich sehe, daß Ihr Telegram um 5.14 Uhr in Hove einging, zu welcher Zeit die Herren Kyllmann und Arnold[131] sich bereits verabschiedet hatten und ich bei meiner Frau in Chichester Terrace war. Ihr Junker Alfred

24. Juli 1938 — 1 St. Ann's Court, Hove

Mein lieber St. Christophorus, Ihr Brief in der *Sunday Times* behandelt mich sehr nett und gütig, obwohl Sie mir (wieder einmal ganz unbewußt) Unrecht tun, wenn Sie sagen, daß ich in der Geldfrage alle anderen Freunde von Harris als »schamlose Lügner« ansähe. Auf einer anderen Seite gebe ich einen Auszug aus meiner Autobiographie wieder, die das zurechtrückt, und ich darf auch darauf hinweisen, daß ich in eben derselben Autobiographie Harris' Geschichte von der

131 Otto Kyllmann war mit Ralph Arnold, einem jungen Mitarbeiter des Constable Verlags, aus eigener Initiative nach Brighton zu einem Gespräch mit Douglas gefahren, der am Ende einwilligte, keinen Rückzug der ersten Auflage zu fordern. Es war ihre erste Begegnung mit Douglas, und Kyllmann berichtete Shaw, Lord Alfred habe sie beide »mit ausgesuchter Höflichkeit behandelt und war wirklich sehr angenehm und interessant.« Ironischerweise sandte Shaw am gleichen Tag eine explosive Nachricht an Kyllmann, Douglas, so hieß es darin, »hat Ihre Firma gröblich beleidigt, indem er Sie ›übler und abscheulicher Verleumdungen‹ beschuldigte ... Ich war es, der vorschlug, die Passagen zu streichen, zumal sie sehr unangenehm für Vyvyan Holland sein mußten, und jetzt schämt Alfred sich ihrer entsetzlich. Sie dürfen [das Buch] unter keinen Umständen zurückrufen oder die Auslieferung unterlassen oder in irgendeiner Weise zugeben, daß Sie ihn oder sonst irgend jemanden beleidigt haben. Gehen Sie nicht nach Brighton, es sei denn, Sie wollen ihm eins überziehen ...«

Yacht ohne jede Einschränkung anerkannt habe. Inzwischen bin ich, durch Sherard, dahingekommen, sie zu bezweifeln[132] (ebenso wie auch viele der angeblichen Geldgeschenke von Harris an Oscar). Aber in meiner Autobiographie übernehme ich es ohne Hinterfragung und spreche lobend von Harris' Generosität in Geldsachen.
Was die Abweichungen betrifft zwischen dem, was ich 1925 über Chantilly in meinem Brief an Harris in der *Neuen Vorrede* schrieb, und dem, was ich später in meiner Autobiographie schrieb (und ich gestehe freimütig, daß es da Abweichungen gibt), so könnte ich sie leicht in einem halbstündigen Gespräch viva voce erklären ...
Die Abweichungen zwischen den beiden Darstellungen der Chantilly-Begebenheit erklären sich hauptsächlich aus der Tatsache, daß ich, als ich 1925 mit Harris in Nizza war, noch gegen Oscar *wütete* (wegen des *De Profundis*-Briefs) und daß mir einzig daran gelegen war, mich von Harris' lügnerischen Beschuldigungen reinzuwaschen. Auch war ich ängstlich bemüht, Harris nicht zu verletzen und keine neue Auseinandersetzung zu entfachen, was unvermeidlich gewesen wäre, wenn ich ihm glatt gesagt hätte, daß er ein Lügner und seine Darstellung des Gesprächs von Chantilly eine böswillige Verdrehung ist. Ich hätte natürlich leicht leugnen können, Oscar jemals mit einer »alten Prostituierten« verglichen zu haben, aber da ich wußte, wie verärgert ich zur Zeit der Unterredung war, machte ich mir nicht die Mühe, darüber zu streiten ...
Jedenfalls erhebe ich jetzt heftig Einspruch gegen jene sieben Seiten, und wenn Sie mir den Text vor Ihrer Publikation gezeigt hätten (ich kann mir nicht helfen, aber ich denke, das hätten Sie tun müssen), dann hätte ich Ihnen gesagt, daß nichts auf der Welt mich dazu bringen würde, ihrer Wieder-

132 Sherard hatte die Unrichtigkeit von Harris' Behauptung bewiesen, wonach er mit einer Yacht in Erith auf Wilde gewartet hätte für die Flucht nach Frankreich. Vgl. *Bernard Shaw, Frank Harris and Oscar Wilde*, pp. 189-203.

veröffentlichung zuzustimmen. Das gilt auch für andere Seiten, aber dazu sage ich nichts mehr. Ich erhielt Ihr Telegramm erst dreieinhalb Stunden, nachdem es zugestellt worden war, hätte also sowieso nichts tun können, und nicht einmal antworten konnte ich darauf. Ich ging zum Postamt und fand es geschlossen. Ihr Junker Alfred

25. Juli 1938 1 St. Ann's Court, Hove

Lieber St. Christophorus, Ich leite das Beiliegende von Robert Sherard an Sie weiter, da es ziemlich repräsentativ ist für die allgemeine Einstellung meiner Freunde (und auch einiger meiner Feinde, zu denen ich Desmond McCarthy gezählt habe, bis ich seinen Artikel in der *Sunday Times* von gestern las). Was Sherard zu Seite 76 meiner Autobiographie sagt (genauer hätte er sagen sollen, die Seiten 75, 76 und 78), ist nicht von der Hand zu weisen.[133] Ich habe diese Eingeständnisse gemacht, weil ich (auch wenn Sie manchmal Zweifel an meiner Wahrhaftigkeit zu hegen scheinen) wirklich der Wahrheit verbunden bin, und sobald ich irgend konnte, habe ich sie gesagt. 1914, als *Oscar Wilde and Myself* erschien, *konnte* ich nicht die ganze Wahrheit sagen. Zu diesem Zeitpunkt war das *unmöglich*, außer natürlich, daß ich mich als »nicht schuldig« verteidigen konnte im gleichen Sinn, wie Wilde das tat (siehe Ihr Vorwort[134]). Aber es gibt alle erdenk-

133 Sherards Brief bestätigte Douglas, daß seine Entgegnung in der *Sunday Times* (24. Juli 1938) ihm zur Ehre gereiche und versöhnlich sei, doch frage er sich, ob »gewisse mutige Eingeständnisse« in Douglas' Autobiographie jetzt nicht gegen ihn benutzt werden könnten, wie etwa die Aussage, daß es auf Wildes zermürbendes Drängen hin ungefähr neun Monate nach der Begegnung zu »*Vertraulichkeiten* (um Harris' Ausdruck zu gebrauchen)« gekommen sei, obwohl diese »Vertraulichkeiten« niemals homosexuelle Praktiken einbezogen hätten und sechs Monate vor Wildes Vernehmung abgebrochen und nicht wieder aufgenommen worden seien.

134 Auf Seite XXVI des Vorworts hatte Shaw gesagt, »schuldig oder nicht schuldig ist keine Frage der Tatsachen sondern der Moral«; und da Wilde die

liche Arten, die Wahrheit zu sagen, sogar das bißchen Wahrheit, das Harris' unflätiges Buch enthält, wird auf die feindseligste, unfairste und mißverständlichste Art erzählt, wohingegen es ganze Passagen und Seiten gibt, die absichtlich unwahr sind. Eines schönen Tages werden Sie anfangen zu begreifen, was für einen schlechten Dienst Sie mir erwiesen haben durch die Wiederveröffentlichung von Harris' Buch, selbst wenn man Ihre sehr freundliche Verteidigung meiner Person in Ihrem Vorwort miteinbezieht. Doch erkenne ich es an, daß Sie alles zu meinem Besten tun wollten, und bleibe Ihnen ergeben. Ihr Junker Alfred

P.S. Eines schönen Tages, wenn ich Sie (endlich) sehe und mit Ihnen reden kann, werde ich begründen, daß sogar in jenem ersten Buch von mir und Crosland eigentlich nichts ganz *unwahr* ist. Ich habe es verworfen, weil es *im ganzen* einen falschen und irreführenden Eindruck vermittelte. Es ist einfach so, daß es mindestens zwei Arten gibt, die Wahrheit zu sagen, und in *Oscar Wilde and Myself* habe ich sie auf die bitterste und umbarmherzigste Art gesagt, während ich sie in meiner *Autobiography* viel gemilderter und mit einem großen Anteil an Barmherzigkeit sagte. Niemand mehr außer Ihnen versteht es, den Kern einer Wahrheit freundlich und barmherzig zu sagen. Sie werden also begreifen, was ich meine.

27. Juli 1938 1 St. Ann's Court, Hove

Mein lieber St. Christophorus, Warum höre ich gar nichts mehr von Ihnen? Ich habe von Ihren Fotos vier ausgewählt. Würden Sie diese bitte für mich signieren, wenn ich sie schicke?

homosexuelle Liebe für die edelste Form der Leidenschaft gehalten hatte, habe er »in aller Aufrichtigkeit für nicht schuldig plädieren und ehrlicherweise eigentlich keine andere Entschuldigung vorbringen können.«

Das Beigefügte[135], das ich gerade mühsam abgeschrieben habe von dem Durchschlag, den ich damals machte, als ich es 1925 aufsetzte, wird Sie, denke ich, spüren lassen, daß Sie nicht immer sehr freundlich gewesen sind in der Beurteilung Ihres Junker Alfred

P. S. Lassen Sie das Kind nicht mitten im Fluß fallen, St. Christophorus. Das ist, oder könnte es sein, der Grundgedanke des Sonetts, welches ich über Sie auszuarbeiten versuche.

28. Juli 1938 — 1 St. Ann's Court, Hove

Mein lieber St. Christophorus, Gestern hörte ich (eher zu meiner Bestürzung) von Olive, daß sie Ihnen ein Telegramm zum Geburtstag geschickt hat! Ich nehme an, Sie wissen, daß wir nicht zusammen leben, wenn auch bestens miteinander auskommen. Sie hat sowohl hier eine Wohnung im anderen Stadtteil von Brighton, wie auch eine in London, so daß ich sie, wenn sie hier ist, fast täglich sehe. Ich habe ihr das Harris-Buch nicht gezeigt. Ich möchte lieber nicht, daß sie es sieht, da es sie furchtbar aufregen würde und sie in sehr schlechter gesundheitlicher Verfassung ist. Ich werde Ihr Vorwort ausschneiden und den anderen Teil des Buches dem Küchenfeuer übergeben.[136]
Ich wünschte, Sie würden mir schreiben und sagen, wie es Ihnen geht, und auch, was mit meinen Fotos ist, die ich

135 Eine zornige Antwort (vom 16. September 1925) auf Harris' erpresserische Drohung im Zusammenhang mit seinen Beziehungen zu Wilde. Genauer Wortlaut, siehe Anhang III, p. 319.
136 Fünf Tage später schrieb Douglas an Otto Kyllmann: »Ich wäre Ihnen sehr verbunden, wenn Sie mir ein Exemplar des Harris-Buches in seiner geänderten Form, mit den sieben ausgelassenen Seiten, zusenden würden. Ich habe das erste Exemplar, das Sie mir sandten, vernichtet. Das heißt, ich habe Mr. Shaws Vorwort herausgenommen und den Rest vernichtet.«

signiert haben möchte? Sind Sie in London oder noch in Welwyn? Sie sagten, Sie wären bis zum 27. dort, ich vermute also, daß Sie zurück in London sind. Ihr Junker Alfred

28. Juli 1938 4 Whitehall Court, London

Lieber Junker, Ja: schicken Sie alles, was Sie signiert haben möchten.

St. Christophorus hat das Kind sicher hinübergetragen und sicher und trocken am Ufer abgesetzt. Wenn der kleine Satan in den Schlamm zurückrennt und den viel zu beschäftigten Heiligen mit Dreckklumpen bewirft und dabei brüllt »Ich WILL ertrinken; und niemand SOLL mich retten«, was kann der Heilige dann noch tun?

Ich kann Sie in Schutz nehmen gegen jeden, nur nicht gegen Sie selbst, das geht nicht, wirklich nicht.

Die Briefe in der Covici-Ausgabe sind nun erklärt. Es war vielleicht heldenhaft, Ihren Kopf ins Maul des Löwen zu stecken; aber warum, ach warum nur, haben Sie ihn dann noch weiter getreten?[137]

Sie und Constable haben mir die Sache jetzt aus den Händen genommen. Gehen Sie Ihre eigenen Wege; aber wiederholen Sie nicht immer Ihren unglückseligen Fingerzeig auf die unterdrückte, nur zu wahre Passage. Das war niederträchtig.

Ich kann nicht schreiben, bis es mir besser geht. Ich hatte einen teilweisen Rückfall am Montag. Und dieser Briefwechsel, er kann nicht gut für Sie sein. Ich werde mindestens einen Monat lang nicht wieder schreiben (sehen Sie sich meine Handschrift an!).[138] G. B. S.

137 Douglas' Brief an Harris, siehe Anhang III.

138 Am selben Tag schrieb Shaw an Douglas' Frau, erleichtert, daß sie nicht aufgebracht war über die Neuausgabe der Harris'schen Wilde-Biographie, aber ärgerlich, weil Douglas fortfuhr, auf die gestrichenen Seiten zu verweisen: »Bitte sagen Sie ihm, daß Sie sich, wenn er diese Identifizierung

28. Juli 1938 1 St. Ann's Court, Hove

Mein lieber St. Christophorus, Wie war ich froh, Ihren Brief gerade jetzt zu erhalten. Ich habe mich seit letzter Woche miserabel gefühlt, und jetzt fühle ich mich besser. Glauben Sie wirklich, daß ich jetzt sicher bin? Ich fühle mich gar nicht danach, aber vielleicht haben Sie recht. Jedenfalls bin ich froh, daß Sie mir nicht böse sind, wie ich befürchtete, und daß Sie nun verstehen, warum ich den Brief schrieb, den das Biest Harris auf seine für ihn bezeichnend gemeine Weise benutzte. Ich kann mich noch immer nur erinnern, *einen* geschrieben zu haben, aber ich nehme an, es müssen doch zwei sein.[139] Es tut wirklich nicht viel zur Sache. Ich fühle mich völlig erschöpft und gehe jetzt zu Bett, obwohl es erst 9:30 ist. Ich werde Ihre Fotos morgen zum Signieren abschikken (vier von ihnen). Die anderen schicke ich in einem separaten Umschlag zurück. Ich bin sicher, daß Sie nun recht bald gesund werden, und morgen in aller Frühe werde ich eine Kerze für Sie beim Heiligen Antonius aufstellen, lieber St. Christophorus. Ihr ergebener Junker Alfred

29. Juli 1938 1 St. Ann's Court, Hove

Mein lieber St. Christophorus, Hier sind die vier Fotos, die Sie freundlicherweise versprochen haben, mir zu signieren. Die anderen werde ich in einem anderen Umschlag zu-

weiterbetreibt, von ihm scheiden lassen. Tun Sie das für mich, und ich verspreche Ihnen, wieder einen Monat lang nicht an ihn zu schreiben. Bei all seinen Begabungen und seinem Charme ist Alfred eine psychologische Kuriosität. Zuweilen ist er besessen von seinem Vater, zuweilen von seiner Mutter, oft gleichzeitig von beiden. Hinzu kommt, daß sein Alter zwischen fünf und fünfzig wechselt ohne ein Wort der Vorwarnung. Aber das wissen Sie ja tausendmal besser als ich« (Original des Briefes in der Clark Memorial Library).

139 Es sind tatsächlich zwei Briefe in der Vorrede der Covici-Ausgabe wiedergegeben, Seite XVI-XXXIV und XLI-XLIV.

rückschicken. Ich hoffe, heute geht es Ihnen besser. Ich habe heute morgen um acht Uhr eine Kerze für Sie angezündet.
Ihr Junker Alfred

P.S. Ich versuche, ein Foto von mir zu finden, das vor etwa vier oder fünf Jahren aufgenommen wurde. Es ist das letzte und sieht nicht *zu* scheußlich aus. Aber leider habe ich den, soweit ich weiß, einzigen Abzug, den es noch gibt, unserer alten Köchin Mrs. White geschenkt, als sie von uns wegging, d. h. aus dem Haus meiner Mutter. Doch denke ich, ich kann von ihr borgen (sie hat sich aus dem »Dienst« zurückgezogen, lebt aber in Hove) und einen Abzug machen lassen. Seinerzeit kostete das einen Shilling in der Western Road hier! Sie haben schon ein Bild von mir aus meiner Jugend und auch dasjenige in *Lyrics*. Ich wünschte, ich sähe noch so aus, oder besser, ich wäre vor dreißig Jahren gestorben.

2. August 1938 1 St. Ann's Court, Hove

Mein lieber St. Christophorus, Vielen Dank für die Autographen auf den Fotos. Olive möchte, daß ich ihr eines davon schenke, aber ich kann (da ich nur vier habe!) wirklich keins entbehren. Wären Sie also ein Engel und würden noch eines für sie mit Autograph versehen? Das, welches sie möchte, ist das, wo Sie sich nach vorn neigen, die Hände gefaltet.
Ich habe jenes Foto von mir bei unserer Ex-Köchin Mrs. White aufgetrieben, und werde Pannell, den hiesigen Fotografen, der wirklich sehr geschickt ist, beauftragen, ein paar Abzüge davon zu machen, von denen ich Ihnen dann einen zusende. Auch werde ich für Sie einen Abzug des Fotos bekommen, das er vor einigen Jahren nach dem Porträt (von Graves) gemacht hat, das mich im Alter von acht Jahren zeigt. Es ist wirklich das für Sie am besten geeignete, da Sie mich

immer behandeln, als ob ich ungefähr acht oder jünger wäre, und anderen gegenüber in derselben Weise von mir sprechen (z. B. in Ihrem Brief an Olive). Natürlich macht mit das gar nichts aus, wirklich, auch wenn es mich *zuweilen* mit den Zähnen knirschen läßt. Ich wäre sehr böse, wenn irgendein anderer so sprechen würde, aber natürlich gibt es keinen zweiten wie Sie. Sie scheinen großen Erfolg zu haben mit Ihrem neuen Stück[140], aber ich nehme an, daß Sie nicht in Malvern sind. Ich hoffe, es geht ihnen besser. Ihr

Junker Alfred

5. August 1938 — 1 St. Ann's Court, Hove

Mein lieber St. Christophorus, Ihr Brief im *New Statesman* ist ausgezeichnet. Wenn ich gewußt hätte, daß Sie schreiben, hätte ich wahrscheinlich Ruhe gegeben, aber mein Brief bestätigt den Ihren ja voll und ganz.[141] Ich schrieb an Herrn Kyllmann und bat um ein Exemplar der korrigierten Ausgabe. Ich habe es noch nicht erhalten, auch keinerlei Antwort auf meinen Brief, aber ich glaube, er ist weg in Ferien, und es eilt nicht. Ich habe jenes Foto für Sie

140 *Genf*, eine Satire auf den Völkerbund, hatte am Vorabend auf dem Malvern Festival Premiere gehabt.

141 Beide, Shaw und Douglas, hatten (am 6. August 1938) auf die Rezension von Raymond Mortimer geantwortet, die in der vorangehenden Nummer über Harris' Wilde-Biographie erschienen war. Mortimer hatte beanstandet, daß achttausend Worte des Harris-Textes ausgelassen worden waren und daß Shaw öfter seine eigenen Worte Harris in den Mund gelegt hätte, wodurch eine verletzende Darstellung von Ross entstanden sei.
Shaw zitierte die *Neue Vorrede* mit Harris' »bereitwilligen und vollständigen« Zurücknahmen. Douglas sagte, daß Harris' Verurteilung von Ross in der *Neuen Vorrede* sogar noch strenger gewesen sei als diejenige Shaws. Zu Ross' Verteidigung jedoch merkte er an, daß Ross zwar Wilde dazu bewogen hätte, Queensberry zu verklagen, daß aber er, Douglas, diesen Prozeß schon lange vorher gefordert hatte. Mortimer entgegnete beiden in derselben Ausgabe des *New Statesman*, daß er Harris' *Neue Vorrede* nicht gelesen habe, da sie an keiner Stelle des Buches erwähnt sei, das er rezensiert hatte, und daß er sich nach wie vor nicht zufrieden gäbe mit Shaws Neufassung der Harris'schen Wilde-Biographie.

in Auftrag gegeben und werde es schicken, sobald ich es bekomme.
Zwei schreckliche Druckfehler in meinem Brief an den *New Statesman*, *Bayeux* statt *Bagneux* und *Père Lachaix*(!) statt *Père Lachaise*. Ich kann den klugen Setzer geradezu vor mir sehen, der meint, weil Père maskulin ist, müsse es *Lachaix* heißen und nicht *Lachaise*! Er hatte natürlich auch mal etwas von Bayeux-Gobelins gehört. Ich bin zu meiner Zeit, als ich die *Academy* und *Plain English* herausgab, vom einfallsreichen Schwachsinn der Setzer beinahe zum Wahnsinn getrieben worden.
Ich sehe, man wirft Ihnen nun vor, auf der Seite der Diktatoren zu stehen [wegen *Genf*]. Ich bin *einfach entzückt darüber*. Natürlich mußten Sie auf lange Sicht daraufkommen, daß »Demokratie« ein lächerlicher Schwindel ist. Ich weiß es und habe es mein ganzes Leben hindurch gesagt. Sie werden am Ende bestimmt noch in der katholischen Kirche landen.
Ihr Junker Alfred

11. August 1938 1 St. Ann's Court, Hove

Mein lieber St. Christophorus, Ich habe gestern vor Eifersucht mit den Zähnen geknirscht, als ich Olives Foto von Ihnen sah mit der Aufschrift »für Olive«, während diejenigen, die Sie mir schickten, nur Ihre Unterschrift tragen. Warum haben Sie nicht auf wenigstens eines »für Junker Alfred« geschrieben? Es ist sehr unfair ...
Ich habe für eine Guinee eine vollständige Ausgabe Ihrer Stücke erstanden. Ich werde sie jetzt alle lesen (die meisten kenne ich natürlich schon).
Ich hatte einen Brief von Coleridge Kennard[142] in Deauville, in welchem er mir mitteilt, daß er an den *New Statesman* geschrieben hat in Bestätigung dessen, was ich über Harris

142 Sir Coleridge Kennard (1885-1948) bestritt, die Überführung von

sage. Zeigt es nicht, wie abscheulich ich immer von der ekelhaften englischen Presse behandelt worden bin, daß, als 1925 Harris' *Neue Vorrede* in London erschien ... nicht eine einzige Zeitung in England die geringste Notiz davon nahm, obwohl mindestens fünfzig Rezensionsexemplare verschickt wurden und es (offensichtlich) eine literarische Sensation ersten Ranges war? Kann es Sie, angesichts der Art und Weise, wie man mich immer behandelt, da noch überraschen, daß ich, als ich die Gelegenheit hatte, reihum harte Schläge an alle austeilte?

Without Apology, fürchte ich, ist schon gestorben. Secker ist ein reizender Knabe, aber er hat kein Gespür fürs' Geschäft (und äußerst wenig Geld) , während Rich and Cowan, wenn das Buch dort erschienen wäre, sicher mindestens fünftausend Exemplare verkauft hätte. Secker hat ungefähr tausend verkauft. Ich gehe morgen oder Sonnabend mit George Sylvester Viereck[143] zum Lunch und werde ihn um Rat fragen wegen der Möglichkeit einer amerikanischen Ausgabe.

Meine Fotos für Sie habe ich noch nicht bekommen. Der langweilige Pannell hat anscheinend noch nicht einmal angefangen, die Abzüge zu machen.

Letzte Nacht las ich *Helden* (natürlich kannte ich es schon und habe es auch gespielt gesehen). Ich halte es für *ganz ergötzlich*. Übrigens entdeckte ich in einer Ihrer Vorreden einen gespaltenen Infinitiv. Nicht daß ich danach Ausschau gehalten hätte, aber er fiel mir ins Auge. Meine Meinung über gespaltene Infinitive finden Sie auf Seite 284 von *Without Apology*.[144] Ich weiß, viele der besten Autoren haben sie

Wildes Körper in Père Lachaise selbst miterlebt zu haben, wie Harris behauptet hatte.

143 Viereck, Amerikaner deutscher Abstammung, Dichter und Romancier, prodeutscher Propagandist im Ersten Weltkrieg, wurde der führende Sprecher für Hitler in Amerika. »Meine drei Ideale«, schrieb er einmal, »waren Christus, Napoleon und Oscar Wilde.«

144 Douglas war aus ästhetischen Gründen gegen gespaltene Infinitive. Sie seien häßlich. Er kenne nur einen einzigen bei Shakespeare (in den Sonetten), und der sei offenbar ein Druckfehler.

benutzt, aber ich bleibe dabei, daß sie es einfach aus Nachlässigkeit taten, nicht mit Überlegung. Oscar hat viele, aber er zuckte immer zusammen, wenn man ihn darauf hinwies! Ich habe neulich auch einen bei mir selbst gefunden, in einem Artikel, den ich 1893 in [der Zeitschrift] *Spirit Lamp* schrieb.
Ist die Neuausgabe von Harris schon in den USA erschienen? Bitte schreiben Sie mir und schicken Sie mir doch ein beschriftetes Foto wie das von Olive. Ihr Junker Alfred

P.S. Ich lege das Foto bei, das mir am besten gefällt, damit Sie die Beschriftung ergänzen können, wenn Sie so gut sein möchten, bitte ...

12. August 1938 [Postkarte] 4 Whitehall Court, London

Ein Rechtsreferent aus meiner Bekanntschaft sagt mir, daß Clarke[145] ihm gesagt hätte, er würde verzichten, vorausgesetzt, die Sache würde nicht weiterbetrieben.
Die amerikanische Ausgabe ist zusammengebrochen. Covicis Geschäfte sind durcheinander geraten. Er ist praktisch bankrott. Eine neuere, gut geschriebene Biographie über Oscar war ein völliger Versager. Dodd, Mead macht das Angebot, mein Vorwort zu veröffentlichen, nicht aber das Buch. Lächerlich. Aber Dodd beteuert, daß in Amerika kein Interesse an Wilde besteht.
Sie haben Glück, daß Sie tausend Exemplare Ihres Buches absetzen konnten. Die Leute kaufen keine teuren Bücher. Sie haben sich auf die *Heilige Johanna* für zwei Shillings gestürzt; und natürlich verkaufen sich meine »Pelikane« für

145 Sir Edward Clarke (1841-1931; 1886 zum Ritter geschlagen), Wildes Verteidiger in allen drei Prozessen. Shaw verweist auf Clarkes Rückzug aus dem Verhör des ersten Gerichtsverfahrens. Siehe Einleitung p. 12f.

Sixpence. Die anderen verkaufen sich nicht, sie tröpfeln nur aus.
Sie müssen den unvermeidlichen Presse-Boykott bei juristischen Querelen miteinbeziehen. Jede Kritik ist eine Verleumdung, wenn sie nicht reine Lobrede ist. Erinnern Sie sich an Mrs. Weldon, die Sängerin mit dem Widerwillen gegen Gounod (sie hat ihn ganz schön verdreschen lassen)? Als sie starb, war ihr Name seit zwanzig Jahren nicht mehr in einer Zeitung erwähnt worden, weil sie immer gleich vor Gericht rannte.[146] Lottie Collins, die Tarara-Dame, prozessierte einmal gegen einen Kritiker und verschwand sofort aus der Presse.[147] Sie haben das gleiche Bußgeld gezahlt. In großer Eile

G. B. S.

12. August 1938 — 1 St. Ann's Court, Hove

Mein lieber St. Christophorus, Vielen Dank für die Fotos und die Beschriftungen ... ich bin entzückt darüber und ganz glücklich damit, weil ich jetzt fünf habe und Olive nur eine, und ich werde einen Spezialrahmen machen lassen, in den sie alle hineinpassen, denn wenn man Fotos ungerahmt läßt, werden sie am Ende schmutzig und zerknittern und zerreißen. Die beiden von mir (eine mit acht Jahren und die andere mit zweiundsechzig Jahren!) werde ich morgen für Sie bekommen. Wenn ich auf dem Bild wirklich wie zweiundsechzig, oder auch nur entfernt so, aussähe, würde ich es Ihnen nicht schicken. Ich fürchte, es schmeichelt mir, es ist

146 Georgina Weldon (1837-1914), ehemalige Freundin von Gounod, eine streitsüchtige Frau, war einmal in siebzehn Gerichtsverfahren zugleich verwickelt, die sie alle selbst angestrengt hatte. Vgl. *Oscar Wilde. Briefe* a. a. O. (Bd. 2; Anmerkungen), p. 106, Nr. 185 und *Storm Bird: The Strange Life of Georgina Weldon* [Sturmvogel: Das merkwürdige Leben der Georgina Weldon], Edward Grierson, 1939.
147 Lottie Collins (1866-1919), Varieté-Darstellerin, die berühmt wurde mit ihrem Lied und Tanz »Ta-ra-ra-bum-di-äh«.

vor fünf Jahren aufgenommen worden. Olive allerdings sagt, es sähe mir immer noch sehr ähnlich.
Ich lege eine Durchschrift meines Briefes an den *New Statesman* bei.[148] Clarke war ein Aufschneider und Verdreher schlimmster Sorte. Wie könnte er auch etwas anderes sein mit so einem Gesicht und Backenbart? Ich bin überzeugt, daß er Oscars Prozeß gegen meinen Vater gar nicht hatte gewinnen *wollen*. Er war ein ängstlicher Snob und dachte (wie viele, ich möchte sagen, die meisten anderen Anwälte, die ich erlebt habe) hauptsächlich an sich selbst und erst in zweiter Linie an seine Klienten. Mein Vater war ein reicher Marquess, und die öffentliche Meinung stand ganz auf seiner Seite. Clarke weigerte sich, auch nur einen Finger zu rühren, um meinen Vater in seiner wahren Couleur zu zeigen. Es ist absurd zu sagen, wie Clarke das in seinem Brief im *New Statesman* von heute tut, daß der Charakter meines Vaters »völlig irrelevant« gewesen sei. Theoretisch vielleicht konnte Clarke diesen »Charakter« nicht »angreifen«, aber er war berechtigt, auf die »böse Absicht« hinzuweisen und die *Motivation* aufzudekken. Eigentlich und tatsächlich hätte er einen tödlichen Angriff auf den Charakter meines Vaters lancieren können, genau so wie Sir Ernest Wild[149] im Ross-Prozeß den meinen angegriffen hat (nur führte das in meinem Fall nicht zum

148 Es handelt sich um Douglas' Antwort auf den Brief von Sir Edward Clarke, datiert: 16. September 1929; Clarke war im April 1931 verstorben, doch war sein Brief erst jetzt von L. Wallace James dem *New Statesman* zugesandt worden. Clarke stritt darin kategorisch ab, daß er versprochen hätte, Douglas in Wildes erstem Prozeß in den Zeugenstand zu rufen; die Roheiten des Marquess of Queensberry gegenüber seiner Familie seien »völlig irrelevant für den Fall«, und »wenn man einen Versuch unternommen hätte, derartige Beweisführungen anzubringen, hätte der Richter natürlich entschieden Einspruch erhoben.« Douglas' Antwort an Mrs. James erschien im *New Statesman* vom 20. August. Clarkes Worte stünden gegen die seinen, sagte er, und seine Erinnerung an den Vorfall habe sich »in vierzig Jahren nicht verändert«. Sein eigener Charakter sei deutlich zutage getreten in dem Verleumdungsprozeß, den Robert Ross 1914 gegen ihn geführt hatte, und zwischen den beiden Prozessen bestünde eine deutliche Parallele.
149 Wild (1869-1949; 1919 zum Ritter geschlagen), Verteidiger von Robert Ross in dessen Verleumdungsprozeß gegen Douglas.

Erfolg, weil ich, wie Sie scharfsinnig hervorheben, wirklich unschuldig war; und zu keiner Zeit meines Lebens eine Person von schlechtem Charakter). Ich sehe morgen früh einen namhaften K. C.[150] hier und werde ihm meinen Brief zeigen, und wenn er meint, daß irgend etwas darinsteht, was mich ins Unrecht setzt, werde ich es natürlich ändern. Die Tatsache aber bleibt, daß Clarke *versprochen hatte*, mich in den Stand zu holen, und es ist ein Stück schierer Unverschämtheit von Sherard, mir zu widersprechen. Woher soll er denn wissen, was in der »Sprechstunde« vorgefallen ist? Sherards Anmaßung, universal und exklusiv über Wilde Bescheid zu wissen, ist sehr provozierend. Wenn mir daran gelegen wäre, könnte ich sein Buch *Bernard Shaw, Frank Harris and Oscar Wilde* kritisch zerpflücken. Es ist voll von lächerlichen Fehlern und Absurditäten, obwohl ich trotzdem glaube (wie ich Ihnen immer gesagt habe), daß noch genug darin übrigbleibt, selbst mit dieser Einschränkung, um Harris als vollendeten Lügner und Fälscher zu überführen. Wenn Sherard nicht achtgibt, werde ich mich erheben und ihm eine runterhauen!
Sie hätten Ihre Entgegnung an ihn in Ihrem Vorwort viel wirksamer machen können, wenn Sie mich zu den Einzelheiten befragt hätten.
Was Sie über die amerikanische Ausgabe sagen, ist merkwürdig ... Gleichwohl hoffe ich, daß Sie wenigstens Ihr Vorwort veröffentlichen werden, welches im Grunde doch eine glänzende Darbietung bleibt. Ihr Junker Alfred

20. August 1938

The Impney Hotel,
Droitwich, Worcestershire

Lieber Junker, Die Porträts mußten mir ein bißchen hinterherjagen, ehe sie mich einholten; und als es soweit war,

150 K. C.: King's Counsel, d. h. Kronanwalt oder Barrister, ein höherer Anwalt, der die englische Krone vertritt.

war ich durch Packen und Reisen behindert. Das Kinderbild erklärt, warum Sie von Ihrer Mutter, und wahrscheinlich von allen anderen Leuten, so entsetzlich verwöhnt wurden. Das zweite Bild erinnert mich an Shackleton[151], den Forschungsreisenden: er hatte auch solche Augen.
Clarkes etepeteter Brief wollte wahrscheinlich zu verstehen geben, daß der Charakter Ihres Vaters in dem besonderen, zur Debatte stehenden Fall irrelevant war, weil angesichts des Savoy-Beweises nichts hätte Wilde mehr retten können, was Clarke sicher der Länge nach umgeworfen hat; denn ich kann nicht glauben, daß er den Prozeß übernommen haben würde, wenn er das vorausgesehen hätte, besonders wo er, wie jetzt behauptet wird, es umsonst getan hat (Warum?!!!).
Ich habe *The Little Duke* nie gelesen. In meiner Kindheit konnte ich Knaben- oder Kinderbücher (mit Ausnahme von Märchen) nicht ausstehen. Doch kenne ich Erwachsene, die *Eric* mochten (den ich nie gelesen habe; aber ich las und verabscheute *Tom Brown)* und die *Alice im Wunderland* anbeteten.
Meine Frau steht sehr auf *Water Babies*.
Jetzt muß ich fort, ins Theater, um die Bergner-Heilige Johanna zu sehen.[152] Wie ich das hasse, meine Stücke anzusehen, wenn ich nicht daran arbeiten kann! G. B. S.

3. September 1938 1 St. Ann's Court, Hove

Mein lieber St. Christophorus, Ich habe lange Zeit nicht geschrieben, aber nicht, weil ich nicht oft an Sie denke. Ich halte den Artikel von Hugh Kingsmill in der *Fortnightly*[153]

151 Sir Ernest Henry Shackleton (1874-1922; 1909 zum Ritter geschlagen), Südpolarforscher von visionärer Vorstellungskraft.
152 Elisabeth Bergner spielte die Rolle der Heiligen Johanna auf dem damaligen Malvern Festival.
153 Ausgabe vom September 1938. Kingsmill erklärte in seinem Artikel,

für unfair gegen Sie im Zusammenhang mir mir und Mr. W. H. Offensichtlich ist die Frage nach der Geburt gar nicht aufgetaucht, und Sie haben lediglich darauf verwiesen, daß ich, wie W. H., in meiner Jugend Dichter und andere Leute zu blumigen Huldigungen hingerissen habe.
Die blöden Leute bei Rich and Cowan, die drei Monate hindurch geschlafen haben, sind vor einigen Tagen plötzlich wieder aufgeschreckt, und ihre Anwälte schrieben an meine die alte Leier von ihrer »Forderung« mit dem Vorschlag, ich möchte ein Buch für sie schreiben: »umsonst«!!
Die scheinen wirklich von Sinnen zu sein, aber erst muß noch etwas Zeit verfließen, ehe ich mich gewappnet fühle für sie. Ich glaube wirklich, es wäre besser für mich gewesen, sie wegen Vertragsbruchs zu verklagen, nach dem Grundsatz, daß Angriff die beste Verteidigung ist. Keine Frage jedoch, daß sie, hätten sie ihren Vertrag befolgt und mein Buch veröffentlicht, mindestens fünf- oder sechstausend Exemplare verkauft haben würden. Rich sagte mir (bevor die Schwierigkeit mit dem Buch begann), daß sie so zwischen fünf- bis zehntausend verkaufen würden, vielleicht auch mehr. Sie haben eine kolossale Organisation und eine Armee von Werbeleuten und Herstellern und Publicity-Agenten, im Gegensatz zu Secker, dessen Betrieb ein ausgesprochener »Einspänner« ist. Rich sagte mir, sie stünden »an der Spitze des Buchhandels« und könnten jedes Buch, das sie veröffentlichen, landesweit bei den Buchhändlern unterbringen. Wenn sie also mein Buch gebracht hätten, hätte ich mehrere hundert Pfund verdient, da ich fünfzehn Prozent hatte, die nach dem ersten Tausend auf zwanzig hätten ansteigen sollen. Doch möchte ich nicht gern eine Klage in Gang setzen, da der Ärger dabei so groß ist, und werde deshalb nichts tun und nur warten und zusehen, was geschieht. Wenn *sie* mich verklagen würden, ich würde sie sicherlich schlagen und gewinnen mit

Shaw könne »Douglas nicht sehr aufmerksam gelesen haben, sonst hätte er nicht die Vermutung geäußert, daß Lord Alfred die plebejische Wiederverkörperung des Mr. W. H. ist.«

meiner Gegenforderung auf Schadensersatz, aber ich glaube kaum, daß sie das jetzt tun werden. *Nous verrons.*
Ich habe versucht, ein Sonett über Sie zu schreiben. Noch bin ich nicht soweit, aber vielleicht wird was daraus. Mein Maßstab an Sonette ist sehr hoch, und wenn ich etwas nicht auf meine Höchstform bringen kann, gebe ich es nicht aus der Hand.
Werden Sie den amerikanischen Verlag Ihr Vorwort machen lassen ohne den Text von Harris' Buch? Ich hoffe es. Ich fürchte, das Buch hat Ihnen nichts als Schwierigkeiten eingebracht. Ich habe Sie ja gewarnt, daß nicht einmal Sie Harris eine reine Weste verschaffen können. Sein Buch und sein Ruf sind tot und begraben.
Ich lese Ihre Stücke weiter. Vielleicht freut es Sie zu hören, daß ich jetzt recht gut mit der *Heiligen Johanna* klarkomme.
Ich habe sie nie gespielt gesehen, inzwischen aber mehrmals gelesen, und halte sie für großartig. Ich war voreingenommen gegen das Stück zur Zeit, als Sie daran schrieben.
Was halten Sie von Noyes? Ich kann nicht umhin, ziemlich erfreut zu sein, daß man ihm jetzt eins auf die Finger gibt, nachdem er sich bei dem Vortrag des Abts über Oscar so angestellt hat. Es ist ein gutes Beispiel für poetische Gerechtigkeit.[154] Er ist ohnehin nur ein fünftklassiger Dichter. Ich habe seinen *Voltaire* nicht gelesen.
Sind Sie schon wieder ganz wohlauf? Lassen Sie es mich ja wissen. Secker möchte, daß ich eine Neuausgabe von Harris' 1925er *Vorrede* herausbringe mit einem neuen »Begleitwort« von mir. Aber ich denke nicht, daß ich darauf erpicht bin. Was meinen Sie? Ihr Junker Alfred

154 Der Betreffende war Lord Edmund Talbot, nicht Alfred Noyes (siehe Brief von Douglas an Shaw, 10. Mai 1938). Noyes' These in *Voltaire* (1936), daß der Deismus des Philosophen mehr christlich als agnostisch sei, erregte Kontroversen. Eine zweite Auflage brachte weitere Erschütterungen in römisch-katholischen Kreisen. Die Sache wurde dann energisch in die Hand genommen vom Erzbischof zu Westminster, Kardinal Hinsley (1865-1943).

P.S. Im *London Mercury* [vom September] ist ein Brief von mir, der einen Hinweis auf Sie enthält.[155]
P.P.S. Ich bin innig verliebt in ein kleines Mädchen namens Norma[156] (elf Jahre alt). Sie wohnt mit ihren Eltern in einer Wohnung nebenan. Zuerst bat sie mich um mein Autogramm, und jetzt gibt sie eine Zeitschrift heraus! Die erste Nummer ist ganz von Hand geschrieben, in Druckbuchstaben, und die Auflage bestand nur aus zwei Exemplaren, wovon ich eines bekam. Doch steigt die Verbreitung sprunghaft an, von der nächsten Nummer wird es vier maschinengeschriebene Exemplare geben.

7. September 1938 — 1 St. Ann's Court, Hove

Mein lieber St. Christophorus, Ich habe das Sonett über sie (als St. Christophorus) geschrieben, doch fürchte ich, es ist nicht ganz auf der Höhe. Ich habe es nun mehrere Tage lang betrachtet und weiß, daß es schlecht ist. Wenn ich es nicht verbessern kann, werde ich also nicht damit herausrükken. Aber ich zweifle nicht, am Ende doch noch zurechtzukommen.
Morgen verreise ich, um eine Woche mit Augustus Ralli[157] in Bath, im Hotel Grange, Weston Park, zu verbringen. Ich wünschte, Sie könnten mir schreiben, nehme aber nicht an, daß Sie es tun werden. Ich habe auch ein Gedicht für Norma und ihre Zeitschrift geschrieben, las jedoch gerade in der laufenden Nummer die folgenden vernichtenden »Teilnah-

155 Douglas erklärte darin, daß er Shaws Bemerkung über seinen »Kindheitskomplex« als Kompliment akzeptiert habe; dies als Antwort auf Hugh I' Anson Fausset, der behauptet hatte, Douglas' kindischer Anspruch auf seine Überlegenheit als Dichter sei »Eigenlob«.
156 Norma Reeves
157 Ralli (1875-1954), Verfasser einer monumentalen Geschichte der Shakespeare-Kritik (*History of Shakespearian Criticism*). Er teilte Douglas' Interesse an Religion, Dichtung und Shakespeare.

mebedingungen«: »Nur Leute von achtzehn oder darunter können mitmachen. Das Alter ist ausschlaggebend.« Ihr

Junker Alfred

P. S. Vielleicht lassen Sie mich wissen, wie es Ihnen geht.

15. September 1938 — 1 St. Ann's Court, Hove

Mein lieber St. Christophorus, Ich bin gerade aus Bath zurückgekehrt und finde keinen Brief von Ihnen vor. Zusätzlich zu dieser Enttäuschung hatte ich den Schmerz, von Norma mit ausgesprochener Kälte begrüßt zu werden, als ich sie kurz vorm Abendessen im »Park« sah (wie die meiner Wohnung gegenüberliegenden *St. Ann's Walk Gardens* von der Jugend in Hove genannt werden), obwohl ich ihr aus Bath eine teure Schachtel Pralinen geschickt hatte – und außerdem ein sentimentales (um nicht zu sagen rührseliges) »Poem« zu ihrer Zeitschrift beigetragen habe! Alles in allem ist das Leben voller Bitterkeit.

Lassen Sie mich doch wissen, wie es Ihnen geht. Was denken Sie über Hitler et cet.? Ich bin ganz auf seiner Seite, fühle mich auch in jedem Fall ganz sicher, daß es nicht irgendeinen Krieg oder etwas dergleichen gibt. Wenn ich irre, bin ich bereit, einen Besen zu schlucken. Ihr (niedergeschlagener)

Junker Alfred

17. September 1938 — 1 St. Ann's Court, Hove

Lieber St. Christophorus, Ich habe gestern in meinem Brief vergessen, Ihnen zu sagen, daß Olive ihre Wohnung in Brighton aufgegeben hat und nach London umgezogen ist. So bleibe ich hier alleine zurück, was sehr bedrückend ist und zu jämmerlichem Geschrei verführt. Wenn Sie mir nicht bald schreiben, muß ich allmählich annehmen, daß Sie mir böse sind. Sie haben mir nie gesagt, was Sie mit der amerikanischen Ausgabe Ihres Vorwortes im Sinn haben. Soll es alleine erscheinen? Und sind Sie von Ihrer Anämie geheilt? Ihr

Junker Alfred

15. Oktober 1938 4 Whitehall Court, London
[auf einem Rundschreiben des *Arts Club*]

Dienstag, 25. Oktober, Eröffnungsvorstellung
OSCAR WILDE
Theaterstück von Leslie und Sewell Stokes
Francis L. Sullivan als Oscar Wilde
Peter Osborn als Lord Alfred Douglas!!!
Alan Wheatley als Frank Harris
Leonard Coppins als *Charlie Parker*???
Earle Grey als Sir Edward Carson
Frances James als Dijon

[Hervorhebungen und Ausrufe- bzw. Fragezeichen von Shaw.]
Haben Sie dies gesehen und sanktioniert? Das mit Charlie Parker gefällt mir nicht.

16. Oktober 1938 [Postkarte] Ayot St. Lawrence

Ich vergaß, darauf hinzuweisen – obwohl Sie es zweifellos wissen –, daß der Erlaß des Lord Chamberlain, da *Arts* so gut wie ein Privatclub ist, dort nicht gilt. Sonst würde man auf Ihren Antrag hin in Aktion treten: wenigstens tat man das, als ich, auf Antrag eines echten Lord S., dazu aufgefordert wurde, Saumarez in Summerhays zu verändern [in dem Stück

Mesallianz]. Aber Club, Schauspieler und Autor sind anfechtbar, wenn sie dem Kläger Schaden zufügen oder ihn dem Haß, der Lächerlichkeit oder der Verachtung aussetzen.

G. B. S.

18. Oktober 1938 Greyfriars, Iffley Road, Oxford

Lieber St. Christophorus, Ich bin hier bei den heiligen Brüdern, und gestern abend war ich bei Pater D'Arcy[158] und den Jesuiten zum Abendessen im Campion House. Ich stehe also im Geruch der Heiligkeit. Am Freitag geht es zurück nach Hove. Ich wäre sehr interessiert zu hören, was Sie über das Oscar-Wilde-Stück denken, das ich selbst nicht gesehen habe. Erzählen Sie mir nur ja, was Sie darüber denken. Ich bin ganz melancholisch hier in Oxford. Gestern spazierte ich durch die Kreuzgänge von Magdalen, und der ganze Ort war belebt von den Geistern meiner Freunde aus der Knabenzeit, von denen die meisten tot sind. Ich scheine eben jetzt durch eine Art dunkler Seelennacht zu gehen. Ich kann nur hoffen, daß ich bald zum Licht emporsteigen werde. Heute morgen fahre ich rüber nach Stratford, mit einem amerikanischen Bruder, der hier sein Abschlußexamen in englischer Literatur macht, d. h. er fährt mich hin. Ich war seit zwanzig Jahren nicht mehr dort und habe noch nie das neue Theater gesehen.
Ihr Junker Alfred

27. Oktober 1938 1 St. Ann's Court, Hove

Mein lieber St. Christophorus, Sagen Sie mir doch, ob Sie das Wilde-Stück gesehen haben und was Sie davon halten. Tatsächlich wurde es erstmals vor *zwei* Jahren am Gate The-

158 D' Arcy (1888-1976), international anerkannt und respektiert, war seit 1933 Vorsteher des Campion House.

atre aufgeführt, unter Norman Marshall, und zur Zeit wird es vor ungeheuer vielen Zuschauern in New York gespielt.[159] Norman Marshall und einer der Ko-autoren, Sewell Stokes (sein Mitarbeiter ist sein Bruder Leslie Stokes), waren vor zweieinhalb Jahren hier bei mir zu Besuch, nachdem sie mir vorher eine Kopie des Stückes zugeschickt hatten. Ich ließ es durchgehen mit einigen geringfügigen Veränderungen. Wenn ich irgendeine kommerzielle Ader gehabt hätte, ich wäre vielleicht groß damit herausgekommen, zumal sie mir als Anreiz, um meine Einwilligung für das Stück zu erhalten (das sie ansonsten nicht hätten zur Aufführung bringen können), eine prozentuale Beteiligung an den Bruttoeinnahmen anboten. Doch der Gedanke, Geld dabei herauszuschlagen (über die fünfundzwanzig Prozent hinaus, die ich für meine Unterstützung des Stückes bekam), behagte mir nicht, so daß ich ihn fallen ließ. Jetzt denke ich, es war ziemlich blöde von mir, denn ich bin immer schrecklich in Verlegenheit.

Ich glaube, man könnte ein besseres Stück aus der ganzen Geschichte machen, womöglich die romantische Ausreißer-Hochzeit von Olive und mir hinzufügen, die eine weibliche Komponente einbringen würde, an der es dem gegenwärtigen Stück mangelt. Was halten Sie davon als Idee zu einem Stück? Ich wünschte, Sie würden mit mir gemeinsame Sache machen. Ich selbst könnte, fürchte ich, kein Stück schreiben. Man drängt mich immer, es zu versuchen, aber ich glaube nicht, daß ich es könnte. Aber *Sie* könnten es natürlich glänzend, und ich könnte aus meinem Gedächtnis die richtigen Worte und Dialoge und tatsächlichen Szenen beitragen. Ich glaube, Sie halten es für sehr dreist von mir, einen solchen

159 In der Gate Theatre-Produktion wurde Oscar Wilde von Robert Morley dargestellt, Lord Alfred Douglas von John Bryning und Frank Harris von Reginald Beckwith. – Am Fulton Theatre in New York hatten Robert Morley, John Buckmaster und Harold Young die entsprechenden Rollen übernommen.
Martin Secker publizierte das Stück 1937 in einer broschierten Ausgabe; Random House, New York, brachte es 1938 als hard-cover. Beiden Ausgaben war ein Vorwort von Douglas beigefügt.

Vorschlag zu machen, aber da Sie zugeben, daß ich der beste Dichter meines Jahrgangs bin und mich mit Shelley vergleichen, kann ich so etwas ohne Impertinenz anregen.
Ich verbrachte fünf Tage in Oxford und fühlte mich die ganze Zeit über elend (hauptsächlich, weil ich nicht anders konnte, als mich an meine schlecht verbrachte Jugend dort zu erinnern und sie zu bereuen!). Jetzt fühle ich mich etwas aufgemunterter, habe aber das deutliche Gefühl, daß ich nicht mehr viel länger leben werde.
Nicht daß mir das etwas ausmacht. Das Leben ist nicht sehr angenehm jetzt. Ihr Junker Alfred

29. Oktober 1938 [Postkarte] 1 St. Ann's Court, Hove

Lieber St. Christophorus, Vielen Dank für die Briefmarken. Norma war ganz begeistert davon (obwohl weder sie noch ich wissen, aus welchem Land sie kommen!). Sind sie aus der Tschechoslowakei, oder woher? Junker Alfred

7. November 1938 1 St. Ann's Court, Hove

Mein lieber St. Christophorus, Ich bin in furchtbarster Bedrängnis und in tiefste Depression verfallen. Norma ist für immer fort. Ich wurde plötzlich von einer ihrer Mitschülerinnen informiert, daß sie Hove verläßt und nach Birmingham geht. Und am Samstag (eine Stunde, nachdem ich die Neuigkeit gehört hatte) reisten ihre Eltern ab und nahmen sie mit sich. Ich begleitete sie noch zum Abschied, und ihr Vater erzählte mir, daß er plötzlich nach Birmingham »versetzt« worden sei (ich habe keine Ahnung, was sein Beruf oder Gewerbe ist) und daß er verpflichtet war, sich auf Abruf, innerhalb von zwei, drei Tagen, auf den Weg zu machen.

Norma selbst wußte bis zur letzten Minute nichts davon. Ich weiß nicht, warum ich Ihnen das alles erzähle, da die meisten Leute es doch für dumm halten würden, sich so darüber zu erregen. Aber ich habe eine Ahnung, daß Sie mitempfinden und verstehen, daß es wirklich eine Tragödie für mich ist. Ich nehme nicht an, daß ich sie jemals wiedersehen werde. Wie ich Ihnen bereits sagte, hat auch Olive Brighton verlassen. Ich bin also untröstlich. Was für ein Leben!

Sie haben nicht geantwortet auf meinen Vorschlag zu einem Stück, ich nehme daher an, daß er Ihnen nicht zusagt.

Gestern abend habe ich, beim Durchsuchen eines Kartons mit Papieren, das (maschinelle) Kurzschriftprotokoll meines Verhörs und des Kreuzverhörs in meinem Verleumdungsprozeß gegen Arthur Ransome im Jahre 1913 aufgestöbert. Die Grausamkeit und Ungerechtigkeit der ganzen Angelegenheit und die gemeine Art, wie Darling[160] während der Verhandlung all seine Schliche einsetzte, um meine Argumente zu zerstören und zu verhindern, daß sie den Geschworenen vorgetragen wurden, ist beinahe unglaublich. Gleichwohl hätte ich den Fall gewonnen, wenn ich mich an »le système Douglas«[161] gehalten und die volle Wahrheit gesagt hätte. Das Problem war, daß es damals wirklich fast rein *sachlich* schon unmöglich war, die Wahrheit über gewisse Themen zu sagen. Trotzdem hätte ich es tun *können*, und mit einem fairen Richter hätte ich den Fall gewonnen, auch unter Berücksichtigung der Tatsache, daß ich nicht gegen mich selbst aussagte, wie ich es später tat (mit vollem Erfolg). Ich habe mich nie mehr richtig erholt von den Auswirkungen dieses verlorenen Prozesses, mit Bankrott und völligem materiellen Zusammenbruch, die darauf folgten, denn obwohl ich den Spieß im nachhinein umkehrte gegen Ross

160 Justice Darling ließ eine Verteidigungsstrategie zu, aufgrund derer die Geschworenen niemals genau wußten, ob Ransome nun Douglas beleidigt hatte oder nicht; andererseits duldete er aber, daß die Verteidigung sich statt dessen auf Douglas' früheren Umgang mit Wilde konzentrierte.

161 Vgl. Brief vom 28. April 1938, p. 99.

und Lewis and Lewis[162], war das Ergebnis so ziemlich dasselbe wie wenn man einen Krieg »gewinnt«. Ihr

Junker Alfred

12. November 1938 Ayot St. Lawrence

Lieber Junker Alfred, Ich habe das Wilde-Stück nicht gesehen. Aber so oder so hat es jeden denkbaren Nachfolger, wie vorzüglich auch immer, erledigt. Diese Absicht wäre also geplatzt.

Der Grund, warum Ihr Katholizismus in Seelenfinsternis endete, ist der, daß Katholik zu werden (es von Geburt an zu sein, ist etwas ganz anderes), nur ein geselliger Weg ist, um Atheist zu werden. Sie haben die Kirche zwischen Gott und sich gestellt und erwähnen Gott überhaupt nicht mehr. So kommen Sie nicht weiter und wollen ja auch nicht Einstein lesen oder Shaw – zur schöpferischen Evolution. Für Sie liegt die wundervolle Welt im Sterben. Sie wechseln Ihre Schuhe einmal im Jahr, wollen aber Ihre Religion, die sich viel schneller abnutzt, nicht einmal alle zehn Jahre wechseln.

Diese Zeilen hätten vor dreizehn Tagen zur Post gehen sollen. Ich habe sie gerade durch Zufall gefunden, wie ich meine Briefe öfter finde.

Die Briefmarken waren russisch; aber Norma ist vermutlich nicht mehr erreichbar für diese Information. Sie wird ihrem derzeitigen Ich entwachsen, und Sie werden sie vergessen.

Kein Sonett, bitte: was ich will, ist ein Epitaph. Lady Kennet of the Dene[163] hat einen shakespearischen Grabstein

162 Lewis and Lewis, die Anwälte sowohl von Ross als auch Custance in ihren Prozessen gegen Douglas.

163 Lady Kathleen Kennet, geb. Bruce (1878-1947; Witwe des Entdeckungsreisenden Robert Falcon Scott und danach verheiratet mit Geheimrat Baron Kennet) war eine namhafte Künstlerin, die man mit öffentlichen

gemeißelt, lehnt aber mein Epitaph (beiliegend auf grünem Papier) als »Nonsense-Vers« ab. G. B. S.

[Das beiliegende Epitaph]

Weint nicht dem alten George Bernard nach: er ist tot;
Und all seine Freunde bekräftigen ja »Verd...t nochmal,
wie gut er war«,
Halten aber den George mit seinem gefeierten Kopf
Vielmehr für einen ziemlich ungemeinen Snob.

Bewahrt sein Bild! Kathleen hat sich damit geplagt,
Bis eines Tags der Herrgott sprach: »Mein Mädchen, laß!
Kein Abbild mehr. Dein Geist sei jetzt zur Führung
angesagt.
Meißle den Shaw *sub specie aeternitas*,

Dann wird er noch, wenn seine Werke alle vergessen sind,
Durch dich unsterblich sein als deines Geistes Kind!«[164]

Machen Sie Poesie draus, wenn Sie können.

14. November 1938 1 St. Ann's Court, Hove

Mein lieber St. Christophorus, Erhielt soeben Ihren Brief, der mir gut tat, weil das, was *Sie* zum Katholizismus sagen, so dumm ist. Meine dunkle Seelennacht war keineswegs mehr das Ende meines Katholizismus, als sie es im Falle des Heiligen Johannes vom Kreuz war, ganz im Gegenteil

Denkmälern beauftragte. Zu ihren zahlreichen Statuen und Büsten bedeutender Persönlichkeiten zählen solche von König George V, H. H. Asquith, Neville Chamberlain, Lord Hailsham und Bernard Shaw.

164 Am Ende der zweiten Strophe verwendet Shaw fälschlicherweise den Nominativ »aeternitas« (statt des Genitivs »aeternitatis«), vermutlich des Reimes wegen. Die deutsche Übersetzung übernimmt den »Fehler« also bewußt. Originaltext, vgl. Anhang p. 326.

natürlich. Und es war unvermeidlich, daß ich da hindurch mußte und wieder emporstieg zu vergleichsweiser Helle und Heiterkeit. Nur wurde ich durch die Abreise von Norma in tiefe Depression zurückgeworfen. Aber auch dieser Kummer ist jetzt so ziemlich fort. ... und hat nur eine Art Traumerinnerung hinterlassen, die in der Distanz reizend erscheint, aber als nicht-substantiell und töricht erkannt wird. »So sind wir reicher durch des Gebets Verlust.«[165]

Ich kann nicht verstehen, warum das Stück, das jetzt gerade aufgeführt wird und das Sie nicht gesehen haben, jedes andere Stück ausschalten sollte. Es hat das Stück von Rostand[166] zum gleichen Thema verdrängt, das sehr schlecht war, und möglicherweise könnte auch noch ein weiteres und viel besseres geschrieben werden.

Ihr »Epitaph« ist geschickt gemacht, aber natürlich will ich nichts von einem solchen Grabspruch für meinen geliebten St. Christophorus hören. Ich sage nun jeden Tag bei der Messe ein »Gegrüßest seist du Maria« für Sie und habe im letzten Monat meine alte Angewohnheit wieder aufgenommen, jeden Morgen um acht zur Messe zu gehen. Ich wäre nicht glücklich im Himmel, wenn Sie nicht da wären. Ihr

Junker Alfred

24. November 1938 — 1 St. Ann's Court, Hove

Mein lieber St. Christophorus, Gestern abend ging ich in das Wilde-Stück. Es ist wirklich recht gut und sehr gut gespielt. Ich war vor der Vorstellung als Gast des Produzenten mit ihm zum Abendessen und mit Sullivan, der Wilde

165 Shakespeare, *Antonius und Cleopatra*, Akt. II, Szene 1.

166 Maurice Rostand (1891-1968): *Le Procès d'Oscar Wilde* [Der Oscar Wilde-Prozeß] wurde 1935 in Paris uraufgeführt. Die Londoner Bühnenproduktion war von Douglas gestoppt worden, da das Stück damit endet, daß Wilde, nachdem er aus dem Gefängnis kommt, von Douglas verlassen wird. Vgl. hierzu *Without Apology*, pp. 292-296.

spielt, und dem Jüngling [Peter Osborn], der mich spielt, und anderen aus der Truppe, im Restaurant des *Arts Club*. Olive will es sich am Samstag in der Matinée ansehen. Die Leute (ich meine die Truppe) baten mich, Sie zu überreden, auch hinzugehen und sich das Stück anzusehen.
Ich sagte, daß ich *keinen Einfluß* auf Sie habe, versprach aber, es Ihnen zu schreiben. Deshalb dieser Brief. Gehen Sie doch und sehen Sie sich das Stück an und sagen Sie mir, was Sie davon halten. Es hätte natürlich viel besser sein können.
Ihr

Junker Alfred

P.S. Wenn Sie zur Matinée am Samstag gehen, halten Sie Ausschau nach Olive, sie geht mit Peter Upcher[167]. Ich war heute zum Lunch bei Olive in ihrer neuen Wohnung, die bezaubernd ist. Ich sagte ihr, daß sie das Stück sehen sollte.

15. Dezember 1938 — 1 St. Ann's Court, Hove

Lieber St. Christophorus, Ich habe gerade die Urfassung jenes »Wortgeklingels« aufgespürt, mit dem Sie mich so unfreundlich bedachten, »Wenn ›boozy‹ und ›Bosie‹ dasselbe bestimmt« et cet.
Unbewußt habe ich die ganze Zeit über versucht, es zu lokalisieren, seitdem Sie es zitierten.[168] Jetzt entdecke ich in den Anmerkungen zu einer meiner Shakespeare-Ausgaben, daß die Originalzeilen, die Sie zu so unfeiner Verwendung verballhornt haben, in einer Ballade über seinen Feind Sir Thomas Lucy stehen und angeblich von Shakespeare stammen.

»If lousie is Lucy as some volke miscall it
Then Lucy is lousie whatever befall it.«

167 Upcher, ein exzentrischer junger Freund aus Norfolk, der sehr theaterinteressiert war.
168 Vgl. Shaws Brief vom 4. Juli 1931, p. 61.

Nun, St. Christophorus, was sagen Sie dazu? Sie taten so, als hätten Sie die Zeilen selbst geschrieben. Wenigstens nahm ich das an, während ich ständig das vage Gefühl hatte, sie vorher schon gehört zu haben. Bitte um Aufklärung.
Ich bin immer noch entsetzlich krank, glaube aber, um eine Lungenentzündung herumgekommen zu sein, und bin zu der Einsicht gelangt, daß dies am Ende doch nicht unbedingt meine allerletzte Krankheit ist, was ich schon zu glauben begonnen hatte. Ich bin froh, Ihnen mitteilen zu können, – daß ich mich, wie ich festgestellt habe, überhaupt nicht vor dem Tod fürchte. Im Gegenteil, die ganze Situation hellte sich plötzlich auf und lächelte mir in angenehmster Weise zu.
Ihr Junker Alfred

17. Dezember 1938 [Postkarte]

4 Whitehall Court, London

Wollen Sie mir allen Ernstes weismachen, Sie hätten »if lousie is Lucy« erst jetzt entdeckt? Es kam mir nie in den Sinn, daß ein Literat damit nicht ebenso vertraut sein könnte wie mit »Pop Goes the Weasel«.[169] Meine Parodie darauf muß ja als sinnlose Beleidigung erschienen sein.
Abenteuer mit dem Tod berauben ihn seiner Schrecken. Mir geht es außergewöhnlich gut heute; aber gestern bin ich auf dem Weg zum Lunch in der Eingangshalle des Londonderry House der Länge nach hingeschlagen[170], weshalb mit dem Rest des Tages auf Teufel komm raus nichts mehr anzufangen war. Damit bin ich zum zweiten Mal in meinem Leben »wie tot« umgefallen. Beim dritten Mal wird es dann klappen, wahrscheinlich. G. B. S.

169 Englisches Kinderlied und Volkstanz.
170 Shaw hatte kurz zuvor, zur Verbesserung seines Blutes, Einspritzungen aus Leberzellenextrakt erhalten und war zu früh aus dem Haus gegangen.

21. Dezember 1938 [Postkarte] Ayot St. Lawrence

Das Stück war sehr viel besser, als es leicht hätte sein können.[171] Haben Sie daran retuschiert? Auf alle Fälle war es gut genug, um jede potentielle Rückkehr zu dieser Thematik am Theater noch ein paar Jahre lang zu unterdrücken.
Wie haben Sie die Parodie kennengelernt? Veröffentlichen konnte ich sie nicht, weil die Reaktion auf: »Wenn B ... und ›boozy‹ dasselbe bestimmt«, lediglich gewesen wäre: »Tut es ja nicht.« Ganz abgesehen von den schlechten Manieren, die das Ding erkennen läßt, war nichts damit anzufangen. Aber irgendein Kobold hat es mir eingeflüstert. Das kommt davon, wenn man einen lächerlich unpassenden Spitznamen hat.
Ich bin hier eingeschneit für diese Woche. Herrliches Wetter zum Schreiben. Nachts zwanzig Grad Frost in meiner Gartenhütte, aber sehr bekömmlich am Vormittag, der meine berufliche Arbeitszeit ist.
Die beiliegenden Briefmarken sind wahrscheinlich so alltäglich wie Staub; aber sie sehen anständig aus – das einzige Verdienst, das eine Briefmarke überhaupt haben kann.

G. B. S.

19. Februar 1939 1 St. Ann's Court, Hove

Lieber St. Christophorus, Sie haben nie auf meinen Brief geantwortet, in dem ich Sie um Ihren Rat zu dem amerikanischen Vortragsplan bat.[172] Ich wünschte, Sie würden mir sagen, was Sie denken. Ich erwarte nicht, daß etwas daraus wird, aber trotzdem wüßte ich gerne, was Sie denken. Morgen gehe ich für zwei Nächte nach London, und am Dienstag

171 Die Aufführung im *Arts Club*: *Oscar Wilde* von Leslie und Sewell Stokes.

172 Der Brief ist nicht erhalten. Douglas' Neffe Cecil und eine amerikanische Millionärin hatten eine Lesereise in den USA vorgeschlagen.

besuche ich die Matinee von *The Importance of Being Earnest* [*Bunbury*], zusammen mit Francis Sullivan und seiner Frau. Er spielte die Rolle von Wilde in dem Stück, wie Sie ja wissen. Ich war drei Monate krank, mal mehr mal weniger, und bin noch nicht in Ordnung. Bitte schreiben Sie. Ihr

Junker Alfred

P. S. Es ist mein Schicksal, mit meinen Feinden Freundschaft zu schließen. Während der letzten drei Monate habe ich mit einer Dame korrespondiert, die über meine Gedichte und Dichtungen im allgemeinen geschrieben hat. Sie äußerte große Bewunderung für mich als Dichter. Sie unterzeichnete mit Marie Carmichael und schrieb aus einem Landhaus in Essex, und nächsten Sonnabend kommt sie zu mir auf Besuch. Ich habe eben erst entdeckt, daß es sich um *Marie Stopes*[173] handelt, die für mich immer eine Art *bête noire* gewesen ist. Nach ihren Briefen aber muß sie reizend sein und voller Güte. Kennen Sie sie?

20. Februar 1939 4 Whitehall Court, London

Lieber Junker, Ich kenne Männer – zum Beispiel Graham Wallas und Bertrand Russell –, die, schätze ich, an die fünfzehnhundert Pfund im Jahr durch amerikanische Vortragstourneen verdient haben.[174] Aber es braucht einige Zähigkeit,

173 Dr. Marie Carmichael Stopes (1880-1958), gefeierte Vorkämpferin der Geburtenkontrolle, Agitatorin, Vortragsreisende, Autorin des Buches *Married Love* [Eheliche Liebe] und vieler anderer Titel, hatte ihre engagierten Kreuzzüge inzwischen hinter sich und war wieder zu einer früheren Vorliebe, der Dichtung, zurückgekehrt. Sie hatte Douglas nach einer Möglichkeit gefragt, Gedichte drucken zu lassen, und ihm ein paar ihrer eigenen zur kritischen Stellungnahme zugesandt.

174 Graham Wallas (1858-1932), einer der Trauzeugen bei Shaws Hochzeit, Professor an der London School of Economics, war auf vier Vortragsreisen in den Vereinigten Staaten gewesen und hatte sie sehr strapaziös gefunden.

das tägliche Reisen von und zu den »Ein-Abend-Auftritten« durchzuhalten. Die Entfernungen sind manchmal ziemlich groß. Ich habe Schauspieler eine Tournee beenden sehen im Zustand zusammengebrochener Droschkengäule. Aber ihre Taschen waren voll; und Sie können die Tournee natürlich auf das beschränken, was Sie aushalten können.
Ich dächte, eine amerikanische Tournee würde Ihnen, sofern sie Sie nicht umbringt, guttun.
Als gestandener R. K.[175] werden Sie Abstand halten müssen vom Thema der Geburtenkontrolle und seiner Prophetin. Sie ist etwa fünfzig, wissenschaftlich eine Kanone, ebenso streitsüchtig, wie Sie es einmal waren, ungefähr so beruhigend wie ein Bombardement und geneigt, sich jeden Augenblick auf unverbindliche Poesie und Dramatik zu stürzen. Ich bin immer sehr gut mit ihr ausgekommen. Ihr zweiter Ehemann ist Humphrey Verdon Roe, ein Luftfahrtpionier und Veteran aus der Belagerung von Ladysmith.
Letzten Freitag bin ich wieder umgekippt nach einer Spritze; und das ganze Hauspersonal in unseren beiden Domizilen liegt flach mit Grippe. Daher große Eile und Vernachlässigung der Post. G. B. S.

14. April 1939 1 St. Ann's Court, Hove

Mein lieber St. Christophorus, Ich war erfreut, Ihre Bemerkungen zu Hitler zu sehen, die heute in der *Daily Mail* zitiert werden.[176] Mir scheint, als sei in diesem Land jeder

Bertrand Russell (1872-1970), Mathematiker und Kulturphilosoph (Nobelpreis 1950), unternahm weitaus mehr Lesereisen und fand sie anregend.
175 R. K.= Römischer Katholik.
176 Shaw war auf dem Weg durch die Great George Street von dem Journalisten Charles Graves interviewt worden. Auf die Frage, was er vom Übergriff Deutschlands auf die Tschechoslowakei halte, wiederholte Shaw die Aussage aus seinem Stück *Genf*, daß sich »das Tier im Menschen« politisch als vollkommener Fehlschlag erwiesen habe. Der Allmächtige würde »wohl

außer Ihnen und mir, tollwütig geworden, besonders die Zeitungsleute (rechte genauso wie linke). Warum sollte es einen Krieg geben? Wozu? Und weshalb? Und warum soll Mussolinis Besetzung von Albanien, das praktisch seit zwanzig Jahren ein Anhängsel von Italien ist, ein schrecklicher Gewaltakt sein, wenn unser abscheuliches Vorgehen in Palästina ganz ruhig hingenommen wird vom Engländer auf der Straße? Es sieht aus, als sei die Presse *entschlossen*, uns um jeden Preis in einen Krieg zu zwingen. Die Zeitungen reden fortwährend von den »hysterischen Beschimpfungen«, die sich in Deutschland und Italien gegen England häufen, während sie selbst sich tagtäglich heiser schreien in der heftigen Beschimpfung Hitlers und Mussolinis. Das nennt man dann Demokratie, nehme ich an! Jede Art von Diktator, sogar ein Nero oder ein Caligula, wäre vernünftiger.
Wie steht es inzwischen mit Ihrer Gesundheit? Ich hoffe wirklich, daß es Ihnen besser geht. Ich habe mich von meiner Krankheit erholt, fühle mich aber sehr niedergeschlagen, durch die Aussicht, mit der mein Neffe Queensberry mich konfrontiert hat, nämlich kommenden März aus meiner Wohnung ausgewiesen zu werden. Glauben Sie, daß es irgendeine Chance für mich gäbe, ein staatliche Pension zu bekommen für »Verdienste um die Literatur«?[177] Auch wenn es nur hundertfünfzig Pfund im Jahr wären – damit könnte ich gerade die Miete für meine Wohnung zahlen und wäre in der Lage, hier wohnen zu bleiben, statt als Untermieter, all meiner schönen Sachen, Möbel, Bilder et cet. beraubt, ein kümmerliches Dasein fristen zu müssen. Ich weiß nicht, wie diese Dinge laufen, aber ich nehme an, man kann Verbindungen spielen

wieder über uns nachdenken und etwas anderes erfinden müssen«, was an unsere Stelle treten könne. Laut Graves fügte Shaw noch hinzu, daß nur wenige Leute erkennen würden, was für eine großartige Arbeit Hitler geleistet hätte. Er selbst scheine nicht zu glauben, daß es Krieg geben werde.

177 »Services to literature«. Douglas spricht von den Zuwendungen des britischen Staatsoberhauptes, die auf Empfehlung des Premierministers an notleidende Personen gezahlt werden, wenn sie sich auf dem Gebiet der Wissenschaft oder Künste hervorgetan haben.

lassen. Ich stehe in gutem Ansehen beim Premierminister[178], von dem ich vor vierzehn Tagen einen sehr freundlichen Brief erhielt als Antwort auf einen, den ich ihm zur politischen Situation geschrieben hatte. Ich glaube nicht, daß er meinen Brief beantwortet hätte (zumal ich ihn nicht persönlich kenne), wenn er nicht einer Meinung gewesen wäre mit dem, was ich sagte. Ich bin überzeugt, daß er ein Bewunderer der Dichtung ist. In meinem Brief sagte ich, ich sei sicher, daß er mit seiner Politik der Beschwichtigung unerschütterlich fortfahren könne und daß sein Sich-Beugen vor dem Sturm, oder sein scheinbares Sich-Beugen, ihm gegen seinen Willen aufgezwungen würde. Hätte er sich nicht »gebeugt«, er wäre aus dem Amt gefegt worden, und wir hätten gewiß Churchill und Eden und Duff Cooper im Ministerium sitzen und innerhalb eines Monats Krieg. Im Ernst, bitte sagen Sie mir, ob Sie glauben, daß es eine Chance für mich geben könnte, eine kleine Pension zu bekommen. Ich habe wirklich nicht mehr genug zum Leben, wenn Francis seine Absicht wahrmacht und die Zahlung für meine Wohnung einstellt, die er mir vor vier Jahren *als Geschenk* überlassen hat. Schließlich bin ich der beste derzeit lebende englische Dichter. Oder sind Sie anderer Meinung? In jedem Fall bin ich Ihr Junker Alfred

17. April 1939 Ayot St. Lawrence

Lieber Junker, Der übliche Weg ist, einen Brief an den P. M. zu schicken mit einer Reihe bekannter Unterschriften, mindestens sechs, wenn möglich zehn, um den literarischen Verdiensten des So-und-so Nachdruck zu verleihen, und darin erklären, daß er oder sie »in sehr beschränkten Verhältnissen« lebt (das ist unerläßlich) und durch Alter oder Hinfälligkeit nicht in der Lage ist, den Lebensunterhalt zu verdie-

178 Neville Chamberlain (1869-Nov. 1940), von Mai 1937 bis Mai 1940 englischer Premierminister.

nen, folglich einer staatlichen Unterstützung bedarf und auch die Kriterien erfüllt.
Da Ihre literarischen Verdienste einen Verleumdungsprozeß gegen einen Kabinettsminister und daraufhin sechs Monate Bußzeit einschließen, habe ich einigen Zweifel, ob dieser Weg zum Erfolg führt.
Die Alternative ist privates Drahtziehen. Schon manche unerklärliche Pensionen sind auf diese Weise zustandegekommen.
Aber sicherlich können Sie dem Marquess auch Gewissensbriefe schreiben, daß er einen so nahen Verwandten davor bewahren müsse, auf die Straße gesetzt zu werden. Sie können ihm einschärfen, schon diese Möglichkeit mache es Ihnen unmöglich, anderswoher Hilfe zu bekommen.
Natürlich ist die Kriegspsychose lauter Unsinn. Jetzt, wo die letzte Seite des Versailler Vertrags zerrissen und uns ins Gesicht geschleudert worden ist (wobei es ganz sicher war, daß wir nicht dafür kämpfen würden) und wo wir uns letztlich in ein Bündnis mit Rußland hineinängstigen, gibt es kein Risiko für einen geistig normalen Krieg in petto. Allerdings treiben sich noch ganz schön viel Irre herum. G. B. S.

19. April 1939 1 St. Ann's Court, Hove

Mein lieber St. Christophorus, Es war lieb von Ihnen, meinen Brief so prompt zu beantworten. Dem, was Sie sagen, zum Trotz glaube ich nicht, daß meine Attacke auf Churchill und die nachfolgende Haft mir heute zum Nachteil angerechnet würden. Hailsham (damals noch Sir Douglas Hogg)[179], der Vertreter der Anklage vor dem Old Bailey, damals, als

179 Hailsham (1872-1950), zur Zeit des Verleumdungsprozesses erster Kronanwalt, wurde 1929 zum Vicomte ernannt. Durch seine erste Ehe war er der Stiefvater von Edward Marjoribanks (1900-1932), einem Oxford-Mann und späteren Parlamentsabgeordneten für Eastburne, der den ersten

mein Urteilsspruch verlesen wurde, ist sehr freundlich zu mir. Sein Stiefsohn Edward Marjoribanks erzählte mir, er hätte große Sympathie für mich geäußert, und einige Jahre später, als ich ihn (Hailsham) bat, mir bei der Beschaffung des Manuskripts von *De Profundis* aus dem Britischen Museum behilflich zu sein, schrieb er mir überaus zuvorkommend und sagte mir, ich solle meinen Anwalt zu ihm ins Heeresministerium schicken (mittlerweile war er Kriegsminister), er würde ihn beraten, wie ich vorzugehen hätte. Zu Marjoribanks sagte er, er wolle berücksichtigen, daß ich sehr übel behandelt worden war.

Trotz der Gefechte, die ich zu verschiedenen Zeiten austrug, ist es eine Tatsache, daß ich eine Anzahl bedeutender Leute habe, die mir sehr wohlgesonnen sind. Doch werde ich verschiedene Leute konsultieren und sehen, ob ich nicht ein Gefühl dafür erwecken kann, daß mir eine staatliche Pension zusteht. Bezüglich dessen, was Sie von »Gewissensbriefen« an den Marquess sagen, höre ich leider, daß er finanziell wirklich sehr hart getroffen ist. Der arme Junge, schon als er die Nachfolge meines Bruders antrat, stand er vor dem Nichts ... hatte nur ein paar hundert Pfund im Jahr, als der Titel auf ihn überging. Er zog in die *City* und trat in eine Maklerfirma ein, Rowe, Swan und Co., und verdiente dann etwa zehn Jahre lang, bis vor zwei Jahren, über dreißigtausend Pfund im Jahr. Aber er ist sehr extravagant, und da er kein Kapital hatte und bis an die Grenzen seines Einkommens lebte, fiel er, als vor zwei Jahren die Krise einsetzte, bald in relative Armut zurück. Ich hatte vor zwei Tagen einen Brief von der kleinen Edythe d'Erlanger[180], die eng mit mir und ihm befreundet ist, und sie erzählt mir, daß er sein Haus am Cheyne Walk aufgibt und in eine Wohnung umzieht und daß

Band einer Biographie über Lord Carson schrieb, den berühmten Justizsprecher im Oberhaus und Politiker gegen die Unabhängigkeitsbestrebungen Irlands. 1932 beging Marjoribanks Selbstmord.

180 Edythe Baker, amerikanische Jazz-Pianistin, von zierlicher Gestalt, war kurze Zeit mit Sir Gerard d'Erlanger verheiratet.

es ihn wirklich hart getroffen hat. Sie hat mir versprochen, ihn wegen meiner Wohnung in die Zange zu nehmen, fürchtet aber, wie sie sagte, daß es nichts nützen wird. Sie sehen also, es sieht wirklich danach aus, als *könne* er mir nicht helfen. Ich hoffe noch immer, daß es nicht ganz so schlimm sein möchte, aber es scheint mir ziemlich hoffnungslos. Ich habe an seinen Anwalt geschrieben, d'Arcy Hart, der meine Einkommensteuer (nach seinen Anweisungen) erledigt, und ihn gebeten zu sehen, ob er ihn nicht dahin bringen kann, die Miete weiterzuzahlen, wozu er *moralisch* verpflichtet ist, da er mich zur Übernahme dieser Wohnung bewogen und garantiert hat, die Miete zu zahlen – also werde ich das Ärgste sehr bald erfahren. Ich bin auch dabei, überall in der Familie ein bißchen Staub aufzuwirbeln. Jeder ist sehr mitfühlend und sagt, es sei »wirklich eine schreckliche Schande« und so weiter, so daß ich nicht ganz ohne Hoffnung bin. Was für ein Leben! »Von Anfang an, wann gab es anderes als Steine/Für englische Propheten?«[181] Ihr unglückseliger

Junker Alfred

P. S. William Watson[182] erhielt eine Pension von zweihundert oder zweihundertundfünfzig Pfund im Jahr. Außerdem hatte er, aus einer privaten Subskription zu seinen Gunsten, sechstausend Pfund, und man gab ihm noch ein Haus ...

30. April 1939 1 St. Ann's Court, Hove

Mein lieber St. Christophorus, Ich habe beschlossen, den Gedanken an die Pension fallenzulassen. Jemand, der eine

181 Douglas zitiert die ersten beiden Zeilen seines Gedichts »Rewards« [Belohnung] aus *Complete Poems of Lord Alfred Douglas* (1928), p. 87.

182 William Watson (1853-1935; 1917 geadelt), sehr bewundert in den 1890er Jahren, war ein Dichter in der Nachfolge John Miltons, Verfechter konservativer Ideen und bitterer Kritiker von Oscar Wilde und dem Ästhetizismus. Watson war zweimal aussichtsreicher Kandidat für den Posten des amtlichen Hofdichters *Poet Laureate*.

Menge darüber weiß und schon ein- oder zweimal damit zu tun hatte, sagte mir, daß man meine vierhundert Pfund im Jahr[183] als enscheidenden Hinderungsgrund betrachten würde. Keine Aussicht, es sei denn, man ist *wirklich notleidend*!! So suche ich statt dessen Zuflucht im Gebet.
Was halten Sie von Hitlers letzter Rede? Ich finde sie durchaus logisch und vernünftig. Ich stimme dem zu, was der Kardinal von Westminster neulich sagte, daß nämlich, wenn all unsere bestialischen (dies ist mein Ausdruck) Zeitungen vierzehn Tage lang unterdrückt würden, auf einen Schlag eitel Friede wäre. Ich werde so ärgerlich, wenn ich sie lese, daß ich Gefahr laufe, an einem Wutanfall darüber zu sterben, wie Flaubert aus (mehr oder weniger) denselben Gründen. Ihr

Junker Alfred

2. Mai 1939 [Postkarte] — Ayot St. Lawrence

Vierhundert?
Bei Gott!!
Natürlich völlig aussichtslos.
Der terminus technicus ist »sehr beschränkte Verhältnisse«.
Im vorliegenden Fall wäre er wahrscheinlich
OPULENZ — G. B. S.

30. Mai 1939 — 1 St. Ann's Court, Hove

Mein lieber St. Christophorus, Ich hätte Ihnen erklären sollen, daß die berühmten »vierhundert Pfund im Jahr« nur eine freiwillige Zahlung sind, die eingestellt werden *könnte*, obwohl ich nicht glaube, daß sie es wird. Tatsächlich habe ich

183 Zahlung von seiner Frau Olive.

überhaupt nichts, und meine literarischen Einnahmen kommen *im Durchschnitt* auf ungefähr fünfzig Pfund im Jahr! Oder sogar weniger. Mrs. Stopes sagt mir, Lord Hailsham habe äußerst einfühlend geschrieben und bedauert, daß seine offizielle Stellung ihn hindert zu unterzeichnen, aber er wünsche dem Vorhaben allen Erfolg. Ich habe Dutzende anderer Namen und kann mindestes einen Erzbischof (R. K.) kriegen, oder zwei, wenn nötig, und einen Abt (Hunter-Blair, *der noch dazu ein Baronet ist!*), verschiedene Ex-Botschafter und einen ganz vortrefflichen Reigen literarischer Leuchten: Quiller-Couch, Blunden, de la Mare, Humbert Wolfe et cet. et cet.[184] Aber Sie wären natürlich der Hauptstern dieser Galaxis. Bitte seien Sie also gewillt zu unterschreiben. Mrs. Stopes meint, es könne etwas daraus werden.[185]
Nichts Neues sonst, außer daß ich, zum drittenmal innerhalb der letzten vier Jahre, auf den Derby-Sieger gesetzt hatte. Aber vielleicht sollte das geheim bleiben!
Mein abgelehnter Brief an die *Times*, zur politischen Lage, erschien hervorragend plaziert in der *Deutschen Allgemeinen Zeitung*[186] in Berlin, und ich erhielt einen amtlichen Dankes-

184 Sir David Hunter-Blair, vgl. Fußnote 1 zu Brief vom 10. Mai 1938, Douglas an Shaw, p. 108f.
Sir Arthur Quiller-Couch (1863-1944; 1910 geadelt), Professor für englische Literatur in Cambridge, Herausgeber des *Oxford Book of English Verse* (in dessen Ausgabe von 1939 drei Sonette von Douglas erschienen); die Dichter Edmund Blunden (1869-1974), Walter de la Mare (1873-1956) und Humbert Wolfe (1886-1940).
185 Hinter den Kulissen hielt Marie Stopes das Räderwerk in Gang, lud distinguierte Freunde zu sich nach Norbury Park ein und besprach mit ihnen, darunter Rose Macaulay, die das Gesuch an den Premierminister aufsetzte, das weitere Vorgehen.
186 Brief vom 21. Mai 1939 an den Chefredakteur der *Times*: »Sehr geehrter Herr, Roosevelts Telegramm an die Diktatoren ist mehr als kindisch. Die einzige Wirkung, die es haben kann, ist, die Diktatoren zu erbittern oder sie zum Lachen zu reizen. Wenn wir in einen Krieg verstrickt werden auf der Seite Rußlands und Frankreichs, der Volksfront gegen christliche Nationen wie Italien, Deutschland und Spanien, würden wir dann nicht einen Krieg führen, der die Welt mit Sicherheit dem Bolschewismus überließe? Was mich betrifft, so kann ich nur sagen, daß ich in einem solchen Krieg nicht auf der Seite Englands stehen würde. Ihr gehorsamer Diener Lord Alfred Douglas«

brief von der Deutschen Botschaft und werde ganz eingedeckt mit Briefen von Deutschen. Aber ich hatte auch einen äußerst freundlichen Brief von Chamberlain und Halifax, die mich davor bewahren, als zu »pro-deutsch« angesehen zu werden. Warum treffe ich Sie nie? Ihr

Junker Alfred

30. Mai 1939 — 1 St. Ann's Court, Hove

Mein lieber St. Christophorus, Der Zufall wollte es, daß ich gestern abend an Sie schrieb, den Brief aber, da es spät war, nicht mehr einwarf. Ich frankierte ihn nur und ließ ihn auf dem Tisch liegen, um ihn heute morgen einzuwerfen. Jetzt erhalte ich Ihren Brief mit den Briefmarken und schreibe lieber noch diesen Brief, als den ersten wieder zu öffnen. Sie werden *donc* zwei Briefe mit gleicher Post von mir erhalten. Es ist ganz reizend von Ihnen, diese Briefmarken zu schicken. Ich will sie weiterleiten an die geliebte Norma, die entzückt sein wird. Vor ungefähr einer Woche bekam ich einen erschütternden Brief von ihrer Mutter. Es war ein Dankesbrief an mich, da ich Norma zum Geburtstag ein Fahrrad geschenkt hatte, das, so die Mitteilung, Stolz und Freude ihres Lebens sei; und abends würde sie es gerne mit ins Bett nehmen, wenn ihre Mutter das nicht verboten hätte! Aber es scheint, als sei die Familie aus Hove weggezogen, weil sie großes finanzielles Pech gehabt hatte und gezwungen wurde, ihre hübsche Wohnung hier zu räumen und nach Birmingham zu gehen, was für die arme kleine Norma natürlich ein harter Schlag ist, obwohl die Mutter ihr den Grund des Umzuges verschweigt.
A propos finanzielles Pech, ich glaube wirklich, daß Sie die vierhundert Pfund mißverstehen. Es sieht so aus, als ob ich eine staatliche Pension bekommen *könnte*, eben für meine

»Verdienste um die Dichtung und Literatur«. In anderen Fällen ist das auch geschehen. Mrs. Stopes hat zahlreiche Leute befragt, darunter zwei Kabinettsminister ... Seien Sie also bitte ein Engel (Sie sinds' ja schon) und unterschreiben Sie die »Petition«. Wenn sie keinen Erfolg hat, wird zumindest kein Schaden angerichtet. Es ist ein Alptraum, daran zu denken, daß ich diese Wohnung räumen soll, wo ich alle meine Bücher und Papiere und einige wirklich gute Möbel habe. Ich müßte die Möbel in ein Lager bringen und in Untermiete wohnen und würde meine Möbel vermutlich nie mehr wiedersehen. Bitte weigern Sie sich also nicht, auch über diesen Fluß hinweg einmal noch Ihr Ihnen bestimmtes St. Christopherische Amt auszuüben. Ich bringe Ihre fünf Fotos heute morgen zu Pannell, dem hiesigen Fotografen, um einen Spezialrahmen für sie anfertigen zu lassen. Seit Monaten schon habe ich das vor. Ihr Junker Alfred

2. Juni 1939 4 Whitehall Court, London

Mein lieber Junker, Amtsleute sind so versessen auf Arbeit und vornehme Leute sind so versessen auf einen Lord, daß es, wie ich schon sagte, nicht unmöglich ist, eine Pension für Sie herauszuschinden, wenn Sie die Namen Ihrer Helfershelfer geschickt auswählen und jene notorischen Berühmtheiten vermeiden, deren Erwähnung Wut und Unwille unter den Jobbern und Snobbern hervorruft. An vorderster Stelle dieser fatalen Namen müßte ich Marie Stopes und G. B. S. auf die schwarze Liste setzen.
Die Hauptschwierigkeit ist, daß Sie selbst notorisch genug sind, um auf dieser Liste zu stehen.
Haben Sie auch in Betracht gezogen, daß, wenn die vierhundert Pfund wirklich freiwillig sind, der Spender sie um den Betrag jedweder Pension, die Sie vielleicht erhalten, reduzieren könnte?

Das Geld, das für staatliche Pensionen zur Verfügung steht, ist, auch wenn es kürzlich aufgestockt wurde, noch schändlich wenig. Jemandem, der in solchen Reichtümern wie vierhundert Pfund pro Jahr schwelgt, auch nur einen einzigen Penny zukommen zu lassen, wäre ein Skandal – wenn man darauf aufmerksam würde. Früher war es unmöglich, mehr als achtzig Pfund im Jahr für derartige Verdienste herauszuschlagen. Heute geben sie hundert Pfund, achten aber streng auf echte Bedürftigkeit. Mein letzter Versuch, eine Pension zu erreichen für die notleidende Witwe eines Mannes, dessen Verdienste um die Kunst in Manchester ihr einen überwältigenden Anspruch darauf eingeräumt hätten, wurde ohne jede Nachsicht zurückgewiesen.[187] Soviel zum Wert meiner nachdrücklichen Empfehlung.

Inzwischen hatte ich, nachdem das Obige bereits geschrieben war, ein Gespräch mit Marie. Sie hat eine ausgezeichnete Namensliste, meint aber, sie wolle doch lieber ihren eigenen Namen riskieren, als gar keine Unterschrift von einer Frau zu haben. Womöglich hat sie recht. Jedenfalls ist ihr Name nicht so gefährlich wie meiner. G. B. S.

16. Juni 1939 [Postkarte] Ayot St. Lawrence

Die Öffentlichkeit wird nichts davon erfahren; wenn dem so wäre, bestünde nicht einmal eine halbe Chance. Aber drei oder vier allmächtige Leute (und vielleicht deren Ehefrauen) werden sehr wohl. Ein Glück, daß der Premierminister und Churchill – wie anzunehmen ist – keine Plauderstündchen pflegen. Jedenfalls ist es ein Fehler, wenn eine so höchst respektable und harmlose Liste vorliegt, aus purer Eitelkeit noch großspurige Namen wie den von M. oder mir anzuhän-

187 Witwe von Charles Rowley (1840-1933), dem Gründer der *Ancoats Brotherhood* in Manchester, einer Arbeiter-Organisation zur Förderung der Künste.

gen. Das kann nicht gut tun und richtet vielleicht irreparablen Schaden an.[188]

Watson, der schrecklich arm war, war ein sehr guter rhetorischer Dichter; aber nichts ist absurder als eine Preisliste von Dichtern. G. B. S.

20. Juni 1939 [Postkarte] Ayot St. Lawrence

Ja, natürlich: warum sie aufbewahren, wo sie doch niemandem etwas nützen?[189]

Aber die Wirtschaftskrise ist eine Tatsache. Bei Sotheby's ging ein ganzer Stoß zu vier Shilling das Stück weg, wenn ich mich recht erinnere. Kein sehr interessanter allerdings; keiner mit Doppelknüller (A. D. und G. B. S.) wie der unsrige.

Möglicherweise wäre ein Privatabkommen besser als das Risiko mit Sotheby's.

Was Duckworth[190] betrifft, so ist Arbeit halt Arbeit. Haben Sie irgend was Besseres zu tun? Wenigstens können Sie sich über den armen Sherard lustig machen. Das heißt, wenn der Preis ...?

Wie steht's mit dem Skandal?[191] G. B. S.

188 Marie Stopes legte ihre Petition am 21. Juni dem Premierminister Neville Chamberlain vor. Die Unterzeichneten waren: James Agate, Edmund Blunden, Reverend Lord Clonmore, St. John Ervine, John Gielgud, Christopher Hassall, Harold Nicolson, Arthur Quiller-Couch, J. C. Squire, Marie Stopes, Hugh Walpole, Evelyn Waugh, Humbert Wolfe und – neben Marie Stopes doch noch eine »zweite Frau« – Virginia Woolf.

189 Aus Geldverlegenheit erwog Douglas den Verkauf von Shaws Briefen. Vgl. hierzu: Shaw an Douglas, 23. Juni 1942, p. 240.

190 Der Verlag Duckworth hatte Douglas gebeten, ein Buch für ihn zu schreiben. [*Oscar Wilde. A Summing-Up.*]

191 Gemeint ist das Projekt der »Petition«. Am 22. Juni erhielt Marie Stopes eine Antwort von Chamberlains Sekretär mit dem Bescheid, daß die Vorschlagslisten jeweils im März geprüft würden. Der Antrag für Douglas sollte daher nochmals im März 1940 eingereicht werden.

29. Juni 1939 [Postkarte] 4 Whitehall Court, London

Sie sind gesetzlich berechtigt, fair zu zitieren: Keine legale Notwendigkeit, um Erlaubnis zu bitten. Soweit es mich betrifft, können Sie es gerne tun.[192]
Sherards Behauptung, Franks Buch sei aus seinem gestohlen und von Anfang bis Ende ein Lügennetz, ist typisch Sherard. Was immer Sie tun, verfallen Sie nicht in die alten, feierlichen Gegenbeschuldigungen; und bringen Sie soviel reinigenden Spaß in die Sache, wie Sie können. G. B. S.

27. Juli 1939 1 St. Ann's Court, Hove

Mein lieber St. Christophorus, In den Zeitungen habe ich gesehen, daß gestern Ihr Geburtstag war, herzlichen Glückwunsch also, und beim St. Antonius wird heute eine Kerze für Sie angezündet. Ich sah ein Bild von Ihnen, auf dem Sie außerordentlich gut und tatkräftig aussehen. Ich hoffe, es geht Ihnen auch wirklich gut.
Ich bin durch die reinste Hölle gegangen, seit ich für Duckworth an diesem Buch über Wilde schreibe ... Ich war sehr nahe daran, Duckworth zu schreiben und seinen Vorschuß zurückzugeben mit dem Bescheid, daß es mir unmöglich wäre. Inzwischen jedoch habe ich zweiundzwanzigtausend Wörter geschrieben (alle in einer Woche). Das Buch soll nur dreißigtausend haben, und morgen gehe ich zu A. J. A. Symons, Brick House in Finchingfield, Essex, um bis Montag bei ihm zu bleiben. Er kann mir mit Daten und Fakten helfen, und ich hoffe, das Buch dort zu beenden. Ich bin zu der Ansicht gelangt, daß ich, um das Buch originell zu machen

192 Einverständnis, daß Douglas aus Shaws Vorwort zu Harris' Wilde-Biographie zitieren durfte. Es gibt keine gesetzliche Zitatenregelung in Großbritannien, aber generell werden fünfhundert Worte bei Prosa, bei Gedichten weniger für zulässig betrachtet.

(und zu verhindern, daß es nichts als ein »Wegweiser« wird), das ganze Problem der Homosexualität mitbehandeln *muß*. So habe ich gleich in den ersten drei Kapiteln begonnen, alle drei zu diesem Thema. Ich hätte schrecklich gern, daß Sie lesen, was ich geschrieben habe, und war gestern abend sehr nahe daran, den maschinenschriftlichen Durchschlag des bisher Geschriebenen (acht Kapitel) an Sie abzuschicken. Aber dann fiel mir ein, daß Sie mich, wenn ich es täte, verfluchen und für schrecklich lästig halten würden! Ich weiß, was es heißt, mit unverlangten Manuskripten bombardiert zu werden. So habe ich mich beherrscht. Ich traf Symons gestern in London (Sie wissen, er arbeitet an einer umfassenden Biographie von Wilde), und er las, was ich geschrieben habe. Er sagte mir, er halte es für ganz vortrefflich, und es »erfülle ihn mit Neid.« Das war eine enorme Erleichterung (wenn er es wirklich so gemeint und nicht nur versucht hat, »mich aufzumöbeln«), da ich wirklich keine Vorstellung hatte, ob das von mir Geschriebene irgend etwas taugte. Ich bin noch immer nervös deswegen. Denn ich weiß nun einmal nicht, ob Duckworth und die Leser sich meine Kapitel über Homosexualität gefallen lassen. Natürlich verteidige ich sie nicht, aber meine Argumentation läuft darauf hinaus, daß es eine moralische Übertretung (eine Sünde) ist und kein Verbrechen, und daß folglich die Justiz keinerlei Zuständigkeit dafür übernehmen sollte (wie es der Fall ist beim Code Napoléon in Frankreich). Ich habe zitiert, was Sie in Ihrem Harris-Vorwort über Wildes Einstellung dazu sagen, es ist großartig und völlig richtig. Habe auch ein paar nette Dinge über Sie gesagt …
Ihr allzeit ergebener Junker Alfred

P. S. Ich verbrachte das vorletzte Wochenende auf einem Anwesen namens Wadhurst Park (ein Anwesen, das früher den Murrietas gehörte) bei Grant Maclean und seiner Frau (sehr reich). Sie hatten einen Hollywood-Filmmagnaten da, der mich treffen wollte (er leitet Paramount) und möchte, daß ich ein Drehbuch zu einem Film über Wilde mache. Ich weiß nicht, ob irgend etwas daraus wird, aber er scheint sehr angetan und hat mir, seit ich ihn traf, zweimal geschrieben. Wenn etwas dabei herauskäme, würde ich eine Menge Geld verdienen.[193]

27. Juli 1939 [Postkarte] 4 Whitehall Court, London

Ich werde es eines Tages ja doch lesen müssen [*Oscar Wilde, a Summing-Up*]; warum also nicht gleich? G. B. S.

9. August 1939 [Postkarte] Ayot St. Lawrence

Prächtiger Einfall, das mit dem freien Denken! Nur zu, so gut Sie es eben können.[194] Aber vergessen Sie nicht, daß es der Kirche recht geschieht, weil sie den alten Plunder nicht hinausgeworfen hat. Nichtsdestoweniger war das Freidenkertum im neunzehnten Jahrhundert katastrophal. Mein altes Klischee – daß seine Anführer nicht eigentlich nach Wissenschaft strebten, wie sie vermeinten, sondern danach, die Bibel zu zertrümmern, Gott abzuschaffen und die Schwestern ihrer verstorbenen Ehefrauen zu heiraten – trifft annähernd zu. Darin lag keine Rettung für Ihren Vater: es befreite ihn aus der Bastille nur, um ihn heimatlos auf die Straße zu werfen.

G. B. S.

193 Grant Maclean, ein pensionierter Anwalt, der Douglas häufig in Rechtsangelegenheiten beriet, war Eigentümer von Wadhurst Park. -Der »Filmmagnat« war ein Herr Piazza.
194 Vgl. hierzu *Oscar Wilde, A Summing-Up*, pp. 126-127.

9. August 1939 Ayot St. Lawrence

– In großer Eile –
Sie dürfen [Vyvyan] Holland nicht namentlich erwähnen, es sei denn mit seinem Einverständnis und auf seinen Wunsch hin.
Wildes höfische Tracht war durchaus kleidsam; und Sie sollten den echten Schönheitssinn für seine Motivation, sie bei seinen Auftritten anzulegen, nicht übersehen. Ich glaube nicht, daß er sie je auf der Straße trug.
Ich hatte keine Abneigung gegen Wilde, und ich glaube nicht, daß er eine gegen mich hatte, obwohl ich es war, von dem er sagte, »Shaw hat keinen Feind in der Welt; und keiner seiner Freunde kann ihn leiden!« Das traf zu, und zwar so gut, daß er es mehrmals anwandte, auch auf andere Leute. Er machte das immer.
Die gesellschaftliche Bedeutung seiner Mutter *in Dublin* hat er keineswegs übertrieben; Sie verstehen Irland und die Irländer nicht.
Irland ist *ganz* Kolonie; Macaulays Vorstellung, daß der kolonisierte Ire englisch sei, ist ebenso absurd wie die Vorstellung, daß der kolonisierte Engländer ein normannischer Franzose sei.[195] G. B. S.

11. August 1939 1 St. Ann's Court, Hove

Mein lieber St. Christophorus, Hier ist das Typoskript des Buches. Ich hoffe, Sie werden nicht zu schlecht darüber denken, und ich hoffe, Sie werden auch die ersten drei Kapitel billigen, in denen ich das ganze Problem der Homosexualität behandelt habe. Ich mache mir Sorgen, was Duckworth darüber denken wird.

195 Diesen Brief übernahm Douglas fast vollständig in sein Buch *Oscar Wilde, A Summing-Up*, pp. 83-84.

Am Ende, nachdem ich furchtbare Agonien durchgemacht hatte, während welcher ich an dem Punkt war, Duckworth zu schreiben und ihm mitzuteilen, daß ich das Buch nicht zustandebrächte und den Vorschuß zurücksenden wollte, schrieb ich das ganze Ding doch in ungefähr drei Wochen ... Ich habe noch zwei Durchschläge des Typoskripts, so daß Sie diesen Durchschlag eine angemessen lange Zeit behalten können, doch hätte ich ihn gelegentlich gerne zurück. Ihr immer ergebener Junker Alfred

15. August 1939 1 St. Ann's Court, Hove

Mein lieber St. Christophorus, Ich bin entzückt zu sehen, daß Ihr Stück über Karl II.[196] einen so großen Erfolg gehabt hat. Ich wollte, ich hätte es ansehen können. Gestern ging das Typoskript meines Buches an Duckworth ab. Ich bin recht bange, was sie dort über die Kapitel zur homosexuellen Frage denken werden. Wenn Sie sie billigen, schreiben Sie mir doch und sagen Sie es, so daß ich Sie, falls nötig und falls man Einwände dagegen hat, zitieren kann. Ich bin ziemlich sicher, daß Sie sie nicht mißbilligen, aber bis ich von Ihnen etwas höre, werde ich nervös sein. Ihr ergebener Junker Alfred

P. S. Veröffentlichen Sie den Text Ihres neuen Stückes, so daß ich ihn bekommen kann?

196 *In Good King Charles's Golden Days* [deutscher Titel: *Der gute König Karl*] kam im Rahmen des Malvern Festivals 1939 zur Aufführung und wurde im gleichen Jahr bei Constable publiziert.

15. August 1939 1 St. Ann's Court, Hove

Mein lieber St. Christophorus, Das »Lektoratsgutachten« ist eine glänzende Satire. Es ist *genau* die Art von geiferndem Schwachsinn, die der Durchschnittslektor einem Verleger (der neun- von zehnmal ein verdammter Idiot ist) zu einem guten Buch schreibt. Warum gibt es nicht mehr das Original-Gutachten des Mannes, der Charlotte Brontë und Jane Austen abgelehnt hat? Aber wie dem auch sei, ich wollte, Sie hätten etwas Ernstes geschrieben. Ich war ziemlich enttäuscht, als ich den Umschlag öffnete und las, was ich zunächst für ernste Vorwürfe nahm, daß nämlich »der scharlachrote Marquess« mit meinem Vater »verwechselt« wurde, wo ich doch sorgfältig erkläre, daß »der schreiende scharlachrote Marquess« Wildes Spitzname für meinen Vater war (als Paraphrase einer Phrase von einem »schreienden scharlachroten Ibis« in seinem Gedicht *Die Sphinx*). Zuerst dachte ich, Sie hätten plötzlich den Verstand verloren! Aber es ist natürlich genau die Art von Quatsch, die ein Verlagslektor schreibt. Sie haben das wunderbar getroffen. Meine Autobiographie wurde seinerzeit von fast allen Verlegern in London abgelehnt (zweifellos aufgrund ähnlicher Gutachten), und doch war sie ein großer Erfolg und hatte in Englisch, Französisch und Deutsch hohe Verkaufszahlen und revolutionierte die ganze Wilde-Story, die akzeptiert worden war, ehe ich sie darstellte.

Sie hätten mir sagen können, was Sie wirklich über die drei ersten Kapitel und die homosexuelle Frage dachten ... Warum konnten Sie nicht vernünftig schreiben, statt irische Witze zu machen (ich nehme an, sie müssen irisch sein, da Sie sagen, daß ich die Iren nicht verstehe!)?

Ich hatte gerade einen Herrn von der *Sunday Pictorial* [Illustrierte] hier wegen eines Interviews. Er wollte wissen, ob es stimmt, daß ich pro-deutsch und anti-britisch sei! Und ob ich die Absicht hätte, im Krieg für Deutschland zu kämpfen?

Dies aus Anlaß meines Briefes, den ich an Fitzrandolph[197] von der Deutschen Botschaft sandte, welcher ihn in der Berliner *Allgemeinen Zeitung* abdrucken ließ! Ich gab dem Reporter ein Interview, und sein Redakteur wird es wahrscheinlich verzerren. Wenn er es tatsächlich tut, werde ich die *Pictorial* auf Verleumdung verklagen! Sie ist ohnehin ein übles Blatt.
Ihr ergebener Junker Alfred

P. S. Wie wärs', wenn wir Ihr »Lektoratsgutachten« und meine Antwort als Vorspann zu meinem Buch drucken ließen?
P. P. S. Ich werde Ihren Fingerzeig wegen Holland befolgen. Symons sagte mir schon, er habe sich gedacht, daß Holland nicht gerne namentlich als Wildes Sohn erscheinen möchte. Ihre anderen (Bleistift-)Punkte sind auch gebührend beachtet worden. Ich nehme sie ernst, im Unterschied zum »Lektoratsgutachten«.

16. August 1939 4 Whitehall Court, London

Lieber Junker, Machen wir Nägel mit Köpfen.
Sie müssen das irrsinnige Buch neu anordnen wie folgt. Sie müssen mit Wildes Geburt beginnen und seinen Werdegang bis zum Grab verfolgen, so sachlich wie das *Dictionary of National Biography*. Dann, wenn der Leser im vollen Besitz all dessen ist, was Wilde war und was genau ihm widerfuhr, können Sie nach Herzenslust über ihn moralisieren; denn erst dann, nicht vorher, werden Ihre Alarmrufe und Abstecher verständlich sein.
Sie müssen darlegen, warum die neue Biographie notwendig ist, trotz der bewundernswerten Arbeit von Harris, die Sie selbst redigiert haben, und die – bedenkt man ihre Entste-

197 Sigismund Sizzo Fitzrandolph, Presse-Attaché der Deutschen Botschaft in London von 1933 bis 1939. Vgl. auch Brief (u. Anm.) vom 30. 5. 39.

hungszeit – vorbildlich ist für das, was eine Biographie sein sollte (so wie Ihr Manuskript ein Vorbild ist für das, was sie nicht sein sollte).
Sie müssen darlegen, daß Harris und Sherard gehemmt waren durch die Tatsache, daß man zu ihrer Zeit generell davon überzeugt war, Homosexualität sei gleichbedeutend mit schrecklichster Charakterverdorbenheit und unnatürlich und unaussprechlich. Die in England von Havelock Ellis und Edward Carpenter geleistete Arbeit, und im Ausland die von Freud und den Psychoanalytikern, hat all das vollkommen verändert. Nicht nur sind sexuelle Themen »aussprechbar« und diskutierbar geworden (vergleichen Sie die Romane von Thackeray mit denen von D. H. Lawrence), sondern man weiß heute auch, daß eine Umkehrung des Sexualtriebs natürlich sein kann und daß das Opfer derselben höchst bedauernswert ist und möglicherweise eine Persönlichkeit von edelstem Charakter. Das Leben Wildes muß deshalb aus dem alten Umfeld, in dem Harris und Sherard es beschrieben haben, herausgenommen und neu erzählt werden mit einer gesunden Objektivität, wie sie vor dem Krieg unmöglich war.
Bei diesem Vorgehen müssen Sie Ihren Kopf frei machen von Sodom und Gomorrha und den katholischen Kategorien von Sünde-im-Unterschied-zu Verbrechen und allem, was sonst noch dazugehört. Sie werden erklären müssen, daß Wilde gerichtlich verfolgt wurde nicht wegen »Sodomie«, sondern wegen Verstoßes gegen den »Strafrechtsergänzungsparagraphen zum Schutze Jugendlicher«, dessen er sich schuldig gemacht hatte. Es ist nicht nötig, den Leser mit Beteuerungen zu plagen, daß Sie als Katholik verpflichtet sind, Pickwickier Ansichten und Werte zu verkünden, die heute überholt, irrelevant und lächerlich sind.[198]
Sie müssen den rührseligen Schund über Mrs. Wilde weglas-

198 Nach Samuel Pickwick in Charles Dickens' Roman *Die Pickwickier*, eigentl. *Die nachgelassenen Aufzeichnungen des Pickwick-Klubs. (The Posthumous Papers of the Pickwick Club*, 1836/37). – Samuel Pickwick hat sich

sen, der ganz nach Sherard klingt. Sie war keine schöne Frau und kann es nie gewesen sein; aber sie war nicht häßlich: ihre äußere Erscheinung forderte einfach zu keinem Kommentar heraus. Was das betrifft, daß es ihre Pflicht gewesen sei, zu Wilde zu halten: hielt Ihre Mutter es denn für *Ihre* Pflicht, zu Wilde zu halten? Sie vergessen, daß Constance zwei Söhne großzuziehen hatte, viel jünger als der eine Sohn, für den Ihre Mutter sich verantwortlich fühlte. Daß Sie Ihre fromme Verurteilung von Mrs. Wilde in Verbindung bringen mit Ihrer Enthüllung über die Herkunft Hollands, verschlägt einem die Sprache.[199]

Sie sind nicht nur verpflichtet, den Prozeß mit dokumentarischer Gemütsruhe nachzuerzählen, sondern auch die wichtige und unerläßliche Wahrheit zu sagen, daß Wilde, wie Edmund Kean, [Thomas] Robson und Dickens, an dem Versuch gestorben ist, von Alkohol zu leben, der außerordentlichen Energie wegen, die dieser ihm beim Schauspielen verlieh.

Sie müssen sich entscheiden, ob Sie *De Profundis* für eine Fälschung halten oder nicht. Wenn ja, haben Sie keine Gründe, sich zu beklagen, daß Wilde Sie angegriffen hätte; und das ganze Zeug darüber muß raus. Wenn Sie es als echt akzeptieren, was es offensichtlich ist, haben Sie keinen Grund, es als Schwindel darzustellen. Da niemand heute noch irgendeine Erinnerung an Ross hat, leistet Ihre Schwäche für vulgäre Schmähung ihm tatsächlich einen Auferstehungsdienst.

Ihr brieflicher Auswurf bedarf keiner Antwort. Meine Skizzierung dessen, was jeder intelligente und nicht unfreundliche Verlagslektor dazu sagen würde, hatte Ihnen eigentlich die Augen öffnen sollen für die Wirkung, die Ihr Buch aus-

der Erforschung längst erforschter Gegenden oder banaler Naturerscheinungen verschrieben und verkündet ebenso naiv wie enthusiastisch seine im Grunde nichtssagenden Thesen.

199 Die betreffenden Passagen wurden von Douglas dennoch unverändert in die Buchausgabe übernommen.

lösen muß. Jahre sind vergangen, und die Erinnerung hat sich getrübt, seit Ihre Autobiographie erschienen ist. Symons hatte recht, wenn er folgerte, daß das, was Sie wollten, nicht kritische Auseinandersetzung war sondern Lobhudelei; und die hat er entsprechend dick aufgetragen. Er sollte sich schämen. Jetzt gehen Sie ran und ordnen Sie Ihr Buch neu, genau so wie ich es Ihnen sage, und seien Sie zu sich selbst verdammt. Es macht mir keine Freude, meine Zeit zu vergeuden. G. B. S.

P. S. Da Sie das Buch vorschnell an Duckworth geschickt haben, ohne auf meine Instruktionen zu warten, wäre es besser, Sie schickten ihm auch mein »Lektoratsgutachten« und fragten ihn, ob er damit einverstanden ist. Auf diese Weise werden Sie eine unabhängige Stellungnahme erhalten. Natürlich wird er mit jeder Silbe einverstanden sein.
Sie sind ein überaus lästiges Problemkind, Junker.[200]

18. August 1939 1 St. Ann's Court, Hove

Mein lieber St. Christophorus, Warum schreiben Sie nicht selbst eine Wilde-Biographie von dreißigtausend Wörtern und sehen, was dabei herauskommt? Was immer Sie zustandebrächten, es könnte kein größerer Mißerfolg sein oder eine vernichtendere »Presse« haben als Ihre Ausgabe der schwachsinnigen Arbeit von Harris (wettgemacht natürlich durch Ihr glänzendes Vorwort), die Sie (absolut alleine als *Bernardus contra mundum*) beharrlich weiter für die beste Wilde-Biographie erachten. Im Ernst, warum wollen Sie aus mir eine Art kleinen Bernard Shaw machen? Nichts könnte absurder und fataler für mich sein, als nach Ihren Richtlinien eine Wilde-Biographie zu schreiben und von Ihrem Stand-

200 Originaltext: »exceedingly troublesome Childe«. In der deutschen Übersetzung sollte sowohl »troublesome«: schwierig *und* lästig, als auch »Childe«: Junker *und* Kind zum Ausdruck kommen.

punkt aus, der fast das genaue Gegenteil des meinigen ist. Ich schreibe als gläubiger Katholik (wenn auch mit dem Vorteil, die ganze homosexuelle Problematik erfahren zu haben, lange bevor Ihre Havelock Ellises und Freuds darauf aufmerksam wurden) und, hinsichtlich meiner Freundschaft mit Oscar, als ein Gefühlsmensch. Ich habe nicht vor, meine Ansichten zu ändern, nur um Ihnen genehm zu sein. Es brauchte einen zwanzig Seiten langen Brief, um auf sämtliche Absurditäten in Ihrem »Lektoratsgutachten« (das in den Papierkorb gewandert ist) oder auf Ihren Brief, den ich heute morgen erhielt, einzugehen. Sie sind extrem skrupellos in der Beweisführung, Sie sagen einfach irgend etwas, was Ihnen in den Sinn kommt. In Ihrer extremen Unfähigkeit, irgendeinen Standpunkt außer dem Ihren anzuerkennen, erinnern Sie mich stark an meinen Vater! Z. B. sagen Sie – aber das ist ein ganz unbedeutender Punkt –, daß Mrs. Wilde nicht schön gewesen sei. Wer von uns beiden, Sie oder ich, kann diesen Punkt wohl besser beurteilen? Ich, der ich einmal Wochen in ihrem Haus verbrachte, Tennis mit ihr spielte, mit ihr tanzte und sie mehr als vier Jahre hindurch immer wieder sah, oder Sie, der sie kaum kannte und sie nicht mehr als ein paarmal, zumeist aus der Entfernung, gesehen haben kann? Dennoch lehne ich es entschieden ab, mich zu einem Schreibwettkampf mit Ihnen verlocken zu lassen. Ich glaube nicht, daß ich eine Chance hätte, denn ich hasse es, irgend jemandes Gefühle zu verletzen, und Sie haben daran gründlich Ihre Freude. Ich bleibe Ihnen durchaus ergeben, und Sie müssen sich, vorausgesetzt, daß Sie mich überhaupt gern haben, wie ein Schulbub entscheiden, »mich trotzdem gern zu haben«, auch wenn Sie alles von mir wissen. Unter anderen Bedingungen können Sie mich nicht haben.

Ich sandte mein Buch vor drei Tagen an Duckworth und habe bis jetzt nur eine formelle Bestätigung. Ich beabsichtige keineswegs, es zu ändern, außer in unbedeutenden Punkten (z. B. werde ich, wenn Sie möchten, erwähnen, daß Sie bestreiten, Wilde nicht leiden zu können, und daß Lady

Wilde, vom irischen Standpunkt aus, eine *grande dame* war)[201], und wenn das den Leuten bei Duckworth nicht paßt, *tant pis*. Ich weiß, daß Secker entzückt wäre, es zu publizieren, wenn sie es nicht wollen. Ihr ergebener Junker

P. S. Es ist typisch unfair von Ihnen zu sagen, daß Sie »nicht gerne Ihre Zeit vergeuden«. Ich fragte Sie, ob Sie mein Buch sehen wollten, und Sie antworteten postwendend, Sie wollten.

Folglich schickte ich es Ihnen auf Ihren eigenen Wunsch hin. Warum also bin ich es, der *Ihre Zeit vergeudet*? Wie steht es dem mit *meiner* Zeit, ganz zu schweigen von meinen Nerven und meinem Selbstwertgefühl, das (auch wenn ich einiges von der Tugend der Demut habe, der Sie völlig fremd gegenüberstehen) durch Ihre bösartigen Tritte verletzt wird?

18. August 1939 4 Whitehall Court, London

Sie HIRNVERBRANNTER Idiot, Wer hat Sie aufgefordert, Ihre Ansichten zu ändern?

Ist es zuviel verlangt, ein paar Tage Arbeit dranzuhängen, um Ihre Pronomen mit Beziehungswörtern zu versehen und Ihr Kritisieren und Moralisieren zurückzustellen, bis der Leser weiß, wovon Sie sprechen? Drei oder vier Sätze ausgelassen und vielleicht ein halbes Dutzend angeglichen, schon wären die Widersprüche weg.

Sie werden vergeblich danach streben, auch nur ein sechstklassiger Bernard Shaw zu sein, bis Sie lernen, sich selbst zu vergessen und den Leser, den Sie ständig vor sich sehen müssen, unablässig zu bearbeiten, wie ein tüchtiger Rechtsanwalt die Geschworenen und den Richter bearbeitet, bis

201 Beide Stellen wurden durch Einbeziehen der betreffenden Passagen aus Shaws Brief vom 9. August 1939 geändert. Vgl. *Oscar Wilde, A. Summing-Up*, pp. 83-84.

nichts als sein Fall – am allerwenigsten er selbst – Ihre Köpfe ausfüllt. Dann wird es keinen Grund geben, warum Sie nicht ein erstklassiger B. S. sein sollten.
Zur Zeit sind Sie ein schreiendes Baby. Es hat keinen Zweck, mich zu bitten, Sie gern zu haben: Ich HASSE schlampige Arbeiter.
Sie sind ein Ungeheuer an selbstsüchtiger Undankbarkeit. Lassen Sie mich nichts mehr von Ihrem verpfuschten Buch hören. G. B. S.

27. August 1939 4 Whitehall Court, London

Hier ist Ihre Gliederung. Sehr nett von Ihren Freunden, Ihnen so schmalzig zu kommen; aber dieses Schmalz ist nicht gut für die Würze.
Nehmen Sie zur Kenntnis, daß ich am Dienstag (so Gott will) hinunter nach Frinton-on-Sea, Essex, Hotel Esplanade fahre, wo ich voraussichtlich bis Ende September bleibe. In Eile – beim Packen G. B. S.

Kapitel I	Die Einwohnerschaft Irlands im siebzehnten Jahrhundert.
Kapitel II	Protestantischer Import auf die Insel der Heiligen.
Kapitel III	Das Trinity College, Dublin, und sein Studentenpack.
Kapitel IV	Oxford, Zivilisation, Mahaffy[202] und Griechenland.
Kapitel V	Der verrückte Marquess und seine vatermörderischen Bälger.
Kapitel VI	Ästhetizismus und Dublin, Snobismus in London.

202 Reverend John Pentland Mahaffy (1839-1919), Professor für Alte Geschichte und Tutor Oscar Wildes, der seinen Schüler zur Mitarbeit an drei Fachbüchern über Griechenland gewinnen konnte.

Kapitel VII	*Lady Windermere's Fächer* und Lady Wilde's Immoralismus und Acromegalie.
Kapitel VIII	Erfolg. »Ich dachte, ich könnte alles.«
Kapitel IX	Der Super-Ästhet wird in niedriger Gesellschaft gesehen.
Kapitel X	Der verrückte Marquess schlägt sein Balg unter Benutzung von Oscar.
Kapitel XI	Das Balg schlägt zurück, auch unter Benutzung von Oscar.
Kapitel XII	Oscar »stellt sich zwischen die entbrannten Degenspitzen von mächtigen Gegnern«. [Hamlet, Akt. V, Szene 2]
Kapitel XIII	Justice Wills hat die Bibel gelesen, nicht aber Havelock Ellis oder Freud.
Kapitel XIV	*De Profundis* und Clapham Junction [Platz in London].
Kapitel XV	Zwei Jahre trocken. Oscar, der Athlet.
Kapitel XVI	Das Balg, zum Poeten herangewachsen, glaubt fest an die Freundschaft.
Kapitel XVII	Der Schwanengesang vom Zuchthaus zu Reading.
Kapitel XVIII	Tintenfaß oder Flasche? Kean, Robson, Dickens.
Kapitel XIX	Unsterblichkeit als Redner unter Alkohol.
Kapitel XX	Der Preis: Tod mit sechsundvierzig. Shaw tatkräftig mit dreiundachtzig.
Kapitel XXI	Nachrufe mit Eselsohren. Die *Enzyklopädia Britannica*.
Kapitel XXII	Nachlese: Wohin Prozesse und Biographien führen.
Kapitel XXIII	Notwendige Revision der Wertung. Oscar ein großer Mensch.
Ausklang:	Zusätze, Berichtigungen und Verbesserung des Balgs.

10. September 1939 Hotel Esplanade,
Frinton-on-Sea, Essex

Kindchen, Kindchen, Meine Gliederung war ein Arrangement für *Ihr* Manuskript, mitnichten für etwas, was ich zu schreiben irgendwelche Absichten hätte. Gleichwohl, was tut es zur Sache, ob es von mir oder von Ihnen ist, wenn es nur hinhaut? Als Shakespeare sich die Moralisierungen des Gonzalo bei Montaigne holte, genau so, wie sie dort standen, war er nicht eifersüchtig auf »Originalität« bedacht wie ein vornehmer Amateurschreiberling im neunzehnten Jahrhundert. Als Händel »The Lord is a Man of War« kopierte und in seine Partitur von *Israel in Ägypten* aufnahm, war er froh, die Zeit gespart zu haben, die er gebraucht hätte, um es selbst zu komponieren. Als ich mir Mrs. Clennam und Jaggers von Dickens und den Räuber-Poetaster von Conan Doyle aneignete, hatte ich keine Skrupel und habe auch jetzt keine.
Aber Sie sind so ein verd .... Narr!
Es ist Zeitverschwendung, Ihnen helfen zu wollen.
Vier Pfund die Woche ist in etwa das Salär eines japanischen Generals. Man kann davon leben. Manche Großfamilie wäre stolz, Sie für fünfzehn Shilling die Woche mitzuverpflegen. Ein irisches Kloster könnte aus Ihnen noch Profit schlagen. Jedes Hotel in Jugoslawien würde Sie in Vollpension nehmen für zehn Shilling pro Tag. Wenn Sie sich St. Ann's *Court*[203] nicht leisten können, müssen Sie eben in St. Ann's *Gasse* wohnen. Und Sie können Francis [Queensberry] immer noch damit drohen, auf seiner Türschwelle hungers dahinzusiechen.
Ich sehe keine Möglichkeit, wie wir Hitler blockieren können, jetzt wo er Rußland hat, um seine Versorgung einzukaufen. Und Sieg bedeutet heutzutage Blockade.
Meine Frau ist seit Tagen bettlägerig mit starken Schmerzen (Hexenschuß). Die Schließung der Theater und die Verdun-

203 *Court*: Hof, auch Fürstenhof.

kelung sind ärgerliche Notmaßnahmen der Angsthasen. Ich bin in der übelsten Laune. Führen Sie mich nicht in Versuchung, sie an Ihnen auszulassen. Was machen Sie sich Gedanken um Ihre Wohnung? Hauen Sie ab, wenn Sie müssen. Mein Hotel schließt am 30., dann muß ich zurück nach Ayot.
G. Bernard Shaw

18. September 1939 Hotel Esplanade, Frinton-on-Sea

Nein, lieber Junker, wir sind nicht wie Higgins und Eliza[204]; wir sind wie der kämpfende Maat und der wahre britische Seemann.

So: ACHTUNG STÜRMISCHE BÖ.
EIN NAUTISCHES MELODRAM.

k. M. Packen Sie an, das Segel hier braucht Leine!
w. b. S. (*träumend mit offenen Augen*)??? (*Eine Minute vergeht*)
k. M. (*denkt, er hätte den Befehl nicht erteilt*) Packen Sie an, etc. ... (*Wieder vergeht eine Minute*)
(*unheilverkündend*) Haben Sie mich gehört? Ich sagte, packen Sie an, etc.
w. b. S. (*begreift plötzlich*) Ja, Sir.
k. M. Warum dann, zum Teufel, befolgen Sie nicht die Order, Sie – – – – Sie – – – – Sie (*bekräftigt die widerwärtigsten Beinamen durch heftige Tritte*)
w. b. S. (*reibt sich reuevoll die blauen Flecken*)
Ich dachte, Sie meinten es nicht ernst.
(*Der Maat führt die Order selbst aus*).
Vorhang.

204 Professor Higgins und das Blumenmädchen Eliza, Gestalten aus Shaws Stück *Pygmalion* (weltweit populär geworden in der Musical-Version von Alan J. Lerner und Frederick Loewe, 1956, u. d. T. *My fair Lady*).

Ich wollte, mir fiele irgendeine maßlose Beschimpfung ein, die Sie bewegen könnte, das, was ich schreibe, zu beachten. Zum Beispiel machen Sie das übliche jämmerliche Geschrei, daß Sie Ihre Bemerkungen zur Homosexualität auslassen müßten. Ich gebe Ihnen eine Gliederung, worin ich ein Kapitel vorgesehen habe – das über Justice Wills – als den geeigneten Platz für Ihre Ausführungen. Und alles, was ich von Ihnen dafür bekomme, ist noch mehr Geschrei und Aufbegehren – immer Aufbegehren –, daß Sie Ebbing (gemeint ist Ebing)[205] gelesen hätten, lange bevor Havelock Ellis und Freud den üblichen Bibelstudenten wie Wills ein bißchen Verstand eingebläut haben. Freilich glaube ich Ihnen; aber waren Sie es, der Wilde verurteilte, oder war es Wills? Können Sie denn niemals aufhören, an sich selbst zu denken, verflucht noch mal?

Natürlich wußte ich, daß Francis es sich nicht würde leisten können, Sie als Pflastermaler, der sich ein paar Kupfermünzen verdient, vor seiner Hausumzäunung sitzen zu haben. Der Heilige Judas schickt immer irgendeinen weichherzigen Dummkopf wie Mrs. Denham[206] zur Rettung unverbesserlich fauler Anbeter. Diese Heiligen lieben Schmeicheleien …

Ich habe gerade an die *Times* geschrieben, zur gesegneten Invasion Rußlands[207], und habe für weiteres keine Zeit.

G. B. S.

205 Freiherr Richard von Krafft-Ebing (1840-1902), deutscher Psychologe und Sexualforscher, Hauptwerk: *Psychopathia sexualis* (1886).

206 Mrs. J. D. Denham-Smith aus Hove, kürzlich verwitwet, hatte Douglas ab März 1940 finanzielle Unterstützung angeboten, wenn Queensberrys Mietvertrag für die Wohnung in St. Ann's Court auslaufen sollte.
Sie und ihr verstorbener Mann, ein Barrister und Autor leichter Verse (*Love, Laughter and After*, 1934; [Liebe, Lachen und was dann]), waren alte Freunde von Douglas.

207 u. d. T. »Poland and Russia« [Polen und Rußland] am 20. September 1939 erschienen.

12. Oktober 1939 [Postkarte]   4 Whitehall Court, London

Kenne ich nicht. [Vyvyan Holland]
Warum nicht das Angebot machen, Ihren Einspruch gegen *De Profundis* zurückzuziehen?[208] Meine Erinnerung an die unterdrückten Passagen ist die, daß sie derart erniedrigend waren für Wilde, daß Ross ganz recht hatte, sie zurückzuhalten, andererseits aber unrecht, weil er dadurch suggerierte, sie seien von irgendwelcher Bedeutung gewesen.
Auch für Sie sind sie aber gleichermaßen erniedrigend, obwohl nicht eigentlich verleumderisch. Wen in aller Welt interessiert es heute noch, ob Sie ihn besuchten, als er Grippe hatte, oder wer von Ihnen beiden die Weintrauben bezahlte – oder was immer seine sonstigen Bagatellinjurien waren? Erbärmlich, das alles!   G. B. S.

3. Januar 1940 [Postkarte]   4 Whitehall Court, London

Die Gregynog Presse ist ein Privatbetrieb unter Leitung einer reichen Waliser Familie. Die vermeintliche Autobiographie ist nur eine Sammlung aus alten Vorreden, Interviews und fragmentarischem Kleinkram, wie ich ihn gelegentlich über mich selbst und meine Familie geschrieben habe. Nichts Neues.[209]
Der Christophorus-Ring[210] ist zu klein für meine lebenslängliche Akkumulation von Schlüsseln, ich werde also meinem

208 Seit einer Reihe von Jahren hatte Wildes Sohn den vollständigen Text von *De Profundis* veröffentlichen wollen, aber Douglas' Androhung einer Verleumdungsklage hatte das Unternehmen blockiert, obwohl Vyvyan Holland Inhaber der Rechte war.
209 *Shaw Gives Himself Away. An Autobiographical Miscellany*, Gregynog Press, 1939, limitierte Auflage (250 Exemplare).
Der Verlag, der sich auf besonders schöne Drucke spezialisierte, war 1922 von Gwendoline und Margaret Davies in Gregynog bei Newton, Montgomeryshire, gegründet worden.
210 Ein Schlüsselring. Weihnachtsgeschenk von Douglas.

alten Ring treu bleiben, den ich vor achtundsechzig Jahren in Dublin in der Dawson Street für vier Pence gekauft habe. Er ist in besserem Zustand als ich.
Wenn ich ein wirklich nettes Geschenk erhalte, gebe ich es an den ersten wirklich netten Menschen weiter, der auf mich zukommt. Diese Angewohnheit macht den ursprünglichen Geber wütend, erhöht meine eigene Dankbarkeit aber noch durch diejenige des Endempfängers. G. B. S.

9. Februar 1940 [Postkarte] 4 Whitehall Court, London

Ich habe auf die Besprechung hin an die *Literary Supplement* geschrieben.[211]
Das Buch ist sehr lesenswert für jeden über sechzig und, ich hoffe, auch für jüngere Leute, aber bei diesen kann ich natürlich nicht so sicher sein.
Sie müssen das Geschwätz über *Bunbury* seinlassen, diese seelenlose Farce ohne ein einziges menschliches Wesen oder ein menschliches Moment. In *The School for Scandal* [Theaterstück: *Die Schule des Skandals*] sind drei oder vier ganz shakespearische Gestalten; und das macht es, trotz der äußerst gedankenlosen Moral, zu einer echten Komödie.
G. B. S.

211 betr. *Oscar Wilde, A. Summing-Up,* erschienen bei Duckworth. Die *Times Literary Supplement* vom 3. Februar 1940 brachte eine hervorragende und lobende Besprechung. Doch stand darin die Behauptung, Douglas sei von Bernard Shaw irregeführt worden und verwechsle Kriminalität mit Laster: Wilde habe nicht recht getan, wenn er für nicht schuldig plädierte. In der folgenden Ausgabe erschien Shaws energische Zurückweisung: der »Präzedenzfall in der britischen Geschichte ist die Freisprechung der sieben Bischöfe im Jahre 1688, bei der es kein Disputieren über die Fakten gab.«

15. Februar 1940 4 Whitehall Court, London

Lieber Junker, Vielleicht ist dies eine Arbeit für Sie: Warum überreden Sie nicht Ihren Verleger, oder irgendeinen anderen Verleger, einen Band *Die berühmten Komödien Oscar Wildes* zu bringen, herausgegeben von Ihnen und mit einem langen Nachwort auch von Ihnen. Ich glaube, das würde sich verkaufen, und in jedem Fall würde der Verleger nichts dabei verlieren und an Prestige gewinnen.

Es ist so lange her, seit ich ein Stück von Wilde gesehen oder gelesen habe, daß ich mich nicht genau festlegen will, ehe ich mein Gedächtnis aufgefrischt habe. Erst neulich erzählte mir ein Regisseur, der nach Wiederbelebbarem Ausschau hielt (angelockt durch den Erfolg von *Bunbury*), daß er *Eine Frau ohne Bedeutung* wiedergelesen und es ganz unmöglich und überholt gefunden hätte. Meine eigene Erinnerung aber, von den ersten Inszenierungen her, ist, daß die Stücke von geradezu göttlicher Brillanz waren, verglichen mit den damaligen Mode-Stücken: sie waren nicht nur geistreich, sondern Große Literatur, mit einem großen »G«. Hätte Wilde sich nicht gegen Ibsen behaupten müssen, neben dem sogar Shakespeare nur Mumpitz war, sie wären epochemachend gewesen. Ich muß sie wieder lesen: Oscar hat mir die Bücher zugesandt, und irgendwo muß ich sie haben.

Oscars Überlegenheit vor Sheridan und Congreve[212] liegt darin, daß er von Grund auf Moralist war, während Sheridan zwar Gestalten wie Sir Peter Teazle, Joseph Surface, Bob Acres, Sir Anthony Absolute, Mrs. Candour, Mrs. Malaprop etc. etc. erschaffen konnte – was Oscar nicht konnte, oder jedenfalls nicht tat –, die Sheridan'sche Moralität aber zugleich von der allertrockensten Herkömmlichkeit war, mit dem Ergebnis, daß seine tugendhafte Heldin Lady Teazle heute eine niederträchtige Proletin ist und sein Held Charles

212 Richard Brinsley Sheridan (1751-1816), anglo-irischer Dramatiker und Politiker, und William Congreve (1670–1729), Dramatiker, gelten als die Klassiker für geistreiche, witzige Komödien.

Surface ein Taugenichts, nur kraftlos ausgeglichen durch den Anhauch von Gefühl, der ihn davon abhält, das Bildnis seines Onkels zu verkaufen. Sheridan hat ihn, das ist schon richtig, Surface [Oberfläche] genannt, meinte damit aber eigentlich nicht ihn, sondern Joseph.

Was Congreve betrifft, so hatte er literarisches und dramatisches Talent. Aber wie soll man einen Bühnenautor einordnen, dessen Vorstellung von Humor daraus bestand, daß er Hahnreie und lüsterne alte Frauen bespöttelte und die Syphilis zum Gegenstand des Gelächters machte? Wilde war dem himmelhoch überlegen. Hier gibt es allerhand für Sie zu schreiben und nachzuholen.

Goldsmith[213], der in seinem *Verlassenen Dorf* und dem *Landprediger von Wakefield* Karl Marx vorweggenommen hat, war bei weitem der wichtigste aus dem ganzen irischen Haufen und der einzige, der eine edle Figur abgibt. In seinem [Lustspiel] *Der Gutmütige*, dessen Mißerfolg ihn als Bühnenautor erledigte, tat er den ersten Schritt in Richtung Ibsen und Wilde, indem er die moralischen Werte der Bourgeoisie herausforderte, aber unglücklicherweise die Konvention beibehielt, nach der ein Stück eine Handlung haben muß, und damit sein Stück ruinierte. – Wenn Sie sich demnächst über das Thema der irischen Besiedlung auslassen, denken Sie daran, daß *alle* Iren kolonisiert sind.

Der extreme Typus, der früher mit langer Oberlippe in den englischen Zeitungen karikiert wurde, ist so offensichtlich ein spanischer Maultiertreiber wie der Herzog von Wellington ein Gentleman aus der Garnison war. Beide sind auf irischen Boden verpflanzt worden, und das Klima hat beide so durch und durch irisch gemacht, wie ich es bin, obwohl ich schon seit dreiundsechzig Jahren in England lebe und nur zwanzig in Irland war. Das Merkwürdige ist, daß zwei Jahre Irland einen Engländer in einen anderen Menschen verwandeln, daß aber ein ganzes Jahrhundert einem Iren nicht die irische Eigenart

213 Oliver Goldsmith (1728-1774), anglo-irischer Dichter. Autor bürgerlicher Lustspiele.

abschleifen wird. Passen Sie deshalb auf, sich nicht zu dem hitlersken Unsinn über Volk und Rasse verleiten zu lassen. Doch tut das gegenwärtig noch nichts zur Sache, wo es darum geht, Heminge und Condell nachzueifern und einen ersten Folio-Band Wilde vorzulegen. Ich nehme an, Sie haben alle Quartos.[214] G. Bernard Shaw

17. Februar 1940 [Visitenkarte]

4 Whitehall Court, London

Meine Sekretärin[215] ist krank; und ich habe nicht einen Augenblick. Jene Passage von mir über Oscar Wilde als Champion-Playboy ist es wert, in Betracht gezogen zu werden. Ich meinte das als hohes Kompliment an Oscar, aber es erklärt zugleich, warum er, dem schrecklichen Ibsen gegenüber, ein Oberschwätzer werden mußte.

20. Mai 1940 [Postkarte] 4 Whitehall Court, London

Ich habe gerade entdeckt, daß die vier Komödien in einem Band schon erschienen sind, bei *Nelson and Sons* als »Nelson-Klassiker«, eine halbe Krone. G. B. S.

25. Juni 1940 [Postkarte] Ayot St. Lawrence

Haben Sie *The Story of Anne Whateley and William Shaxpere* von William Ross gesehen?[216] Es ist vergnüglich, herauszufinden, wie gut sich viele der Sonette in seine Entdeckung

214 Anspielung auf die Folio- und Quarto-Editionen der Werke Shakespeares.
215 Die tüchtige Blanche Patch (1879-1966), die seit 1920 für Shaw arbeitete.
216 Die Geschichte von Anne Whateley und William Shaxpere – Theaterstück; Buchausgabe bei W. und R. Holmes, Glasgow, 1939.

einfügen, derzufolge Shakespeare in Wahrheit eine Frau und Mr. W. H. Shaxpear gewesen sei. Ich habe Ross gebeten, Ihnen die Buchausgabe zu schicken: wenn er's nicht tut, schicke ich Ihnen meine.
Ich wünschte, Churchill würde Frankreich *pro forma* den Krieg erklären und die französische Flotte kopenhagisieren[217], ehe Jerry Zeit hat, Atem zu holen. Aber wie gewöhnlich behandeln mich alle Parteien als Feind Nummer eins, und ich darf weder im Radio sprechen, noch darüber schreiben. Es gefällt mir, wenn man für mich betet. G. B. S.

15. Juli 1940 [Visitenkarte] Ayot St. Lawrence

Kindchen, Kindchen, Verwünscht sei Ihr rhetorischer Mist über Rußland![218] Was denken Sie sich eigentlich dabei, MIR solches Zeugs zu schicken? G. B. S.

26. Juli 1940 4 Whitehall Court, London

Lieber Junker, Der heilige Jakob sei verwünscht. Er kam einen Tag zu früh: ich bin am *26.* Juli 1856 geboren.
Eine Verwandte von mir[219] zog sich kürzlich ein Zwölffingerdarmgeschwür zu. Ich schickte sie in die Universitätsklinik, wo man auf dem neuesten Stand ist und nicht operiert. Auch

217 Anspielung auf die Schlacht von Kopenhagen, 1801, als ein Marineeinsatz unter Vizeadmiral Nelson und Admiral Sir Hyde Parker die dänische Flotte in ihrem eigenen Hafen zerstörte.
218 Ein Flugblatt, das Douglas in beiden Parlamentshäusern und an anderen Orten verteilt hatte und worin er behauptete, daß der Linke Flügel und kommunistische Elemente die Regierung allmählich unter Kontrolle nähmen; es gäbe keine konservative Zeitung mehr, sogar die *Times* sei rosarot.
219 Mary Ethel Shaw Davis Walters, eine Tochter von Shaws Vetter James Cockaigne Shaw. Sie war ihr Leben lang von Shaws finanzieller Unterstützung abhängig.

sind die Privatzimmer dort angenehm und genau das Richtige für zahlende Patienten. Meine Verwandte wurde in fünf Wochen geheilt mit der einfachen und preiswerten Methode, daß man ihr nichts zu essen gab.
Privatkrankenhäuser sind überholt. Halten Sie Olive unter allen Umständen davon ab.[220] Die neuen Privatstationen im Westminster [Krankenhaus] sind die modernsten und angeblich besten. Aber ich weiß nichts darüber, ob sie in Zwölffingerdarm[-behandlung] auf dem neuesten Stand sind. In großer Eile (ich mache gerade mein Testament).

G. Bernard Shaw

28. August 1940 4 Whitehall Court, London

Sie aufdringliches Kind, Die Verse[221] sollte man zu einem Weihnachtsbuch für Kinder zusammenstellen, mit Abbildungen von den Tieren. Da Bewick[222] tot ist und Photographien, auf denen Tiere nicht abscheulich oder erschreckend wirken, sehr schwer zu finden sind, empfehle ich eine gewisse Agnes Miller Parker[223], die die Fabeln des Aesop so gut mit Holzschnitten illustriert hat, daß man beinahe das Tierfell fühlen kann. Keine andere Art der Publikation hätte den geringsten Zweck. Schlagen Sie das Ihrem Lieblingsverleger vor, und nennen Sie das Buch *Bosie's Fabeln*, wenn Sie möchten, oder der Alliteration zuliebe *Bosie's Bestiarium*, obschon ich bezweifle, daß das den Kindern gefallen würde. *Alfreds Tierbuch* wäre besser. Es könnte sowohl Verse von Meisterhand wie holprige Knittelverse enthalten.

220 Die Ärzte vermuteten ein Darmgeschwür bei ihr und hatten Olive geraten, ins Krankenhaus zu gehen.
221 Heitere Verse von Douglas, die er Shaw schickte mit der Bitte um kritische Stellungnahme.
222 Thomas Bewick (1753-1828), Holzschnittkünstler, illustrierte die Fabel-Ausgaben *Gay's Fables* (1779) und *Select Fables* (1784).
223 Agnes Miller Parker, Künstlerin, verfertigte die Holzschnitte für eine 1931 erschienene Ausgabe der Fabeln des Aesop; arbeitete von 1930 bis 1933 für die Gregynog Presse.

Auch wir schlafen die Luftangriffe durch. Meine Frau schert sich den Teufel um Bomben, fürchtet sich aber vor Bunkern und zieht es vor zu sterben, als dauernd aufzustehen und sich anzukleiden. Schließlich ist das Bett ja der geeignete Ort zum Sterben.

Warum empfehlen Sie mir, nach Rußland zu gehen? Ich war schon dort. Es ist ein Paradies: keine vornehmen Damen und Herren dort.

Die katholische Kirche ist, wie die Demokratie, ein ewiges Ideal, edel und wohltuend als solches; aber alle Versuche, es im Konkreten zu handhaben, führen es ad absurdum. Lesen Sie mein altes Stück *John Bulls andere Insel*. Pater Keegan ist ein idealer Katholik – und für seine Leiden wird er »mundtot« gemacht. Pater Dempsey ist der Inbegriff der beschränkten Kirchenwirklichkeit.

Die Demokratie war großartig im neunzehnten Jahrhundert, als Gladstone und Bright und Disraeli und Ihr Vater noch an sie glaubten. Was aber ist sie heute, wo jeder Dummkopf und jeder Grünschnabel wahlberechtigt ist? Regierung durch die Unqualifizierten, die von – wenn das überhaupt möglich ist – noch weniger Qualifizierten gewählt worden sind.

Rußland erschießt solche Betrüger. Können Sie es ihm verübeln?

Ich habe unangemeldet Kirchen in Rußland besucht und fand dort Priester in prächtigen Gewändern, ganz Feuer und Flamme, mit auf den Knien liegenden Gemeinden, die sich völlig verausgabten und mit der Stirn auf den Boden schlugen, als ob der Vatikan den Kreml annektiert hätte; aber es waren nur um die fünfzehn Kirchgänger, mich selbst eingeschlossen, und ich bin vor der Kollekte weggegangen.

Fräulein Patch hat aus diesem Brief ein beängstigendes Durcheinander gemacht. Sie muß verstimmt sein. Vergeben Sie ihr.

G. Bernard Shaw

31. August 1940 [Postkarte] 4 Whitehall Court, London

Beachten Sie, daß Urheberrechte nicht ganz »ohne Gegenleistung« durchgesetzt werden können. Eine mündliche Zusage für ein gelegentliches Projekt ändert daran nichts. Wenn es aber keine spezielle Vereinbarung gibt, schwarz auf weiß, mit einer Zahlungsbestätigung (zum Beispiel Arnolds fünfzig Pfund)[224], sind Ihre Rechte unberührt. Beachten Sie jedoch auch, daß Ergänzungen an einem Stück, die während der Einstudierung *vom Regisseur* vorgenommen werden, automatisch unter das Urheberrecht des Autors fallen, es sei denn, es gibt eine schriftliche Übereinkunft zur Zusammenarbeit. Was die Zusammenarbeit angeht, siehe unten.
Bei Ihrem Leben! Geben Sie niemals Ihr Urheberrecht aus der Hand. Halten Sie immer daran fest, und erteilen Sie Lizenzen für Publikationen oder Bühnenaufführungen.
Arbeiten Sie niemals mit Koautoren. Und hüten Sie sich, irgendeine Anregung aufzugreifen, aufgrund derer man eine Forderung wegen Mitarbeit geltend machen könnte. Ich kenne einen Fall, da hat ein übler Kerl die Hälfte des Honorars beansprucht, weil er die Anregung zu einem Namen gab. G. B. S.

P. S. Für [Giuseppi] Catalani[225] konnte ich nichts tun. London ist voller Flüchtlinge in der gleichen mißlichen Lage. Meine Übersetzer und Leute, die ganze Bücher über Shaw geschrieben oder mir als Kritiker den Rücken gestärkt haben, sind in bitterer Not und flehen mich vergeblich an. Ich muß entweder überall eine Hornhaut entwickeln oder mit ihnen gemeinsam zugrunde gehen.

224 Der Verleger Edward Arnold hatte Douglas' Tiergedichte schon viele Jahre vorher publiziert u. d. T. *Tails with a Twist* [etwa: Ringelschwänze].
225 Catalani, ein italienischer Diplomat im Ruhestand, ehemaliger Schüler der renommierten Harrow School, weigerte sich, England zu verlassen, als der Krieg erklärt wurde. Douglas und Harold Nicolson retteten ihn vor der Internierung. Von den Faschisten seines Vermögens in Italien beraubt, war Catalani jetzt in Hove, völlig mittellos.

29. September 1940 [Postkarte] Ayot St. Lawrence

Wir sind wie die Polen: Genies und Kretins, es fehlt die Mittelmäßigkeit. Die Natur hält diese Art von Gleichgewicht aufrecht. Nur an zwei Orten habe ich die erschreckendsten Halbtiere gesehen: 1. die Köhler in den Wäldern von Luxemburg, 2. die Küstenbewohner von Ringsend, der Dubliner »Isle of Dogs«. Seltsam, daß Norwegen sich nun mit Extremen hervortut und daß Schweden, so eng benachbart, daß es geographisch damit identisch ist, die Schweizer sogar noch an Mittelmäßigkeit übertrifft, wenngleich auf sehr hoher Stufe. Auch Ihr Vaterland bringt Räuberbarone und Dougal-Kreaturen, verrückte Marquesse und Poeten hervor.
Ich erwarte das Buch[226] mit lebhaftem Interesse.
Unterdessen habe ich mich hier in Ayot eingekapselt, wo ich das Londoner Feuerwerk sehen und entfernt hören kann, mit nur gelegentlich einer verirrten Bombe, um dem Vergnügen eine Wendung zur Heidenangst beizumischen. Hove muß entschieden heißer sein. Aber man schläft. G. B. S.

27. Oktober 1940 Ayot St. Lawrence

Ein Drei-Penny-Pamphlet, zum Preis von zwei Shilling, *neu.*
Hm!
Die Richards Presse.
Hmm!!
Die Schwarzen und Gebräunten alles Galahade, und die Blauäugigen alles Lumpen.
Hmmm!!!

226 *Ireland and The War Against Hitler* [Irland und der Krieg gegen Hitler], Verlag Richards Press, eine Flugschrift von siebenunddreißig Seiten mit einer Einleitung von Douglas, gefolgt von einem Nachdruck des Kapitels über die nationalistische Sinn Féin-Rebellion aus Major Montmorencys Buch *Sword and Stirrup* [Schwert und Aufruhr].

Solche Sachen werden nicht für nichts gemacht.
Woher ist das Geld gekommen?
Und dieses unverbesserliche Kind, der Junker, gibt seinen Namen und seinen Titel her für anderthalb Seiten Denkzettel »auf gut Englisch«[227], wo er es just geschafft hatte, davon loszukommen.
Anscheinend erwartet er, daß ich ihm zu seiner Leistung gratuliere.
Ich verzichte – auf ihn und all seine Werke. Der Mann ist ein hirnverbrannter Idiot. Meine Hand darauf, an diesem Sonntag und unterzeichnet wie immer von G. B. S.

9. November 1940 4 Whitehall Court, London

Unmögliches Kind, Es ist eine Erleichterung zu erfahren, daß das Pamphlet nicht ein veralteter Versuch zur Oranier-Propaganda ist, der mehr oder weniger vom Geld des Secret Service bezahlt wurde, sondern ein Akt reiner Torheit, von Ihnen selbst privatim unternommen. Sie sind zweifelsohne ein Zappelphilipp und Dummerjan.
Jetzt hören Sie mir zu. Im Augenblick tut es nicht den millionsten Bruchteil eines falschen Fuffzigers zur Sache, was die Blauäugigen und die Schwarzen und die Gebräunten *vor* dem Vertrag gemacht haben. Die sind beim alten Eisen und größtenteils tot. Collins[228] hat die Schlösser in Brand gesteckt (darunter auch das, in dem meine Frau geboren wurde) und die Polizeireviere. Die Braunen haben die Molkereien und Läden in Brand gesteckt: ich habe ein Musterbeispiel ihrer

227 Im Original: *Plain English*, Anspielung sowohl auf die allgemeine politische Einstellung, wie sie dem »guten Ton« entsprach, als auch auf die Zeitschrift *Plain English*, die Douglas herausgegeben hatte.
228 Michael Collins (1890–1922) irischer Revolutionsführer und Vorsitzender der provisorischen Regierung. Am 22. August 1922, als er mit Mitgliedern seines Stabs aus Cork zurückkehrte, wurde er von einer Freischärlerbande aus dem Hinterhalt überfallen und getötet.

Arbeit in Mallow gesehen. Collins, mit dem Volk auf seiner Seite, zog das bessere Teil aus der Brandschatzung: der niedere Landadel wagte nicht, ihn zu verfolgen, und konnte nur privat zur Kenntnis nehmen, daß es jetzt aus war. Collins gewann und wurde dafür prompt von seinen Landsleuten erschossen. Ich habe ihn wenige Tage vor seinem Ende noch kennengelernt. Seine Nerven waren zerrüttet: die ganze Zeit über, während er recht angenehm redete, trommelte er mit der Hand auf seinen Revolver. Aber all das ist nun alte Historie: keiner, der die gegenwärtige Lage auch nur im geringsten kapiert, hat dafür noch Zeit.

De Valera[229] steckt in einer beängstigend schwierigen Lage. Das Letzte, wonach er sich sehnt, ist eine Eroberung Irlands durch protestantische Atheisten mit Nazi-Einschlag. Aber wenn er England aufruft, seine vertraglichen Verpflichtungen einzuhalten und die irischen Häfen wieder zu besetzen, mit britischen Schiffen und britischen Truppen, annulliert er Irlands Neutralität und verärgert nicht nur die I. R. A., die herauszufordern er äußerstenfalls wagen könnte, sondern provoziert auch Hitler, Irland zum Kriegsschauplatz zu machen, was England zwar nur zu gelegen käme, was aber kein Ire vor sich selbst rechtfertigen könnte. Er muß genau das tun, was er *jetzt* tut: das heißt, an Irlands Neutralität festhalten und es auf eine Invasion ankommen lassen. Zum Glück scheint die Invasion gerade eben abgewendet, und DeV gewinnt vielleicht auf der ganzen Linie. Aber wenn das geschieht, muß Churchill Irland wieder besetzen, wohl oder übel, seinetwegen, DeVs wegen und der I. R. A. wegen. Wenn DeV kämpfen würde, müßte er an vier Fronten kämpfen, gegen Hitler im Westen, Churchill im Osten, Belfast im Norden und die britische Marine im Süden, und würde alle amerikanische Unterstützung und Sympathie einbüßen, die immer noch ebenso wichtig für Irland ist wie seinerzeit bei der Hilfe mit dem Vertrag. Was kann er anders tun, als

229 Eamon de Valera (1882-1975), seit 1932 sowohl Premierminister wie Außenminister des irischen Freistaats.

stramm auf seinem Platz zu bleiben und die Dinge ihren Lauf nehmen zu lassen.
Die Lage ist gefährlich, hat aber den Vorteil, daß sie eine Gelegenheit bietet, Irland zum erstenmal zu vereinigen, nicht als Stütze Englands, sondern gegen Hitler, was auf dasselbe hinausläuft.
Und dies ist der Moment, den Sie wählen, um den faulen Apfel der Zwietracht auszubuddeln und wieder in die Szene zu werfen, auf daß der Hader zwischen Blauauge und Schwarz und Gebräunt von neuem aufflammt! Können Sie sich irgend etwas gedankenlos Dümmeres und Schlimmeres vorstellen?
Und das alles auf den armen unschuldigen heiligen Judas schieben!
Wenn Sie so weitermachen, werde ich versucht sein, einen härteren Ton anzuschlagen. Ins Feuer mit dem verderblichen Schund, und erwähnen Sie Irland mir gegenüber niemals wieder.

G. B. S.

14. November 1940 4 Whitehall Court, London

Kindchen, Kindchen, Im Politischen haben Sie den Verstand einer Heuschrecke, und viel zuviel Mut. Hätten die Douglase weniger Mut und mehr gesunden Menschenverstand gehabt, sie wären heute das Königshaus von Schottland. Die Vorsehung, die wußte, wie wertvoll mein Leben noch sein würde, hat dafür gesorgt, daß ich als unerschütterlicher Feigling auf die Welt kam. Als Junge schämte ich mich entsetzlich meiner Drückebergerei, jetzt bin ich dankbar dafür. Samuel Butler hat ein Buch geschrieben, das heißt *Luck or Cunning* [Glück oder Schläue]. Ich werde eines Tages eins schreiben, das heißt *Pluck or Cunning* [Schneid oder Schläue].
Die irische Frage wird eine sehr vitale werden. Wenn die

U-Boot-Kampagne an der Westküste Irlands weiter erfolgreich verläuft und wir, wie schon einmal, binnen fünf Wochen so weit kommen, daß man uns aushungert, *müssen* wir uns der irischen Häfen bemächtigen – oder aber kapitulieren. Selbstverständlich werden wir nicht den schönen Augen der I. R. A. zuliebe kapitulieren. Erst werden wir sämtliche vier Millionen Iren in Irland ausrotten.
Ihre Vorstellung von der Handhabung dieser Situation besteht darin, alten Staub aufzuwirbeln, um die Iren wieder gegeneinander aufzuhetzen, und de Valera einen Schweinehund zu nennen und zu erklären, daß Sie sich einen verdammten Dreck um seine Schwierigkeiten scheren. Was meinen Sie, wieviel weiter Sie das bringen wird – oder sonst irgend jemanden?
De Valera ist tatsächlich, leidenschaftslos und unparteiisch gesehen, kein Schweinehund. Er ist ein Ex-Schulmeister von untadeligem Charakter und riskierte, als er einmal, wie Sie, mehr Mut als Verstand hatte, beim Osteraufstand sein Leben und entkam dem Henker nur um Haaresbreite. Er ist, wo er ist, weil Irland dringend einen Schulmeister brauchte und von gehängten Helden genug hatte. Seine Schwierigkeiten, um die Sie sich einen verdammten Dreck scheren, sind zufällig auch die Schwierigkeiten Englands. Wenn ich an seiner Stelle wäre, würde ich wahrscheinlich einen sehr persönlichen Brief an den P. M. schreiben, wie folgt: »Lieber Churchill: Ich kann Ihnen die Häfen nicht überlassen, weil ich damit einen I. R. A.-Aufstand riskieren müßte und die Macht, die ich jetzt noch habe, für immer verlieren würde. Ich kann Sie nicht hindern, sich die Häfen zu nehmen, da ich nur vier Millionen gegen Ihre vierzig habe und Amerika diesmal hinter Ihnen steht. So *nehmen* Sie sich die Häfen um Gottes willen, auf die Ihnen freundlichst mögliche Weise, als eine vorübergehende Zwangsanleihe, und versprechen Sie uns, sie zurückzugeben, sobald unser gemeinsamer Feind, der atheistische Barbar, beseitigt ist. Auf Treu und Glauben, Eamon de Valera.«

Was haben Sie dazu zu sagen, mutiger aber geistesschwacher Douglas? Und übrigens, welcher Katze wollen Sie die Schelle umhängen? G. B. S.

15. November 1940 [Postkarte] Ayot St. Lawrence

Ich habe soeben dem *Sunday Graphic* ein (schriftliches) Interview gegeben, das Ihren Freund, den strahlend jungen Beamish[230], interessieren wird.
Halten Sie am Sonntag Ausschau danach. G. B. S.

24. Februar 1941 Ayot St. Lawrence
[*Aufgeklebt auf eine Seite der Zeitschrift* Weekly Review *vom 13. Februar.*]

Lieber Junker, Sie müssen wirklich nicht *unverschämt* sein. Sie verraten damit Ihre Klasse. Ihr Brief[231] ist gut mit

230 T. P. H. Beamish, Flagoffizier (Konteradmiral) und Parlamentsabgeordneter für Lewes, ein *Unionist*, der die Besetzung der Häfen, notfalls mit Gewalt, durchsetzen wollte, wie er in einem Brief an die *Weekly Review*, 16. Januar 1941, erklärte. – Das englische Adjektiv »beamish« (veraltet) bedeutet »strahlend«.
Shaws Interview u. d. T. »Call in Britain«, mit dem Gesprächspartner W. R. Titterton, erschien im *Sunday Graphic* vom 17. November. Die Schwerpunkte der Aussage waren die gleichen wie in seinem Brief an Douglas.
231 Douglas' Brief in der *Weekly Review* (die von Shaw unterstrichenen Wörter sind kursiv gesetzt):
»Sehr geehrter Herr, ein ›Ex-Offizier der irischen Garde‹ nennt mich einen ›wackeren Streiter für die freie Werbung‹, weil ich, als Antwort auf einen Angriff von einem Ihrer Korrespondenten, den Titel meiner kürzlich erschienenen Flugschrift erwähnt habe! Das ist ein unbezahlbares Meisterstück der ›Argumente‹ und ›Logik‹, deren sich die Anhänger von de Valera *und seiner Bande* bedienen. Ich habe keinen Anlaß, für meine Flugschrift zu werben (die aus reinem Patriotismus veröffentlicht wurde und zu einem Preis, der es mir unmöglich machte, etwas daran zu verdienen), denn die

Ausnahme der acht Wörter, die ich unterstrichen habe. Sehen Sie sich den mit M. Evans unterzeichneten Brief an.[232] Er ist wirkungsvoller als der Ihre, weil Ihrer nicht nur Ihr Anliegen vorträgt, sondern auch impliziert, daß Ihre Haltung die eines Edelmannes ist, der sich (aus Höflichkeit) mit einem ordinären Kerl einläßt.
Verzeihen Sie die Lektion, aber ich muß Sie erziehen.

G. B. S.

26. März 1941 Ayot St. Lawrence

Lieber Junker, Ich habe zwangsläufig mehr zu schreiben, als ich Zeit dazu habe. Über lange Pausen hinweg muß ich Privatbriefe liegenlassen, bis ich gezwungen bin, ein paar Tage auszuspannen und sie alle auf einen Schlag zu beantworten.
Marie [Stopes], eine hartnäckige Teufelin, ist wieder auf dem Kriegspfad für die Pension und hat Lady Diana Cooper hin-

gesamte Auflage von fünfhundert Exemplaren ist, wie es sich trifft, vergriffen. Auf dem gleichen Niveau sind seine Delirien über ›Douglas-Häuptlinge‹ und ›Schlachtfahnen aus Schottenkaro‹. Die Douglase haben, da sie eine Lowland-Familie sind, genaugenommen gar kein eigenes Schottenkaro. Der ›Douglas Tartan‹ [Tartan=Schottentuch], wie er in den Geschäften verkauft wird, ist im achtzehnten Jahrhundert von einem Schneider in Edinburgh erfunden worden, aber meine Linie und andere der Familie sind berechtigt, den ›Hunting Stewart‹ zu tragen. All dies scheint jedoch wenig mit der Frage der irischen Häfen zu tun zu haben, von der die Sicherheit unseres Landes zum großen Teil abhängt. Es zeigt, wie wenig die Bewunderer von ›Kathleen‹ [ni Houlihan; die keltische Personifizierung Irlands] für ihre Sache vorzutragen haben, wenn sie in ignoranter und sinnloser Beschimpfung *und ähnlichen Aufführungen schlechter Erziehung* schwelgen. Alfred Douglas

232 Auszug aus dem Brief von M. Evans in der *Weekly Review* gleichen Datums:
»De Valera hat deutlich zu verstehen gegeben, daß Nord-Irland, wenn es zu einem vereinten Irland gehören will, neutral werden muß. Das heißt, unsere britischen Truppen, die Marine und die Luftwaffe, müssen abziehen, mit Sack und Pack, und die Nazis mehr Spielraum erhalten, sich mit unserem lebhaften Schiffsverkehr um die Grüne Insel herum zu beschäftigen.
Ich persönlich kann mir nichts vorstellen, was selbstmörderischer wäre.«

zugezogen[233], die mir schrieb, um mir zu sagen, daß Sie »erbärmlich arm« seien und daß etwas getan werden müsse. Ich sagte ihr, daß Sie vom Gesichtspunkt der staatlichen Liste aus mit Ihren vierhundert Pfund im Jahr »opulent« lebten und daß, selbst wenn Winston keine böse Absicht hegt, der Schatzmeister weder vierhundert Pfund noch dreihundert Pfund, ja nicht einmal zweihundertundfünfzig zu den »sehr beschränkten Verhältnissen« zählen wird. Hätten Sie wenigstens viertausend Pfund im Jahr, dann könnten Sie ohne weiteres noch tausend dazubekommen. Wer hat, dem wird gegeben.

Aber Lady Diana hat irgendeine Vorstellung, wonach eine Gruppe von Leuten für irgend etwas garantieren soll. Wenn Sie damit nur Ihre Miete decken könnten, würde Sie das vor dem Greuel des Umzugs bewahren. Ich habe für mein Haus zweitausend Pfund mehr als seinen Marktwert zahlen müssen, weil es mich mehr Zeit und Aufmerksamkeit gekostet hätte, ein anderes Haus zu finden und umzuziehen, als den Gegenwert von zweitausend Pfund schreibend zu verdienen. Aber können Sie nicht Ihren Leuten ins Gewissen reden? Jahrelang mußte ich die Halbschwestern meiner Mutter und

233 Marie Stopes hatte am 28. Februar 1940 abermals eine Petition für Douglas eingereicht. Am 12. März wies Anthony Bevin – für Chamberlain – den Antrag zurück mit dem Bescheid, daß »Herr Chamberlain trotz großer Sympathie [für Douglas] sich nicht imstande fühlte, in seinem Namen dem König die Gewährung einer Pension zu unterbreiten.«
Die Wiederaufnahme des Gesuchs im Jahre 1941 war eine noch härtere Kraftprobe, da der wohlwollende Chamberlain am 10. Mai 1940 von seinem Amt als Premierminister zurückgetreten war und Winston Churchill jetzt an der Regierungsspitze stand. Einige der Petenten meinten, es bestünde keine Aussicht mehr, andere vermuteten, Churchills Generosität werde ihn eher zu Douglas' Gunsten einnehmen als gegen ihn, gerade wegen des verjährten verleumderischen Angriffs. Marie war unsicher über das weitere Vorgehen.
Da schlug Lady Diana Cooper eine Alternative vor: die benötigten hundertunddreißig Pfund Jahresmiete für Douglas' Wohnung sollten von einigen Freunden aufgebracht werden in Form von vertraglich festgelegten jährlichen Bürgschaften. – Lady Diana und ihr Mann Duff Cooper, damals Informationsminister, hatten Douglas im Januar des Jahres persönlich kennengelernt.

Mutter und meine direkten Vettern väterlicherseits und sogar Vettern zweiten Grades unterstützen, um sie vor dem Armenhaus zu bewahren. Der Marquess kann es sich bestimmt nicht leisten, Sie in einem Armenhaus interviewen zu lassen oder auf dem Pflaster sitzen zu haben und mit bunter Kreide Bildchen auf die Steine malen, die Kappe für die Pennies neben sich.

Wenn Sie schon ein Absteiger werden müssen, dann gehen Sie gleich richtig tief: seien Sie ein Lord, wie es sich gehört, unter Proletariern und meiden Sie sowohl Ihre eigene Klasse – die besitzlosen jüngeren Söhne – als auch die meine – die besitzlose snobistische Bourgeoisie, die einen Untermieter als zahlenden Gast bezeichnet.

Ich war niemals unverschämt zu Ihnen. Ich überhäufe Sie vielleicht mit gemeiner Schelte: aber ich sehe in Ihnen die Mit-Kreatur.

Höflichkeit ist eine tödliche Waffe gegen Grobheit; und brutale Grobheit vielleicht dafür wiederum das beste Gegenmittel. Ein Schlagabtausch ist ganz in Ordnung, wenn man der härtere Schläger ist und dem Zuschauer damit großen Spaß macht. Ich weiß dies alles, aber mit Unverschämtheit hat es nichts zu tun. De Valera hat einen Fehler begangen, als er sagte, ich sei verächtlich, und zwar deshalb, weil er in mir jemanden aus einer anderen Klasse und Religion sah und annahm, ich hielte mich für besser als ihn. Er konterte mit eingebildeter Verachtung. Sie müssen nicht den gleichen Fehler begehen in politischen Streitfragen, besonders wenn Sie allen Grund dazu haben.

Ich muß aufhören: Ich bin völlig unfähig, einen anständigen, humanen Brief zu schreiben. Ich nehme an, ich bin müde.

Ich vergaß zu erwähnen, daß Lady Diana befürchtete, Ihr Zartgefühl zu verletzen. Ich sagte ihr, sie brauche sich darüber nicht zu sorgen – Ihr Mund stünde weit offen, und Sie würden ein Dutzend Pensionen gierig hinunterschlingen. Es gibt nichts so Peinliches und manchmal Grausames wie Zartgefühl in Geldsachen. Sempre G. Bernard Shaw

26. Mai 1941 Ayot St. Lawrence

[*auf einer vorgedruckten Karte, mit der Shaw bedauerte, alle Einladungen zu Vorträgen absagen zu müssen!*]

Ich hoffe, es hat Sie nicht belastet (ich hatte es ganz vergessen)[234], und hoffentlich vertagt die erleichterte Situation die Frage des *déménagement* sine die. G. B. S.

28. Mai 1941 1 St. Ann's Court, Hove

Lieber St. Christophorus, Es ist nichts geschehen, als daß ich ein paar Hunderter bekommen habe durch die Schlichtung eines Verfahrens gegen den Verlag eines gröblich verleumderischen Buches, amerikanisch, aber in London durch Hamish Hamilton vertreten. *Von dieser Beute habe ich hundert Pfund geopfert, um den überzogenen Betrag abzuzahlen.* Was übriggeblieben ist, versetzt mich in die Lage, meine Anhänglichkeit an hier noch ein wenig länger auszudehnen. Erzählen Sie also bitte nicht überall herum, daß ich im Geld schwimme! Die überzogene Summe war ein Alptraum für mich, zumal ich mir während der letzten zwölf Monate oder noch länger bewußt oder unbewußt einbildete, Sie würden sich von mir angewidert fühlen und könnten mich nicht leiden, weil ich sie nicht längst beglichen hatte. Hätte ich nur gewußt, daß meine Ängste unbegründet waren, wie Sie mir jetzt mitteilen!

Gestern, in London, war ich mit Francis Queensberry zum Lunch, und er sagte mir, daß »ein paar von uns« zusehen würden, »was man tun könne« in meiner Angelegenheit, ich bitte Sie deshalb, nichts zu tun oder zu sagen, was mir »in die

234 Der überzogene Kontobetrag von hundert Pfund, für den Shaw seit Mai 1938 gebürgt hatte.

Quere« kommen könnte. Natürlich wäre mir diese Möglichkeit nicht im Traum eingefallen, wenn Marie Stopes mir nicht erzählt hätte, daß Sie im Begriff sind, etwas Derartiges zu tun. Ich habe es nicht geglaubt, da ich mir sicher war, daß sie Sie mißverstanden haben muß. Fühlen Sie sich also nicht genötigt, es abzustreiten.

Eine der Bedingungen zur Schlichtung mit dem Verleger des verleumderischen Buches (Harper and Brothers, New York und London) ist, daß ich mich darauf eingelassen habe, eine Einleitung oder ein Vorwort zu weiteren Auflagen des Buches zu schreiben, was ich mittlerweile auch tue. Ich erwarte natürlich, anständig dafür bezahlt zu werden, aber ich hasse es, daran zu sitzen und verpflichtet zu sein, allem wieder auf den Grund zu gehen und mich zum fünfhundertstenmal verteidigen zu müssen gegen schwachsinnige Beschuldigungen, die kein vernünftiger Mensch glaubt. Aber natürlich *muß* ich es tun. Ich wollte, Sie hätten das Buch gelesen und könnten mir raten. Wenn ich ein Exemplar bekommen kann (in England wird das Buch nicht verkauft), würden Sie es dann lesen? Es heißt *Oscar Wilde and the Yellow Nineties* [Oscar Wilde und die goldenen neunziger Jahre], von Francis Winwar. Die meisten Verleumdungen sind bereits richtiggestellt durch Ihr Vorwort zur Neuauflage von Harris' Buch. Ich muß Hamish Hamilton in dieser Sache treffen. Er ist sehr freundlich und behauptet, er habe heftig gegen die Veröffentlichung protestiert. Ihr ergebener

Junker

7. Juli 1941 — 1 St. Ann's Court, Hove

Lieber St. Christophorus, In der vorschnellen Annahme, daß Sie meinem Fall noch ein mildes Interesse entgegenbringen, gebe ich Ihnen Nachricht von der Heimatfront. Eine Gruppe von Freunden, darunter mein Neffe Francis Queensberry, Marie Stopes, Lord Tredegar und Lady Diana Cooper, hat mich überaus gütig und generös mit dem Äquivalent der staatlichen Pension entschädigt, die zu erhalten man mir zugesichert hatte, als Chamberlain Premierminister war.[235] Das bedeutet, daß ich mit Sicherheit in meiner Wohnung zur Ruhe kommen kann und daß der Alptraum der Zwangsevakuierung zerstreut worden ist. Meine Miete wird garantiert und direkt an den Hauseigentümer gezahlt. Ich hatte tatsächlich den Eigentümer schon drei Monate voraus benachrichtigt, daß ich zum Ende des laufenden Quartals ausziehen würde, und die Neuigkeit von meiner Rettung kam völlig überraschend. Alles dank des heiligen Judas natürlich. Harold Nicolson erzählte mir, er habe für meine Pension eine Menge »antichambriert«, der Erfolg sei aber unmöglich gemacht worden durch die »leidenschaftlichen Gegenstimmen der Labour Party«. Es gibt mir erhebliche Genugtuung zu hören, daß die eine so starke Abneigung gegen mich hegen, zumal ich immer die allertiefste Verachtung für sie hatte und sie gar nicht so giftig wären, wenn ihnen meine verschiedentlichen Angriffe nicht ziemlich hart zugesetzt hätten!

Ich rechne allerdings damit, von Ihnen eine Predigt oder Morallektion hierüber zu erhalten, weil ich, obwohl ich nie wirklich bekunde, Ihren Standpunkt zu verstehen, davon ausgehe, daß Sie die Labour Party bewundern – oder etwa nicht? ...

Ich nehme an, Sie lesen die *Daily Mail* nicht? So haben Sie vermutlich auch nicht mein Sonett an Winston Churchill

235 Hier träumt Douglas: Chamberlain hatte ihm niemals eine Zusicherung gegeben. Der Plan von Lady Diana war nun aufgegriffen worden und vier Gönner überwiesen ihre Beiträge an Albert Oppenheimer, den Anwalt von Lord Tredegar, der die Zahlungen regelte.
Vicomte Tredegar (Evan Frederic Morgan; 1893–1949) war mit Douglas seit vielen Jahren eng befreundet. Er besaß große Ländereien in Monmouthshire, war ein spendabler Gastgeber und eifriger Sportsmann, gläubiger Katholik und Dichter.

gesehen (als »Starnummer« auf der ersten Seite), letzten Freitag, 4. Juli.[236]
Ich schrieb dieses Sonett, das erste, das ich seit 1934 geschrieben habe, auf die eindringliche Bitte und streng dazu angehalten von meinem Neffen Francis Queensberry, der jetzt ganz dick mit Winston befreundet und ihm restlos ergeben ist. Ich schickte es an die *Mail*, wo man es mit Begeisterung aufnahm und erpicht war, es zu drucken, aber sagte, man müsse erst eine Versicherung haben, daß Churchill nichts dagegen einzuwenden hätte.
Daraufhin wurde das Sonett eine Woche oder länger zurückgehalten, aber Francis sandte es ihm und kabelte mir vor einigen Tagen, »Winston ist entzückt – publiziere Sonett unbedingt«. Ich reichte das an die *Mail* weiter, die es daraufhin sofort brachte, leider beeinträchtigt durch einen nichtswürdigen Druckfehler in der dreizehnten Zeile.
Wie geht es Ihnen, St. Christophorus? Lassen Sie mir doch eine Zeile zukommen. Ihr ergebener Junker

236 Douglas' Sonett (Original-Text siehe Anhang V, p. 326f) in der *Daily Mail* vom 4. Juli 1941:

›Winston Churchill‹
von
Lord Alfred Douglas

Nicht daß seit langem ich Sie übermäßig liebte,
Auch Ihre schnellen Wandlungen sah ich nicht gern,
Streng feindlich kämpften Sie, mir fern,
Auf düstrem Pfad, mit Krücken oder Schwertes Hiebe,
Je nach Bedarf. Und griffen hart in das Getriebe
Und ließen's wieder los. Mir mangelte die Milde, diesen Herrn
Von seiner Maske schon zu unterscheiden, um hinter ihr den »Winston-Stern«
Im Schatten seiner selbst herauszuspüren – mit Nächstenliebe.

Axt für das krebsgleich tiefverwurzelt Böse,
Erhoben Sie, als alle Welt ein Scheiterhaufen war,
Sich wie ein Geist im Sinne Addisons empor,
An Aussehn und Gestalt ihm gleich, in Riesengröße,
Von Gott gesandter Engel aus der Ahnenschar,
Und brachten Wirbelwind und Sturm zur Ruh, wie er zuvor.

Aufdringliches Kind, Meine Korrespondenz erschlägt mich zur Zeit völlig; mein Schweigen bedeutet nur, daß ich keine Muße habe, irgend etwas zu schreiben, was warten kann ohne Desaster.

Die Nachricht vom Francis-Marie-Diana-Syndikat ist gut, *pourvu que ça dure*, wie Napoleons Mutter zu sagen pflegte. Als Marie das Pensionsunternehmen startete, ohne etwas über Pensionen zu wissen, mußte ich sie warnen, daß es praktisch aussichtslos war. Aber natürlich tat ich nichts, die vergebliche Hoffnung zu vereiteln. Sie unterstellen mir Anfälligkeiten, die seit einem dreiviertel Jahrhundert in mir erloschen sind. Ich kenne Ihre Praktiken, wie ein Doktor die Masern kennt. In Ihrem besonderen Fall sind sie unangebracht, weil ein Dichter, so reinrassig sein Stammbaum auch sein mag, in dieser sündhaften Welt ein Revolutionär sein sollte wie Shelley und Byron. Ich wünschte, Sie würden mir das Sonett an Churchill zusenden, denn als einzigartige Kuriosität spricht mich so etwas sehr wohl an.

Ich allerdings habe ein Prosa-Sonett auf Rußland schreiben müssen. Verse wären beim Kreml Verschwendung gewesen; aber das Material für ein Sonett ist vorhanden. Ich lege eine Abschrift bei.[237] Churchill weiß, wie er den Beifall der briti-

237 Shaws Vorschlag für ein »Prosa-Sonett«, das er an Alexander Fadeyev, den Vorsitzenden des Sowjetischen Schriftstellerverbands, gekabelt hatte: »Kümmert euch nicht um den Barbarismus: jeder Krieg ist barbarisch, und lautes Zetern ist kindisch. Laßt uns lieber Abbitte tun für das Schreckliche, das wir unseren deutschen Genossen zufügen müssen, bis ihr Führer seinen Glanz bei ihnen einbüßt. Wenn zwei mächtige Ideen aufeinanderstoßen, gelten selbst Millionen Leben nichts.
Als siegreicher Kämpfer für eine solche Idee hat Hitler Rußland den Fehdehandschuh zugeworfen. Rußland hebt ihn auf als siegreicher Kämpfer für eine viel mächtigere Idee. Wenn es Adolfs Idee zerschlägt, wird es zum geistigen Zentrum der Welt. Und mit dieser Aufgabe vor Augen kann es nicht mehr der Schreie der Verwundeten und der Tränen der Hinterbliebenen achten.
Der Kampf ist zwischen Lohengrin und Telramund; und Rußland hat das Los ereilt, der Welt zu zeigen, wer Lohengrin und wer Telramund ist.

schen Menge erheischen kann, nicht aber den der russischen.
Ich schreibe in großer Eile und muß abrupt abbrechen. Dies nur, um Ihnen nochmals zu versichern: Ich bin ganz ruhig und sehr froh, daß Ihre Miete garantiert ist. G. B. S.

22. Juli 1941 1 St. Ann's Court, Hove

Mein lieber St. Christophorus, Ich bin sehr froh, Ihren Brief zu erhalten. Sie müssen sich vergegenwärtigen, daß Marie Stopes mir deutlich zu verstehen gab, Sie würden Ihr Bestes tun, um mir bei meinen Aussichten auf die Pension »in die Quere« zu kommen. Ich habe es nicht geglaubt, aber als Sie meine (für mich aufregende) Nachricht, daß ich die Pension nun tatsächlich erhalte[238], mit steinernem Schweigen und stumm wie ein Fisch entgegennahmen, da kam mir der Gedanke, daß sie am Ende vielleicht doch recht gehabt hatte, und das brachte mich ganz außer Fassung. Jedenfalls sah es so aus, als hätten Sie aufgehört, irgendwelches Interesse an Ihrem lästigen *Kind* zu nehmen!
Ich bin in der Tat erfreut zu erfahren, daß dem nicht so ist. Ihr Schweigen erklärt sich durch Ihre anhaltende Beschäftigung mit Propaganda für die Sowjets. Ich glaube nicht, daß sich die Dinge in dieser Richtung einrenken werden, aber *nous verrons*. Ich glaube, der Heilige Judas wird bei diesem Spiel mitmischen. Warum sollte ein Dichter ein Revolutionär sein? Bei Shelley (der wahrscheinlich seine Jugendtorheiten überwunden hätte, wenn er länger gelebt hätte) und Byron gebe ich Ihnen recht, aber wie wär's mit einem viel größeren

Denkt daran: wir stehen an einem Umschwung, den die Zivilisation bisher noch nie gemeistert hat. Rußland ist erkoren, uns diesmal durchzubringen oder aber unterzugehen. *Vorwärts denn Rußland, für die Führerschaft der Welt, für die Sichel, den Hammer und das Schwert der Gerechtigkeit.*
238 Von Pension kann nicht die Rede sein. Es handelt sich um die erwähnte Spende seiner Freunde, vgl. Brief vom 7. Juli 1941, Anm. 1, p. 227.

Dichter: Shakespeare, der praktisch immer mein Gott und (vom formalen und technischen Gesichtspunkt) mein Meister gewesen ist? Ich könnte Ihnen ein Dutzend weiterer Beispiele geben. Doch sind derlei Spekulationen, wie Lady Bracknell sagen würde, fruchtlos.

Ich lege einen Ausschnitt aus dem *Border Standard* bei, mit dem Nachdruck meines Sonettes an Winston in der *Daily Mail*. Glücklicherweise hat mir der Redakteur des *Border Standard* (der Lokalzeitung von »Douglas Country« in Schottland) zwölf Belege der Ausgabe geschickt, so daß ich ein paar Exemplare an Freunde versenden kann. Von der *Mail* hatte ich nicht ein einziges Exemplar mehr übrig.

Ich hoffe, Sie haben mein »Blimp«-Sonett[239], »Der alte Soldat«, im gestrigen *Evening Standard* gesehen, aber für den Fall, daß Sie es verpaßt haben, lege ich es demjenigen über Winston gleich bei. Das »Blimp«-Sonett schickte ich an Frank Owen, nur um ihn und meine *bête noire*, den Karikaturisten Low, zu ärgern, und war verblüfft, als ich herausfand, daß er es gedruckt hatte; er muß es binnen einer halben Stunde nach Erhalt an die Druckerei weitergereicht haben. Ich muß sagen, ich finde das ziemlich anständig von ihm. Heute morgen erreichte mich auch noch eine sehr freundliche und schmeichelhafte Mitteilung über mein »kleines Glanzstück« von Tudor Jenkins (wenn ich die Unterschrift richtig lese), dem Redakteur des »Londoner's Diary« im *Evening Standard*. Jetzt meditiere ich über einem Sonett auf Hitler. Aber bislang scheint es unmöglich, damit zu Rande zu kommen. Bloße Beschimpfung oder Schmähung ist nicht gut genug, und ich muß mich anstrengen, auf einen originellen Einfall zu kommen. Den heiligen Judas habe ich schon beschworen und werde es meinem Unterbewußtsein überlassen, zu einem Ergebnis zu gelangen. Ihre Prosa über Rußland und Deutschland ist großartig, aber *ich* könnte aus einleuchtenden Gründen kein Sonett daraus machen. Ihr immer ergebener

Junker

239 »Blimp«: Bezeichnung für einen reaktionären Engländer.

Lieber Junker, Da haben Sie allerdings ein außerordentliches Kunststück vollbracht. Ich versuchte mir vorzustellen, wie Sie nur darauf kommen konnten, Churchill zum Adressaten eines Sonettes zu machen. Lächerliche Reime klimperten mir im Kopf herum.

> Churchill: Gesegneter Judas und Abgott der Christen alle,
> bitte mich um Vergebung – denn du hast mich in der Falle.
>
> und
>
> Zum Schluß nur noch eins, kaum wag ich zu fragen es schon,
> Doch muß es heraus: Wo bleibt eigentlich meine Pension?[240]

Aber anscheinend haben Sie das Problem ganz leicht in den Griff bekommen, und es war ja wirklich ein delikates.
Die Kriegsfrage ist unterhaltsam, wenn auch schrecklich. Wir haben uns über Rußland zwanzig Jahre lang gegenseitig so irrsinnig belogen, daß wir zu der Überzeugung gelangt sind, die Bolschewiken seien, weit mehr als die Nazis, eine Bande von Dieben und Mördern, die, sobald sie gegen eine zivilisierte, von Gentlemen geführte Armee antreten würde, zerstieben müßte wie Spreu. 1918-1920 gab es in der Mongolei, in Polen, in den baltischen Provinzen, in Finnland massenhaft Beweise dafür, daß die Rote Armee die furchtbarste in Europa war – so wie es einen äußersten Mangel an Beweisen gab, daß die französische Armee die wunderbare Streitmacht war, für die wir sie beharrlich weiter halten wollten. Und jetzt, wo die französische Armee zerschlagen ist, schlimmer als 1870, und Hitler wie eine in die Enge getriebene Ratte kämpft, ohne die geringste Chance, nicht vor die Hunde zu gehen oder auch nur so weit zu kommen wie einst Napoleon,

240 Original-Text s. Anhang V, p. 327.

wünschen wir uns noch immer, Rußland möchte vernichtet und aufgeteilt werden, hoffen aber zugleich, daß Hitler dann auch nach St. Helena kommt.
Es scheint unmöglich, daß die enorme wirtschaftliche und moralische Überlegenheit des Kommunismus sich nicht als sein Ruin erweisen wird inmitten einer Welt von Räuberbaronen und deren Geldgebern; aber Stalin ist dadurch nicht schwächer geworden, er hat die richtigen Leute erschossen, während wir sie in den Adelsstand erheben.
Meine Maschine hat diese Zeilen verbrochen, ich bitte um Nachsicht. G. B. S.

27. Dezember 1941 Ayot St. Lawrence

Lieber Junker Alfred, Swift wurde nicht in Surrey geboren. Er war zwar von britischer Abstammung (aus York und Leicester) und durch seine beiden Großväter mit Dryden und Herrick verwandt, aber geboren wurde er in Dublin, ging in Kilkenny zur Schule, schloß sein Studium am Trinity College von Dublin ab, betrat England nicht, bis er zweiundzwanzig war, und verbrachte von den achtundsiebzig Jahren seines Lebens zehn in London, zehn unterwegs zwischen London und seinen Pfründen in Trim und achtundfünfzig in Irland.
Von meinen fünfundachtzig Jahren habe ich zwanzig in Irland und fünfundsechzig in England verbracht. Und doch, welche sterbliche Macht könnte einen Engländer aus mir machen? Das Klima Irlands und seine Gesellschaft werden einem Engländer auf Lebzeiten einen Stempel aufdrücken, aber nichts wird den angeborenen Stempel an einem Iren abradieren.
Aus einem Brief in der *Irish Times* erfahre ich, daß »Eire« die gälische Übersetzung von »Irland « ist, was in der englischen Sprache immer noch die korrekte Bezeichnung für die Insel ist.

Rußland sitzt ziemlich in der Klemme wegen Japan. Als es uns den gleichen Nichtangriffspakt mit Handelsvertrag anbot, den es mit Hitler geschlossen hatte, lehnten wir verächtlich ab und machten kein Geheimnis aus unserer Hoffnung, daß wir eines Tages bestimmt in der Lage wären, Deutschland und Japan um uns zu versammeln zur heiligen Aufgabe der Bolschewistenvernichtung und neuen Aufteilung Rußlands unter die westlichen kapitalistischen Mächte. Japan hatte mehr Gespür und schloß den angebotenen Pakt. Und da es Rußland nicht angreift, hat Stalin keine Ausrede für eine Verletzung der Neutralität. Und wir können ihn schwerlich darum bitten, noch eine andere Front zu übernehmen, wenn wir seinem Vorschlag, das doch selbst zu tun, keine Beachtung geschenkt haben. Niemand außer Strabolgi sagt, wir sollten es. So kann Stalin im Augenblick nichts anderes machen, als China in allem zu helfen, was ohne Kriegserklärung möglich ist, so wie wir es in Spanien gemacht haben, als wir den schrecklichen Fehler begingen, für Franco den Sieg zu sichern – mit dem Ergebnis, daß Franco Spanien wahrscheinlich für Portugal an Hitler verkaufen und uns ein beängstigendes Stück Arbeit im Atlantik überlassen wird.
Wenn Sie sagen, ich würde noch ein Katholik werden, übersehen Sie den entscheidenden Punkt, nähmlich daß ich bereits ein Ultra-Katholik bin: als Kommunist mit sechzigjährigem Durchhaltevermögen. Rom liegt hinter mir, nicht vor mir. Bin ich denn ein Aztek, der seinen Gott verzehren muß, oder ein Kind, das dem Apostolischen Glaubensbekenntnis folgen soll, oder ein Wilder im Stammesverband, daß ich ein Götzenbild wie Jehova anbeten und Blutopfer darbringen muß, um ihn zu besänftigen? Und ein Christ zu werden und Jesus für meine Sünden leiden zu lassen, verdammt nochmal, Junker, was das angeht, so habe ich immer noch ein paar Gentleman-Instinkte in mir. Ich habe Ihnen diese Dinge bisher nie gesagt, da es für Sie besser war, den römischen Glauben zu haben als gar keinen, und Jesus hatte recht, als er sich weigerte, die etablierte Religion der Juden anzugreifen, weil er

davon ausging, daß man, wenn man versuchte, ein Weizenfeld von seinem Unkraut zu befreien, dabei zuviel Weizen mit herausreißen würde. Doch führe ich Ihnen meine Entwicklung kurz vor Augen, damit Sie begreifen möchten, daß Sie gegen einen modernen Katholizismus anrennen, mit dem verglichen der Vatikan nur ein kleines Dorfversammlungshaus ist, wo man einen unmöglichen Protestantismus predigt.

Mein Buch[241], von dem ich glaubte, es würde noch in diesem Jahr fertig, ist eine Anhäufung von senilen Abschweifungen und Wiederholungen. Ich werde es nie in irgend eine sehr ordentliche Reihenfolge bekommen. Aber vielleicht schlägt meine zweite Kindheit beim Pöbel besser ein als meine Reife.

Zeit für mich zu sterben, Junker, Zeit für mich zu sterben. Aber ich kann noch Baumstämme sägen. Ich bin wirklich stolz auf den Holzstapel im Garten, obwohl das keiner als unsterbliches Werk bezeichnen würde.

Lady Keeble (Lillah McCarthy)[242] nagelt einen richtig fest, wenn sie Sonette rezitiert: der BBC hätte das merken müssen. Anstatt mich mit *small talk* zu langweilen, deklamiert sie mir dutzendweise welche vor – alle auswendig. Genug.

G. B. S.

241 *Everybody's Political What's What*, erschien nicht vor 1944. Deutscher Titel: *Politik für Jedermann*, Übers. Franz Fein, Zürich, 1945; gekürzte Fassung als suhrkamp taschenbuch, Frankfurt am Main, 1981.

242 Lillah McCarthy (1876-1960), Schauspielerin, in erster Ehe mit Shaws Freund Harley Granville-Barker (1877-1946) verheiratet; 1906 bei den Shaw-Aufführungen am Court Theatre eine der Hauptstützen. 1920, nach der Scheidung von Barker, heiratete sie Sir William Keeble, Professor für Botanik und »Fellow« am Magdalen College, Oxford.

1. Januar 1942 Ayot St. Lawrence

[*Auf einer sogenannten »Kriegspostkarte« aus billigem Papier, noch aus der Regierungszeit Edwards VII*]

Ich glaube, die Lady [Keeble] mißt dem Begriff SHAKESPEARE eine tiefgründige Bedeutung zu und dem Begriff Sonett überhaupt keine. Aber sie lernt und deklamiert gern Sonette.

Der Gentleman [Sir William Keeble] ist nicht von Natur aus unhöflich. Aber seine Schüler an der Uni liebte er nicht, weil sie nicht das geringste Interesse an seinem Lehrfach hatten und nur wissen wollten, was sie auf die Prüfungsfragen antworten mußten. G. B. S.

6. Januar 1942 Ayot St. Lawrence

Lieber Junker Alfred, Das Vorwort ist schon recht.[243] Es hat Ihre außergewöhnliche Qualität, ungeschliffen zu sein, wie Shakespeare das nannte. Jeder Satz, den ich schreibe, ist geschliffen bis zum letzten Komma; aber was Sie schreiben, ist der Aufschrei einer lebendigen Seele. Das führt dazu, daß die Leute sich fragen, was hinter meinem Schreiben steckt, und manchmal daran zweifeln müssen – ich tue das gelegentlich selbst –, ob überhaupt etwas dahintersteckt. Sie kennt man und liebt man und haßt Sie, je nachdem, aber aus mir wird man nicht schlau genug für so etwas. Ich bin eine erfundene, schauspielerhafte Figur, meist ganz unmöglich; Sie hingegen sind ein menschliches Wesen für die Leute. Wir beide kommen bei ihnen an durch unser literarisches Vermögen, das in Ihrem Fall noch verstärkt wird durch die Anziehungskraft des guten Aussehens.

243 Douglas' Vorwort zu Frances Winwars Buch *Oscar Wilde and the Yellow Nineties*. Es erschien in der amerikanischen Ausgabe des Buches, Garden City, New York.

Wenn ich das Vorwort geschrieben hätte, ich hätte Harris sicher in einer Komikerrolle vorgestellt: als einen Captain Matamore[244], und seine durch und durch käufliche Lobrede nicht zitiert. Sherard, mit seinen absurden Widersprüchen und seiner lächerlichen Verehrung von Wilde als Ritter Galahad (beides hat sich am Ende überschnitten), hätte ich bestimmt ignoriert oder lächerlich gemacht. In der Tat habe ich ja genau das getan mit dem Vorwort, das ich für die arme Nellie schrieb.

Übrigens, ich frage mich, was aus ihr geworden ist. Das letzte, was ich hörte, war ein S.O.S. aus Nizza, worauf ich ihr schon antworten wollte mit einer kleinen Geldsendung, um sie vor dem Hungertod zu retten, als mein Blick zufällig auf das Datum des Briefes fiel und ich sah, daß er drei Monate gebraucht hatte, um mich zu erreichen – »dank« des Krieges. Da sie also inzwischen entweder tot war oder einen Weg aus ihrer verzweifelten Notlage gefunden hatte, tat ich nichts.

Die Constable-Ausgabe von Harris' Buch ist genaugenommen von Ihnen ediert worden. Ich fand meine Arbeit ja schon getan in der Fassung, die Sie für Harris korrigiert hatten. Ihr Vorwort liest sich, als seien die im nachhinein gestrichenen Seiten nicht einwandfrei, da unwahr, gewesen; aber sie waren nur allzu wahr, wenngleich so hart für Wilde (die Stelle mit der »alten Prostituierten«), daß ich plötzlich daran dachte, daß auch sein Sohn sie lesen würde, und wir übereinkamen, sie wegzulassen.

Trotzdem, das Vorwort ist schon recht: es gab keinen Grund zu der Annahme, daß ich bestimmt drauflosschimpfen würde. Das Geschütz der Dame [die Autorin Francis Winwar] wird dadurch wirkungsvoll vernagelt. Ich sende es zurück, weil Sie möglicherweise eine zusätzliche Kopie haben möchten.

244 *Le Véritable Capitan Matamore*, Theaterstück aus den siebzehnten Jahrhundert von Antonie Marechal. Der Kapitän ist seinem prahlerischen Ebenbild aus Plautus' *Miles Gloriosus* nachempfunden.

Lieber Junker, Ich schicke Harris' Brief zurück.[245] Ich dachte (da er verlegt worden war), Sie hätten vergessen, ihn mitzuschicken. Als ich sagte, er sei käuflich gewesen, das heißt nur deshalb geschrieben, damit Harris Ihre Erlaubnis erhielt, sein Buch nach den alten Platten zu drucken, und zurückgezogen, als Sie auf einem Neusatz bestanden, da meinte ich nicht, daß er schlecht oder unaufrichtig wäre. Er war weder noch. Aber Harris schrieb ihn zu einem ganz bestimmten Zweck; und als dieser scheiterte – nun, darüber habe ich mit ihm in Nizza gesprochen und will nicht versuchen, seine Sprache hier wiederzugeben.

Worauf ich hinaus möchte, ist, daß es ein wenig zu ungeschliffen von Ihnen ist, ihn als eine Autorität zu zitieren und im selben Atemzug zu verunglimpfen als einen korrupten Schuft, bei dem jedes Wort eine Lüge war.

Die Wahrheit ist, daß Harris die hervorragende Begabung besaß, gute literarische Arbeit von schlechter zu unterscheiden und die gute vorzuziehen. Dafür vergab ich ihm alle seine Sünden und verteidigte ihn immer, soweit man ihn verteidigen konnte. Er war verhaßt, weil er die Leute mit seiner Stimme und markigen Artikulation erschreckte, die er sich hauptsächlich deshalb angeeignet hatte, um Poes »Raven« effektvoll zu rezitieren, aber auch, um in London als Gentleman und gelehrter Mann durchzukommen. Ich war ein öffentlicher Redner, in der Lage, ihn um Kopf und Verstand zu artikulieren, und hatte keine Angst vor ihm. Und ich entdeckte auch, daß Mrs. Frankaus Vorwurf[246], ich würde

245 Brief vom 20. August 1925: »Ihr Ruf ist wieder hergestellt, soweit ich das kann, und niemand wird mehr beleidigt. Die Verteidigung ist ebenfalls kurz und einsichtig. Wenn es irgend etwas gibt, was Sie geändert oder genauer dargestellt haben möchten, lassen Sie es mich bitte wissen: wenn ich tun kann, was Sie wünschen, tue ich es.«

246 Julia Frankau (1865-1916), Romanschriftstellerin, die unter dem Namen Frank Danby publizierte. – In seinem Vorwort zu der Biographie von Harris gab Shaw zu: »Mrs. Frankau hatte sehr recht. Ich bin mit ihm

ihn einschüchtern, der Wahrheit entsprach: außerhalb der Literatur war er ein sensibles Kind, das die Londoner Gesellschaft so verstand, wie ein Strauchdieb sie verstehen würde. Er war ehrlich verwirrt, als ich ihn einen Freibeuter nannte, denn er glaubte, er gliche Jesus Christus, und starb gebrochenen Herzens, nachdem er vorgeschlagen hatte, ein Buch über sich zu schreiben, und die Verleger sagten »Nein: wir wollen ein Buch über Shaw.«
Sehen Sie sich die Handschrift des armen Kerls an!

G. B. S.

23. Juni 1942 Ayot St. Lawrence

Lieber Junker, Ich bin so überhäuft mit amerikanischen Filmgeschäften und Steuergeschäften, daß wenn ich versuche, einen Privatbrief zu schreiben, mein Buch, mit welchem ich den Drucker Kapitel für Kapitel füttere, erledigt ist.[247] Denn wenn ich es nicht morgens als erstes in Angriff nehme und alles andere hängen lasse, wird es niemals fertig. Es bleibt nur der Nachmittag für unbedingt Erforderliches, und der reicht nicht aus.
Letzte Woche mußte ich nach London fahren und eine Konferenz mit dem Grafschaftsrat über das Nationaltheaterprojekt in die Hand nehmen. Der Effekt meines Wiedererscheinens als radebrechender Geist auf der Szene, auf der ich einst von der Rednerkanzel herunter donnerte, war so gespenstisch, daß ich die Versammlung bestürzte; und der Führer der Opposition rief glucksendes Gelächter hervor, als er

[Harris] tatsächlich umgegangen, als sei er ein Freibeuter gewesen, weil ich noch nicht erkannt hatte, was für ein Prachtkerl er in Wirklichkeit war.«
247 Noch immer *Everybody's Political What's What* [Politik für Jedermann]. Zugleich war Shaw sehr eingespannt bei Arbeiten mit dem ungarischen Filmregisseur Gabriel Pascal und terminlich festgelegten Dreharbeiten von United Artists in Hollywood. Pascal war der erste Filmregisseur, dem Shaw seine Stücke anvertraute, übernahm auch selbst eine der Rollen.

sagte, seine Anwesenheit sei überflüssig, da die Opposition in den Händen des guten alten Konservativen Bernard Shaw gesichert sei. Zum Glück sind mir meine Zähne nicht herausgefallen, und ich stand die Sache durch, ohne zu vergessen, über was ich redete und mit wem ich redete: ein großer Triumph mit sechsundachtzig. Aber das war unbedingt mein letzter Auftritt: ich wage den Versuch nicht noch einmal.

All dies soll Ihnen erklären, warum ich nicht in der Lage war, Ihnen zu schreiben, obwohl ich mich immer über einen Zuruf aus Hove freue.

Arbeiten Sie niemals mit Ko-Autoren zusammen.[248] Bei keiner literarischen Arbeit ist Platz für mehr als einen. Auch ist das Gesetz in dieser Hinsicht schrecklich: ich kenne einen Fall, wo jemand die Hälfte der Einnahmen aus einem Stück beanspruchte, weil der andere einen Vorschlag von ihm für den Namen einer Gestalt übernommen hatte, während all seine übrigen Vorschläge zu blödsinnig waren, um in Erwägung gezogen zu werden. Wie es sich traf, gab es dann keine Einnahmen; aber es könnte sie geben in Ihrem Fall.

Neulich schrieb mir ein Mann und legte eine alte Postkarte von mir bei, die von keinerlei Interesse war. Er hatte bei Hatchard's eine Guinee dafür bezahlt. Wenn man solche Preise erzielen kann, scheint es mir maßlose Geldverschwendung, die Sachen zu behalten, anstatt sie zu verkaufen. Wenn jemand sie lesen will, kann er sich ja Kopien zurückbehalten. Mein irisch-protestantischer Kern revoltiert gegen Reliquien, und das sind Autographen ja ihrem Wesen nach. Wenn der Verkauf Ihrer Postkarte also einen ermutigenden Betrag ergibt, schicken Sie doch die ganze Sammlung an Sotheby's (keine Steuer auf den Gewinn) und feiern Sie noch eine

248 Poppoea Vanda, Agentin der Anton Dolin-Tanz-Gesellschaft, hatte Douglas vorgeschlagen, ein Ballett-Szenario zu schreiben, und Douglas bat Shaw um Mitarbeit. Shaw lehnte ab, woraufhin Douglas das Szenario selbst schrieb nach der Vorlage von Thackerays *Jahrmarkt der Eitelkeiten* [*Vanity Fair*]. Es gefiel Dolin, und er konnte Sir Thomas Beecham und Sir Edward Elgar dafür interessieren, aber am Ende wurde doch nichts aus der Spekulation.

schöne Orgie, ehe uns der Krieg verarmt und obdachlos zurückläßt.[249] Ich kann, was ich in dieser Sache predige, nicht selbst praktizieren, da ich mit Dickens übereinstimme, daß das Aufbewahren von Briefen eine Angewohnheit ist, die Unfrieden stiftet (er verbrannte seine alle feierlich in Gadshill), ich selbst bewahre meine gar nicht erst auf.

Ich habe nicht gesagt, daß die Kirche das Tanzen verboten hätte, aber möglicherweise habe ich mal den rabiaten Freudentöter beschrieben, jenen Puritanismus, mit dem einige irische Priester das Tanzen verbieten und Jungen und Mädchen nicht gemeinsam spazierengehen lassen. Lesen Sie *John Bulls andere Insel*, und Sie werden erkennen, daß »die Kirche« manchmal gleichbedeutend ist mit Pater Dempsey und manchmal mit Pater Keegan. Und Dempsey ist so recht ein Vorführbeispiel für die Sorte von Priester, die Maynooth[250] hervorbringt. G. B. S.

23. Januar 1943 Ayot St. Lawrence

[*Als Zusatz zu dem nachstehenden Brief Otto Kyllmanns vom 20. Januar 1943*.]

Mein lieber Shaw, Ich denke, der folgende Abschnitt aus der New Yorker Zeitschrift *Publishers Weekly*, datiert 25. November, dürfte Sie interessieren:

249 Douglas hatte eine an ihn gerichtete Postkarte Shaws vom 28. Mai 1938 auf eine Verkaufsaktion zugunsten des Roten Kreuzes bei Sotheby's gegeben, die vom 13. bis 15. Oktober 1942 stattfand. Sein beigefügter Kommentar dazu lautete: »Ich hatte vor dem Heiligen Antonius von Padua eine Kerze für ihn [Shaw] aufgestellt und ihm eine Messe für seine Genesung von einer Krankheit lesen lassen.« Die Beschreibung des Objekts im Katalog von Sotheby's las sich folgendermaßen: »Amüsante Kurzmitteilung über Abschlußarbeiten an einem Stück, über die Zwecklosigkeit, als Fürsprecher für ihn einzutreten, und über seine alte Freundschaft mit dem Heiligen Antonius von Padua.«

250 Das St. Patrick's College in Maynooth, Kildare (Irland); 1795 als Seminar zur Ausbildung römisch-katholischer Priester gegründet, 1910 aner-

Die Autoren und Regisseure des Stückes *Oscar Wilde*, das vor wenigen Jahren bei einem breiten Publikum Erfolg hatte, werden wegen Verletzungen des Urheberrechts 57767 Dollar Schadensersatz an Nellie Harris zahlen müssen als der Bevollmächtigten an der Biographie *Oscar Wilde* von Frank Harris, ihrem verstorbenen Ehemann. Die Summe wurde Mrs. Harris am 12. November durch Joseph McGovern zugesprochen, der die Anhörung zur Festlegung der angemessenen Summe leitete. Angeklagt der Rechtsverletzung waren Leslie und Sewell Stokes, die Autoren, und Gilbert Miller, Norman Marshall sowie der Verlag *Heron Publications*, die Produzenten.[251] Immer Ihr O. K.

Jemand muß Sie in diesem Film verkörpert haben.
Jetzt will man das Buch von Hesketh Pearson[252] verfilmen und einen Pseudo-Shaw auf die Leinwand bringen.
Ich bin dabei, die rechtliche Position herauszufinden. Haben wir ein Urheberrecht an unserer eigenen Person und dem Stil unserer Kleidung – ein allgemein gesetzliches Recht? Können wir wegen Darstellung unserer selbst gerichtlich vorgehen? Haben Sie irgendeinen Rechtsanwalt zum Freund, von dem Sie beiläufig eine Auskunft hierüber erhalten können?

G. B. S.

kannt als College der National University. Die ersten Laien-Studenten, Männer und Frauen, wurden 1967 zugelassen.

251 Der zugesprochene Schadensersatz löste Nellie Harris' Probleme allerdings nicht. Sie lebte weiter in ernstlicher finanzieller Notlage bis zu ihrem Tod am 25. März 1955 in Nizza.

252 Die Shaw-Biographie von Hesketh Pearson: *Bernard Shaw. His Life and Personality*, London 1942; erweiterte Ausgabe 1952; letzte Auflage 1961. Deutscher Titel: *Bernard Shaw. Das Leben – Der Mensch*, Tübingen 1965 (Rainer Wunderlich Verlag Hermann Leins), Übers. Otto Schütte unter Mitarbeit von Hartmut Georgi und Isabel Hamer.

1. März 1943 Ayot St. Lawrence

Lieber Junker Alfred, Die beiden Sekretärinnen der *Society of Authors*, beides Juristinnen, sagen einstimmig, daß in der englischen Gesetzgebung so etwas wie ein Recht auf Privatsphäre nicht existiert.[253] Anscheinend kann jeder über Ihr Privatleben schreiben, Bilder von Ihnen malen, Karikaturen von Ihnen zeichnen und veröffentlichen, Sie auf der Bühne oder Leinwand verkörpern, Ihren Bekleidungsstil und Bartschnitt kopieren, und Sie haben kein Mittel dagegen, es sei denn, Sie können einen pekuniären Verlust nachweisen oder böswilligen Haß, Lächerlichkeit und Verachtung, in welchem Fall Sie, wie ich vermute, auf Schadensersatz klagen oder einen Strafrechtsprozeß wegen Verleumdung in die Wege leiten können. In der Praxis bedeutet das: der Urteilsspruch wird gegen den Künstler und für den Händler lauten, solange Sie nicht beruflich erledigt sind, dann allerdings können Sie immer auf eine britische Geschworenenbank zählen, die sich für Sie finden wird.

Bei den meisten Leuten ist die Religion so äußerst gedankenlos, daß es, wie Sie sagen, ganz üblich ist, das Dogma der Unbefleckten Empfängnis mit dem der Jungfrau-Mutter zu verwechseln. Sie werden Protestanten finden, für die beides ein und dasselbe ist, und die dennoch das eine als einen verrückten Einfall von Papst Pius IX. abtun, während sie das andere als Bestandteil des Apostolischen Glaubensbekenntnisses akzeptieren. Das war auch meine Ansicht, als ich zum erstenmal davon reden hörte, aber ich wurde erleuchtet durch die Belfaster Streitgespräche, wonach die Logik des Papst Pius zu der Folgerung führt, daß nicht nur die Heilige Jungfrau, sondern auch ihre Mutter, ihre Großmutter, ihre Urgroßmutter und so weiter bis auf Eva zurück (die parthenogenetisch gezeugt wurde noch im Frühstadium der

253 Kilham Roberts, Sekretärin, und M. Elizabeth Barber, Sekretariatsassistentin der *Society of Authors*: Gesellschaft zur Vertretung der Rechte britischer Autoren.

Unschuld) gleichermaßen frei von der Erbsünde gewesen sein müssen.

Vor Jahren war ich einmal zum Lunch bei den Cliffords.[254] Lady Clifford war eine gläubige Katholikin, die sich viele Male am Tag zur seelischen Erbauung in ihre Kapelle zurückzog. Ich saß neben ihr, und links von ihr war ein sehr verpreußter Teutone. Plötzlich klang ein Bruchstück aus seinem Gespräch heraus. »Da haben sie doch wirklich einen Freund von mir ins Gefängnis gesteckt, weil er sagte, die Unbefleckte Empfängnis sei alles fauler Zauber!« Es entstand ein entsetzliches Schweigen. Es war genau, wie wenn er der werten Dame ins Gesicht geschlagen hätte. Nicht einer wußte, was er sagen sollte. Ich rettete die Situation, indem ich gelassen, aber auch oberpriesterhaft sagte, »Ganz recht so! Jede Empfängnis ist unbefleckt«. Dem Teutonen, der erwartet hatte, daß ich ihm helfen würde, und der spürte, daß etwas nicht richtig war, fiel nichts ein, was er hätte sagen können. Lady Clifford war mir dankbar für meinen offensichtlich tödlichen Gegenstoß und dennoch ein bißchen verwirrt, denn es war nicht genau das, was ihr Beichtvater gesagt hätte.

Wie auch immer, genug zu dem Thema. Ich weiß alles darüber. Aber da ich die Gebenedeite und ihren Sohn als meine Mit-Kreaturen betrachte und nicht glaube, daß einer von beiden parthenogenetisch geboren wurde, müßte ich Sie kränken, wenn ich es diskutieren wollte. Ich will lediglich sagen, daß ich Ihre Kirche als großen Vorteil gegenüber ihrer protestantischen Rivalin ansehe, weil sie der Dreieinigkeit noch eine Muttergottheit hinzugefügt hat. In den Hindu-Religionen ist das immer so. Aber meine Freundin, die Benediktiner-Äbtissin[255], war zutiefst erschüttert, als ich der Hei-

254 Sir Hugh und Lady Clifford, die unter dem Namen ihres ersten Ehemannes, als Mrs. Henry de la Pasture, eine Reihe populärer Romane und Theaterstücke schrieb.

255 Dame Laurentia McLachlan (1866-1953), Äbtissin von Stanbrook, Kloster des Benediktiner-Ordens in Worcestershire. Die Dokumentation dieser bemerkenswerten Freundschaft, die Shaws Glauben an die *Schöpferische Evolution* einer Prüfung unterzieht, ist in Buchform erschienen und enthält

ligen Jungfrau Maria Göttlichkeit zuschrieb. Sie vergab mir, oder wußte es vielleicht sogar besser, nachdem sie darüber nachgedacht hatte.

Was meine politische Einstellung betrifft, so ist sie diejenige von Shelley und Keats, Ruskin und Morris, plus Karl Marx und mir selbst – Ihre ist die eines schottischen Anhängers von Jakob II. Unsere Jahrhunderte sind verschieden. Trotzdem bringen Sie es fertig, ein ausreichend moderner Dichter zu sein. Also kann dieser Briefwechsel auf sehr vergnügliche Weise fortgesetzt werden. G. B. S.

25. August 1943 [Postkarte] 4 Whitehall Court, London

Ich bin Mitglied der *Royal Society of Literature* und benötige keine Eintrittskarte.[256] Es ist zweifelhaft, ob ich kommen kann (ich gehe nie hin), aber es ist möglich, da wir in die Stadt kommen mußten. Wir sind seit dem 26. Juli hier und müssen wohl den September über bleiben wegen Auflösung unseres Hausstabs in Ayot.

Meine arme Frau ist eine gelähmte Invalidin[257] und kann in

auch Briefe Shaws. Originalausgabe u. d. T. *In a Great Tradition*, 1956 herausgegeben von den Benediktinerinnen von Stanbrook; deutsche Ausgabe *Freiheit jenseits des Gitters. Die Äbtissin Laurentia und George Bernard Shaw*, übers. und bearb. von Jakob Laubach, Hamburg 1958.

256 Im Februar war Douglas aufgefordert worden, eine Rede auf Tredegar zu halten, »Über die Grundsätze der Dichtkunst«; Termin 2. September. Es sollte eine Attacke auf Eliot, Auden, Pound und andere Anti-Formalisten werden. Douglas aber wurde durch persönliche und finanzielle Probleme derart gestört, daß er nicht in der Lage war, den Vortrag zusammenzustellen, und einen jungen Freund, Richard Jones, um Hilfe bat. Ein Großteil des Materials stammte aus Douglas' »Anmerkung« zu seinen *Collected Poems* und aus dem »Vorwort« zu seinen *Complete Poems*, aber geschrieben wurde der Text vorwiegend von Jones, beginnend mit der Passage über Plato (p. 9 der Broschüre) bis zum Ende (p. 26). Vgl. Douglas an Marie Stopes, 29. Sept. 1944, British Library, Addenda Manuskripte 58495.

257 Charlotte Shaw litt an Osteitis deformans (Knochenschwund), 1939 irrtümlich als Hexenschuß diagnostiziert.

London nicht einmal außer Haus gehen, erst recht nicht zu Vorträgen. Ich selbst bin ein bejammernswerter Anblick (siebenundachtzig) und viel zu alt für London. Letzten Samstag wurde ich beklaut von einem Gauner, der den Vertrauenstrick spielte, eine Technik, die mir neu war. Ich fiel darauf rein wie der wahrhaftigste Naivling. Der Kerl spritzte mir irgend was Glänzendes auf den Rücken und hielt mich an, um mich darauf aufmerksam zu machen. Er nahm mich mit zum Waschraum einer Untergrundbahnstation und half mir überaus freundlich, mich zu säubern, wobei er auch meine Tasche säuberte. G. B. S.

15. September 1943 [Postkarte]

4 Whitehall Court, London

Eine Messe schadet keinem; und ich habe vielleicht, wer weiß, in den vergangenen Jahren von Gebeten gelebt. Aber die testamentarische Verfügung meiner Frau[258] war »keine Blumen, keine schwarzen Kleider, keinen Gottesdienst«. So wurde heute morgen in Golders Green nicht ein Wort gesprochen, aber Händel gab seine Musik dazu; während der Beisetzung die Komposition zu »nor didst Thou suffer thy Holy One to see corruption« [nicht dafür, Du Geheiligter, hast du gelitten, um Verderbnis zu sehen] und als Zugabe *Ombra mai fu* (gemeinhin bekannt als Händels *Largo*). Wer könnte sich mehr wünschen?
Händel war ihr Lieblingskomponist.
Eine übernatürliche Verjüngung hatte sich noch eingestellt und das Ende ergreifend glücklich gemacht, so daß Kummer und Sorge unmöglich wurden. Beneiden Sie mich; aber kondolieren Sie nicht. Ich bin erhaben heiter und voller Lebenskraft. G. B. S.

258 Am 13. September war Shaws Frau in ihrem Haus in Whitehall Court gestorben und wurde in Golders Green eingeäschert, in Gegenwart nur von Shaw, Blanche Patch und Lady Astor. Der Wunsch, ihre Asche über den

17. September 1943 [Postkarte]

4 Whitehall Court, London

Das ist lauter Quatsch. Die *Royal Society of Literature* hat keine Zeitschrift: sie druckt jährlich einen Band *Transactions* mit den Vorträgen, die auf ihren Tee-Parties gehalten wurden; sonst nichts. Selbst wenn dies technisch als Zeitschrift durchgehen könnte, ist der ehemalige Einfluß eines Zeitschriftenherausgebers auf einen Beitrag durch den Copyright-Erlaß von 1911 erloschen; und wo keine schriftliche Übereinkunft zum Gegenteil besteht, kann der Autor mit seinem Werk tun, was er will, sogar noch ehe die übliche Monatsfrist, während welcher die Zeitschrift vorliegt und verkauft wird, verstrichen ist – obwohl ein anständiger Autor das nicht ausnutzen würde. Der R. S. L. [Band] erscheint nur einmal im Jahr, und seine Verteilung an die Mitglieder ist keine eigentliche Veröffentlichung. Ich würde sagen, Sie sind völlig frei in der Sache.[259]

Ich hatte mir vorgenommen zu kommen, verwechselte aber den Tag. Ich mache laufend solche Schnitzer. G. B. S.

Three Rock Mountain bei Dublin zu zerstreuen, konnte wegen des Krieges nicht erfüllt werden.

259 Martin Secker hatte zugesagt, den Vortrag als Broschüre zu veröffentlichen, nachdem er nachdrücklich darum gebeten worden war von einem jungen Mann, den Douglas im Jahr zuvor kennengelernt hatte: Adrian Earle, einundzwanzig, ehemals in Winchester und jetzt darauf hoffend, nach Oxford gehen zu können, ein Büchersammler und angehender Dichter. Earle hatte sich bei Douglas beliebt gemacht und übte starken Einfluß auf dessen Leben aus. Im Mai des Jahres hatte Douglas seinen testamentarischen Willen aufgesetzt, in dem er Earle zu seinem literarischen Nachlaßverwalter und Hauptnutznießer bestimmte (vgl. Douglas an Earle, 30. Mai 1943; Clark Memorial Library). Earles Brief an die *Royal Society of Literature*, mit dem er anfragte, ob irgendwelche Einwände gegen Seckers Büchlein bestünden, wurde unverzüglich und streng beschieden: Gesuch abgelehnt, die Gesellschaft habe das alleinige Recht zur Publikation.

29. Oktober 1943 1 St. Ann's Court, Hove

Mein lieber St. Christophorus, Ich habe Ihre Karte über meine Publikationsrechte an dem Vortrag dem Sekretär der *Royal Society of Literature* zugesandt, mit dem Ergebnis, daß die Gesellschaft klein beigegeben hat und ihren Einspruch gegen meine Herausgabe des Vortrags in einer Broschüre zurückgezogen hat.[260] Secker bringt sie jetzt heraus, und gestern habe ich die Probeabzüge korrigiert. Sie sollte also in wenigen Tagen da sein, und ich werde Ihnen ein Exemplar schicken. Die Gesellschaft gab mir fünfundzwanzig Pfund für meinen Vortrag (Tredegar sagte mir, es würden vierzig sein, aber ich bekam nur fünfundzwanzig!), und sie hatten noch die Frechheit zu fordern, daß dieses Entgelt ihr Exklusivrecht auf die Publikation des Vortrags in ihren *Essays by Various Hands* [Essays aus verschiedener Hand] miteinschlösse. Ich hatte keine Vereinbarung getroffen und war nicht darauf hingewiesen worden. Nicht ein Wort fiel hinsichtlich der Publikationsrechte, und obwohl ich erfreut gewesen wäre, sie den Vortrag in ihrer Zeitschrift veröffentlichen zu lassen, sah ich doch keinen Grund, warum ich ihn nicht auch als Broschüre veröffentlichen sollte. Dank Ihnen vor allem ist das genehmigt worden, aber sie sagen, daß sie ihn jetzt nicht in den *Essays by Various Hands* abdrucken wollen, was mir jedoch nichts ausmacht. Ich halte meinen Vortrag (den sie enorm bewunderten, wie sie bekundet haben) für hinreichend gut, um zu glauben, daß es ihr Verlust ist und nicht meiner. Ich konnte wirklich nicht einsehen, warum sie einen Zehntausend-Wörter-Essay umsonst haben sollten, worauf es ja schließlich hinausgelaufen wäre, und dann noch behaupten konnten, es sei mir untersagt, ihn woanders zu veröffentlichen.

Ich hoffe, es geht Ihnen gut, lieber St. Christophorus. Ihr ergebener

Junker

260 Secker veröffentlichte die Broschüre *The Principles of Poetry* [Die Prin-

[Anfang November 1943] 4 Whitehall Court, London

Lieber Junker Alfred, Briefe aufzubewahren ist eine üble Angewohnheit, die ich prinzipiell nicht praktiziere, wenn sie wirklich privat und nicht dokumentarisch sind ... Ich hätte schwören können, Ihre Briefe, unüberlegt freimütig wie sie sind, alle bewußt vernichtet zu haben.
Doch fand ich im Verlauf des Aufräumens, wozu ich durch den Tod meiner Frau und die tägliche Möglichkeit meines eigenen genötigt war, die hier beigelegten. Ich kann mir das nicht erklären. Ich wage nicht, sie zu vernichten: ich überlasse sie Ihnen.
Ich würde mich nicht weiter um die *Royal Society of Literature* kümmern. Wenn die Zeit kommt und sie ihren jährlichen Vorrat an Vorträgen veröffentlichen, wird man sich schon eines besseren besinnen, was die Auslassung des Ihren betrifft. Falls nicht, kann Ihnen das auch nichts anhaben und bringt die Gesellschaft nur in Schwierigkeiten mit den Mitgliedern, die den Versammlungen nicht beiwohnen.
Engländer müssen ihre Streitigkeiten haben, vorzugsweise um nichts. G. B. S.

27. November 1943 1 St. Ann's Court, Hove

Mein lieber St. Christophorus, Ich war entzückt von Ihren Antworten auf die Fragen der idiotischen Interviewerin zu Mosley[261] im gestrigen *Express*. Jede einzelne Antwort, die

zipien der Dichtkunst] in blaßgrauem Umschlag, Druck Richards Press, im November 1943. Die Auflage war auf tausend Exemplare limitiert.

261 Sir Oswald Mosley, Führer der britischen Faschisten [*Union of Fascists*] war gerade von dem Labour-Abgeordneten Herbert Morrison aus dem Gefängnis entlassen worden, wo er seit Mai 1940 (ohne Verhör) interniert gewesen war.
Wheeler Ryan, eine Vertreterin der Presse, die heftig gegen die Freilassung opponierte, führte ein Interview mit Shaw darüber für den *Daily Express* (26. November 1943).

Sie gaben, entspricht genau dem, was ich selbst gesagt hätte (außer natürlich das mit dem Kommunist-Sein, das zu implizieren scheint, daß Sie nicht erkennen, daß es gerade die Kommunisten und Sozialisten oder jedenfalls die Linken sind, die genau dieselben Ansichten vertreten, die Sie in Ihren Antworten verwerfen). Aber Ihre Sorte Kommunismus gleicht nicht im geringsten derjenigen, die den durchschnittlichen Kommunisten oder Sozialisten anspricht. Wenn Sie ein Kommunist sind, dann erfordert der Begriff eine neue Definition.

Ich finde, es ist ziemlich unfreundlich, daß Sie mir nichts zu meinem Vortrag geschrieben haben. Aber ich nehme an, Sie sind wie gewöhnlich überlastet mit Korrespondenz. Ich bin mit Briefen darüber (ich meine über den Vortrag) überschwemmt worden. Bis jetzt hat niemand ein Wort zur Verteidigung Eliots zu sagen. Das einzige, was mich beunruhigt, ist, warum das vorher nie jemand ausgesprochen hat, wenn sie alle Eliot so wenig leiden können und für seine angebliche Dichtung nur Verachtung haben?

Ich werde das Wochenende bei einem Farmer[262] verbringen und freue mich schon auf das gute Essen. Ich bin halb verhungert hier. Ihr ergebener Junker

Auf ihre Frage, ob es »abgesehen vom Rücktritt« Morrisons irgend etwas geben könnte, was diejenigen »besänftigen« würde, »die Leib und Leben riskierten«, um den Faschismus zu stürzen, erwiderte Shaw:
»Diejenigen, die Leib und Leben riskieren … sind Soldaten, Seeleute und Bergarbeiter hauptsächlich. Sie fragen mich, ob ich glaube, daß die Soldaten und Seeleute wegrennen und die Bergarbeiter streiken würden, wenn Morrison nicht zurücktritt. Um es kürzer zu fassen, Sie fragen mich, ob ich ein verdammter Narr bin oder nicht.«
Und auf die Frage, ob Morrisons Entscheidung nicht Alarm und Resignation unter der Masse auslösen würde:
Shaw: Das bringt mich auf den Verdacht, daß Sie geistig defekt sind.
Ich halte die Mosley-Panik für beschämend.
Frau Ryan: Sind Sie ein Faschist, Herr Shaw?
Shaw: Nein, ich bin Kommunist.

262 Bei Edward Colman und dessen Frau Sheila, die Douglas am Ostersonntag 1942 durch Richard Rumbold, einen jungen Oxford-Absolventen und gemeinsamen Freund, kennengelernt hatte. Die Colmans waren seit drei Jahren verheiratet und lebten auf der Old Monk's Farm in Lancing bei Hove.

2. Dezember 1943 4 Whitehall Court, London

Lieber Junker Alfred, Sie sind so klug und geistesgegenwärtig und ein so unfehlbarer Beurteiler von Dichtung, daß Sie in den von Ihnen ausgewählten Fällen immer recht haben; aber dann wieder sind Sie ein so gedankenloser Teufel, daß Sie mit Ihren Spielregeln ebenso oft irren wie nicht. Natürlich können Sie Kegel schieben mit jenen albernen Leuten, die denken, sie schrieben Gedichte, wenn es nicht einmal Prosa in irgendeinem künstlerischen Sinn ist, sondern Geschwätz. Aber Sie bleiben dabei in der Position des Eiferers, daß alles, was sich reimt und skandieren läßt, ein Gedicht ist und alles, was nicht, keines. T. S. Eliot muß darauf nur entgegnen, daß er es ablehnt, über Dichtung zu diskutieren mit einem Mann, der denkt: daß Hooles Übersetzung des Tasso Dichtung ist; daß es in der authorisierten Version der Bibel keine Dichtung gibt; daß ein Vortragsstück für Kinder wie die »Sieben Lebensalter des Menschen« oder eine Konfliktfrage in Anfängerenglisch wie »To be or not to be« Dichtung ist und »Was für ein Stück Arbeit ist ein Mensch!« keine; daß Macaulays Balladen aus dem alten Rom [*Lays of Ancient Rome*] und Walter Scotts »Lochinvar« ihre Verfasser als Dichter über William Blake und Whitman stellen; und daß das einzige bißchen Dichtung in meinen Stücken die vier Zeilen aus *Haus Herzenstod* sind, die sich skandieren lassen und aufeinander reimen. Ihre Definition von Dichtung ist eine Definition von Vers und Strophe, was etwas völlig anderes ist. Hoole hat seine Verse korrekt gesetzt nach Drydenscher Manier, aber niemals in seinem Leben eine Zeile Dichtung geschrieben. Bunyan, dessen musikalisches Gehör fast besser war als das Shakespeares, hat mit seinem nie versagenden Rhythmus und seiner Melodie und Seelenkraft überhaupt nichts anderes geschrieben. Ich bezeichne mich in technischer Hinsicht als einen Stückeschreiber, aber in ästhetischer Hinsicht bezeichne ich mich als einen dramatischen Dichter und werde tatsächlich im deutschen Theater auch so bezeichnet.

T.S. Eliot hat sich lächerlich gemacht mit seiner Reaktion gegen den Formalismus, wie das alle jungen Reaktionäre tun. Aber sein *Mord im Dom* ist dramatische Dichtung, und zwar so gute, daß es lächerlich wäre, ihn als einen falschen Poeten ohne Bedeutung abzutun. Yeats konnte weder buchstabieren noch zählen, aber seine »Keltische Dämmerung« [*Celtic Twilight*] war alles andere als eine totale Verfinsterung.
Dies alles wissen Sie ebensogut wie ich. Nur extreme intellektuelle Faulheit und Selbstzufriedenheit konnte Sie veranlaßt haben, ohne Deckung vor dem Kinnhaken des Gegenübers zu bleiben. Doch ist das eben Ihre Art. Und wahrscheinlich wird keiner der Schwätzer wendig genug sein, um zu erkennen, daß keine Deckung da ist, und sich die Schwachstellen vornehmen.
Die Testamentsvollstrecker von Quaritch hätten auf keine legale Weise einen Teil seines Nachlasses im Wert von zweitausend Pfund übergehen können: das wäre Vertrauensbruch gewesen. Sie sind dieses Risiko selbst eingegangen, als Sie ihm Ihre Briefe überließen, ohne daß er seine testamentarische Anweisung dazu gab.[263] Sie müssen nicht mit den Leuten streiten.
Ich muß aufhören. Heute habe ich die letzten Seiten meines

263 Am 23. Mai 1913 hatte Douglas zwölf der an ihn gerichteten Briefe Oscar Wildes dem Buchhändler Bernard Quaritch für hundert Pfund verkauft und eine Woche später dreizehn weitere Briefe angeboten, »die letzten, die ich noch habe«. (Ein Jahr zuvor hatte er ungefähr einhundertundfünfzig verbrannt; vgl. *Without Apology*, p. 77). Quaritch schickte ihm daraufhin noch einmal einen Scheck über hundert Pfund. Von der Firma erhielt Douglas die mündliche Zusage, innerhalb der folgenden ein bis zwei Monate Auszüge daraus anfertigen zu dürfen, falls die Briefe bis dahin nicht verkauft waren. Ende Juli, als ein Käufer Interesse zeigte, bat Douglas um Erlaubnis, Kopien für sein Buch *Oscar Wilde and Myself* machen zu dürfen. Die Firma zögerte und ließ sich, als Douglas insistierte, rechtlich beraten. Bis zum 27. August 1913, als Bernard Quaritch starb, war der Fall unentschieden. Danach wurden die Briefe für Firmeneigentum erklärt, also nicht als persönlicher Nachlaß Quaritchs behandelt. Douglas' Gesuch wurde abgelehnt.
Die Quaritch-Company verkaufte fünfundzwanzig Wilde-Briefe an A.S.W. Rosenbach, dieser wiederum an John B. Stetson Jr., und nach dessen Verkaufsauktion im Jahre 1920 gingen sie an William Andrews Clark Jr. über. Heute befinden sie sich in der Clark Memorial Library.

Buches [*Everybody's Political What's What?*] an die Druckerei geschickt: eine große Erleichterung. Aber zusätzliche Zeit zum Briefeschreiben (oder vielmehr – dozieren) hat mir das nicht gelassen. Gute Nacht also! G. B. S.

3. Dezember 1943 1 St. Ann's Court, Hove

Mein lieber St. Christophorus, Wenn Sie meinen Vortrag sorgfältiger lesen würden, würden Sie bemerken, daß ich den Unterschied zwischen Dichtung und Versemachen sorgfältig hervorgehoben habe. Ich sagte, das Entscheidende bei Pound, Eliot, Auden und Konsorten sei »nicht so sehr, daß sie schlechte Dichter sind, sondern daß sie überhaupt keine Dichter sind und deshalb unfähig, sogar schlechte Verse zu schreiben.« Ihre ganze Beweisführung mit Hoole und Bunyan und der autorisierten Version et cet. et cet. et cet. beruht auf dem falschen Schluß, daß gute Prosa Dichtung sei. Shakespeare schrieb unvergleichliche Prosa, aber seine Prosa ist keine Dichtung, und die authorisierte Version ist auch keine Dichtung, noch Walt Whitman oder Bunyan. Sie selbst schreiben großartige Prosa, aber Sie schreiben keine Dichtung, obwohl Sie es zweifellos gekonnt hätten, wenn Sie es versucht haben würden, wie ich in *Whithout Apology* feststelle. Eliot hingegen könnte keine zwölf aufeinanderfolgende Zeilen Dichtung schreiben, selbst wenn es um sein Leben ginge. Ich stimme nicht mit Ihnen überein, daß *Mord im Dom* eine »gute dramatische Dichtung« ist. Es ist schwaches Zeug und alles andere als Dichtung. Yeats *war*, wie ich in meinem Vortrag betont habe, ein Dichter und konnte zuzeiten gute Sachen schreiben, aber auch er hatte ein mangelhaftes Gehör für Rhythmus und schrieb andauernd Zeilen, die nicht skandiert werden können. Ich wünschte, Sie würden meine Sachen lesen, bevor Sie sie kritisieren! Genau das gleiche haben Sie getan im Fall meines Buches über die Sonette. Sie

schrieben mir einen langen Brief, der eine Menge Lob und Anerkennung enthielt (was mir sehr wohltat), kritisierten aber auch mehrere Stellen in dem Buch, ohne wahrzunehmen, daß diese Stellen *in jedem Fall* Zitate von Wilde waren, und daß ich sie zwar zitierte, weil sie interessant und sogar brillant waren, zugleich aber ausdrücklich sagte, daß ich nicht derselben Meinung bin, z. B. bei Marlowe als dem Dichterrivalen. Ich hoffe, die Leute, die Sie als »Schwätzer« bezeichnen, werden sich zu Wort melden. Ich habe bestimmt keine Schwierigkeit im Umgang mit ihnen.
Im Zusammenhang mit Quaritch's sagen Sie mir, ich solle nicht mit den Leuten »streiten«. Aber mein lieber, gesegneter St. Christophorus, was beim Verkauf der Briefe von Wilde passierte, war *1913*. Seither habe ich niemals mehr ein Wort dazu gesagt und es Ihnen gegenüber nur *en passant* erwähnt als ein Stückchen alter Geschichte. Es gibt keinen Streit! Ihr ergebener

Junker

1. Januar 1944 — 4 Whitehall Court, London

Kindchen, Kindchen, Wenn man seinen Verstand nicht gebrauchen will, muß man seinen Katechismus lernen. Hier ist er.

F. [Frage] Was ist Dichtung?
A. [Antwort] Die Vermittlung von Empfindungen zwischen lebenden Personen durch Sprache, schriftlich oder mündlich.
F. Nennen Sie ein authentisches Beispiel für Dichtung.
A. Die Sonette von Alfred Douglas – größtenteils.
F. Nennen Sie ein Beispiel für Nicht-Dichtung in schriftlicher Form.
A. Jede Eintragung im Telefonverzeichnis.
F. Als was bezeichnen Sie die Eintragungen im Telefonverzeichnis?
A. Als leidenschaftslose Information.

F. Sind Reim und skandierbare Metrik das Erkennungsmerkmal für Dichtung?

A. Nein.

F. Wieso? Die Douglas-Sonette sind doch alle gereimt und skandierbar.

A. Das gilt auch für »Dreißig Tage hat September, April, Juni und November, achtundzwanzig der Februar und einunddreißig der Rest vom Jahr.« Es ist reine leidenschaftslose Information, wie das Telefonverzeichnis. Folglich ist die Versform nicht das Erkennungsmerkmal.

F. Können Sie ein Gedicht nennen, das weder Reime noch skandierbare Verse hat?

A. Ja. Das Buch Hiob in der autorisierten englischen Übersetzung.

F. Lord Alfred Douglas, ein echter Dichter, bestreitet, daß Hiob ein Gedicht ist, und zwar mit der Begründung, daß es sich weder reimt noch skandieren läßt. Erklären Sie das.

A. Douglas hat, weil er ein geborener Dichter ist, über Dichtung nie mehr nachdenken müssen, als eine elektrische Rechenmaschine über die Mathematik nachdenkt. Was er sagt, ist lediglich das erstbeste, was ihm einfällt.

F. Was also ist ein echtes Erkennungsmerkmal? Warum ist Hiob ein Gedicht, obwohl es sich weder reimt noch skandieren läßt?

A. Weil es Empfindungen vermittelt durch eine musikalische Anordnung der Sprache.

F. Sind alle derartigen Anordnungen Gedichte?

A. Nein. Die Empfindung muß edel sein. Ein zotiger Limerick vermittelt ein vergnügliches Gefühl; aber ein solches Vergnügen ist nicht edel genug, um poetisch genannt zu werden. Ein Gedicht ist ein Gedicht, aber ein Limerick ist nur ein Limerick.

F. An welchem Punkt wird das Gefühl edel genug, um seine Vermittlung poetisch zu machen?

A. Der Punkt variiert mit der Fähigkeit des Einzelnen.

F. Welcher Fähigkeit? Der intellektuellen oder der künstlerischen?

A. Beiden. Nehmen Sie zwei Zeilen von genau dem gleichem musikalischen Wert: »Das Bächlein plätschert den Hügel hinab« und »Das Bächlein plätschert den Hügel hinauf«. Ein Kind, dessen Verstand noch nicht ausgebildet ist, wird gleichermaßen Freude an beiden haben. Sir Isaak Newton hätte die erste Version als idyllische Dichtung akzeptiert, aber die zweite [hätte] ihn nur lachen gemacht. Gilbert hat viele Leute zum Lachen gebracht mit einer Ballade von einem Schotten, der versucht, auf dem Dudelsack eine Melodie zu spielen. Von dieser Melodie heißt es, daß »sie sich in mehreren Tonarten bewegte«. Ich konnte nicht darüber lachen, wie Gilbert es von mir erwartete, denn Dudelsackpfeifen mit ihrem durchgehenden Baß haben gar keine Möglichkeit, sich in mehreren Tonarten zu bewegen. Dichtung muß das Gehirn ebenso befriedigen wie das Ohr. Denken ist eine Leidenschaft: eine Schrift, die darauf ausgerichtet ist, wie Dantes *Paradiso*, kann einen hohen Rang als Gedicht einnehmen.

F. *Paradiso* ist in *terza rima* gesetzt. Zeigt das nicht, daß Dichtung auf ihrer höchsten Stufe Reim und skandierbaren Rhythmus verlangt?

A. Nein. Shaw schreibt Blankverse ebenso leicht wie Shakespeare. Aber an sublimen Stellen reimt er nicht, noch verwendet er ein festgesetztes Metrum. Douglas könnte keine einzige dieser Stellen in Blankverse übertragen, ohne sie zu verderben.

Wenn Sie daran zweifeln, versuchen Sie's. Aber sagen Sie nicht, daß die Stellen keine Dichtung sind, oder muß ich Sie einen Sonettier nennen?

Keine Zeit für mehr. G. B. S.

P. S. Lesen Sie Tolstois *Was ist Kunst*? Er wußte es.

4. Januar 1944 1 St. Ann's Court, Hove

Mein lieber St. Christophorus, Sie sind wieder bei Ihrem alten Trick, auf etwas zu »antworten«, was ich nie gesagt oder geschrieben habe. Was ich tatsächlich schrieb, war, daß *Geschriebenes, welches sich weder reimt, noch skandieren läßt, noch ein metrisches Maß hat, keine Dichtung sein kann*. Sie ziehen es vor, in völliger Verachtung der Logik und intellektuellen Integrität, daraus zu der Annahme zu gelangen, daß ich den Standpunkt vertrete, *alles*, was sich reimt und skandieren läßt, sei *folglich* Dichtung. Ich habe nie etwas so Albernes und Widersinniges gesagt, wie Sie wissen müßten, wenn Sie meinen Vortrag gelesen hätten (was ich sehr bezweifle). Es ist reine Ungehörigkeit von Ihnen, mir zu erzählen, daß »Limericks« und »Dreißig Tage hat September« keine Dichtung sind, obwohl sie sich reimen und skandieren lassen. *A qui le dites-vous*? Weiß ich das nicht mindestens ebenso gut wie Sie? Alles, was Sie zu diesem Punkt sagen, ist in meinem Vortrag enthalten. Machen Sie mir doch nichts vor! Und was ist der Zweck oder die Relevanz Ihrer langweiligen Lektion über Gilberts Schotten, der auf dem Dudelsack »in mehreren Tonarten« spielte? Was läßt Sie davon ausgehen, daß ich nicht ebenso gut wie Sie weiß, daß man auf den Pfeifen nicht in andere Tonarten überwechseln kann? Und überhaupt, was haben Gilberts Fehler mit mir zu tun? Warum müssen Sie den Leuten ewig Lektionen erteilen und »Information vermitteln« zu Themen, über die sie gerade so gut informiert sind wie Sie? Mein lieber St. Christophorus, das Buch Hiob ist wunderschöne Prosa, aber es ist ebenso wenig Dichtung wie Ihre *Heilige Johanna*. Sie haben nicht mehr Berechtigung, über meine Feststellung, daß Sie kein Dichter sind, was ich mit Nachdruck betone, beleidigt zu sein, als ich sie haben würde, wenn Sie mir sagten, daß ich kein Dramatiker bin. Auf Ihre rührende Verblendung, daß Sie ebenso gut Blankverse schreiben könnten wie Shakespeare, ist unmöglich höflich zu antworten. Ich halte mich daher zurück. Ihr ergebener JunkerAlfred

Lieber Junker Alfred, Es hat keinen Zweck, mir zu erzählen, was Sie gesagt haben oder nicht gesagt haben oder was Sie wissen oder nicht wissen oder was für nette Dinge Quiller-Couch und Co. gesagt haben und nicht gesagt haben.[264] Wenn Ihr Artikel nicht bedeutet, daß das Erkennungsmerkmal für Dichtung Reim und regelrechte Metrik ist, bedeutet er gar nichts. Und in diesem Punkt kann Eliot Sie kurz und klein machen. Die technische Unterscheidung zwischen Prosa und Vers hat nichts zu tun mit dem Unterschied zwischen Dichtung und »Dreißig Tage hat September«.

Ich habe Ihren Vortrag so sorgfältig und kritisch gelesen, wie ich meine eigenen Sachen lese, ehe ich sie der Druckerpresse übergebe, und natürlich sofort seine Schwachstellen herausgefunden. Das tun Sie nie. Sie heben den nächstliegenden Backstein auf und werfen ihn auf irgend jemanden, mit dem Sie nicht einer Meinung sind. Wyndham Lewis und alle, die Ihrer Meinung sind, entzückt und amüsiert das, denn Sie machen es auf sehr lesenswerte Weise. Aber die Backsteine ergeben kein Gebäude. Nun, es hat keinen Zweck, mich mit Ihnen auseinanderzusetzen; denn wieviel auch immer Sie wissen, Sie machen sich niemals die Mühe, das, was Sie wissen, vernunftmäßig weiterzuentwickeln: Ihre Backsteine zu Bauwerken zusammenzufügen. Sie können nicht argumentieren und fühlen sich verletzt, wenn ich die Backsteine für Sie anordne. Übernehmen Sie also einfach meine Definitionen, wenn die Kontroverse weitergeht. Und danken Sie Ihren Sternen, daß Sie mich haben, der ich all diese geduldige Kärrnerarbeit für Sie tue.

Ein Limerick kann Dichtung sein, wie jeder beliebige andere Vierzeiler auch, wenn er von einem Dichter geschrieben ist

264 Quiller-Couch habe den Vortrag mit »behaglichem Schnurren« aufgenommen, und in Cambridge seien viele »des T. S. Eliot-Spiels überdrüssig«, schrieb Douglas (vgl. Brief an Marie Stopes, Dezember 1943, British Library, Addenda Manuskripte, 58495).

auf dem Niveau der Poesie. Ich sprach von einem »zotigen Limerick«.
Ich habe nicht gesagt, ich könnte Blankverse ebenso *gut* wie Shakespeare schreiben – ich habe gesagt *ebenso leicht*. Und das ist eine simple Tatsache. Cäsars erste Rede in *Cäsar und Cleopatra* oder Liliths letzte in *Zurück zu Methusalem* hätte ich *leichter* in Blankversen schreiben können als in Prosa. Warum ich es nicht getan habe? Weil Blankverse nicht poetisch genug waren. Warum hat Ibsen, der im *Peer Gynt* bewies, daß er sämtliche Versformen beherrschte, Reim und regelrechte Metrik verworfen und alle seine späteren Stücke in Prosa geschrieben? Aus dem gleichen Grund. Fielding bewies mit *Tom Thumb*, daß er, wie ich, Blankverse ebenso leicht wie Shakespeare schreiben konnte. Warum hat er dann nicht auch *Tom Jones* in Blankversen geschrieben? Übertragen Sie, der Sie ein Dichter sind, doch einmal unsere »Glanzstellen« in Blankverse, und Sie werden es herausfinden.
Seien Sie nicht zu respektlos gegen Eliot. Sein Dom-Stück hat ihn nicht nur über die Masse der Möchte-gern-Modernen erhoben, deren Zeug weder Prosa noch Vers ist, sondern eben Geschwätz; es zeigt auch, daß er etwas von einem Virtuosen in der Kunst des Versbaus hat, wenn das, was er ausdrücken will, dies erfordert. Wie dem auch sei, behandeln Sie ihn jedenfalls nicht wie einen Moralverbrecher. Das ist ein bißchen zu viktorianisch und prä-Shawisch. In Eile – sehr beschäftigt G. B. S.

13. Januar 1944 1 St. Ann's Court, Hove

Mein lieber St. Christophorus, Ist es Gehirnerweichung oder versuchen Sie nur, mich auf den Arm zu nehmen? Sie sagen, Sie hätten Ihren *Methusalem* (übrigens eine Ihrer am wenigsten erfolgreichen Anstrengungen) in Blankversen schreiben können, hätten ihn aber lieber in Prosa geschrieben. Sie räumen wahrhaftig den Unterschied zwischen Prosa und Vers ein und verzichten damit völlig auf Ihr eignes verrücktes Hauptargument, das daraus zu bestehen scheint, daß Sie, wenn Sie Prosa schreiben, eigentlich Gedichte schreiben!!

Voyons mon pauvre monsieur, mit welcher Absicht schreibt man denn solches Gefasel? Geben Sie's auf. Sie sind in Gefahr, ein ebenso monumentaler Langweiler zu werden wie Ihr kostbarer Ibsen, der meiner Ansicht nach nur wenig witziger war als ein Geistesschwacher. (Ich konnte noch nicht eines seiner idiotischen Stücke bis zu Ende absitzen.)

D.B. Wyndham Lewis (nicht zu verwechseln mit Percy Wyndham Lewis) sagte in dem Artikel, den ich Ihnen sandte, daß »keiner der Modernitätssüchtigen« auf irgendeine These in meinem Vortrag etwas entgegnen könne, »ohne die menschliche Vernunft anzuwidern und wie ein Dummkopf dazustehen« – genau das, was Sie jetzt tun. Warum soviel Aufwand, um sich unsagbar lächerlich zu machen? Ihr ergebener, aber gereizter Junker

1. Februar 1944 [Postkarte] Ayot St. Lawrence

Lieber Junker, Es tut mir leid, ich kann Ihnen die Sache nicht verständlich machen; aber da läßt sich nichts ändern, und ich werde es nicht wieder versuchen. Einfach, wie sie mir erscheint, übersteigt sie offenbar Ihre Kräfte.

Außerdem ist der Schaden (sofern es einer ist) nun geschehen und mag genausogut *ein für allemal* geschehen sein.

Aber wenn Sie schon Ihre Gefühle durch wütende Briefe erleichtern mußten, so war es besser, daß sie an mich gingen als an weniger großmütige Opfer. Und nun lassen Sie uns damit aufhören. G.B.S.

6. Februar 1944 Ayot St. Lawrence

Lieber Junker, Diesmal sind Sie *wirklich* im Irrtum. Ich war nicht anderer Meinung als Sie in Ihrem Vortrag. Ich bin völlig einverstanden, mit Ihnen und mit dem heiligen Thomas von Aquin, den Sie zitieren (und dem Sie widersprechen), wie es gerade in Ihre augenblickliche Laune paßt. Was ich tat, war, die Art und Weise zu kritisieren, in der Sie die Sache ausgeführt haben, was etwas ganz anderes ist. Sie können keine Kritik vertragen: ich wage nicht, Ihnen zu sagen, daß ich bezweifle, ob Sie genau so gut Violine spielen können wie Menuhin oder Heifetz – Sie würden sofort losschreien, daß Sie von Beethoven und Brahms weit mehr verstünden als die beiden und daß ich ein bösartiger Lügner sei, der Sie verspottet.

Nichtsdestoweniger, Alfred, können Sie aber nicht so gut Violine spielen wie Menuhin. Sie haben nicht die Technik. Die einzige Technik, die Sie haben, ist die des petrarkischen Sonetts, in der Heifetz Ihnen weit unterlegen ist. Nun ist die Kunstfertigkeit im petrarkischen Sonettdichten eine hohe Errungenschaft, schwierig zu erlangen im Englischen, weil das Sonett seinem Wesen nach un-englisch ist und seine Reimanordnung die häßlichste Kunstform, die existiert, was es sehr schwierig macht, ein Resultat zu erreichen, das Dantes ideale Definition des Sonetts als musikalisierte Rhetorik erfüllt. Ich habe einmal, als ich wahnsinnig verliebt war, ein oder zwei Sonette geschrieben; aber mein Gehör gleicht dem Gehör Shakespeares, und so schrieb ich sie in der englischen Manier mit natürlicheren Reimfolgen und dem wunderbaren Koda-Doppelreim am Ende der Stanze. Allerdings weiß ich, daß viel mehr dazu gehört, ein *gutes* petrarkisches Sonett auf Englisch zu schreiben, und daß Ihre Beherrschung dieser Form Sie unter die Meistertechniker derselben einreiht. Ich bin vergleichsweise ein Stümper.

Soweit werden Sie mir von Herzen zustimmen. Aber wenn wir zur Kritik kommen, bin ich der Meistertechniker, und Sie

sind der Stümper. (Fangen Sie jetzt nicht an zu schreien und rasende Briefe zu schreiben.) Sie haben den Härtetest noch nicht überstanden. Ich habe mich zehn Jahre lang durch Kunstkritik ernährt: Literatur, Malerei, Musik, Theater. Natürlich begann ich als Amateur und machte all die Fehler, die Sie machen. Ich las und beobachtete und hörte aufmerksam zu, um das Erkennungsmerkmal der Größe an den großen Künstlern wahrzunehmen, die ich kritisieren sollte. Ich lobte sie wortreich für irgendwelche Bravourstücke – und stieß in der folgenden Woche auf einen Drittklassigen, der es noch besser machte. Ich war fasziniert von der Geisterwelt eines Edgar Allan Poe und fand mich alsbald konfrontiert mit der Tatsache, daß Whitman, bei dem es überhaupt keine Geister gab, trotzdem ein Dichter war und, für einen Amerikaner, ein großartiger.
Beim Durchforschen der Erkennungsmerkmale hatte ich eine Niederlage nach der anderen. Aber am Ende erlernte ich meine Arbeit und gewann, wonach ich eigentlich trachtete: die Stärke, mich selbst zu kritisieren. Wenn ich ein Kapitel schreibe, setze ich es auf, wie es mir einfällt, ganz wie Sie das auch tun; aber dann lese ich es ein-, zwei-, dreimal kritisch durch, ehe ich es drucken lasse. Falls außer mir noch jemand es liest – Ehefrau, Sekretärin, Korrektor oder meine Köchin – und einen Lapsus darin entdeckt, bin ich wirklich dankbar. Fremde, manche von ihnen nicht übermäßig literarisch, haben mir schon geschrieben und auf vielleicht dreißig Fehler in einer einzigen Erstausgabe hingewiesen; und sie alle erhalten eine Bildpostkarte mit Autograph als Gegengabe. Sie würden zu Ihren Anwälten rennen und dort Instruktionen geben, wegen Rufmords und schwerer Lästerung ein Verfahren in die Wege zu leiten. Dreißig Verfahren genaugenommen.
Selbst wenn Sie den Härtetest durchmachen müßten, zweifle ich daran, ob Sie jemals ein wirklich »idiotensicherer« Kritiker wären. Ich habe eine besondere Begabung zur Analyse, die beim Aufspüren der Erkennungsmerkmale unerläßlich

ist. Ohne sie ist ein Kritiker wie ein Jagdhund ohne Nase. Bei Ihnen scheint sie mir zu fehlen; Sie nehmen Ihre Gedankenassoziationen – Ihre »konditionierten Reflexe«, wie Pawlow sie nannte – irrtümlicherweise für Logik. Sie wissen nicht, was ein Erkennungsmerkmal wesentlich ausmacht. Sie zitieren beifällig die Definition des [Thomas von] Aquin und stellen in der nächsten Zeile die Definition eines Trottels auf und machen diese zur Basis für Ihren Angriff auf jemanden, den Sie nicht leiden können. Wenn man die Definition des Trottels entlarvt, schreien Sie los, man hätte Sie nicht gelesen, Sie hätten die thomistische Definition in einem früheren Absatz angeführt, und überhaupt gäbe es keine Gerechtigkeit in der Welt. Sie können die Dinge nicht entwirren. Ich kann.

Es gibt aber noch einen merkwürdigen Unterschied zwischen uns. Ich habe mich selbst nie besonders gemocht – Ihre Eigenliebe (eine sehr wertvolle Veranlagung, wie ich aus der Erfahrung ihrer Ermangelung weiß), ist außergewöhnlich. Was immer Sie tun, Sie sind begeistert davon. Beim nochmaligen Lesen und Redigieren, wie ich das tue, würde Sie schon die leiseste Andeutung, daß etwas an Ihrem Meisterwerk falsch sein könnte, so zornig machen wie ein Gott, dessen Allwissenheit man in Frage gestellt hat. Zum Glück für Sie ist der Stoff immer gut genug, um eine Gefolgschaft von Schmeichlern ins Schwärmen zu bringen, deren Komplimente Ihnen höchstes Vergnügen bereiten. Aber weh mir, dem armen Kritiker! Ich werde der Verspottung bezichtigt und getadelt wegen »Ungehörigkeit«.

Wenn Sie in diesen Zeilen irgend etwas von sich selbst wiedererkennen können und imstande sind, sich herabzulassen, mit Ihrem Heiligen zu kommunizieren, statt an die Zeitungen zu schreiben, dann werden Sie jetzt in der Lage sein, einen erstaunlichen Sonetten-Kranz mit dem Titel »Narziß« zu produzieren. Ich vermute, daß es das ist, was ich aus Ihnen herauszulocken versuche.

Mischen Sie sich nicht in die Politik ein: Sie kennen nicht mal das ABC. Als Henry George[265] mich vor sechzig Jahren zur Volkswirtschaft brachte, las ich Karl Marx und hielt ihn für unfehlbar und wurde Sozialist, vierzehn Jahre vor Lenin.[266] Es hat mich vier Jahre gekostet, die Wirtschaftswissenschaft objektiv zu beherschen und den Kapitalismus aus sich selbst heraus zu verstehen und nicht vom marxistischen Standpunkt aus. Der Standpunkt, den Sie einnehmen, ist der eines einfachen Gardeleutnants unter Königin Viktoria. Hängen Sie ihn an den Nagel, Alfred. G. B. S.

9. Februar 1944 1 St. Ann's Court, Hove

Mein lieber St. Christophorus, Ihr Brief ist umwerfend. Alles, was Sie in Ihrer Analyse von meinem Charakter und meiner Schreib- und Argumentationsmethode sagen, kann *exakt* auf Sie übertragen werden. Sie sind der eingebildetste Mensch, der je gelebt hat (während ich von Grund auf demütig bin), und Sie sind ein hoffnungsloser Fall, weil Sie von der Quelle der Weisheit abgeschnitten sind (von Gott und der katholischen Kirche), wie ich es war vor meiner Konversion. Wenn das, was Sie von mir und meiner Kunst sagen, wirklich stimmen würde, so wie es dasteht, würde ich mich wahrscheinlich beim Lesen Ihres Briefes ärgern, während es mich bloß lachen macht. Ihre phantastische Vorstellung, daß ich meine Sachen einfach hinhaue und mich dann weigere, sie zu ändern oder zu korrigieren, ist das genaue Gegenteil dessen, was geschieht. Ich schreibe Gedichte sehr langsam, mit großer Mühe und »Schweiß, Blut und Tränen«, wie dargestellt in meinem vor fünfundzwanzig Jahren geschriebenen Vorwort

265 Ein Vortrag des amerikanischen Volkswirtschaftlers in der Memorial Hall, Farringdon Street, am 5. September 1882, hatte Shaw angeregt, sich mit Georges Hauptwerk *Fortschritt und Armut* [*Progress and Poverty*] zu beschäftigen.

266 Im Winter 1882-1883 begann Shaw im Britischen Museum mit seinem intensiven Studium der Schriften von Karl Marx.

zu meinen *Collected Poems* [Gesammelte Gedichte].[267] Wenn ich ein Sonett oder irgendeine andere Art von Gedicht geschrieben habe (Sie scheinen zu vergessen, daß ich nicht nur Sonette schreibe), »brüte« ich immer noch einige Tage darüber und kremple es sehr oft fast völlig um, ehe es mich befriedigt.

Als ich im Gefängnis war, schrieb ich *In Excelsis* (siebzehn Sonette) in ein Schulheft der Knaben-Besserungsanstalt, das mir die Verwaltung freundlicherweise zur Verfügung gestellt hatte. In diesem Heft ist genau zu sehen, wie ich beim Gedichteschreiben vorgehe. Links steht die Erarbeitung des Sonetts mit ausgestrichenen und umgeschriebenen Zeilen und Worten und Satzteilen, ein regelrechtes Durcheinander, fast unleserlich; in Reinschrift auf der rechten Seite steht die schöne, endgültige Fassung. (Das trifft nur für die Gedichte zu. Prosa haue ich allerdings sehr schnell hin.) Das widerwärtige Innenministerium hat dieses Heft noch immer und weigert sich, es zurückzugeben.[268] Ich habe wieder und wieder versucht, es zurückzubekommen, aber sie weigern sich glatt, es herzugeben. Erst vor einem Jahr sagten mir die konservativen Abgeordneten Chips Channon und sein Schwager Alan Lennox-Boyd (jetzt Unterstaatssekretär im Innenministerium), sie hielten es für ungeheuerlich, daß man mir dieses Manuskript vorenthält, und erboten sich, es mir zu verschaffen.[269] Aber sie scheiterten auf der ganzen Linie und erhielten

267 In *The Collected Poems of Lord Alfred Douglas*, p. 121, heißt es: »[Alle gute Dichtung] wird langsam geschmiedet, Glied für Glied, mit Schweiß und Blut und Tränen.«

268 Das Innenministerium (Home Office) hält das Manuskript bis heute in Verwahrung.

269 Henry Channon (1897-1958; 1957 zum Ritter geschlagen) und Alan Lennox-Boyd (1960 zum Viscount Boyd of Merton ernannt) hatten sich im Oktober 1942 auf Anregung von Lady Diana Cooper an Douglas gewandt. Sie »waren entschlossen, Oscar Wilde nicht zu erwähnen, noch das Gefängnis, Winston, Robbie Ross oder Frank Harris, waren aber bald mitten in allen fünf Themen, wenn auch nicht auf einmal ... [Douglas] war sehr pathetisch ... allein, arm, fast ohne Freunde ...« (Aus den Tagebüchern von Sir Henry Channon, hrsg. von Robert Rhodes James, 1967, p. 338; *The*

nur einen unglaublichen (und, was mich betraf, sehr beleidigenden) Brief von Osbert Peake, einem Unterstaatssekretär im Innenministerium, der Rückendeckung hatte von Herbert Morrison, seinem Chef ...
Sie sagen, meine politischen Ansichten seien die eines Gardeleutnants. Aber nicht alle Gardeleutnants haben die gleichen Ansichten, und der eine oder andere unter ihnen ist vielleicht ein Heiliger oder ein Genie. Wie die Dinge jetzt stehen, dank Ihrer zersetzenden Propaganda, ist der eine oder andere wohl eher ein Sozialist oder Marxist! Diese kleine Stichelei bringt Sie also nicht sehr weit. Sie würden wahrscheinlich sagen, daß meine religiösen Ansichten die eines Kindes sind, das noch bei seiner Mutter auf dem Schoß sitzt. Ich würde nicht protestieren. Ich hoffe, daß sie so sind. Sie können meine Anschauungen über Religion und Politik (das ist in meinem Fall ein und dasselbe) nennen, wie Sie wollen. Entscheidend ist, daß sie richtig sind, weil sie auf Demut und der Liebe zu Gott gründen, und Ihre sind *abscheulich* falsch, wie Sie herausfinden werden, wenn Sie einmal sterben müssen. Vor einem Jahr habe ich Ihnen ein Buch geschickt, *Das Lied von Bernadette*[270], das Ihre Frau lesen wollte, wie Sie mir sagten – womit Sie gleichzeitig andeuteten, daß Sie selbst es nicht lesen würden. Ich rate Ihnen, die zwei Kapitel über den Dichter Hyacinthe de Lafitte [korrekt: Lafite] zu lesen. Sie treffen, *mutatis mutandis*, in bemerkenswerter Weise auch auf Sie zu mit Ihrem wahnsinnigen, lachhaften, absurden Stolz, der schon an der Wiege Ihres Denkens stand. Ich habe jeden Tag meines Lebens zweimal für Sie zur Heiligen Bernadette gebetet, seit ich das Buch gelesen habe. Bis heute wissen Sie rein gar nichts von mir. Ihr ergebener Junker

Diaries of Sir Henry Channon). Nachdem Queensberry seine Unterstützung zurückgezogen hatte, schlossen sie sich Marie Stopes und Lord Tredegar an als die beiden anderen Partner der Bürgschaftsgruppe, die sich verpflichtete, die Miete für die Wohnung in St. Ann's Court zu zahlen (vgl. hierzu Brief von Douglas an Marie Stopes vom März 1943, British Library, Addenda Manuskripte, 58494).
270 Roman von Franz Werfel, 1942 erschienen.

P.S. Mit der gleichen Post wie Ihren Brief erhielt ich einen von Logan Pearsall Smith[271], der »durchaus einverstanden« ist mit allen meinen Ansichten in meinem Vortrag. Das ergänzt die Galaxis literarischer Stars auf meiner Seite. Von ungefähr fünfzig, denen ich den Vortrag zugesandt habe, waren Sie der einzige, der nicht damit einverstanden war. Alle anderen waren ganz *begeistert* davon.

26. Februar 1944 Ayot St. Lawrence

Friede, gestörter Geist. Laß Hunde sich glücklich nennen, bellen und beißen zu können ... Es muß etwas für Sie radikal Antipathisches an mir sein. Sie können es nicht ertragen, mir recht zu geben. Wenn ich Ihnen sage, daß Sie ein Meistertechniker sind kraft Ihrer petrarkischen Sonette und Ihrer meisterlichen Arbeit daran bei Fassung und Neufassung, bis Sie sie möglichst vollkommen haben, so fassen Sie sich nicht an den Hut (noch erfassen Sie etwas neu), sondern nehmen das hohe Kompliment höflich entgegen und erklären, daß ich behauptet hätte, Sie könnten kein Drayton-Shakespeare-Sonett schreiben, auch keine Ballade, keine Ode, kein Epos, kein Triolett, kein Pantun, keinen Limerick, ja nicht eimal einen humoristischen Vierzeiler. Niemand hat je bestritten, daß Sie das können. Ich kann es auch. Und jeder mit einem halbwegs musikalischen Gehör, einem Reimlexikon, einem Metronom und einem Vorrat an Federn und Papier kann es. Aber kein kompetenter Kritiker stuft einen Meister ein nach einer Tätigkeit, die jeder Beliebige ausüben kann. Ich verbringe jeden Tag ein oder zwei Stunden im Garten und zersäge Baumstämme und hacke sie mit der Axt klein: aber niemand hat mich bisher als Meisterzimmermann oder -holz-

271 Smith (1865-1946), amerikanischer Essayist, der die meiste Zeit seines Lebens in England verbrachte.

fäller bezeichnet. Shakespeare schrieb Grabsprüche, aber nicht ihretwegen erinnert man sich heute noch seiner. Streichen Sie Ihre petrarkischen Sonette aus Ihrem Gesamtwerk, und Sie sind kaum mehr ein Poetaster. Streichen Sie meine Stücke aus dem meinem, und ich bin nur noch ein Journalist im Ruhestand.

Nachdem Sie geschildert haben, wie Sie Ihre Sonette wieder und wieder überarbeiten, bis sie stimmen (ein Echo dessen, was ich in meinem Brief schrieb), fahren Sie fort zu bekennen, daß Sie niemals davon träumen, das gleiche mit Ihren Vorträgen und Essays zu tun, die Sie vielmehr hoppla-hopp, wie sie Ihnen einfallen, stehenlassen und nicht mehr überdenken. Das Resultat ist schlampige Arbeit, klug und »glänzend« genug, um recht lesenswert zu sein und die Leserschaft wachzuhalten, aber oft inkonsequent und widersprüchlich. Und wenn ich sage, daß Sie sich widersprechen, dann sagen Sie nicht, wie Whitman, »Nun gut, wenn ich mir widerspreche, so widerspreche ich mir eben.« Von Shakespeare, der niemals eine Zeile gestrichen hat und seine Handlungen zeitlich widersinnig durcheinanderbrachte (wie ich übrigens auch in *Fannys erstes Stück*), ist nicht bekannt, daß er vor Wut geschrien hätte, wenn man ihn auf Fehler hinwies, oder daß er seine Kritiker beschuldigt hätte, ihm übel zu wollen und erklärt zu haben, er könne keine Stücke schreiben. Kurz, warum benehmen Sie sich wie ein kleiner Dichterling und nicht wie ein großer Dichter?

Ihre Briefe und der Vortrag sind beeindruckend raffiniert, aber warum geben Sie sich damit nicht dieselbe Mühe wie mit der viel schwierigeren Arbeit als Sonettdichter? Wenn Sie die richtige Definition gehabt hätten, was Ihnen in einer halben Stunde Revision möglich gewesen wäre, dann wären Sie nicht in so ungeheuerliche Pannen geschlittert, daß Sie dem Buch Hiob, den nicht in Versen gehaltenen Dialogen Shakespeares und allen nicht in Versen gehaltenen Meisterwerken der Weltliteratur jegliche poetische Qualität abstreiten. Poetae laureati haben Unmengen holpriger Verse geschrieben, ohne soviel Dichtung zu erreichen, wie Doughty in jede Seite seines Buches *Arabia Deserta* legte, das nicht in Versen ist.[272]

Doch bin ich es müde, auf Ihnen herumzuhacken. Es ist unfreundlich, und es ist zwecklos, weil es nicht guttut. Schreiben Sie mir also noch ein halbes Dutzend Schmähbriefe, und erleichtern Sie Ihr Herz von Ihrem Spleen.

Ich hatte in den letzten zwei Tagen die Arbeit von dreien zu tun und muß ins Bett. Warum nur habe ich mich je von Ihnen verführen lassen, einen Briefwechsel mit Ihnen zu beginnen?

G. B. S.

28. Februar 1944 — 1 St. Ann's Court, Hove

Lieber Idiot, Ich *wußte*, daß Sie über die eine Nebenbemerkung in meinem Brief herfallen würden, in der ich Ihnen mitteilte, daß ich Prosa sehr rasch schreibe. Ich dachte daran, nachdem ich den Brief aufgegeben hatte, und war drauf und dran, mit der nächsten Post einen zweiten Brief zu schreiben und zu erklären, daß ich Prosa zwar sehr schnell schreibe (eine Angewohnheit, die ich mir erwarb, als ich noch die *Academy* und *Plain English* herausgab und für beide jede Woche enorm viel Texte schrieb), daß ich aber alles immer höchst sorgfältig redigiere, mit Ausnahme von aktuellem Journalismus, den ich oft schreiben mußte, mit einem Laufburschen daneben, der schon auf den »Abzug« für den Drukker wartete. Ich brauchte nahezu drei Monate, mit Unterbrechungen, um meinen Vortrag zu schreiben, nachdem ich den ersten Entwurf aufgesetzt hatte, und es ist nicht ein Wort darin, das ich heute verändern würde. Ich hatte den Entwurf

272 Charles Montague Doughty (1843-1926), Geologe und Dichter; sein Hauptwerk *Travels in Arabia Deserta* (2 Bde. 1888; 1921 neu herausgegeben von T. E. Lawrence) ist die Beschreibung einer zweijährigen Pilgerkarawane, in einer von Chaucer, Spencer und arabischen Erzählungen beeinflußten Prosa. Das Buch war Shaw kurz vorher von Sir Sydney Cockerell geliehen worden.

zunächst tippen lassen und fügte dann noch ungefähr zweitausend Wörter hinzu oder vielmehr fügte sie nicht *hinzu*, sondern stellte sie dem, was ich bereits geschrieben hatte, voran. Der Vortrag begann ursprünglich mit den Gedanken über Plato. Die ganzen ersten neun Seiten davor wurden später geschrieben, und ich veränderte auch zahlreiche andere Passagen, schrieb sie um und machte Einschübe. Dreimal ließ ich alles tippen und schwitzte darüber, bis ich es richtig hatte. Schreiben Sie also bitte nicht weiter solchen Blödsinn über etwas, wovon Sie nichts wissen, nämlich meine Arbeitsmethode beim Schreiben.
Ihre Bemerkungen zu Hiob und Shakespeare veranschaulichen nur Ihren eigenen Dickschädel, Sie Holzkopf. Während Sie einen Großteil Ihres Lebens damit zugebracht haben, sich lächerlich zu machen durch die Herabsetzung Shakespeares, habe ich ihn immer verehrt; und ich sehe in ihm nicht nur den größten Dichter aller Zeiten, sondern auch den größten Prosaschriftsteller. Aber das bedeutet nicht, daß ich Ihre unglaubliche Begriffsstutzigkeit, nicht zwischen seinen Gedichten und seiner Prosa unterscheiden zu können, ebenfalls teile. Sind Sie denn so blöde, daß Sie nicht begreifen können, daß sich ein großer Dichter manchmal vielleicht lieber in Prosa ausdrücken möchte?

A. D.

P. S. Ich denke, es hätte Ihnen doch einfallen können, mir ein Wort der Teilnahme zum Tod der armen kleinen Olive zu senden.[273] Obwohl sie mich zuzeiten sehr schlecht behandelt hat, hing ich zärtlich an ihr und fühle mich sehr vereinsamt jetzt, wo sie nicht mehr da ist.

273 Am 13. Februar war Olive an einer Gehirnblutung in ihrer Wohnung gestorben, siebenundsechzig Jahre alt. Da sie eine »abtrünnige« Katholikin war, wurde der Gottesdienst zu ihrer Beisetzung (18. Februar) nicht in einer Kirche, sondern im Krematorium von Brighton abgehalten. Ihren schriftlichen Anweisungen zufolge sollte ihre Asche über dem Meer verstreut werden, der Antrag dafür wurde aber erst 1950 gestellt.

29. Februar 1944 Ayot St. Lawrence

Sind wir nun beide Witwer, innerhalb von sechs Monaten? Ich lese nie die erste Seite der *Times*: Ihr Brief war eine Überraschung. Olive schrieb mir ab und zu: ihr Name steht in meinem Adreßbuch.

Die Ehe ist ein Mysterium, auch wenn sie, wie meine, vor dem Standesbeamten geschlossen wird (wir konnten beide den Gottesdienst der Church of England nicht ausstehen). Ich nehme an, jede Ehe ist anders: manche scheitern und werden niemals vollzogen, außer körperlich, was bedeutet, daß es gar keine menschlichen Ehen sind. Ich weiß nicht, weshalb Sie nicht mit Olive zusammenlebten; daß sie Sie sehr schlecht behandelte (wie ich), hat nichts damit zu tun: alle Paare, die zusammenleben, behandeln einander gelegentlich schlecht – und dritte sehr gut. Aber die Beziehung ist einzigartig und mysteriös. Ich habe Frauen gekannt, mit denen ich reibungsloser auskommen konnte als mit Charlotte; und doch war ich, als sie starben, nicht in der gleichen Weise betroffen. Charlottes Asche wird in Golders Green aufbewahrt, und ich habe angeordnet, daß meine untrennbar mit der ihren vermischt werden soll, dann mag man sie von mir aus in alle Winde zerstreuen oder in der Westminster Abtei einmauern. Wenn ich auf irgend etwas Persönliches aus ihrem Besitz stoße, habe ich eine Gefühlsaufwallung und sage ganz automatisch etwas Zärtliches zu ihr. Aber ich bin nicht im geringsten vereinsamt, im Gegenteil, ich freue mich meines Alleinseins, und meine Gesundheit hat sich merklich gebessert, seit Charlottes Tod mich ungebunden macht. Aber Sie, der Sie alleine gelebt haben, fühlen sich vereinsamt. Das hat keine Logik: es ist ein Mysterium.

Da ich zwei Wochen lang täglich um die achtzig Briefe erhielt, nachdem Charlottes Tod bekannt geworden war, hätte ich Ihnen aus freundschaftlichster Rücksichtnahme sehr wahrscheinlich nicht schreiben sollen; aber hier sitze ich nun und schreibe erbarmungslos drauflos. Nicht vielen Leuten

könnte ich so schreiben, es muß also trotz allem etwas Sympathetisches zwischen uns sein.
Übrigens war ich einmal mit Charlotte im Stratford Theatre zu einer Vorstellung des *Lear*. In der ersten langen Pause stand sie auf, um zu gehen; ich fragte sie, ob sie auf einen Tee zurück ins Hotel ginge, und ob sie sicher sei, rechtzeitig wieder zurückkommen zu können. Sie starrte mich ganz erstaunt an, sagte »Hast du denn nicht genug von diesem Unsinn?« und marschierte hinaus. Ich blieb. Es war gewiß keine atemberaubende Vorstellung – aber Unsinn!!!!! So hat es eben auf sie gewirkt.
Die Rezeption von [Sir Henry] Irvings infamer Verstümmelung des *Lear* war ausschlaggebend für die Provokation, unter der ich Shakespeare in den neunziger Jahren angriff. Die Kritiker – sogar Walkley [274] – verrieten mit jeder Zeile, daß sie das Stück niemals gelesen hatten, und waren verwirrt durch die unerklärlichen Einmischungen Edgars und Glosters, die Irving sorgfältig zerstückelt hatte. Aber nichtsdestoweniger schwärmten sie von unserem Großen Barden wie seinerzeit die Bischöfe, als sie niederknieten und das Manuskript von Irelands gefälschtem *Vortigern*[275] küßten. Ich war so angewidert, zumal ich selbst allerhand Shakespeare in mir hatte, daß ich beschloß, ihn menschlich und wirklich zu machen; und um das zu tun, mußte ich ihn erst einmal von seinem Thron herunterstoßen, oder vielmehr von seinem Altar. Außerdem war ich dabei, Ibsen zu inthronisieren, der

274 Arthur Bingham Walkley (1855-1926), Theaterkritiker des *Star* von 1888 bis 1900.
275 William Henry Ireland (1777-1835) fälschte als Siebzehnjähriger Shakespeare-Dokumente, unter anderem Szenen aus *Hamlet*, ein ganzes Manuskript des *Lear* und ein »bis dahin unbekanntes Stück von Shakespeare«: *Vortigern and Rowena*. Eine Ausstellung der »Dokumente« wurde im Hause des Antiquars Samuel Ireland, Williams Vater, veranstaltet, und viele Besucher waren voll Bewunderung. Es knieten zwar keine Bischöfe nieder und küßten das *Vortigern*-Manuskript, aber James Boswell (1740-1795; engl. Schriftsteller) würdigte das Manuskript des *Lear* auf diese Weise, und das Drury Lane- wie das Covent Garden-Theatre wetteiferten um die Aufführungsrechte für *Vortigern*.

das Theater in eine andere Welt versetzt hatte. Wenn Sie Shakespeare preisen wollen, müssen Sie den *Baumeister* vergessen. Genug für heute abend.
Waren Sie bei ihr? G. B. S.

2. März 1944 1 St. Ann's Court, Hove

Lieber St. Christophorus, Danke für Ihren Brief. Ich war selbstverständlich davon ausgegangen, daß Sie die Meldung von Olives Tod gesehen hätten, der an herausragender Stelle in der *Times* (nicht auf der ersten Seite, aber mit Schlagzeile in der Mitte der Zeitung) und in vielen anderen Zeitungen angezeigt war. Ich hing an ihr und sie an mir (so weit sie fähig war zur Anhänglichkeit an irgend jemanden), aber sie war nicht sehr freundlich zu mir. Sie wissen, wie schrecklich besorgt ich die ganzen letzten zehn Jahre um Geld war. Ich hätte um ein Haar meine Wohnung hier verloren und ausziehen und in einer billigen Unterkunft zur Miete wohnen müssen, aber sie hat mir nie geholfen, obwohl sie sehr gut situiert war. Als ich noch Geld hatte, anfangs, als wir heirateten, überschüttete ich sie damit. Sie hatte mehr als sechstausend Pfund im Jahr, als ihr Vater starb, und gab mir damals fünfhundert Pfund im Jahr (nicht gerade überwältigend, aber ich war recht zufrieden damit), dann reduzierte sie diese immer mehr, bis es nur noch dreihundert Pfund waren, und ich hätte meine Wohnung verloren, wenn nicht Tredegar und die drei anderen [Marie Stopes, Channon und Lennox-Boyd] sich durch ihre Unterschrift bereit erklärt hätten, die Miete zu zahlen, was sie jetzt auch tun, hundertunddreißig Pfund im Jahr, alles vertraglich geregelt.
Natürlich war Olive durch den Krieg, wie alle anderen, ärmer geworden, aber ich kann mir nicht helfen, ich habe doch das Gefühl, daß sie freundlicher hätte sein können (zumal sie immer eine fast übertriebene Anhänglichkeit an mich bekun-

dete!). Ihr ganzes Geld geht an meinen Sohn Raymond, was aber, um ihr Gerechtigkeit widerfahren zu lassen, nicht ihre Schuld ist. Sie hätte es mir vererbt, mit Anwärterschaft für ihn, wenn es in ihrer Macht gelegen hätte. Ihr Vater, der mich haßte und immer alles tat, was er konnte, um mich zu verletzen und unsere Ehe zu zerstören, hat es so festgesetzt. Es ist nicht möglich, von einem eher bitteren Gefühl loszukommen über die Art, wie sie mich so viele Jahre am Rand des Elends gelassen hat. Wie anders lag doch der Fall bei Ihrer Frau.

Ich möchte fast annehmen, daß Raymond, mein Sohn, mein Einkommen erhöhen wird, sobald (oder falls) er über sein Geld verfügen kann. (Er wird ungefähr zweitausend Pfund im Jahr haben nach Abzug der Steuern.) Natürlich machen ihn die Verpflichtungen aus dem Todesfall viel ärmer, als seine Mutter war. Er hat mich sehr gern, und das erste, was er sagte, als er mich am Tag der Bestattung sah, war, daß er mein Einkommen »natürlich« auf eine anständige Summe aufrunden würde.

Mir bleibt eine Leibrente von fünfhundert Pfund, auf dreihundertundvierzig reduziert nach Abzug der Steuern. Unglücklicherweise ist der arme kleine Raymond in einer Nervenheilanstalt, schon seit fünfzehn Jahren.[276] Ich habe aber erfahren, daß er jetzt praktisch geheilt ist und in Kürze für geistig gesund erklärt werden soll. Wenn das klappt, wird es die Dinge erleichtern. Meine Frau hat mir ihren persönlichen Besitz hinterlassen, darunter ein paar Hunderter auf der Bank, aber ich habe gerade gehört, daß alles Geld, was ich erhalte, an den Konkursverwalter überwiesen wird, weil ich bankrott bin![277] Ich habe nicht viel Glück, nicht wahr? Ihr ergebener

Junker A.

276 Zur Lebensgeschichte Raymonds siehe Anhang IV, p. 321 ff.

277 Während der vergangenen dreißig Jahre hätte Douglas jederzeit um eine Tilgung der Bankrotterklärung nachsuchen können, weigerte sich aber hartnäckig, es zu tun. Nach seinem Tod unternahm sein treuer Freund Edward Colman den Versuch, den Namen Douglas vom Makel des Bankrotts zu befreien, und ließ in seinem Bemühen sechsunddreißig Jahre lang nicht nach. Am 17. August 1981 wurde in einer privaten Anhörung in London das Stigma endlich von Douglas' Namen genommen. Der Gerichtshof benötigte

2. März 1944 1 St. Ann's Court, Hove

Mein lieber St. Christophorus, Ich habe Ihren letzten Brief noch einmal gelesen, und da fällt mir ein, daß meine Antwort, die ich heute schon zur Post gebracht habe, ziemlich egoistisch ist (nur über meine eigenen Probleme) und nicht mitfühlend Ihnen gegenüber. Deshalb schreibe ich nochmals, um zu sagen, daß Ihr Brief mich tief gerührt hat mit dem, was Sie über Ihre Frau sagen, und auch, um Ihnen für die Zusendung ihrer Photographie zu danken. Sie sagen es, die Ehe ist etwas Mysteriöses, und sie schafft zwischen Menschen, die eine Seele haben, Verbindungen, die unverbrüchlich zu sein scheinen.

Sie sagen, Sie wissen nicht, warum ich nicht mit Olive zusammenlebte. Die einfache Erklärung ist, daß sie mich 1913 verließ, als ich in der schlimmsten Schwierigkeit meines Lebens steckte, und als ich, zusätzlich zu einer Menge anderer Schwierigkeiten, noch mit ihrem Vater in einen Kampf verwickelt war, auf den ich mich nur deshalb eingelassen hatte, um sie zu beschützen und in ihrem Interesse. Sie zog aus dem Haus (wobei sie mehr als die Hälfte der Möbel et cet. mitnahm), während ich fort war zu einem Besuch bei meiner Mutter und in sehr liebevollem Briefwechsel mit ihr stand. Als ich zurückkam, fand ich zu meiner äußersten Überraschung, daß sie gegangen war und ein Briefchen nach dem klassischen Muster für mich hinterlegt hatte. Sie ging nicht mit einem anderen Mann weg, aber es gab mehr als einen, mit dem sie sehr wohl hätte gehen *können*! Danach waren wir über viele Jahre hinweg völlig entfremdet, aber wir versöhnten uns wieder und kamen von da an zwanzig Jahre oder mehr immer bestens miteinander aus, obwohl wir nicht zusammenlebten. Meine wirklich *ungeheure* Liebe zu ihr wurde damals (als sie mich verließ) getötet und konnte nie wieder

nur zwei Minuten zur Annahme von Colmans Erklärung, daß Douglas' Schulden, etwas mehr als zweitausend Pfund, durch Honorare aus Neuauflagen seiner Schriften mittlerweile beglichen waren.

zurückkehren. Mit der Zeit wurde sie ersetzt durch eine starke Zuneigung und gefühlsintensive Freundschaft, aber niemals stand es überhaupt nur zur Debatte, wieder einen gemeinsamen Haushalt einzurichten, denn sie war damals reich, und ich war arm. Können Sie sich vorstellen, daß Ihre Frau Sie verlassen und Sie von dreihundert Pfund im Jahr hätten leben müssen? Ich glaube nicht, aber in Ihrem Fall lagen die Dinge natürlich ganz anders, da Sie ein eigenes Einkommen hatten, das Sie sich selbst mit Ihrem eigenen brillanten Verstand verdienten. Wohingegen Dichter, das ist eine allgemeine Regel, es nicht soweit bringen, Geld zu verdienen, es sei denn, sie sind außerdem auch Dramatiker. Ihr ergebener

Junker A.

28. März 1944 — 1 St. Ann's Court, Hove

Mein lieber St. Christophorus, Ich muß aufrichtig sagen, daß mir das, was Sie mir von Ihrer Frau und deren Meinung zu *König Lear* erzählen, großenteils symphatisch ist. Ich habe ihn schon *immer* für das am wenigsten gute Stück Shakespeares gehalten, und wirklich, wenn irgendein anderer als Shakespeare es geschrieben hätte, würden die meisten Leute zugeben, daß die Handlung *ganz und gar unsinnig und imbezil ist*! Sie steckt voller großer Linien und gutem Stoff, aber jeder in dem Stück ist ein kongenitaler Idiot, angefangen bei Lear selbst und Cordelia (der vollkommenen Einfalt!). Die bloße Imbezilität von Gloster, der alle offensichtlichen und grotesken Lügen Edmunds über Edgar schluckt, ohne den geringsten Beweis oder Schatten der Wahrscheinlichkeit, wird von keinem Stück oder Buch, das ich je gelesen habe, übertroffen. Angenommen, das Stück sei von Greene oder Nash[e] oder sonst jemandem, hätten die Kritiker es dann *nicht* als Beispiel benutzt für deren Inferiorität gegenüber Shakespeare? Ich habe das Stück gestern abend ganz durchgelesen und mußte

selbst sagen, »Ja doch, beim Jupiter, Mrs. Shaw hatte völlig recht, es *ist unsinnig*!« Ich hatte es seit mehreren Jahren nicht mehr gelesen, da ich es nie besonders mochte und immer spürte, daß es nicht an das übliche Niveau Shakespeares heranreichte. Ich wünschte, jemand würde jetzt ein zeitgenössisches Dokument entdecken, aus dem hervorginge, daß er es gar nicht geschrieben hat. In jedem anderen seiner Stücke, auch dem schlechtesten (oder am wenigsten guten), ist etwas Großartiges, das die offensichtlichen Schwächen ausgleicht. *Der Widerspenstigen Zähmung* zum Beispiel ist ziemlich dürftiger Stoff (wenngleich voll köstlicher Prosa), aber der Part des Christopher Sly ist so gut, daß er alles andere ausgleicht und man sich vor Lachen biegt beim Lesen.
Ihr höchst interessanter und aufschlußreicher Brief gibt mir eine Erklärung, die ich schon immer gerne gehabt hätte, zu Ihrer angeblich anti-shakespearischen Einstellung. Etwas von demselben Gefühl habe ich in einem meiner frühen Sonette ausgedrückt …

> Denn heut wirst du zu laut gepriesen
> Von Lippen des vulgären Volks, und jeder Köter
> Kläfft und bellt dir einen Lobgesang …[278]

Sie werden, wie ich wohl glauben darf, erfreut sein zu hören, daß ich jetzt berechtigte Hoffnungen habe, daß man mir das bißchen Geld und die Möbel, die ich von Olive erbte, am Ende doch nicht abnimmt.[279] Ich bin deswegen mehrere Wochen lang durch Höllenqualen gegangen, aber nun endlich sieht es so aus, als ob ich in jedem Fall den größeren Anteil erhalten soll, und der Alptraum der unaufhörlich harten Armut weicht in einem hohen Maß von mir.

278 Originaltext siehe Anhang V, p. 327.
279 Olive hatte Douglas ihr Opal-Halsband vermacht und alles bewegliche Hab und Gut, über das nicht anderweitig verfügt worden war, außerdem eine Jahressumme, die fünfhundert Pfund nicht überschreiten sollte, ohne Abzüge mit Ausnahme der Pflichtabzüge und Einkommenssteuer, und den Reinerlös aus ihrem Nachlaß. (Olive Eleanor Douglas' Testament vom 4. August 1943.)

Da Sie mich fragen, ob ich bei Olive war, als sie starb, darf ich Ihnen sagen, daß ich mehrere Stunden ihre Hand hielt am Nachmittag und Abend, bevor sie starb, aber ich glaube nicht, daß sie zu der Zeit bei Bewußtsein war. Ich mußte mit dem Sieben-Uhr-Zug nach Lancing zurückfahren, wo ich mich gerade aufhielt[280], und am nächsten Morgen um neun Uhr dreißig hörte ich am Telefon von dem Hausmädchen, daß sie tot war. Ihr ergebener Junker

P. S. In der neuesten *Times Literary Supplement* ist ein langer Artikel von »Menander« (Charles Morgan) über meinen Vortrag.[281] Ich halte nicht viel davon, aber ganz allgemein macht er gute »Werbung« für mich.

6. Juni 1944 9 Viceroy Lodge, Hove

Mein lieber St. Christophorus, Durch finanzielle Bedrängnis sehe ich mich genötigt, bei meiner Bank wieder die hundert Pfund zu überziehen, für die Sie freundlicherweise gebürgt haben. Ich hoffe, es macht Ihnen nichts aus. Ich bin sehr schlimm dran und werde *Monate* warten müssen, bis ich die erste Zahlungsrate aus der sehr kleinen Leibrente erhalte, die meine Frau mir hinterlassen hat ... Sie hat mir ihren »persönlichen Besitz« vererbt (alles andere geht an meinen Sohn), darunter sollten neben Möbeln et cet. auch ein paar Hunderter auf der Bank sein. Aber es wird mindestens neun Monate dauern, bis ich die bekomme, und die Leibrente (fast *halbiert* durch die Steuern) beginnt nicht vor dem 15. August, so daß ich an meine Bank geschrieben habe und fragte, ob ich über-

280 Bei den Colmans auf der Old Monk's Farm. Als Olive in den frühen Morgenstunden am Sonntag, 13. Februar, starb, war nur das Hausmädchen bei ihr.

281 Der Artikel war u. d. T. »Form in Literature« [Die Form in der Literatur] am 25. März 1944 erschienen.

ziehen könne. Als Antwort teilte mir der Leiter mit, daß der von Ihnen garantierte Überziehungsbetrag, den ich vor zwei oder drei Jahren abbezahlt habe, noch zur Verfügung steht und daß ich ihn nur in Anspruch zu nehmen brauchte. Wenn ich das Erbe meiner Frau aus ihrem »persönlichen Besitz« erhalte, will ich ihn sofort wieder abzahlen.

Ich war so durcheinander und aufgebracht, weil ich kein Geld hatte und nur wenige Freunde, daß ich in Panik geriet und aus meiner Wohnung am St. Ann's Court auszog, da mein Hausherr erkrankte und in die Klinik gebracht wurde und ich ohne Dienstmädchen dastand und es *gänzlich unmöglich* war, eines zu bekommen, selbst bei doppeltem Lohn ... Ohne Dienstmädchen aber konnte ich nicht leben [in der Wohnung] und mußte in Hotels gehen zu ruinösen Kosten. So verkaufe ich nun alles und werde wahrscheinlich nach London gehen. In der Zwischenzeit wohne ich hier in der Wohnung meiner Frau. Die Räume werden bis zur Testamentseröffnung von den Nachlaßverwaltern ihres Vaters weiter unterhalten. Ihr Dienstmädchen bleibt noch auf Zeit (von den Verwaltern bezahlt) und kocht und »versorgt« mich.[282] Aber länger als zwei oder drei Wochen werde ich nicht mehr hier sein. Ich lasse Sie wissen, wohin ich gehe, sobald ich es selbst weiß. Zur Zeit bin ich in einem kläglichen Gesundheitszustand, ausgelöst durch Sorge und Angst (und auch durch das *Alter*!) und die Unfähigkeit zu schlafen.

Bitte schreiben Sie mir keinen unfreundlichen Brief, denn ich wäre nicht imstande, ihn zu ertragen. Ihr ergebener

Junker

282 Eileen Adrian, von mächtiger Statur, jovial, rotgesichtig und mit schütterem schwarzen Haar, von Lord Tredegar immer als die „irische Riesin" bezeichnet, paßte eigentlich nicht recht in die Umgebung und Atmosphäre der wählerisch eleganten Wohnung, in zartem Blau und Weiß gehalten, mit exquisiten Porzellanen und Bücherregalen voller Gedichtsammlungen (Olives Ex Libris war viele Jahre vorher von Aubrey Beardsley entworfen worden). Trotz ihrer wuchtigen Erscheinung aber hatte Eileen Sinn für das Feine und kam mit ihren Aufgaben gut zurecht. Olive war ihr sehr zugetan gewesen.

P.S. Ich habe meine St. Ann's Court-Wohnung mit dreimonatiger Frist gekündigt, das heißt, ich habe sie noch und muß die Miete weiter zahlen bis zum 29. September. Alle Möbel sind schon ausgeräumt, größtenteils zum Verkauf auf einer Auktion und einige zur Lagerung, bis ich (wenn überhaupt) eine andere Wohnung oder Unterkunft kriege ... Meinen Neffen Queensberry kümmert es nicht, was aus mir wird, obwohl er recht »freundschaftlich« bleibt. Das gleiche gilt für die meisten meiner Freunde. Mein Sohn Raymond liebt mich zärtlich und verspricht, mein Einkommen zu erhöhen, sobald er über sein eigenes Geld verfügen kann. Er wird endgültig etwa sechzehnhundert Pfund im Jahr haben [nach seiner Entlassung aus der] Nervenklinik in Northampton. Man hat ihn jetzt für geheilt erklärt, und fast gleichzeitig wird er wieder als mündig anerkannt ...
P.P.S. Meine Hand scheint teilweise gelähmt zu sein, und ich kann nicht ordentlich schreiben.

9. Juni 1944 — Ayot St. Lawrence

Lieber Junker Alfred, Was für ein Glück im Unglück! Ich wußte nicht, daß meine Garantie noch gültig ist, aber um so besser: verfügen Sie unbedingt darüber.
Die St. Ann's-Leute sollten in der Lage sein, Ihre Wohnung für das Septemberquartal gewinnbringend weiterzuvermieten, jetzt, wo sich der Kampf auf die andere Seite geneigt hat.
Ich bin selbst mit Witwersorgen überlastet und seit Monaten nicht fähig, irgendwelche Briefe zu schreiben, außer den dringend geschäftlichen. Aber wenigstens bin ich nicht entwurzelt worden: ein furchtbares Unglück in unserem Alter. Dies nur eilig hingekritzelt zum Zeichen meines Mitgefühls. Halten Sie mich auf dem Laufenden über Ihren Verbleib.

G. B. S.

[Den ganzen Sommer hindurch blieb Shaw »mit Witwersorgen überlastet«. Er war allein in Ayot, empfindlich betroffen durch die Ablösung des Hauspersonals: Clara und Harry Higgs, die Köchin-Haushälterin und der Gärtner, hatten ihn verlassen. Das Ehepaar war in den Siebzigern und hatte schon lange in den Ruhestand treten wollen, war aber aus Treue während Charlottes letzter Krankheit noch geblieben. Nun war eine andere Haushälterin da, Alice Laden, die sich mit der Zeit als sehr zufriedenstellend erweisen sollte, doch war Shaw zunächst durch den ganzen Prozeß der Einarbeitung irritiert. Trotzdem weigerte er sich, Ayot zu verlassen, und fuhr nur noch für literarische Arbeiten und Geschäftliches im Zusammenhang mit Charlottes Nachlaß nach London. Die Verpflichtungen aus dem Todesfall und Höherbesteuerung aufgrund der Kriegszeit waren zermürbend, und angesichts seines eigenen bevorstehenden Todes versuchte er, eine Schenkung seines Grundeigentums in Irland an den irischen Staat in die Wege zu leiten. Die meisten Geschäftsleute, so klagte er, seien lange, bevor sie achtzig werden, im Ruhestand, er aber sehe sich, auf die neunzig zugehend, noch gezwungen, mehr zu tun als je zuvor. Und es kam ihn hart an. Er war schwerhörig, unsicher auf den Beinen und fühlte sich oft schwindlig. Aber er hielt durch und war zufrieden, daß er nach außen den Eindruck erweckte, für sein Alter noch körperlich und geistig ungewöhnlich leistungsfähig zu sein.
Er fühlte keine innere Veranlassung, seinen Zeilen vom 9. Juni noch einen weiteren Brief hinterherzuschicken, und Douglas antwortete nicht auf Shaws Aufforderung, ihn über seinen Verbleib zu informieren; er wußte selbst nicht mehr ein und aus, nachdem er seine Wohnung am St. Ann's Court aufgegeben hatte. Er versteigerte praktisch seinen gesamten Besitz und behielt nur etwas Silber, ein paar Familienbilder und einige wenige Bücher zurück. Der ganze Verkauf erbrachte nicht mehr als zweihundertachtundneunzig Pfund.
Einige Tage vor der Auktion warf er Papierkörbe voller Briefe

und Dokumente weg. »Das einzige, was ich behalten habe«, schrieb er an Adrian Earle (24. Mai),» sind die Briefe von Bernard Shaw und die Manuskripte meiner Gedichte und Bücher. Ich bin in einem Zustand dumpfer und verstörter Verzweiflung ...« Als Edward Colman davon hörte, versuchte er die weggeworfenen Unterlagen aus dem »Abfall« herauszufischen, doch war es bereits zu spät: der »Abfall« war schon eingestampft. Colman half Douglas daraufhin beim Aussortieren und Aufbewahren der Papiere, die noch übrig waren.

Nach seinem Auszug aus der Wohnung St. Ann's Court hielt Douglas sich zunächst im Hotel Bedford auf, danach im Dudley, aber in beiden waren ihm die Preise zu hoch. Im Juni, als er in der Wohnung seiner verstorbenen Exfrau wohnte, hatte Lord Tredegar den Plan, ihn zu einer Übersiedlung nach London zu bewegen. Eine Freundin von Douglas, die Ballett-Agentin Poppoea Vanda, war bereit, ihm für hundertfünfzig Pfund im Jahre Kost und Logis in ihrem Haus in Hampstead (6 Tanza Road) anzubieten. Oppenheimer, der Anwalt Lord Tredegars, sollte die neue Vereinbarung beaufsichtigen.

Poppoea Vanda, seit langem eine Bewunderin der Gedichte von Douglas, hatte diesen 1942 kennengelernt, als sie, nachdem sie bei Hatchard's keine Ausgabe seiner *Lyrics* und *Sonnets* hatte finden können, an den Autor direkt schrieb. Sie waren gute Freunde geworden in den beiden dazwischenliegenden Jahren; er hatte sie oft in London getroffen, und sie war oft nach Hove gekommen.

Schon waren Douglas' Kleider in das Haus von Miss Vanda gebracht worden, da entschloß er sich am Ende, doch nicht nach London zu gehen. W. A. Gordon, ein junger Freund, Lehrer und Sammler der Douglas'schen Manuskripte, fand eine ansprechende Unterkunft für ihn in Hove, bei einer Mrs. Turle, 16 Silverdale Avenue, ganz in der Nähe von St. Ann's Court. Bis Mitte Juli hatte Douglas sich dort eingerichtet, als einziger Untermieter Mrs. Turles. Er zahlte vier Guineen für Wohnraum, Schlafzimmer und Bad (sämtliche Mahlzeiten inbegriffen). Die Hausherrin war eine starke und beschützende Person, und Douglas kam in diesem Sommer einigermaßen gut zuwege. Doch Anfang September erreichte ihn ein Brief von Mr. Calvert, dem Anwalt der Familie Custance in Norwich, der ihn derart erschreckte und quälte, daß er einen Herzanfall bekam.]

17. Oktober 1944 — 23 The Drive, Hove

Mein lieber St. Christophorus, Es war mir, mit einer »nicht mehr schließenden Herzklappe«, schon seit einiger Zeit sehr schlecht gegangen. Da es immer schlimmer wurde, sagte mir der Arzt, ich solle es mit einer »Ruhe-Kur« versuchen. Deshalb liege ich hier im Bett in dieser Privatklinik. Bin hier seit vierzehn Tagen und rechne damit, noch einmal vierzehn Tage zu bleiben. Es geht mir ein wenig besser. Mein »Herz« hat sich gemeldet wegen der Sorgen und allgemeinen Niedergeschlagenheit und der plötzlichen Nachricht durch den Rechtsanwalt, der das Testament meiner Frau verwaltet, daß meine Leibrente von fünfhundert Pfund sich nach ungerechter Besteuerung und maßlosen Verpflichtungen aus dem Todesfall auf hundertdreiundsechzig Pfund verringert. Stellen Sie sich die Grausamkeit vor, den Betrag *nicht* steuerfrei zu machen. Ich bin von allen (einschließlich Olive) empörend behandelt worden, doch war das ja ein chronischer Tatbestand mein ganzes Leben. Zum Glück hat mein Sohn Raymond Vorstöße gemacht, mir zu helfen und ein anständiges Einkommen für mich herauszuholen.[283] Er erbt den Grund-

283 Raymond war am 9. Juni als geheilt aus der St. Andrew's Klinik entlassen worden und durfte die Wohnung seiner Mutter in Viceroy Lodge übernehmen. Douglas, in seinem Überschwang, stellte sich nun eine Art sicherer Zuflucht vor. Es dauerte jedoch nicht lange, da erlitt Raymond einen Anfall von Geistesstörung, und eine größere Tragödie konnte nur durch das Hausmädchen Eileen verhindert werden, das in der Lage war, ihn zu überwältigen. Raymond wurde wieder in die St. Anrew's Klinik zurückgebracht.

besitz, dessen Nutznießung meine Frau auf Lebzeiten hatte. So werde ich es schließlich doch noch schaffen zu existieren, wenn (in etwa sechs Monaten) die Dinge geregelt sind. Ich liege den ganzen Tag nur im Bett in einem halb bewußtlosen Zustand. Wenn ich gewußt hätte, daß Raymond tut, was er verspricht, wäre ich nicht [Der Rest des Briefes fehlt.]

20. November 1944 16 Silverdale Avenue, Hove

Lieber St. Christophorus, Vor kurzem bin ich, nach vier Wochen in der Privatklinik, wieder hier aufgetaucht. Es hat mir gutgetan, aber sobald ich herauskam, ging es mir schlimmer denn je. Ich nehme an, ich werde bald sterben. Es macht mir nicht allzu viel aus (dank meiner Religion), aber ich wehre mich doch gegen das Ersticken, das, wie es scheint, auf mich zukommen wird. Bei der Lektüre Ihres letzten Buches[284], an der Stelle über die Ärzte, fand ich mich einer Meinung mit Ihnen. Ich habe Ärzte bisher immer gemieden, aber als ich mich so schlecht fühlte, glaubte ich, einen holen zu müssen. Es ist ein lieber alter Mann, aber *helfen* kann er mir *überhaupt nicht*, und seine Medikamente bewirken nicht das Geringste.

Ich habe Ihr Buch gerade beendet. Mein lieber St. Christophorus, was reden Sie doch für einen erschreckenden Humbug über die Religion (alles andere in dem Buch ist sehr gut)! Sie scheinen *unglaublich* ignorant in dieser Hinsicht zu sein. Haben Sie sich denn jemals ernsthaft damit beschäftigt? Gehen Sie wirklich davon aus, daß die Anglikanische Kirche oder die zahlreichen idiotischen protestantischen Sekten in diesem Land irgendeinen Einfluß auf das Christentum haben? Der Katholizismus ist das einzige Christentum, das zählt: anders als in sich selbst evident ist er lächerlich. Ich bin

284 *Everybody's Political What's What?*; das Buch war endlich im September erschienen.

als Protestant aufgewachsen und erst mit vierzig Katholik geworden. Sie aber scheinen keine blasse Ahnung davon zu haben. Was Sie sagen, ist genauso idiotisch wie das, was ich möglicherweise über die Mathematik sagen würde, wenn ich einfältig genug wäre, darüber zu reden ... Ihre Argumente sind ganz auf der Stufe des »atheistischen« Propagandaredners am Hyde Park. Ich erinnere mich, dies auch einmal Frank Harris gesagt zu haben im Zusammenhang mit seiner kindlichen Vermutung, daß der Tolstoianismus das Christentum repräsentiere und daß Tolstoi ein »Heiliger« gewesen sei!! Doch was tut das schon zur Sache? Ihrer Dickköpfigkeit und Blindheit in diesem Punkt zum Trotz, fühle ich eine große Zuneigung zu Ihnen. Aber es tut mir weh, mitanzusehen, wie Sie (so geistreich Sie sind) sich derart bloßstellen. Ihr ergebener

Junker

P.S. Der Katholizismus steht und fällt mit der Glaubwürdigkeit der Wunder. Wenn es keine Wunder gibt, dann ist das Ganze ein Schwindel.

21. November 1944 — Ayot St. Lawrence

Lieber Junker Alfred, Das Alter, in dem man sich aus dem Geschäftsleben zurückzieht, habe ich erreicht, finde mich aber so überhäuft mit Geschäftlichem, daß ich keine Zeit habe, irgend etwas anderes zu schreiben. Und wenn ich einen Agenten beschäftige, muß ich seine Arbeit wieder rückgängig machen und sie selbst erledigen, weil er alles durcheinandergebracht hat. Ärzte können schlechte Herzen nicht kurieren und sind sehr gefährlich, wenn sie jung und unschuldig genug sind, es zu versuchen. Sie stopfen Sie entweder mit Digitalis, was das bedauerliche Organ noch ärger erregt, oder aber sie verbieten Ihnen, Treppen auf- und abzusteigen, und machen Sie unbeweglich und stimulieren das Herz mit

Whisky, bis sich Ihre Leber vergrößert und Sie sterben. Danken Sie Ihrem Schicksal, daß Sie einen harmlosen Veteranen haben, der sich mit Ihnen unterhält.
Meiner Frau war es bestimmt, durch Ersticken zu sterben; doch gerade als ihr Atem kürzer zu werden begann, wurde sie plötzlich jung und schön und starb, etwas von grünen Feldern murmelnd, nach dreißig Stunden Euphorie. Ich habe von einem Mann gehört, dem man, als er zwanzig war, gesagt hatte, daß er tot umfallen würde, wenn er Treppen hochrennen oder sich sonstwie anstrengen würde. Er war achtzig, als ich die Bekanntschaft seines Sohnes machte, und war immer, da von Natur aus ungestüm, Treppen hochgerannt und hatte gleich zwei Stufen auf einmal genommen. Ein anderer älterer Herr saß gerade mit seiner Frau am Kamin, sagte auf einmal: »Mein Herz steht still, lebwohl«, und starb ohne jeden Schmerz.[285] Da kann man nichts machen: belasten Sie sich einfach nicht damit.
Fragen Sie Ihren Arzt, ob er aus Fachkreisen schon etwas von A. C. S. gehört hat, der von dem Russen Bogomoletz endeckten Behandlung[286], die zu ganz erstaunlichen Ergebnissen in den Lazaretten der Roten Armee geführt hat. Es heißt, sie würde Knochenverletzungen, die bislang unheilbar waren, in einer Woche kurieren. Offenbar sprechen die Drüsen darauf an, und vielleicht hat sie auch Einfluß auf das Herz.
Wenn Wunder für Sie der Prüfstein der Religion sind, dann sind Sie eigentlich nicht religiöser als die italienischen Bauern, für die das Blut des St. Januarius alljährlich verflüssigt werden

285 Diese Situation hat Shaw zur Vorlage genommen für eine Szene im ersten Kapitel seines Romans *Cashel Byrons Beruf* (den Tod von Lydia Carews Vater).

286 Alexander Bogomoletz (1881-1946), entdeckte 1925 das nach ihm benannte Serum, das auf das Zellnetzwerk des retikuloendothelialen Systems wirkt und aus Zellen der Milz, Leber, des Rückenmarks und der Lymphknoten von immunisierten Tieren gewonnen wird. In kleinen Dosen verabreicht, regt das Serum die Kräftigung des Bindegewebes an, soll überdies heilend, krankheitsvorbeugend und lebensverlängernd sein. Eine wohltuende Auswirkung auch auf das Herz scheint jedoch nicht wahrscheinlich.
A. C. S.: Abk. für anti-retikular cytotoxic serum.

muß. Bestimmt sind Sie kein Christ. Denn als ein paar Soldaten, die durch Johannes den Täufer von Jesus gehört hatten, zu diesem kamen und ihn fragten, ob er ihnen nicht ein paar Wunder vorführen könne, zum Beweis, daß er der Messias sei, verlor er die Geduld und sagte, nur ein Geschlecht von Gottlosen und Abtrünnigen brauche ein solches Zeichen. Kurz, er sagte ihnen, sie sollten sich zum Teufel scheren; und Mohammed tat das gleiche, als auch er von Leuten belästigt wurde, die sich Gott als einen allmächtigen Zauberkünstler vorstellten.

Sie wissen selbst, daß Sie das alles im Grunde nicht glauben, und werden nicht aus der Kirche austreten, nur weil Ihr Schutzheiliger (ich habe vergessen, welcher es ist) keinen Zauberstab schwingt und Ihr Herz nicht heilt. Der Tod, in dessen Schatten ich täglich gehe, beunruhigt mich nicht mehr, als er Sie beunruhigt: *la morte e nulla*! Für den wahren Gläubigen ist die Welt voller Wunder; aber sie geschehen nicht zu unserem Vergnügen, noch können sie erbettelt oder erkauft werden. Es gibt zwischen Ihrer Religion und der meinen keinen solchen Gegensatz wie zwischen »alles richtig« und »alles falsch«. Stalin, sagt man, wird wahrscheinlich ein Plauderstündchen mit dem Papst halten. Warum auch nicht? Gibt es irgendeinen großartigeren Katholizismus als »Proletarier aller Länder, vereinigt euch«? Queensberry hat mich zu einem Besuch seines *Service Club*[287] eingeladen, weil ich seinen Onkel Alfred so schätze. Entschuldigen Sie alle Kleckser und Flüchtigkeiten: Ich bin alt. G. B. S.

287 Die Club-Räume für Männer und Frauen aller militärischen Dienstbereiche waren in der Old Compton Street. Man konnte dort tanzen, Tischtennis, Billard, Schach spielen und gelegentlich Revuen und Boxkämpfe sehen. Queensberry arbeitete an der Rezeption und als Kellner des Clubs und übte sich öfter in seiner außergewöhnlichen Begabung, lange Passagen aus Gedichten zu rezitieren.

23. November 1944 16 Silverdale Avenue, Hove

Mein lieber St. Christophorus, Danke für Ihren Brief. Ich hatte gerade eine Visite von Dr. Hall[288], dem führenden Herzspezialisten hier, der mir erzählte, daß er Sie in Glyndebourne getroffen und neben Ihnen gesessen hätte bei einem Dinner, bei dem Sie ein herzhaftes Gericht mit (unter anderem) HAMMELBRATEN! gegessen hätten. Ich war entzückt, das zu hören, wenngleich ich persönlich, bis auf weiteres wenigstens, mich hauptsächlich von Milch und gebackenen Kartoffeln, in Schale und mit Butter, ernähre, was ich köstlich finde und viel besser als Fleisch. Sie haben ganz recht, man gibt mir Digitalis und sagt mir, ich solle keine Treppen hoch- und runtersteigen, was ich jedoch zwangsläufig tun muß, da mein Schlafzimmer in der jetzigen Mietwohnung im ersten Stock liegt, während ich in meiner alten Wohnung am St. Ann's Court ganz im Erdgeschoß war. Soweit ich es beurteilen kann, wird mein Herz sich unmöglich wieder erholen, und der Arzt meint, das ginge zurück auf die Zeit, als ich im Alter von fünfundzwanzig rheumatisches Fieber hatte, obwohl ich mich davon vollkommen erholte und anschließend jahrelang regelmäßig (z. B.) Schnepfen jagte, im Winter auf den Orkney Inseln, und jeden Tag ganz durchnäßt war, ohne jemals Rheumatismus zu bekommen, und in Chantilly und Newmarket Galoppritte unternahm und zwanzig oder dreißig Meilen wanderte ohne die leisesten Beschwerden. Ja, ich fühlte mich sogar um so besser, je weiter ich wanderte. Doch wie dem auch sei, ich sehe ein, daß ich erledigt bin, und habe wirklich nichts dagegen jetzt, wo ich die Wahrheit darüber weiß. Mein Gehirn ist noch aktiv wie eh und je, und das ist die Hauptsache.

Sie haben völlig recht, wenn Sie sagen, daß ich nicht religiöser

288 Donald Hall (1876-1949), Arzt in Hove am Royal Sussex County Hospital. Das Kardiogramm von Douglas, das am 23. November erstellt wurde, »sah wie eine Karte des Himalaya-Gebirges aus«, so Douglas' Kommentar in einem Brief an einen anderen Adressaten.

bin als ein italienischer Bauer (oder ein irischer oder sonst irgendein katholischer Bauer). Warum sollte ich? Sie selbst haben keine Demut (das ist der eine schwache Punkt an Ihrem Panzer) und können sie nicht bei anderen verstehen. Ich habe den einfachen Glauben eines Bauern oder eines Kindes und bin froh zu wissen, daß es so ist. Das Wesentliche, woran Sie völlig vorbeigehen, ist, daß das Blut des St. Januarius tatsächlich flüssig *wird* und daß die Wunder von Lourdes, und tausend andere, *nach wie vor geschehen*, die ganze Zeit über. Ich habe selbst Wunder in meinem Leben erlebt; zumindest eines davon ist überliefert in meiner Autobiographie.[289] Haben Sie je die *Revelations of Divine Love* [Offenbarungen göttlicher Liebe] der heiligen Juliana von Norwich aus dem vierzehnten Jahrhundert gelesen? Ich habe eine Ausgabe, die so abgegriffen ist, daß sie beinahe in Stücke zerfällt. Ich lese immer darin und *weiß*, daß es wahr ist, und es tröstet mich bei allen Widrigkeiten des Lebens.
Was Sie mir vom Tod Ihrer Frau erzählen, finde ich überaus ergreifend und schön.
Sie irren völlig mit dem lieben Jesus. Er ärgerte sich zwar über Leute, die kamen und Wunder erbaten, nur um ihre Neugierde zu stillen, und die ihn als eine Art Zauberkünstler behandeln wollten, aber er hat fortwährend und unablässig Wunder getan und ausdrücklich gesagt, daß seine Apostel und Schüler über Jahrhunderte hinweg *sogar noch größere Wunder* tun würden als er selbst jemals. Und das haben sie auch getan, all die Jahrhunderte hindurch – bis auf den heutigen Tag. Die Wunder der Heiligen (zum Beispiel des St. Philipp Nain) anzuzweifeln, heißt zweifeln an der Gutgläubigkeit und geistigen Gesundheit einer großen Schar der besten Menschen, die je gelebt haben und tatsächlich zusahen, wie sie sich ereigneten. Die Evidenz ist durchaus überwältigend, und es sind nur Dummköpfe, die sagen: »selbst wenn ich ein Wunder sähe, würde ich es nicht glauben«, was ich tatsächlich einmal einen sehr »klugen« Mann habe sagen hören. Als

289 Vgl. Douglas' *Autobiography*, pp. 286-288.

meine Mutter im Franziskanerkloster von Crawley beigesetzt wurde, sagte der Franziskanermönch[290], der die Bestattungszeremonie leitete, nachdem sie vorüber war, zu mir: »Wir haben gerade eine kleine Heilige begraben.« Woher wußte er das? Er hatte meine Mutter niemals gesehen oder mit ihr gesprochen. Er *wußte* es eben, und daß er es sagte, hat mich aus dem furchtbaren dunklen Leid, in dem ich war, zur vollkommenen Glückseligkeit erhoben.

Es macht mir Spaß zu hören, daß Queensberry Sie gebeten hat, in seinen Club zu kommen. Sie sollten gehen und sich das ansehen. Er hat einen phantastischen Erfolg damit gehabt und hat, glaube ich, über zweihunderttausend Mitglieder. Da sie ein Sachverständiger im Boxen sind, dürfte es Sie interessieren. Queensberry selbst war früher nicht im geringsten am Boxen interessiert, aber der alte Lonsdale[291] hat ihn überredet, daß er (in Anbetracht seines Namens) dazu verpflichtet sei, die führende Position in diesem Geschäft zu übernehmen! Er hat Hunderttausende damit verdient, für das Rote Kreuz. Ihr ergebener

Junker

P.S. Haben Sie die Gedichte von Marie Stopes gesehen, zu denen [ich] ein Vorwort schrieb?[292] Ein Brief, den ich soeben vom Herausgeber der [Zeitschrift] *Truth* erhielt, läßt mich darauf schließen, daß sie erschienen sind.

25. November 1944 Ayot St. Lawrence

Lieber Junker Alfred, Ein Stockwerk ist gerade richtig. Gehen Sie runter und rauf zu jeder Mahlzeit, nehmen Sie

290 Pater Walstan von der Franziskanischen Gemeinde in Oxford.
291 Der fünfte Earl of Lonsdale: Hugh Cecil Lowther (1857-1944).
292 Die Gedichte erschienen unter dem Titel *Wartime Harvest* [Kriegsernte] (1944). Der Band enthielt nicht nur ein Vorwort von Douglas, sondern auch einen kurzen Begleittext von Shaw.

immer nur eine Stufe, aber flott genug, um Ihrem Herz das nötige Elastizitätstraining zu geben. Werfen Sie das Digitalis in den Abfluß. Denken Sie daran, daß, wenn Ihr Herz falsch geht, Ihre gesamte Lebenskraft, die ja von ihm abhängig ist, sich ins Zeug legt, um es zu heilen, vorausgesetzt, daß Sie sie unbehelligt lassen. Aber wenn Sie ihr weiter Schubser und Püffe geben mit Drogen in allopathischen Dosen, wird die *vis medicatrix naturae* übellaunig und kommt zum Stillstand, und Ihnen wird es schlechter gehen. Die Natur ist ebenso trotzig wie faul, sie tut nichts, sobald irgend etwas von außen den Anschein erweckt, es ihr abzunehmen, und verübelt solches Vorgehen. Deshalb wird eine Katze, die Sie einmal gewaschen haben, sich nie mehr selbst putzen.

Sagen Sie Ihrem Herzspezialisten – nicht, daß er ein verdammter Lügner ist, sondern höflich –, daß, wenn er in Glyndebourne neben einem Tischgenossen saß, der sich von Hammelbraten ernährte, dieser Kannibale nicht G. B. S. war. Ich habe einen Doppelgänger in Amerika, der kein Vegetarier ist; vielleicht hat er Ferien hier gemacht.

Wenn irgend jemand Ihnen erzählt, ich hätte in den letzten sechzig Jahren Fisch, Fleisch oder Geflügel gegessen, können Sie ihm glatt widersprechen, auch wenn er angibt, er hätte mir dabei zugesehen. Das heißt nicht, daß ich von grünem Gemüse lebe; ich esse davon nicht mehr als Sie. Ich esse Butter, Honig, Käse und Eier (die ich nicht mag), wenn ich nichts anderes bekomme, und ich würde Dorschlebertran trinken, wenn ich müßte, aber ich muß nicht.

Es wird berichtet, St. Januarius habe sein Blut dieses Jahr nicht verflüssigt, man nimmt an, aus politischen Gründen. Wenn dies zu oft passiert, werden die Priester es flüssig machen müssen, damit ihre Schäfchen nicht aufhören, die Religion zu respektieren, und unregierbar werden. Wunder, ob erfunden oder nicht erfunden, geschehen jeden Tag; aber sie beweisen nichts als die Tatsache, daß sie geschehen. Mit den Lehrsätzen der Glaubensbekenntnisse haben sie nicht mehr zu tun als das Erdbeben von Lissabon mit der Wirksamkeit der Beecham-Pillen. George Fox hat einen Plantagearbeiter, der an gebrochenem Genick gestorben war, von den Toten erweckt und ist mit ihm weggeritten, nachdem er seinen Hals eingerenkt hatte; aber deshalb werden Sie doch kein Quäker! Die Wundertaten der Mrs. [Baker-]Eddy konkurrieren mit denen der Heiligen Jungfrau in Lourdes und Knock; aber aus diesem Grund treten Sie doch nicht der Kirche der Christlichen Wissenschaft bei! Es gibt also nichts, worüber wir beide unterschiedlicher Meinung wären.

Ich bin zu alt, um für Queensberry den Clown zu spielen. Außerdem tue ich nie etwas, was ohne mich gut genug gemacht wird. Es spricht sehr für Queensberry, daß er die Riesenarbeit übernommen hat; und es steht ihm zu, selbst Mittelpunkt der Bühne und Brennpunkt der Scheinwerfer zu sein, ohne Einmischung meiner Publicity.

Die Genesung Ihres Sohnes ist sehr erfreulich. Ich habe nicht die geringste Ahnung, was seine besondere Krankheit war; aber sein Fall ist offenbar ein ungewöhnlicher. Man ruft mich weg zum Essen. G. B. S.

28. November 1944 16 Silverdale Avenue, Hove

Mein lieber St. Christophorus, Vorgestern (Sonntag) bekam ich die Letzte Ölung, die, wie Sie wohl wissen, darin besteht, daß man von einem Priester an Augen, Nase, Ohren, Lippen, Händen und Füßen gesalbt wird. Man erteilt sie Katholiken, wenn sie so krank sind, daß Todesgefahr besteht. Die ganze Zeremonie dauert nur etwa fünf Minuten. Der Priester hatte versprochen, am Montag (gestern) nachmittags um etwa vier Uhr dreißig zu kommen, aber aus irgendeinem Grund kam er, von sich aus, einen Tag früher und rief an, um zu sagen, daß er am Sonntag um vier Uhr dreißig kommen wollte. Als er dann kam, ging es mir so schlecht, daß ich kaum sprechen konnte, und das grauenhafte Gefühl zu ersticken, das ich seit Wochen immer wieder gehabt habe, war fast unerträglich geworden. Ich keuchte wie ein Hund nach einem Schnellauf. Ich wurde sehr überwältigt von Gefühlen, während die Zeremonie stattfand, und die Tränen rannen mir (ganz unfreiwillig) die Wangen herunter. Zu meinem Erstaunen fand ich, als die Salbung vorbei war, daß das Erstickungsgefühl *weg* war und ich ganz normal atmete. Ich dachte bei mir, »wahrscheinlich wird es in wenigen Minuten wiederkommen, schlimmer denn je.« So sagte ich dem Priester nichts davon und dankte ihm einfach, und er ging fort und ließ mich allein, mit dem Versprechen, mir am nächsten Morgen die Heilige Kommunion zu bringen. Aber das Ersticken *kam nicht zurück*. Ich fühlte mich beinahe vollkommen wohl, abgesehen von der extremen allgemeinen Schwäche, die heute aber stark nachgelassen hat. Der langen Rede kurzer Sinn: ich hatte ein gekochtes Ei zum Abendessen und ging um neun zu Bett und schlief ohne Tabletten sechs Stunden lang, zum ersten Mal seit Wochen. Der Priester kam um neun am nächsten Tag (gestern), um mir die Heilige Kommunion zu geben, die mein Sterbesakrament hätte sein sollen, und ich fühlte mich noch immer vollkommen wohl und hatte, als er gegangen war, ein gutes Frühstück. Mir war oft gesagt worden, daß Sterbende nach der Letzten Ölung manchmal in verblüffender Weise genesen, aber um Ihnen die Wahrheit zu sagen, ich habe es einfach nicht geglaubt, als es bei mir eintrat, oder nahm es nicht wahr und dachte fortwährend, daß das Erstickungsgefühl wiederkommen würde. Auch jetzt kann ich es kaum glauben, daß es wirklich so war, wie es war. Bitte halten Sie sich, wenn Sie können, zurück und schreiben Sie mir keine wissenschaftliche Erklärung.

Mein Freund, der Farmer Colman, will mich nach Lancing holen, und wenn ich mich kräftig genug fühle, die Reise in einem Wagen zu machen, werde ich hingehen und wer weiß was für gutes Essen kriegen! Aber vor Freitag rechne ich nicht mit dem Umzug. Inzwischen waren sowohl meine Schwester

Edith Fox-Pitt[293] als auch mein Neffe Queensberry da, um mir am Sterbebett Beistand zu leisten. Ich schreibe ihnen jetzt ab! Natürlich wird es mir vielleicht wieder schlechtergehen, aber irgendwie fühle ich mich nicht danach. *Nous verrons.* Ich hatte mich schon ganz in den Tod gefügt und war überhaupt nicht ängstlich. Ihr ergebener Junker

30. November 1944 Ayot St. Lawrence

Mein lieber Junker Alfred, Ich bin unsagbar froh über Ihre Nachrichten: Daß die unwissenden Ärzte drauf und dran waren, Sie qualvoll zu töten, und daß die Behandlung nach St. Jakobus die Aufmerksamkeit des Heiligen Geistes erregt und Sie im Handumdrehen schmerzlos geheilt hat! Lassen Sie die unterlegenen Heiden nicht einfach davonkommen, indem Sie deren Schande auf die Wissenschaft schieben. Die Kirche hat Aristoteles nicht abgelehnt: sie hat ihn sich einverleibt. Die Wissenschaft des St. Jakobus ist unverfälscht und die der Digitalis-Händler dumme Quacksalberei. Sehr, sehr interessant; und ein Triumph für die Kirche und jene *Merkwürdigen Leute*, die auch wissen, daß Gesundheit im Grunde geistig ist.[294]

Das letzte Mal, als man mir die Letzte Ölung beschrieb, wurde ich inspiriert zu einem meiner großen Stücke: Lena Ashwell[295] erzählte mir damals alles über ihren Vater, einen

293 Von seiner Schwester Edith (1874-1963) war Douglas immer treu unterstützt worden. 1899 hatte sie St. George Fox-Pitt (geb. 1856) geheiratet, den zweiten Sohn des Generalleutnants Fox-Pitt-Rivers. Aus der Ehe gingen keine Kinder hervor; seit 1932 war Edith Witwe.

294 Die »Merkwürdigen Leute«: Anspielung auf die kleine Sekte der *Plumstead Peculiars*, die Heilung durch den Glauben predigte (1838 in London gegründet). Ihre Überzeugungskraft basierte auf der Epistel des Heiligen Jakobus 5:14, wonach Krankheiten durch Beten und Salbungen mit geweihtem Öl geheilt werden können.

295 Lena Ashwell (1872-1957), eine von Shaws Lieblingsschauspielerinnen und Charlotte Shaws engsten Freundinnen. Ihr Vater, Commander Pocock, inspirierte nicht nur die Gestalt des Kapitän Shotover; seine wie ein Schiff

Seekapitän, der zugleich Prediger und Seelenkapitän war. Wie Sie war er von den Medizinern zum Tode verurteilt worden, und Lena sollte ihm den Urteilsspruch beibringen und ihn fragen, ob er die Kommunion wünschte. Er willigte ein. Als es aber soweit war, weigerte er sich entschieden, das geweihte Brot ohne Käse zu essen.

Ich unterbrach Lena mit dröhnendem Gelächter; und im selben Augenblick wurde Kapitän Shotover aus *Haus Herzenstod* geboren. Alle wahrhaft heiligen Wahrheiten sind reich an Komik.

Haben Sie keine Angst vor Treppen. Unbeweglichkeit ist gefährlicher als Digitalis. Sie werden wahrscheinlich eher zu wenig als zu viel steigen.

Was für ein Thema zu einem Sonetten-Kranz! Wenn Sie ihn nicht schreiben, werde ich Marie Stopes damit beauftragen.

Himmel, Halleluja! G. B. S.

6. Dezember 1944 Old Monk's Farm, Lancing

Mein lieber St. Christophorus, Sie machen keinen Unterschied zwischen der Heiligen Kommunion (in der katholischen Kirche das Entgegennehmen einer Hostie auf der Zunge) und der Letzten Ölung, die etwas ganz anderes ist, nämlich die Salbung durch einen Priester an Augen, Lippen, Ohr, Nase, Händen und Füßen eines Menschen, den man in Todesgefahr glaubt. Ihre ziemlich abstoßende Geschichte von dem Seekapitän, der Käse zu einem Stück Brot verlangte, welches er kühnerweise für die Heilige Kommunion hielt, schockiert mich nicht, denn weder die Anglikanische Kirche noch irgendeine andere der tausendundeinen ketzerischen Protestantengemeinden besitzt echte Priester mit gültiger Weihe (nachdem die apostolische Nachfolge in der Reforma-

ausgestattete Wohnung wirkte auch als Anregung für die Kulisse zu den beiden ersten Akten von Shaws Stück *Haus Herzenstod (Heartbreak House*, 1919).

tion mutwillig durchbrochen worden ist) – das Stück Brot, das der Seekapitän zu sich nahm, wäre nur ein Stück Brot geblieben. Die »Geistlichen« der protestantischen Kirche haben keine Macht, Brot und Wein zu weihen, und können es nicht besser, als Sie oder ich es könnten, wenn wir ein Stück Brot nähmen und sagen würden: »Dies ist der Leib des Herrn«. Unser Ausspruch würde es nicht dazu machen, wohingegen es sich, wenn ein echter Priester mit gültiger Weihe es sagt, tatsächlich in den Leib des Herrn verwandelt, der sich hinter dem »Akzidens« Brot verbirgt. Die griechisch-orthodoxen Priester, obwohl schismatisch, *haben* noch gültige Weihen und können einem Katholiken *in articulo mortis* gültige Absolution erteilen.

Meine wunderbare Heilung infolge der Salbung hat, wie ich leider sagen muß, nicht angehalten, und es geht mir fast so schlecht, wie es mir ging, bevor ich die Letzte Ölung erhielt. Ja, es sieht wirklich so aus, als habe meine letzte Stunde geschlagen. Ich bin in Lancing bei meinem Farmer-Freund und seiner mädchenhaften Frau, da bekomme ich wenigstens gutes Vorkriegsessen, was jetzt nur noch die Bauern haben. Auch sind sie überaus gütig zu mir und tun ihr Bestes, mich aufzupäppeln. Es macht mir nichts aus zu sterben, aber lieber wäre es mir, wenn es sich nicht so lange hinziehen würde und nicht so schmerzhaft wäre. Was Sie betrifft, glaube ich wirklich, daß Sie noch zwanzig Jahre durchhalten! Sie sind fabelhaft. Viel Glück. Ihr ergebener Junker

P.S. Mcin spezieller Heiliger ist übrigens der Heilige Judas[296], nicht, wie Sie sagen, der Heilige Jakobus. Ich lege ein Bild von ihm bei, das die Karmeliter in Faversham herausgegeben haben.

296 Der Heilige für hoffnungslose Situationen, ein Bruder von Jesus, angeblich Verfasser des *Judasbriefs*; in der katholischen Kirche gilt er als identisch mit Judas, dem Sohn Jakobs. (Beide sind nicht zu verwechseln mit Judas Ischariot, den Shaw in früheren Briefen ironisch als »Heiligen« bezeichnet hat). Douglas hatte Judas zum Patron erwählt, weil der Geburtstag des Heiligen (28. Oktober) nahe bei seinem eigenen (22. Oktober) lag.

7. Dezember 1944 Ayot St. Lawrence

Lieber Junker, Sind Sie schon einmal gründlich von einem Osteopathen untersucht worden? Es ist möglich, daß nicht Ihr Herz die Wurzel Ihrer Beschwerden ist. St. Jakobus ist der Heilige der Peculiars[-Sekte]. Ich wußte, daß er nicht der Helfer der Hoffnungslosen war.
Was für eine bezaubernde Novene! Erstklassige Medizin.
Ich weiß alles über die verschiedenen Formen der sakramentalen Magie. Für mich sind sie alle gleich insofern, als sie wesentlich die gleiche wissenschaftliche Gültigkeit haben. Aber die kannibalistische Theorie der Transsubstantiation lehne ich ab, weil ich kein mittelalterlicher Azteke, sondern ein neuzeitlicher Vegetarier bin. Auch Sie lehnen sie ab, unbewußt; es bleibt sich also gleich. Wahrscheinlich haben Sie sich nie genauer mit ihrer Geschichte befaßt. In großer Eile – nur ein flüchtiges Gekritzel. G. B. S.

9. Dezember 1944 Old Monk's Farm, Lancing

Mein lieber St. Christophorus, Ich wurde 1911 katholisch, vor dreiunddreißig Jahren. Daraufhin habe ich mein ganzes Leben geändert, vollständig und radikal, wurde und blieb keusch, bin es seither auch immer geblieben, und ging *jeden Tag meines Lebens, wenigstens fünfundzwanzig Jahre von den dreiunddreißig Jahren*, um acht Uhr zur Heiligen Kommunion. Erst in den letzten Jahren habe ich mit der täglichen Kommunion aufgehört, und das einfach, weil meine Gesundheit zu zerbrechen begann und ich mich nicht länger imstande fühlte, jeden Tag früh aufzustehen, aber ich bin immer noch wöchentlich hingegangen (im allgemeinen sogar mindestens zweimal die Woche). Es ist daher ziemlich idiotisch von Ihnen, anzunehmen, daß ich nicht an die Transsubstantiation glaube!!! Jedes katholische Kind von sechs

Jahren kennt die Transsubstantiation, sie ist die fundamentale Grundlage der katholischen Religion. Das alles steht im »Groschen-Katechismus«. Irritieren Sie also nicht mein armes Herz mit entrüsteten Schlägen, indem Sie solchen Unsinn schreiben.
Ich bin zu krank, um mehr zu schreiben. Ich hatte eine entsetzliche Nacht letzte Nacht, und der Priester kam heute morgen früh, um mir die Heilige Kommunion zu geben. Ich bin jetzt seit vielen Wochen nicht außer Haus gewesen. Ich kann es nicht ertragen, im Bett zu bleiben, liege dafür in einem Sessel und döse vor mich hin und lese gelegentlich ein bißchen. Meine wunderbare Genesung nach der Letzten Ölung war, fürchte ich, nur ein allerletztes Aufflackern, denn jetzt geht es mir schlechter denn je. Danke für die Broschüre. Ich habe es nicht nötig, zu Naturheilmitteln und Osteopathie zu konvertieren, da ich schon immer daran glaubte. Ich habe auch großes Vertrauen in die Homöopathie, aber in Brighton scheint es keinen Homöopathen zu geben. Ich versuche gerade zu erfahren, ob einer in Worthing ist. Früher kannte ich einen, Byres Moir[297], den Chef der Homöopathischen Kinderklinik in der Great Ormond Street, ein reiner Magier. Aber leider ist er vor zehn Jahren gestorben. Ich fürchte, ich bin auch schon zu weit fortgeschritten für eine Behandlung jetzt, ich erwarte nicht, wieder gesund zu werden. Den Tod fürchte ich nicht und habe viele Tröstungen, aber der lange *Prozeß* des Sterbens ist quälend und jämmerlich. Ich wünschte, es wäre vorbei. Ihr ergebener Junker

297 Byres Moir, Arzt (geb. 1891 in Edinburgh), war Chirurg an der Homöopathischen Klinik von London, nicht an der Kinder-Klinik.

12. Dezember 1944 Ayot St. Lawrence

Lieber Junker Alfred, Wenn Sie Gedankensprünge machen, geben Sie acht, nicht zu weit zu springen. Die Ölung hat Sie geheilt. Nur für einen Tag – aber an diesem Tag waren Sie wirklich geheilt, ein Beweis, daß Sie nicht unheilbar sind. Das Problem besteht darin, Sie für viele Tage zu heilen und für nicht allzu viele, aber doch genügend viele Jahre.
Ich kann dazu nichts beitragen als meinen starken Wunsch, daß dieses Problem gelöst werde, was meine Art von Gebet ist und ebenso gut, hoffe ich, wie das Gebet irgendeines anderen.
Ich lege noch eine Broschüre bei[298], die Ihnen vielleicht Spaß macht, wenn Sie das nicht schon alles wissen. Ich kenne Perkins und bin die ganze Sache mit ihm durchgegangen, hatte aber nur den Nachweis einer Staphylokokkus-Reaktion, nicht wert, daß man sich ihretwegen beunruhigt. Schikken Sie ihm ein Stückchen weißes Löschpapier mit einem von Ihrem Blut geröteten Tupfer, und er wird Ihnen sagen, ob Sie irgendwelche unentdeckten Reaktionen haben.
Ihren Briefen nach würde ich sagen, Sie haben noch eine ganze Menge Leben in sich.
Es gibt viele Stufen des Glaubens. Das achtjährige Kind glaubt, und der achtundachtzigjährige Greis auch, nur nicht im gleichen Licht der Erkenntnis. Zwar bin ich nicht aztekisch angehaucht, habe aber doch mehr Vertrauen in die Hostie als in Digitalis und stimme mit Mephisto überein, daß Blut ein *ganz besonderer Saft* ist.[299] Gute Nacht. G. B. S.

298 *New Concepts in Medical Diagnosis and Treatment* [Neue Konzepte in medizinischer Diagnose und Behandlung] von Eric McLeod Perkins (1943).
299 Mephisto-Zitat nach Goethe, *Faust*; Shaw zitiert den deutschen Text an dieser Stelle.

Nachtrag

So endete der Briefwechsel zwischen dem Dichter und dem Dramatiker. Sie hatten sich nur ein einziges mal persönlich gesehen, im März 1895 im Café Royal.

Nach Dezember 1944 hatte Douglas keine Kraft mehr, das Wortgefecht mit Shaw weiterzuführen, noch überhaupt an irgend jemand längere Briefe zu schreiben. Er war zu müde und zu krank.

Im Monat davor, als die Colmans erkannten, daß er sich in der Wohnung nicht mehr selbst bevorstehen konnte, hatten sie ihn überredet, bei ihnen auf der Old Monk's Farm zu leben. Sie gaben ihm ein freundliches Zimmer mit Bad, versorgten ihn mit Büchern und Tageszeitungen und achteten darauf, daß er ständig von einem gutmütigen irischen Arzt beobachtet wurde, ihrem Freund Brendan Betty. Sie beruhigten ihn durch ihre Gegenwart und hießen Gäste willkommen, die kamen, um Douglas zu besuchen: seine Schwester Edith Fox-Pitt, seine Neffen Francis und Cecil, Marie Stopes, Lord Tredegar und eine Anzahl junger Bewunderer. Adrian Earle war nicht mehr darunter, er hatte als Freund auf der ganzen Linie versagt.

Am 4. Dezember setzte Douglas ein neues Testament auf. Darin vermachte er jedwedes Geld auf seinen beiden Bankkonten seiner Schwester Edith (nach Abzug einer festgesetzten Summe von fünfzig Pfund für seine ehemalige Haushälterin Mrs. Humphrey und fünfundzwanzig Pfund für Eileen Adrian, das Hausmädchen Olives). Poppoea Vanda hinterließ er Olives Opalhalskette, und seine Bücher, Manuskripte und literarischen Rechte vermachte er Edward Colman, den er zu seinem literarischen Nachlaßverwalter bestimmte.

Als die Zeit kam, da er Pflegeschwestern benötigte, wurden sie eingestellt, und die Colmans selbst blieben immer in Rufweite.

Douglas führte lange Gespräche mit ihnen, las ein wenig,

empfing noch einige wenige Besucher und freute sich jeden Tag auf das Eintreffen von Pater Corley, der ihm die Kommunion brachte. Im Februar schrieb er noch unter großer Anstrengung einen ausführlichen Brief an Hesketh Pearson und kommentierte mehrere Kapitel von Pearsons Wilde-Biographie, die ihm im Typoskript zur Durchsicht zugesandt worden waren. Seine letzte schriftliche Notiz war eine Bleistiftbemerkung auf einem Briefumschlag: Anweisungen an Sheila Colman für eine Pferdewette.

Viele Monate bereits hatte Douglas gewußt, daß er nicht mehr gesund werden konnte, und erwartete das Ende mit kindlicher Zuversicht. Er starb in den frühen Morgenstunden des 20. März 1945, mit vierundsiebzig Jahren, in dem Alter, in dem Shaw war, als der vorliegende Briefwechsel begann. Ironischerweise konnten, da Douglas als Bankrotteur starb, seine finanziellen Verfügungen nicht befolgt werden, und die Opalhalskette war unauffindbar.

Am Freitag, den 23. März, erschienen ungefähr dreißig Personen zu einer Requiem-Messe für Douglas im Kloster der Franziskanermönche von Crawley. Hier wurde er auf dem Friedhof beigesetzt, neben seiner Mutter. Ein Grabstein bedeckt sie beide.

Zum Zeitpunkt von Douglas' Tod war Shaw achtundachtzig und ziemlich beeinträchtigt, kam aber noch gut zurecht. Die Wohnung Whitehall Court, London, hatte er nach Charlottes Tod aufgegeben, die Einrichtung größtenteils versteigert. Er mietete eine kleine Dienstwohnung im selben Gebäude, doch wurde diese hauptsächlich als Büro von Miss Patch, seiner Sekretärin, genutzt. Er selbst blieb in Ayot St. Lawrence, wo Alice Laden, seine inzwischen erfahrene Haushälterin, ihn ausgezeichnet versorgte; und wann immer es notwendig war, kam Miss Patch aus London herbei, um für ihn zu arbeiten. Shaw war nach wie vor sehr aktiv, trotz der Tatsache, daß er zunehmend unsicherer auf den Beinen, schwerhöriger und vergeßlicher wurde.

Noch immer schrieb er: »Solange ich lebe, muß ich schreiben.

Wenn ich aufhören würde zu schreiben, müßte ich sterben.« Obwohl vergleichsweise weniger bedeutend, sind auch seine letzten Arbeiten – insgesamt hat er doppelt soviele Stücke wie Shakespeare geschrieben – unterhaltend: *Buoyant Billions* [*Zuviel Geld*]; *Farfetched Fables* [Weithergeholte Fabeln]; *Sixteen Self-Sketches* [*Sechzehn selbstbiographische Skizzen*]; das Puppenspiel *Shakes vs. Shav* [Shakespeare versus Shaw]; dazu kam ein gereimter Ortsführer von Ayot St. Lawrence, illustriert mit Fotografien, die er selbst aufgenommen hatte. Sein letztes, unvollendet gebliebenes Werk war ein Theaterstück *Why Should She Not* [Warum sollte sie nicht], dessen Niederschrift mit den Worten endete: »The world will fall to pieces about your ears.« [Die Welt wird noch in Stücke fallen deiner Ohren wegen.]

Im Juni 1950 setzte Shaw sein Testament auf. Es war in jeder Hinsicht ein Kontrast zu demjenigen von Douglas. Nach einer Anzahl großzügiger persönlicher Verfügungen überließ er sein riesiges Restvermögen einem Projekt zur Reform der englischen Sprache. Wenn dieses Projekt nicht zustande käme (was nicht der Fall war), sollte das verbleibende Vermögen zu drei gleichen Teilen an die Institutionen gehen, von denen er am meisten profitiert hatte: die National Gallery of Ireland, das Britische Museum und die Royal Academy of Dramatic Art. Shaws letzter Wille ist eines der am meisten öffentlichkeitsgesinnten Vermächtnisse, die je aufgesetzt wurden.

Er war vierundneunzig im Jahre 1950, und der Sommer verging ebenso angenehm wie viele andere davor. Er reservierte sich viel Zeit zum Schreiben, hielt eine strikte Diät und einen strikten Tagesablauf ein, wozu auch harte körperliche Anstrengung gehörte, denn er glaubte fest an die Notwendigkeit solcher Ertüchtigung. Eines Tages im September, beim Beschneiden der Obstbäume in seinem Garten, stürzte er und brach sich den Oberschenkel. Er war allein, als der Unfall passierte, und es dauerte eine geraume Weile, bis man ihn fand. In großer Eile wurde er in das Krankenhaus der nahegelegenen Ortschaft Luton gebracht, wo die Ärzte anfangs noch Hoffnung hatten, daß er sich erholen würde. Aber ein Nierenversagen kam hinzu, und die Spezialisten – wie Shaw selbst – wußten bald, daß es keine Heilung mehr gab. Er bat, nach Hause entlassen zu werden, und wurde am 4. Oktober zurück nach Ayot befördert. Am 2. November starb er.

Die ganze Welt zollte ihm Anerkennung. In der Presse standen Leitartikel, die indische Regierung vertagte eine Kabinettssitzung, am Broadway gingen die Lichter aus. Das britische Empire bezeugte seine Bewunderung und Bewegung auf vielerlei Arten, aber eine Ehre, die in den Briefen zur Sprache kommt, konnte es ihm nicht erweisen – die Beisetzung in der Westminster Abtei, denn Shaw selbst hatte in seinen Schriften und sogar in seinem Testament den Glauben an jede etablierte Kirche oder Religion abgelehnt. Sein einziger Glaube, den er bis zum Schluß aufrechterhielt, war der an die *Schöpferische Evolution*.

Sein Leichnam wurde in Golders Green eingeäschert, während sein Freund Sir Sidney Cockerell einen von Shaw seit langem bewunderten Abschnitt aus *The Pilgrim's Progress* vorlas: die Schilderung des Todes von Mr. Valiant-for-Truth.[300] Shaws Asche wurde mit der seiner Frau vermischt und in ihrem Garten in Ayot St. Lawrence verstreut.

Mit dem Tod Bernard Shaws gingen die Rechte an seinem gesamten literarischen Eigentum, einschließlich seiner Briefe, in den Nachlaß über, und alle Publikationsanfragen liefen von nun an über die *Society of Authors*. Die Rechte am literarischen Nachlaß von Douglas waren, seiner Bankrotterklärung wegen, nach seinem Tod dem Konkursverwalter übertragen worden. Doch konnte Colman durch Ankauf in den Besitz der Papiere und des Copyrights gelangen. Das

300 *The Pilgrim's Progress* von John Bunyan (1628-1688), vollständiger Titel: *The Pilgrim's Progress from this World to that Which is to Come*. [*Des Pilgers Reise von dieser zur zukünftigen Welt.*] Eines der meistübersetzten Werke der Weltliteratur, Ausdruck der kompromißlosen Lebenshaltung des engl. Puritanismus. Der Name des Protagonisten Valiant-for-Truth [Held für die Wahrheit] ist übertragbar auch auf Shaw.

Glanzstück der Dokumentensammlung war der Briefwechsel zwischen Shaw und Douglas, den Colman allerdings zunächst nicht veröffentlicht sehen wollte.
Zwischen einen Großteil der Shaw-Briefe hatte Douglas Blätter aus blaßgrünem Papier gelegt, auf denen seine eigenen Kommentare dazu vermerkt waren (sofern sachdienlich, sind sie in diesem Buch beachtet). Diese Kommentare deuten darauf hin, daß Douglas entweder mit eigenen Vorarbeiten zu einer Ausgabe der Shaw-Briefe beschäftigt gewesen war, oder daß er die Angaben machte, weil sie nützlich werden konnten für den Fall, daß er die Briefe verkauft hätte. Die zweite Vermutung ist wahrscheinlicher, denn auf Shaws Postkarte vom 20. Juni 1939: »Ja, natürlich: warum sie aufbewahren, wo sie doch niemandem etwas nützen?«, folgt der letzte Kommentar auf blaßgrünem Papier: »Dies bezieht sich auf eine private Angelegenheit, über die ich im Augenblick nicht sprechen kann.«
Die »private Angelegenheit« war der mögliche Verkauf der Briefe, und nun, da Shaw gesagt hatte, daß er einverstanden war, begann Douglas Erkundigungen einzuholen. Als Rupert Croft-Cooke kurz vor Ausbruch des Krieges nach Hove kam, zeigte Douglas ihm ein dickes Paket mit den Briefen Shaws und erzählte, daß ein Buchhändler ihm für jeden Brief, den Shaw geschrieben hatte oder noch schreiben würde, ein festes Angebot gemacht hätte. Doch kam der Verkauf nicht zustande. 1942 erst trennte sich Douglas von einem einzigen Stück. Damals testete er den Markt und bot eine Postkarte Shaws (vom 28. Mai 1938) auf einer Verkaufsaktion zugunsten des Roten Kreuzes an, die Sotheby's vom 13. bis 15. Oktober veranstaltete. Die Postkarte, Artikel Nr. 676, ging an einen Käufer namens McCallum, für eine Guinee; zum gleichen Preis war eine unbedeutende Postkarte Shaws zuvor bei Hatchard's verkauft worden.
Von weiteren Teilen der Korrespondenz trennte sich Douglas nicht, obwohl Shaw ihn im November 1943 reichlich dazu ermutigte, als er nach Charlottes Tod beim Sichten der

Papiere eine große Anzahl von Douglas' Briefen fand und sie diesem zurückgab mit der Bemerkung, sie seien »unüberlegt freimütig« und er habe geglaubt, sie schon vor Jahren vernichtet zu haben, nun aber, da sie wieder aufgetaucht seien, sehe er keine andere Möglichkeit, als sie zurückzusenden. Das war die Dramatisierung einer generösen Geste: Shaw wußte, daß es Douglas sehr schlecht ging und daß sich der Wert der Briefe erhöhte, wenn beide Korrespondenzpartner vertreten waren. Solche Großmut hatte er bereits in anderen Fällen geübt, als er die Briefe von G. K. Chesterton an dessen Frau und die Briefe von Frank Harris an Nellie zurücksandte, da er bemerkt hatte, daß beide Witwen in großer Not lebten. Douglas zeigte sich über das Geschenk hocherfreut, zumal er sich der Tatsache sehr wohl bewußt war, daß sein Eigentum damit eine Wertsteigerung erfuhr. Im November 1944, als er zu den Colmans übersiedelte, nahm er den Briefwechsel mit, und die Papiere fanden sich unter seiner Habe, als er im März 1945 auf der Old Monk's Farm starb.

Nicht lange darauf erreichten Colman, als dem literarischen Nachlaßverwalter von Douglas, Anfragen, die Briefe sehen, sie bearbeiten und publizieren zu dürfen. Ein früher Bewerber – und einer, den man fast nicht abweisen konnte – war Francis Queensberry, der ein Buch über seinen Onkel schreiben und die Shaw-Douglas-Briefe darin aufnehmen wollte. Von der erstaunlichen Korrespondenz hatte Queensberry erst anläßlich seines Besuchs am 1. Dezember 1944 erfahren, als Douglas ihm einige der Briefe zeigte und ihm erlaubte, die Nachricht, die Shaw am Tag zuvor geschrieben hatte, mitzunehmen. Colman ging nicht auf Queensberrys Anliegen ein, da er, wie er sagte, zum damaligen Zeitpunkt in Douglas' Interesse keine Veröffentlichung von Briefen oder Manuskripten wünschte. Als der Marquess an Shaw herantrat, erhielt er sofort die letzten Briefe von Douglas, die Shaw noch greifbar hatte (die fünf gegen Ende 1944 geschriebenen); aber wenn Shaw auch froh war, sich ihres materiellen Besitzes zu entledigen, wies er Queensberry doch vorsorglich darauf hin,

daß die Erlaubnis zur Veröffentlichung irgendeines Briefes vom Schreiber selbst oder dessen literarischem Nachlaßverwalter erteilt werden mußte.
Als 1949 Queensberrys Buch *Oscar Wilde and the Black Douglas* [Oscar Wilde und der schwarze Douglas] erschien, das in Zusammenarbeit mit Percy Colson entstanden war, enthielt es weder einen einzigen Brief noch einen Manuskripttext von Douglas. Wiedergegeben war nur, mit dessen Genehmigung, Shaws Brief vom 30. November 1944 (eben der, den Queensberry besaß) und ein Auszug aus Shaws Brief vom 16. April 1930, der bereits zweimal von Douglas selbst in Büchern publiziert worden war.
Im Lauf der Jahre erreichten Colman noch viele weitere Anfragen betreffs Bearbeitung der Shaw-Douglas-Briefe, doch hielt er seine Einwilligung nach wie vor zurück. Es war in den späten sechziger Jahren, daß ich von den Briefen hörte und Colman kennenlernte. Er hatte inzwischen beschlossen, die ganze Douglas-Sammlung abzugeben, und ein Reihe von Personen war interessiert daran. 1969, nach mehreren Besuchen und Verhandlungen, gelang es mir, die Sammlung zu erwerben, und wenige Jahre später, als ich in Betracht zog, den Briefwechsel herauszugeben, zeigte sich, daß Colman jetzt keine Einwände mehr hatte. Über ein Vierteljahrhundert war vergangen seit Douglas' Tod und der Dichter, wie Colman meinte, wohl keine kontroverse Figur mehr. So begann ich mich mit der Korrepondenz zu beschäftigen.
Durch einen glücklichen Umstand waren die Briefe, die Shaw an Queensberry weitergegeben hatte, inzwischen im Bestand der Four Oaks Farm-Bibliothek, desgleichen zwei weitere von Douglas, die Shaw seinerzeit an Constable gesandt hatte. Auch konnte ich noch einige andere Briefe an verschiedenen Orten aufspüren: den Douglas-Brief vom 1. Juli 1933 im Humanities Research Center der University of Texas, Austin; das Douglas-Telegramm vom 31. Juli 1938 in der Bernard F. Burgunder Collection der Cornell University von Ithaca, New York; Shaws Brief von Anfang November 1943 im

Colby College, Waterville, Maine; vierundzwanzig Briefe von Douglas (die sich nach Shaws Tod in seinen Papieren fanden) in der British Library; und Douglas' Briefe vom 3. Januar und 11. Mai 1936 sowie den vom 22. Juli 1941 in Ayot St. Lawrence. Sie alle sind in diesem Buch enthalten.
Sehr wenig nur war aus den Briefen bereits publiziert worden. Shaws Schreiben vom 16. April 1931 und eine Zeile aus seinem Brief vom 29. Mai mit Douglas' Antwort darauf vom 30. Mai 1931 sind in der zweiten Auflage von Douglas' Autobiographie (1931) abgedruckt. Ein kurzes Zitat aus Shaws Brief vom 16. April 1931 ist wiedergegeben in Douglas' *Without Apology* (1938), und fast der ganze Brief Shaws vom 9. April 1939 erschien in Douglas' *Oscar Wilde. A. Summing-Up* (1940). Marie Stopes schließlich zitierte sechs Zeilen (mit einer bezeichnenden Auslassung) aus Shaws Brief vom 1. Januar 1944 in ihrem Buch *Lord Alfred Douglas. His Poetry and His Personality* (1949) [Lord Alfred Douglas. Seine Gedichte und seine Persönlichkeit].

Ich habe vielen zu danken: der Society of Authors, als den Verwaltern des Shaw-Nachlasses, danke ich für die Erlaubnis, Shaws Briefe zu publizieren; Edward Colman, dem Inhaber der Rechte an Douglas' Werk, gilt mein Dank für die Erlaubnis zur Publikation der Gegenbriefe.
Edward und Sheila Colman schulde ich besonderen Dank für ihre Hilfe und Gastfreundschaft. Viele Male war ich auf Steepdown, ihrer heutigen Farm unweit der Old Monk's Farm, wo Douglas Unterkunft gefunden hatte, und es ist leicht, sich die Wärme vorzustellen, mit der er damals aufgenommen wurde. Beide Colmans gaben sich große Mühe, meine Fragen zu beantworten. Sie überließen mir ihre Ordner mit Douglas' Korrespondenz zur Durchsicht und halfen mir in vieler Hinsicht. Ich bin ihnen überaus dankbar.
Auch Sir Rupert Hart-Davis, durch den ich das Ehepaar Colman kennenlernte, bin ich für seine Unterstützung zutiefst verpflichtet. Er hat mein Vorhaben von Anfang an

gefördert und mir unschätzbare Dienste geleistet. Desgleichen Professor Dan H. Laurence, der literarische Berater für den Nachlaß Shaws und Herausgeber der *Collected Letters* [Gesammelte Briefe; eine deutsche Ausgabe liegt noch nicht vor]: Trotz zahlreicher Verpflichtungen beantwortete Professor Laurence geduldig und mit bewundernswerter Promptheit meine jeweiligen Fragen, und ich habe von seinem enzyklopädischen Wissen über Shaw ebenso wie von seinem guten Allgemeinurteil wohltuend profitiert. Sehr herzlich danke ich auch H. Montgomery Hyde, der allzeit äußerst hilfreich und verständnisvoll war.

Eine weitere Verbindung, die meine Freude an dem Unternehmen steigerte, war die zu Sidney Ives. Seine Bereitschaft, noch die entlegensten Anhaltspunkte zu verfolgen, hat dazu beigetragen, viele interessante Fakten ans Licht zu bringen. Auch las er ebenso wie Mrs. Douglas Bryant und Gabriel Austin Korrektur, eine zeitaufwendige, wichtige Arbeit, für die ein Herausgeber niemals genug danken kann. Eine abschließende Danksagung von besonderem Gewicht verdient Felix Kelly, mein Mitarbeiter von Anfang an, der außergewöhnlich engagiert und großmütig war.

Sowohl in den Vereinigten Staaten als auch in England bin ich folgenden Personen verpflichtet, die mir mit Rat und Tat zur Seite standen: Gerald Eades Bentley, Charles Berst, John Bidwell, Herbert Cahoon, Peter Coats, Dennis Cole, J. C. Comer, P. J. Conkwright, Baroness Leo d'Erlanger, J. B. Dobkin, Sir Anton Dolin, Lord Cecil Douglas, inzwischen verstorben, Oberst Gerald Draper und Frau, Ellen S. Dunlap, Dr. John Edgcumbe, Richard Ellmann, Arthur Freeman, John Fleming, G. Fraser Gallie, A. G. Heritage, A. R. A. Hobson, Felix Hope-Nicholson, Sir Douglas Hubble, inzwischen verstorben, Dr. Ernst Jokl, Ehrwürden Canon Darwin Kirby, Kenneth Lohf, William Matheson, Sir George Pickering, inzwischen verstorben, Gordon Ray, Peter Sanderson, Sir Sacheverell Sitwell, Christopher Sykes, Roy Whiting, Frau Roma Woodnutt und Thomas Wright.

Des weiteren danke ich einer Reihe von Bibliotheken, Institutionen und Firmen für freundliches Entgegenkommen: in England der British Library, dem General Register House, den Firmen Hanningtons Limited (Brighton) und Bernard Quaritch Limited, dem Royal College of Physicians, der Royal Society of Literature und dem St. Andrew's Hospital (Northamton); in den Vereinigten Staaten der William Andrews Clark Memorial Library an der University of California, Los Angeles, der Columbia University Library, der Library of Congress in Washington, D.C., der Houghton und der Widener Library an der Harvard University, dem Humanities Research Center an der University of Texas in Austin, der Berg Collection sowie dem Reference Department an der New York Public Library und der Princeton University Library.

Schließlich gilt mein anhaltender Dank Frau Rose McTernan, die mir bei meinen Nachforschungen sowohl in England wie im Ausland behilflich war, freundlicherweise die Schreibmaschinenfassung der Transskriptionen, Notizen und Revisionen erstellt und immer wieder neu geschrieben hat, und die mir überdies bei den langwierigen Arbeiten des Sortierens, Überprüfens und abermaligen Überprüfens assistierte. Shaw und Douglas haben ihren Tagesablauf so restlos ausgefüllt wie den meinen.

Anhang

I
Der vorangegangene Briefaustausch

(Diese Briefe wurden in der Zeitschrift *Academy* am 30. Mai und 6. Juni 1908 publiziert.)

Zur Vorgeschichte: »*Schämen Sie sich, Mr. Shaw!* war der Titel einer Rezension in der *Academy* über Shaws Theaterstück *Getting Married* [*Heiraten*]. »Das ist gar kein Theaterstück«, schrieb der Kritiker, »sondern eine Konversation«: zwei Damen, ein Kellner und ein General unterhalten sich über die Ehe. Das Stück hätte den Zensor niemals passieren dürfen. Shaw, der Vegetarier, Abstinenzler, Nichtraucher, der »keinen maskulinen Verstand besitzt«, habe überhaupt kein Recht, Anweisungen in Soziologie und Moral zu geben. Er »beginnt allmählich mit ernstlichen Übergriffen auf das britische Heim.« Das Volk solle lieber an seinem Erbe und der Weisheit der Jahrhunderte festhalten. »Je früher Shaw lernt, daß er nicht in der Position eines Predigers ist, desto besser für ihn.«

Shaw sandte daraufhin den folgenden Brief per Sonderzustellung an den Herausgeber der *Academy*:

25. Mai 1908
Sehr geehrter Lord Alfred Douglas, An wen in aller Welt haben Sie Ihre Theaterkritik vergeben? Ihr Mann, der entsetzlich betrunken gewesen sein muß, hat sich die nachstehende bestürzende Verleumdung geleistet:

> »Der Kellner, als Butler verkleidet, erzählt unter anderem, seine Mutter habe Männer besonders geliebt und sich angewöhnt, sie nachts mit nach Hause zu bringen.«

Für diese Behauptung, die reine Erfindung ist, wie ich wohl kaum zu sagen brauche, werden Vedrenne und Barker [die Produzenten], Frederick Harrison [Direktor des Haymarket Theaters] und Holman (der betroffene Schauspieler) bei Ihnen eine Entschädigung von der *Academy* anfordern in Höhe von je etwa fünfundzwanzighundert Pfund.
Können Sie nicht durchsetzen, daß der Artikel in Ihrer nächsten Ausgabe freiwillig widerrufen wird? In der Regel bitte ich einen Herausgeber nicht gern, sich mit einem Mitarbeiter zu überwerfen; aber wenn der Mitarbeiter sich mit dem Herausgeber überwirft, noch dazu so schändlich wie im vorliegenden Fall, sehe ich nicht, was sonst zu tun wäre.
Ich fühle mich eher in einer schwierigen Lage, weil ich nicht weiß, wer der Verfasser ist, und befürchte, er könnte sich als irgendein unglückseliger Freund von mir herausstellen. Aber wie dem auch sei, seit ---- zugelassen ---- für --- Pfund --- Entschädigung und den endlosen Kosten durch einen wilden Angriff auf ---- hat es nichts so Rücksichtsloses mehr gegeben wie diesen Artikel. [----: unleserliche Stellen.]
Sie werden erkennen, daß der Verfasser selbst sich gleich zu Anfang hoffnungslos ausliefert, da er sagt, er habe das Haus nach fünfundzwanzig Minuten verlassen. Später schildert er eine Szene, die er gar nicht mehr abgewartet hat, und bringt es noch fertig, in seine Angaben sowohl eine Verleumdung als auch eine glatte Tatsachenverdrehung zu legen. Doch ist es eigentlich der grobe Schnitzer über die Mutter des Mannes, der den Artikel völlig unhaltbar macht. Da Sie das Stück möglicherweise nicht gesehen haben, sollte ich erklären, was tatsächlich geschieht, nämlich: der Gemüsehändler, der für das Hochzeitsfrühstück zuständig ist, beschreibt gewisse Eskapaden seiner Schwägerin, die mehrmals von zu Hause weggerannt ist. Er fügt hinzu, daß sie »noch in derselben Nacht« von den Männern heimgebracht wurde »und nichts passierte.« Es ist denkbar, daß ein Kritiker, wenn schwer betrunken, dies redlich durcheinanderbringen kann, wie Ihr Mann es getan hat; aber dadurch wird die Sache keineswegs

vertretbarer; und Sie können sich vorstellen, wie der grobe und plumpe Fehler auf die Geschworenen wirken würde, wenn der Fall vor Gericht käme.
Ich meine, das Beste und Wohlwollendste, was man tun kann, ist, in Ihrer nächsten Ausgabe eine Meldung zu bringen, daß Sie sich verpflichtet fühlten, den ganzen Artikel ohne Einschränkung zurückzuziehen, da der oben zitierte Satz eine falsche Darstellung ist. Wenn Sie dies, oder irgendein entsprechendes Vorgehen, für gut erachten, können Sie mir vielleicht eine Zeile zukommen lassen, damit ich nach Möglichkeit einspringen und die Angelegenheit glätten kann.
Hochachtungsvoll Ihr G. Bernard Shaw

Douglas antwortete umgehend:

25. Mai 1908
Sehr geehrter Herr Bernard Shaw, Ich erhielt Ihren Brief heute morgen mit dem größten Erstaunen. Die Unterstellung der Trunkenheit, die Sie gegen den Verfasser des Artikels vorbringen, weise ich energisch zurück. Es scheint mir charakteristisch zu sein für die feminine Beschaffenheit Ihres Verstandes, auf die bereits in dem Artikel hingewiesen wurde, daß Sie eine so schändliche Vermutung äußern. Tatsache ist, daß ich persönlich den Artikel geschrieben habe. Wenn ich irgendeinen bestimmten Satz in dem Dialog mißverstand, so war der Irrtum, wie Sie selbst darlegen, ein sehr geringfügiger, und der Gedanke, daß er verleumderisch sei, ist lächerlich. Der Teil des Stückes, den ich gehört habe, wimmelt nur so von Anzüglichkeiten, und ich wäre hocherfreut, vor jedem Gericht in den Zeugenstand zu treten und das zu sagen. Sie sollten sich vollkommen bewußt sein, daß nicht irgendeine Böswilligkeit gegen Sie mich motiviert. Von Seiten der *Academy* haben Sie nichts als Lob erhalten, die ganze Zeit über, seit ich sie herausgebe, und nun, bei der ersten Gelegenheit, da ich es für durchaus vereinbar mit meiner Pflicht als Kritiker erachte, Mängel an Ihnen zu fin-

den, greifen Sie auf das ziemlich niederträchtige Mittel zurück, mich aufzufordern, mit einem angeblichen Mitarbeiter zu brechen. Ich gestehe, es überrascht mich, daß ein Mann von Ihren geistigen Errungenschaften solchen Kleingeist hervorkehrt. Sie haben völlige Freiheit, in der Sache nach Ihrem Belieben vorzugehen. Meine Anwälte sind die Herren Arthur Newton und Partner, 23 Great Marlborough Street. Hochachtungsvoll Ihr Alfred Douglas

Shaw sandte daraufhin einen zweiten Brief, wieder per Sonderzustellung:

27. Mai 1908
Sehr geehrter Lord Alfred Douglas, Gott sei Dank waren Sie es, und nicht irgendein armer Teufel, den zu entlassen Ihre Pflicht gewesen wäre. Sie MÜSSEN betrunken gewesen sein – schrecklich betrunken – oder jedenfalls in einer entsprechenden Verfassung. Kein normaler Mensch benimmt sich so. Jetzt gehen Sie schnurstracks zu Ihren Anwälten und zeigen Sie ihnen meinen Brief und fragen Sie, ob sie die Falschmeldung vom Standpunkt eines britischen Schwurgerichts aus für eine Bagatelle halten. Zeigen Sie ihnen auch den Artikel. Auf mich braucht man keine Rücksicht zu nehmen: ich habe keineswegs die Absicht, in der Sache zu prozessieren, und habe nur interveniert, um Sie aus der Patsche zu ziehen und es Ihnen selbst zu überlassen, mit sich ins reine zu kommen, was Sie in Anbetracht Ihrer persönlichen Ehre auch tun sollten. Aber die Verleumdung betrifft sowohl das Haymarket Theater (Harrison) als auch Vedrenne und Barker; und keine der beiden Parteien hat irgendeine Veranlassung, den gefährlichen Satz liebenswürdig aufzunehmen. Ich glaube vielmehr sicher, daß Ihr Anwalt Ihnen raten wird, den Fehler einzugestehen und ihn zu widerrufen. Wenn nicht, wechseln Sie den Anwalt. Hochachtungsvoll Ihr

G. Bernard Shaw

Douglas antwortete:

29. Mai 1908

Sehr geehrter Herr Bernard Shaw, Ihr Brief ist ein Stück kindischer Unverschämtheit, aber da er offensichtlich in einem Anfall hysterischer Übellaunigkeit geschrieben wurde, will ich ihn nicht gegen Sie verwenden. Ich bin grenzenlos amüsiert von Ihrem erklärten Wunsch, mich »aus der Patsche zu ziehen«. Ich glaube nicht, daß ich überhaupt in einer Patsche sitze, und denke, Sie werden herausfinden, daß ich jemand bin, der sehr wohl in der Lage ist, sich um sich selbst zu kümmern – ohne jede Hilfestellung von Ihnen. Hochachtungsvoll Ihr Alfred Douglas

Shaws letztes Wort dazu war:

31. Mai 1908

Sehr geehrter Lord Alfred Douglas, Ich bat Sie um eine freundliche Wiedergutmachung: Sie haben mir grimmige Revanche gegeben. Doch war das vielleicht der beste Ausweg. Da Sie ein Geständnis abgelegt haben, sind wir quitt; und die Leser werden Ihnen um Ihrer auflodernden Bubenhaftigkeit willen verzeihen.

Es stellt sich immer die Frage – Wer soll den Redakteur redigieren? Glücklicherweise gibt es in diesem Fall zwei Douglase – A. D. den Dichter und – soll ich sagen? – den hereditären Douglas. Machen Sie A. D. zum Redakteur. Es erfordert außerordentliche Gewissenhaftigkeit, Feingefühl und Katholizismus, um skrupellos, hart und freigeistig zu kritisieren, wie es die *Academy* versucht und woher sie ja tatsächlich all ihren Nutzen und Wert ableitet. Der hereditäre Douglas ist, wenn losgelöst von A. D., fähig, eine Zeitung zugrunde zu richten – sogar sich selbst zugrunde zu richten. Die meisten Menschen sind dazu fähig – deshalb der Bedarf an Redakteuren. Entschuldigen Sie mein Predigen: ich bin ein geborener Gelegenheitsverbesserer. *Sans rancune* G. Bernard Shaw

II
Zur Publikation von *De Profundis*

Die Publikationsgeschichte der Auswahlbände, der gekürzten Ausgaben und schließlich des vollständigen Textes von *De Profundis* ist kompliziert. Hierzu kurz die Fakten.
Wilde hatte keine Genehmigung erhalten, seinen langen Anklagebrief an Douglas vom Gefängnis aus abzusenden, aber die Verwaltung gab ihm, als er am 18. Mai 1897 aus der Haft entlassen wurde, das Manuskript zurück (achtzig eng beschriebene Seiten). Am Tag darauf, in Dieppe, überließ Wilde das Manuskript Ross, den er zu seinem literarischen Testamentsvollstrecker bestimmt hatte. Er wies ihn an, das Original an Douglas zu senden und komplette Schreibmaschinenabschriften machen zu lassen, eine für Ross und eine für ihn selbst. Auch bat er um Abschriften besonderer Passagen mit »guten und freundlichen Absichten« für zwei »reizende Frauen«, die ihm geholfen hatten und »sich dafür interessieren werden, was mit meiner Seele geschieht« (Adela Schuster und Frankie Forbes-Robertson; Brief Wildes vom 1. April 1897 an Ross).
Ross ließ zwei Maschinenabschriften des *De Profundis*-Briefes anfertigen, befolgte aber beim nächsten Schritt, nach Rücksprache mit Wilde, die ursprüngliche Anweisung nicht weiter, sondern behielt das Originalmanuskript selbst und sandte Alfred Douglas am 9. August 1897 eine der Maschinenabschriften. So jedenfalls behauptete er fest. Douglas hingegen bestritt zeit seines Lebens, jemals eine Abschrift des *De Profundis*-Briefes erhalten zu haben.
1905 publizierte Ross die speziell für die beiden Frauen ausgewählten Teile, und Douglas rezensierte die Ausgabe sogar lobend. 1908 publizierte Ross abermals eine Auswahl, mit zusätzlichem Material, gab aber noch immer keinen Hinweis auf den eigentlich gemeinten Empfänger, ja nicht einmal darauf, daß der Text ein Brief war. 1909 dann, nachdem Douglas und Ross sich zerstritten hatten, übergab dieser das *De Pro-*

fundis-Manuskript dem Britischen Museum zur Aufbewahrung und Versiegelung bis 1960. Dort hätte der vollständige Text fünfzig Jahre lang geruht, wenn Douglas nicht eine Verleumdungsklage angestrengt hätte, als 1912 das Buch *Oscar Wilde. A. Critical Study* erschien. Der junge Verfasser Arthur Ransome, Sohn eines Professors an der Universität Leeds, hatte es unter Anleitung von Ross geschrieben, dem er den Band, der zurückhaltend im Stil und akademisch im Ton war, auch gewidmet hatte. Der Autor dankte »Robert Ross, dem literarischen Nachlaßverwalter Wildes, der mir auf jede erdenkliche Weise behilflich war, mir gestattete, zahlreiche Briefe zu lesen, die Wilde ihm geschrieben hatte, und mir viel Zeit seines sehr geschäftigen Lebens widmete bei Überprüfung der biographischen Fakten meines Buches anhand der in seinem Besitz befindlichen Dokumente.« Douglas' Name war, wie Ross gewünscht hatte, an keiner Stelle des Bandes erwähnt, doch konnte sich die Leserschaft unschwer denken, von wem in einigen Passagen die Rede war. Auf Seite 157 sagte Ransome, *De Profundis* sei »nicht an Ross gerichtet, sondern an einen Mann, von dem Wilde glaubte, er habe zumindest einige der Umstände seiner öffentlichen Schande verschuldet.« Auf Seite 182 hieß es weiter, Wilde habe nach der Entlassung aus dem Gefängnis gehofft, er könne arbeiten und ein Leben in vergleichsweiser Einfachheit führen, dann aber habe er plötzlich »seine Pläne und Beschlüsse verworfen« wegen der »wiederholten inständigen Bitte eines Mannes, dessen Freundschaft ihn schon mehr gekostet hatte, als sie wert war.« Auf Seite 196 schreibt Ransome, unter Hinweis auf die Zeit, die Wilde in der Villa bei Neapel verbrachte, daß der »Freund ihn, sobald kein Geld mehr da war, verließ«. Diese Behauptungen waren es, aufgrund derer Douglas Ransome wegen Verleumdung anklagte.

In der Vernehmung plädierte Ransomes Verteidiger auf Rechtfertigung, und das Manuskript von *De Profundis* wurde als Beweismaterial vom Britischen Museum angefor-

dert. Am 17. und 18. April 1913 gelangten im Gerichtssaal Passagen zur Lesung, die anschließend in der Londoner Presse zitiert wurden. Ransome gewann den Prozeß, da sein Vorwurf, daß Douglas die Ursache für Wildes Untergang gewesen sei, sich als berechtigt erwies. (In späteren Auflagen des Buches ließ Ransome die beleidigenden Abschnitte mit Rücksicht auf Douglas weg, obwohl er nicht dazu verpflichtet gewesen wäre.)
Douglas, der den an ihn gerichteten Brief nun gerne besessen hätte, erwog rechtliche Schritte gegen das Britische Museum wegen illegalen Besitzes eines Objekts, das er als sein Eigentum beanspruchte, aber er hatte kein Geld, den Prozeß zu führen, und die Tatsache, daß die Originalhandschrift nicht per Post übersandt und auf dem üblichen Weg zugestellt worden war, sprach rein formal schon gegen ihn. Als Alternative zog er in Erwägung, den *De Profundis*-Text nach einer Abschrift zu veröffentlichen, die ihm das Gericht ausgehändigt hatte, und Punkt für Punkt auf Wildes Beschuldigungen mit eigenen Anmerkungen einzugehen. Ross schützte seine amerikanischen Rechte angesichts dieser Drohung rasch durch die Publikation der *Suppressed Portion* [des bis dahin zurückgehaltenen Teiles also] bei Paul R. Reynolds, New York. Der Band erschien am 22. September 1913 in einer Auflage von fünfzehn Exemplaren, was zur Sicherung des Copyrights genügte. Auf eine dieser Reynolds-Ausgaben, im Besitz von Carlos Blacker, bezieht sich Shaw in seinem Brief vom 16. April 1931 an Douglas.

Der *De Profundis*-Text, noch immer mit mehreren hundert Fehlern und um tausend Wörter gekürzt, erschien 1949 bei Methuen, London, nach der Vorlage des Typoskripts von Ross und mit einer Einführung von Wildes Sohn Vyvyan Holland. Erst 1960, als das Britische Museum eine Überprüfung der Originalhandschrift genehmigte, konnte Rupert Hart-Davis endlich den vollständigen und wortgetreuen Text in seiner Ausgabe der *Letters of Oscar Wilde* (pp. 423-511) veröffentlichen [*Oscar Wilde. Briefe*, a.a.O., pp. 439-549)].

III
Douglas' Kopie eines Briefes, den er Frank Harris schrieb

16. September 1925 16 Draycott Place, London

Lieber Harris, Ich habe über Ihren letzten Brief nachgedacht mit seiner erpresserischen Drohung hinsichtlich des Briefes, den ich Ihnen gab über meine Beziehung zu Wilde in den drei Jahren vor seiner Verurteilung. Ich schrieb diesen Brief, wie Sie wissen, als einen Akt allerhöchster moralischer Beherztheit, der Ihnen, als dem mehr oder weniger offiziellen Biographen Wildes, zur Basis dienen sollte, so daß Sie privat die Möglichkeit hatten, die genaue Wahrheit zu erfahren (die schlimm genug ist, das gebe ich zu, aber sehr viel weniger schlimm, als Sie die Sache in Ihrer dunklen und bösen Absicht und Ihrer rachsüchtigen Gehässigkeit hingestellt haben). Einen solchen Brief zu schreiben und ihn einem Mann von Ihrem Charakter zu überlassen, war natürlich vom weltlichen Standpunkt aus der Gipfel der Torheit meinerseits. Nichtsdestoweniger bedaure ich es nicht, denn mein Handeln wird nicht, und war niemals, von Erwägungen weltlicher Weisheit diktiert. Ich setze mich lieber dadurch ins Recht, daß ich selbst einem herzlosen Feind gegenüber die Wahrheit sage, als daß ich mich aufführe wie jemand, der sich im Besitz einer Tugend dünkt, die zu haben ich in all den vergangenen Jahren nicht vorgab. Das Sittlichkeitsvergehen, dessen ich mich schuldig gemacht habe, fand vor mehr als dreißig Jahren statt. Seit langem habe ich es bitterlich bereut und mich offen dazu bekannt und meinen Kummer darüber im Zeugenstand, dem Beichtstuhl mit der allergrößten Öffentlichkeit, ausgesprochen.

Der Unterschied zwischen mir und Ihnen ist, daß ich zwar in meiner Jugend falsch gehandelt und es bitterlich bereut habe,

Sie hingegen Ihr Leben lang wie ein Schwein weitergelebt haben und noch stolz darauf sind und Geld damit verdienen. Sie sprechen von der Wirkung, die mein Brief an Sie über meine Beziehung zu Wilde vor einer Jury hervorrufen würde. Nun, ich kenne mich unter Geschworenen sehr viel besser aus als Sie und kann Ihnen sagen, daß, wenn Sie meinen Brief vor Gericht auspacken sollten und ihn mir in einem Kreuzverhör vorlegten, ich mich zu meiner eigenen Rechtfertigung in ein zweischneidiges Schwert verwandeln würde. Das würde Ihren Urteilsspruch etwa um sechs Monate verlängern.

Und wie wär's mit der Wirkung, die das Vorlesen einiger Stellen aus Ihrem unflätigen Buch *My Life and Loves* auslösen würde? Was würde eine Jury wohl davon halten? Und außerdem, wie würde es Ihnen gefallen, wenn ich anfinge und Ihnen dasselbe [an-]tun würde, was Sie mir angetan haben, nämlich alles, was ich über Ihr Privatleben weiß, aufzuschreiben und zu veröffentlichen – unter strengster Beschränkung auf die Wahrheit, was Sie *nicht* taten? Ich weiß zum Beispiel Einzelheiten über manches, was Sie in Éze getrieben haben (ich spiele dabei nicht auf die zweitausend Pfund an, die Sie mir in meiner Jugend abgelockt haben im Austausch für »Blindgänger«-Anteile an Ihrem Restaurant und Casino, mit einer angeblichen, in Wirklichkeit gar nicht existierenden Spielbankkonzession als Beilage). Ich spiele auf andere Dinge an.

Wenn Sie die infernalische Unverschämtheit besitzen, mir, wie Sie es ja tun, zu schreiben und sich über die Kosten zu beschweren, die Ihnen entstanden sind durch die Berichtigung Ihrer von Ihnen selbst zugegebenen Lügen aufgrund der von mir – auf Ihre eigene dringende Bitte hin – bereitgestellten Unterlagen, dann übersehen Sie die Tatsache, daß Sie bereits Tausende von Pfunden verdient haben am Verkauf Ihres widerwärtigen Buches mit seinen schmutzigen und vorsätzlichen Lügen über mich.

Nur zu, Frank Harris! Sie sind ein plumper Tölpel und

zugleich Gauner. Mit Ihnen will ich nichts mehr zu tun haben. Ich habe an Ihnen die Wirkung von Großzügigkeit und Güte erprobt, aber es war nur ein »Perlen vor die Säue werfen«. Ich werde Sorge tragen, meine Freunde in Nizza wissen zu lassen, welche Linie Sie inzwischen eingeschlagen haben und wie Sie mit erpresserischer Drohung an mich herangetreten sind genau in dem Moment, als Sie erkannten, daß sich die Dinge nicht ganz nach Ihrem Sinn entwickeln würden. Unterdessen können Sie tun, was Ihnen beliebt, mit Ihrer »Vorrede«. Ich habe das Original mit Ihren handschriftlichen Korrekturen und Ihrer Unterschrift, und ich habe auch Ihren Brief, in dem Sie zugeben, daß praktisch alles über mich in Ihrem Buch unwahr ist, und sich demütig entschuldigen. Mehr brauche ich nicht. Ihr et cet.

Alfred Douglas

P.S. Ich behalte eine Kopie dieses Briefes zurück.

IV
Die Geschichte des Raymond Douglas

Raymond Wilfrid Sholto Douglas wurde am 17. November 1902 geboren. Er war ein bildhübsches Baby und entwickelte sich zu einem attraktiven, zärtlichen Kind von körperlicher Gesundheit, aber hoher Erregbarkeit. Sein frühes Leben, unstet und voller Spannung, spiegelt die inneren Schwierigkeiten und Unsicherheit seiner Eltern wider. Als Raymond sechs Jahre alt war, nahm sein Großvater Frederic Custance bereits die dominante Rolle in seinem Leben ein; der Oberst a.D., in den Sechzigern, verwitwet, war ein geachteter und einflußreicher Mann in seiner Gemeinde. Custance zeigte possessives Interesse an seinem Enkel. So oft wie möglich wollte er Raymond bei sich in Weston Hall haben, dem großen und einsamen Haus in der Nähe von Norwich. Der schwerhörige, fordernde, vernarrte, aber auch gestrenge

Custance behielt den Jungen lange Zeiten über in Weston, zuversichtlich, daß Raymond es dort besser hatte und daß er selbst geeigneter war als die Eltern, Gesundheit und Fortschritte des Jungen zu überwachen.
Diese langen Besuche sowie Fragen des Betragens und Entscheidungen in der Erziehung führten zum Bruch zwischen Raymonds Vater und Großvater, und bald gab es offene Feindschaft. Der Konflikt wurde erbittert, als Douglas 1911 zum römisch-katholischen Glauben konvertierte, und noch erbitterter, als wenig später auch Raymonds Konversion bestimmt wurde.
1913 prozessierte Oberst Custance um das Sorgerecht für seinen Enkel und erhielt drei Fünftel von dessen Freizeit zugesprochen. Von da an war die Zuneigung des Jungen einer noch härteren Zerreißprobe zwischen Großvater und Vater ausgesetzt.
Im Herbst des Jahres setzte Douglas durch, daß Raymond nach Ampleforth geschickt wurde, eine vornehme römisch-katholische Schule. Im Jahr darauf bemühte sich Custance (erfolglos), Raymond auf eine andere Schule zu schicken. Douglas versuchte das Sorgerechtsverfahren von neuem aufzunehmen und überredete Olive, dem Kanzleigericht einen gemeinsamen Antrag auf die volle Erziehungsgewalt über Raymond einzureichen. Wenn sie den Jungen erst hätten, so Douglas zu dem Richter, würden sie auch wieder einen Hausstand gründen. Das Gesuch wurde abgelehnt.
Dieser Beschluß erregte Douglas so sehr, daß er Raymond nach Schottland mitnahm, wohin die Rechtssprechung des englischen Gerichtshofs nicht reichte, und ihn dort auf die Klosterschule der Benediktiner von Fort Augustus brachte, deren Leitung sein (und Wildes) Freund Abt Sir David Hunter-Blair innehatte. Der Oberst holte zum Gegenschlag aus und entführte den Jungen, woraufhin Douglas einen Haftbefehl gegen Custance beantragte. Bevor es zum Prozeß kam, fand Douglas jedoch heraus, daß Raymond von dem Entführungsplan gewußt hatte und einverstanden gewesen war.

Douglas zog die Klage zurück und sah seinen Sohn acht Jahre lang nicht wieder.
Raymond blieb in Ampleforth bis 1920, während welcher Zeit er zur Freude seines Großvaters Kadett in einem Ausbildungskorps für Offiziere wurde. Custance hoffte, daß Raymond eine militärische Karriere einschlagen würde, doch endete dessen kurzer Dienst als einfacher Leutnant in der Schottischen Garde, den er im Dezember 1921 antrat, schon im März 1922, als man ihn auf Bewährung setzte.
Im April 1925, kurz vor dem Tod des Oberst, schrieb Raymond einen liebevollen Brief an seinen Vater: »Ich hoffe, wir werden wieder gute Freunde, aber es muß selbstverständlich sein, daß ich eine streng neutrale Haltung bewahre hinsichtlich der Differenzen zwischen Großvater und Dir.« Raymond flehte den Vater noch einmal an, »zu vergeben und vergessen ...«
1926 wollte Raymond eine junge Frau, die dreiundzwanzigjährige Gladys Lacey, heiraten, deren verstorbener Vater ein Lebensmittelgeschäft in Oswestry betrieben hatte; ihre Mutter, nahezu mittellos hinterblieben, führte nun einen kleinen Pub in derselben Stadt, war aber nicht Inhaberin des Lokals. Raymond hatte das Mädchen in Nizza kennengelernt, als er im Januar mit seinem Vater dort gewesen war. Douglas und Olive erhoben energisch Einspruch gegen die unpassende Partie, desgleichen die Marchioness of Queensberry, und am Ende heiratete Raymond tatsächlich nicht.
Er wurde am 26. August 1927 in das St. Andrew's Hospital, eine Nervenheilanstalt in Northampton, als »schizo-affektiver Patient« eingewiesen. Solange die Krankheitsanfälle dauerten, erhielt er Medikamente, Elektro-Schock-Therapie und Betäubungsmittel. Wenn er sich wohl fühlte, hatte er völlige Freiheit innerhalb der ausgedehnten Anlage von St. Andrew's und freien Ausgang in die Stadt Northampton, durfte auch alleine im Zug nach London fahren, um Familienangehörige zu besuchen, oder sonstige Bahnfahrten unternehmen; viele führten ihn zu Pferderennen, einem Sport, in dem er sich sehr

gut auskannte und an dem er genau soviel Freude hatte wie sein Vater. Jeder in St. Andrew's mochte Raymond. Er war freundlich und »voller Späße«, wie sein Vater und andere sagten. In Northampton war er eine stadtbekannte Figur.

Bis 1932 schien Raymonds Zustand so weit gebessert, daß er im April für gesund erklärt wurde, doch erlitt er schon bald einen abermaligen Zusammenbruch und mußte im Juni nach St. Andrew's zurückkehren. Zwölf Jahre später (am 9. Juni 1944) dachte man schließlich, er sei fähig, ein normales Leben zu führen, und erklärte ihn wieder für geheilt. Der inzwischen Vierundvierzigjährige blieb bis Oktober noch als »freiwilliger Pensionär« in Northampton, dann durfte er die Wohnung seiner Mutter übernehmen (an deren Begräbnis im Februar er teilgenommen hatte). Den Haushalt in Viceroy Lodge sollte ihm die treue Eileen Adrian führen. Kurz nach seiner Ankunft in Hove »verschlimmerte sich sein Betragen« jedoch, und am 13. November 1944 brachte man ihn zurück nach St. Andrew's. Er verließ die Aufsicht der Klinik nicht mehr bis an sein Lebensende. Raymond starb im St. Andrew's Hospital am 10. Oktober 1964.

V

Zu Fußnote 15 der Einleitung:

Original-Text:
I dreamed of him last night, I saw his face
All radiant and unshadowed of distress,
And as of old, in music measureless,
I heard his golden voice and marked him trace
Under the common thing the hidden grace,
And conjure wonder out of emptiness,
Till mean things put on beauty like a dress
And all the world was an enchanted place.

And then methought outside a fast locked gate
I mourned the loss of unrecorded words,
Forgotten tales and mysteries half said,
Wonders that might have been articulate,
And voiceless thoughts like murdered singing birds.
And so I woke and knew that he was dead.

Zu Fußnote 16 der Einleitung:

Original-Text:
And this sweet Prince who never will grow old,
This boy with great blue eyes and hair like gold,
Will lead you, little Princess, by the hand
Through all the gardens of his fairyland!

Zu Fußnote 19 der Einleitung:

Original-Text:
My youth, equipped to go, turns back again,
Throws down its heavy pack of years and runs
Back to the golden house a golden boy.

Zu Brief vom 4. Juli 1931

Originaltext des Shaw'schen Wortspiels:
If boozy be Bosie, as some folks miscall it
Then Bosie is boozy, whatever befall it.

Shaw variiert damit folgenden Shakespeare zugeschriebenen Schüttelreim:
If lousie is Lucy, as some volke miscall it
Then Luzy ist lousie whatever befall it.

[Zitiert nach: *William Shakespeare* von S. Schoenbaum, Insel Verlag, Frankfurt am Main 1981. In der Übersetzung von Friedrich Polakovics lautet der Zweizeiler:

Ist Lausi gleich Lucy, wie manche Leut sagen,
Dann ist Lucy lausig; er mag mich drum klagen.]

Die Anspielung galt seinerzeit Sir Thomas Lucy, in dessen Wald Shakespeare angeblich beim Wildern ertappt worden war.
Mit der Persiflage hatte Shaw wieder die Oberhand gewonnen, denn Douglas konnte den Reim nicht einordnen.

Zum Brief vom 12. November 1938:

Original-Text des Shawschen Epitaphs:
Weep not for old George Bernard: he is dead;
And all his friends exclaim »A d---d good job«
Yet classing George's celebrated head
Among the more uncommon sorts of nob.

Behold his image! On it Kathleen plied
Until one day the Lord said »No, my lass:
Copy no more. Your spirit be your guide.
Carve him *sub specie aeternitas.*
So, when his works shall all forgotten be
He yet shall share your immortality«.

Zum Brief vom 7. Juli 1941:

›Winston Churchill‹
von
Lord Alfred Douglas

Not that of old I loved you over-much
Or followed your quick changes with great glee,

While through grim paths of harsh hostility
You fought your way, using the sword or crutch
To serve occasion. Yours was it to clutch
And lose again. Lacking the charity
Which looks behind the mask, I did not see
The immanent shadow of ›the Winston touch‹.

Axe for embeddes Evil's cancerous roots,
When the whole world was one vast funeral pyre,
Like genie smoke you rose, a giant form
Clothed with the Addisonian attributes
Of God-directe[d] angel. Like your Sire
You rode the whirlwind and out-stormed the storm.

Zum Brief vom 31. Juli 1941

Originaltext:
Churchill: both blessed Jude and Christian God,
Bid me forgive your putting me in quod
and
Just one last thing I hardly like to mention
But it must out. Say: what about that pension?

Zum Brief vom 28. März 1944

Originaltext:
For now thy praises have become too loud
On vulgar lips, and every yelping cur
Yaps thee a paean ...

Namen- und Werkregister

[Zeitungen und Zeitschriften kursiv; indirekte Erwähnung in Klammern ()]

Bildnachweis

Quellenangaben in der Reihenfolge der Abbildungen im Illustrationsteil (nach S. 48):

Die ersten drei Aufnahmen aus der Sammlung des Shaw-Herausgebers Dan H. Laurence.

Reproduktion aus der Oscar-Wilde-Biographie von Frank Harris.

Bettmann-Archiv.

Aufnahme nach dem Original aus der Sammlung Edward Colman.

Sammlung Charles Best.

Sammlung Edward Colman.

Zwei Reproduktionen der Originalbriefe.

Aufnahme nach dem Original aus der Sammlung Edward Colman.

Zwei Aufnahmen aus der Sammlung Dan H. Laurence.

Aufnahme nach dem Original in der Russel-Cotes Art Gallery, Bournemouth, England.

Sechs Aufnahmen aus der Sammlung Edward Colman.

Bettmann-Archiv.

Publisher's Foto Service, aus der Sammlung Dan Laurence.

Zwei Aufnahmen aus der Sammlung Edward Colman.

University of South Florida, Tampa, USA.